Otto von Weber

Geschichte des Schutzgebietes Deutsch-Südwest-Afrika

Namibia: ISBN 99916-40-08-8
Deutschland: ISBN 3-933117-58-5

© Namibia Wissenschaftliche Gesellschaft
Postfach 67
Windhoek / Namibia

Umschlagbild: Privatsammlung Walter Rusch

Verlag: Namibia Wissenschaftliche Gesellschaft
Postfach 67
Windhoek / Namibia

1. Auflage 1973 (Selbstverlag)
2. Auflage 1979
3. Auflage 1982
4. Auflage 1985
5. Auflage 1998
6. Auflage 1999
7. Auflage 2002

Druck: John Meinert Printing
Windhoek / Namibia

INHALTSVERZEICHNIS

	Seite
Vorwort zur ersten, zweiten, dritten und fünften Auflage	4
1. Einleitung	7
2. Deutsche Missionare kommen nach Südwestafrika	8
3. Lüderitz	11
4. Büttner und Göring	32
5. C. v. François (1889/94)	44
6. Th. Leutwein (1894/1904)	69
7. Verschiedenes	96
a) Das Rechtswesen	96
b) Verwaltung	100
c) Schulwesen	103
d) Mission	107
e) Farm und Forstwirtschaft	108
8. Die Aufstände der Herero und Hottentotten	113
a) Die Ursachen des Hereroaufstandes	113
b) Der Verlauf des Aufstandes der Herero	123
c) Der Aufstand der Hottentotten	150
d) Die Beendigung des Hereroaufstandes	168
9. Die Zeit nach den Aufständen bis zum Ausbruch des Ersten Weltkrieges	173
a) Der Wiederaufbau nach dem Aufstand	173
b) Selbstverwaltung	184
c) Die Diamantenfunde bei Lüderitzbucht	187
d) Der Kupferbergbau bei Tsumeb	193
e) Wassererschließung	194
f) Die Eisenbahnen	197
g) Das Schulwesen	203
10. DSWA während des Ersten Weltkrieges	206
a) Der Beginn des Krieges	206
b) Die Kämpfe bei Sandfontein und bei Lüderitzbucht	208
c) Der Burenaufstand in der S.A. Union	211
d) Der Mord von Naulila und die Frankesche Strafexpedition	213
e) Der Rückzug der Schutztruppe nach dem Norden	214
f) Bastardaufstand und weiterer Rückzug	218
g) Die Kapitulation bei Kilometer 500	221
Anmerkung und Literatur	228
Schriftquellen	235
Datenregister zur Geschichte von DSWA	238
Personen-, Orts- und Sachregister	258
S.W.A. Karte	3. Umschlagseite

VORWORT DES AUTORS ZUR ERSTEN AUFLAGE

Nachdem Hintrager's Buch „Südwestafrika in der Deutschen Zeit" vergriffen ist, fehlt es an einem Buch, das die Geschichte des Schutzgebietes Deutsch-Südwestafrika behandelt. Das vorliegende Buch will diese Lücke ausfüllen. Meine Absicht war, den Stoff kurz und übersichtlich darzustellen. Ich habe dabei vornehmlich an die deutschen Bewohner von S.W.A. gedacht, die sich für die Geschichte des Landes interessieren, in dem sie wohnen, weiterhin an jeden Deutschen, der sich mit deutscher Geschichte beschäftigt. Auch in Südafrika interessiert man sich für die Geschichte von Südwestafrika, einem Land, von dem jetzt so oft in der Weltpolitik die Rede ist.

Bei meiner Arbeit habe ich von vielen Seiten Unterstützung erfahren. Ich nenne zunächst Dr. Vedder (†), der im Beginn meine Arbeit mit Interesse begleitete und mir in vieler Beziehung half, ferner Dr. Esterhuyse, der in der Zeit, als er Archivar des Archives der Administration von Südwestafrika war, mich beriet, weiterhin Dr. Rust, Sekretär der Südwestafrikanischen Wissenschaftlichen Gesellschaft in Windhoek, der mir half, die Schwierigkeiten zu überwinden, die sich daraus ergaben, daß ich weit entfernt von S.W.A. arbeitete. Meine Schwägerin, Frau Rust, brachte mein Manuskript in eine Form, in der ich es zum Druck geben konnte. Meine Frau ermöglichte es mir, trotz körperlicher Behinderung die für die Arbeit notwendigen Reisen nach S.W.A. zu unternehmen und übernahm alle praktischen Arbeiten wie Versendung von Büchern usw. Schließlich habe ich vielen älteren Deutschen in S.W.A. zu danken, die mir auf meine Fragen aus ihren eigenen Erlebnissen im Lande bereitwillig Auskunft gaben.

Dr. O. von Weber

Bothalaan 378
Kloofsig
Pk. Verwoerdburg, Tvl.

VORWORT DES VERLAGES ZUR ZWEITEN AUFLAGE

Seit Dr. Otto von Weber seinem Buch 1973 das vorseitige Vorwort voranstellte, sind sechs Jahre vergangen. Schon ein Jahr nach dem Erscheinen starb Dr. von Weber, und bisher konnte die Lücke, die er hinterließ, nicht wieder geschlossen werden. Südwest hat bisher keinen Historiker hervorgebracht oder angezogen, der das weite und interessante Gebiet der Geschichte des Schutzgebietes von neuem angepackt hätte. So ergab sich die Frage, was geschehen sollte, nachdem die erste Auflage vergriffen war. Wie ein Geschenk des Himmels kam das Angebot der Schwester von Otto von Weber, Frau Charlotte von Weber, die neue Auflage zu finanzieren. Zu gleicher Zeit erklärte sich auch Frau Agnes von Weber, die Witwe des Autors, bereit, die Sisyphusarbeit der Herstellung des fehlenden Index' auf sich zu nehmen. Sie fand in Herrn E. H. Toensing den Fachmann und unermüdlichen Helfer, dessen Arbeit Register, Zeittafel und Druckfehlerberichtigungen hauptsächlich zu verdanken ist, so daß das Buch heute auch seine Aufgabe als Nachschlagewerk erfüllen kann trotz seines auf das Allerwesentlichste beschränkten Umfanges. Eine Veränderung fand auch im Bildteil des Buches statt, da die ursprünglich verwendeten Fotos nicht das hergaben, was man von solchen Urkunden erwarten muß. Narürlich konnten nicht so viele Bilder aufgenommen werden, wie es wohl wünschenswert gewesen wäre, andererseits sollten aber die Bilder auch die Atmosphäre einer nun teilweise mehr als ein Dreivierteljahrhundert zurückliegenden Epoche wiedergeben. Wir hoffen, daß uns dies gelungen ist.

Leider läßt sich nicht jedes Foto der alten Zeit im Druck reproduzieren, so groß sein Aussagewert auch sein mag.

Unsere Gesellschaft wünscht dieser Neuauflage eine freundliche Aufnahme bei allen, die sich für die Vergangenheit unseres Landes interessieren, welches sich am Vorabend neuer Ver- und Entwicklungen befindet.

W. Sydow, Sekretär, im Auftrag des Vorstandes der SWA Wiss. Ges.

25. 7. 1979

VORWORT DES VERLAGES ZUR DRITTEN AUFLAGE

Vorstand und Verlag der SWA Wissenschaftlichen Gesellschaft freuen sich der anerkennenden Aufnahme, die das Werk Dr. Otto von Webers in seiner erweiterten Zweiten Auflage in einem großen interessierten Leserkreis gefunden hat, und wünschen der Dritten Auflage viele neue Freunde.

Dr. H. J. Rust
Leiter des Verlagskomitees

November 1982

VORWORT ZUR FÜNFTEN AUFLAGE

Afrika wird häufig als der „geschichtslose Kontinent" bezeichnet, und in einem gewissen Maße trifft dies auch auf das heutige Namibia zu. Keine frühe Kultur des südlichen Afrika hat bis in die Neuzeit herauf eine eigene Schrift nach dem Vorbild des Zweistromlandes von Euphrat und Tigris oder dem Niltal entwickelt. Jahrtausende an geschichtlicher Entwicklung gingen damit für die Nachwelt auf dem „schwarzen Kontinent" verloren. Auf der anderen Seite kann man aber davon ausgehen, daß mit den Felsmalereien in Namibia schon vor etwa 30.000 Jahren die bildende Kunst entstanden ist.

Die frühe Geschichte Südwestafrikas wurde von Dr. H. Vedder in mühevoller Forschungsarbeit zusammengetragen und in seinem Buch „Das alte Südwestafrika" 1934 veröffentlicht. Erst 1955 veröffentlichte Dr. O. Hintrager sein Werk „Südwestafrika in der deutschen Zeit", wenig später war auch dieses Buch vergriffen. Dr. Otto von Weber erarbeitete daraufhin nochmals die Geschichte Südwestafrikas von der Handelsniederlassung des Kaufmannes Adolph Lüderitz bis zur Kapitulation der deuschen Schutztruppe vor dem englischen Imperialismus.

In überraschend kurzen Abständen waren die ersten vier Auflagen dieses Buches vergriffen, die Nachfrage blieb aber rege, und so will die Namibia Wissenschaftliche Gesellschaft dieses Werk in leicht veränderter Form wieder auflegen. Vorstand und Verlag wünschen der 5. Auflage eine interessierte und zahlreiche Leserschaft.

Windhoek, im Mai 1998   *Dr. J. Brandmayr, Präsident*

1. Einleitung

Das Schutzgebiet Deutsch-Südwest-Afrika, von dessen Geschichte dieses Buch handelt, ist ein Hochland von 1000—2000 m über dem Meer. Die Grenzen sind: im Süden der Oranjefluß, im Norden die beiden Flüsse Kunene und Okavango, im Westen der Atlantische Ozean, im Osten eine politische Linie durch die Kalahari. Das Hochland fällt steil nach Westen zur Küste ab, die Entfernung beträgt 50—100 km. Das dazwischenligende Land, die Namib, ist eine Wüste. Nach Osten senkt sich das Hochland allmählich und geht in die Kalahari über, eine wasserarme Grassteppe, 800—1300 m hoch.

Die Wassererschließung und -versorgung ist das Problem des Landes bis zum heutigen Tage. Regen fällt im Sommer in der Form von starken Gewittergüssen; das Wasser stürzt in großen Mengen in den sonst trockenen Flußbetten zu Tal. „Das Rivier kommt ab", sagt man in Südwestafrika, und so geht das Wasser dem Lande verloren. Wenige Stunden nach dem Regenfall kann das Flußbett schon wieder trocken sein. Der Regenfall ist in manchen Gegenden von SWA gar nicht so gering. Er beträgt im Norden (Grootfontein) 530 mm jährlich, in der Mitte (Windhoek) 366 mm und nimmt nach Süden immer mehr ab: Mariental 182 mm, Warmbad 82 mm.

Die Küste des Atlantischen Ozeans ist fast regenlos: Lüderitzbucht 18,4 mm, Swakopmund 16,2 mm. Der Osten von SWA leidet nicht an Regenmangel: Gobabis 361 mm. Der Süden des Landes hat auch Winterregen, die übrigen Landesteile nur Sommerregen. Abgesehen von den Küstengegenden finden wir Festlandklima mit starken täglichen Temperaturschwankungen. Entsprechend dem Regenfall finden wir im Norden des Landes Baumgrassteppe, bei Fortschreiten nach dem Süden Trockenwald mit Kameldornbäumen, weiter Dornbusch, offene Grasflur, schließlich eine Halbwüste im Süden. Pflanzenwuchs zeigen dort fast nur die meist trockenen Flußläufe. Das Küstengebiet im Westen, die Namib, ist Wüste.

Während das Hochland im Innern mit seinen Weideflächen für Viehzucht brauchbar ist, ist die Namib landwirtschaftlich wertlos. Das Klima ist, abgesehen von dem heißen Norden, dem Ovamboland, für Weiße erträglich; allerdings ist die Höhe des Inlandes für manche europäische Bewohner anstrengend.

Von der Vorgeschichte des Landes wissen wir mangels schriftlicher Überlieferung wenig. Dr. H. Vedder hat in jahrelanger mühevoller Kleinarbeit versucht, Klarheit in dieses Dunkel zu bringen, und die Ergebnisse seiner Arbeit niedergelegt in dem umfassenden Werk „Das alte Südwestafrika", Berlin 1934, 666 S. Die Ergebnisse seiner Arbeit hat er noch zusammengefaßt in: „Einführung in die Geschichte Südwestafrikas", **Windhoek o. J., 107 S.**

Ich schicke meiner Darstellung der Geschichte der deutschen Kolonie SWA nur wenige einführende Bemerkungen voraus, soweit sie für das Verständnis notwendig sind. Als die Deutschen das Land betraten, fanden sie dort die folgenden Stämme vor:

1. die Hottentotten (Nama),
2. die Herero.

1. Die Hottentotten. Als die Deutschen nach SWA kamen, wohnten sie im Süden des Landes. Das Volk war in einer Zeit, die wir nicht mehr bestimmen können, aus dem Süden eingewandert. Sein Besitz bestand aus Vieh: Schafen, Rindern, Ziegen. Die Weide im Süden von SWA ist kärglich, so waren die Hottentotten gezwungen, als Nomaden zu leben.

2. Die Herero. Sie gehören zu den Bantunegern. Sie sind wohl aus dem innerafrikanischen Seegebiet eingewandert. Von dort zogen sie nach Süden in das Kaokoveld (etwa 1750). Um 1870 war ihre Einwanderung nach SWA abgeschlossen. Sie bewohnten nun den Norden des Landes bis zum Swakoptal. Sie waren Viehzüchter. Ihr Besitz bestand vornehmlich in Rindern.

3. Im Norden des Landes bis zum Kuneneflluß wohnten die Ambo. Sie waren hauptsächlich Ackerbauer, aber auch Viehzüchter. Sie wohnten außerhalb der sog. Polizeizone und haben nur selten in der Zeit der deutschen Kolonie eine Rolle gespielt.

4. Die Orlam. Sie waren die Nachkommen von Hottentottenknechten, die aus dem Kapland eingewandert waren. Ein Teil von ihnen, der Afrikanerstamm, besetzte die Gegend von Windhoek. Sie haben in der Zeit vor der Besetzung von SWA durch Deutschland eine große Rolle im Lande gespielt. (Jonker Afrikaner † 1861).

2. Deutsche Missionare kommen nach Südwestafrika

Johann Heinrich Schmelen wurde 1776 in einem Dorf bei Bremen geboren. Da er nicht Soldat werden wollte, verließ er seine Heimat und ging nach London, wo er unter den Einfluß des dortigen Pfarrers der deutschen Gemeinde Dr. Steinkopf geriet. Sein Leben erhielt eine neue Richtung, als ein englischer Missionar namens Kicherer aus Südwestafrika nach London kam in Begleitung von drei christlichen Hottentotten. Da entschloß er sich, selbst Missionar zu werden, und begab sich zu seiner Ausbildung in die Missionsschule von Pastor Jänicke in Berlin. Pastor Jänicke stellte die in seiner Schule ausgebildeten Missionare der Londoner Missionsgesellschaft zur Verfügunug, die gern davon Gebrauch machte, da sich in England selbst nicht genug Kräfte für die Missionsarbeit fanden. Nach seiner Ausbildung wurde Schmelen 1811 mit zwei anderen Missionaren nach Südafrika entsandt. In Kapstadt angekommen, lernte er den Missionar Albrecht aus Warmbad kennen, der zu Besprechungen dorthin gekommen war. Schmelen schloß sich ihm an, als dieser zurückkehrte, und zwar gingen sie nach Pella. Denn Christian Albrecht und sein Bruder Abraham, die beide als Missionare der Londoner Mission in Warmbad wirkten, hatten den Ort wegen eines drohenden Überfalls verlassen müssen. In Pella erhielt Schmelen den Auftrag, im westlichen Namaland eine Missionsstation zu gründen. Das geschah in Bethanien 1814. Der dortige Häuptling hatte die Londoner Missionsgesellschaft um einen Missionar gebeten.

Schmelen war gesund und bedürfnislos. Er heiratete ein Namamädchen und lebte wie ein Nama. Die Arbeit begann vielversprechend. Da wurde Schmelen beauftragt, über den Oranje nach dem Süden zu gehen und dort eine Station zu gründen. Die Gesellschaft wollte die „unfruchtbare" Arbeit unter den Nama wieder aufgegeben. Schmelen gründete im Namaland eine Station, die er nach dem Pfarrer der deutschen Gemeinde in London „Steinkopf" nannte, ein Name, der sich bis heute erhalten hat. Schmelen verließ Bethanien schweren Herzens. Er wollte die Mission unter den Nama nicht aufgeben wissen. So bat er die Rheinische Mission, sich dieser Aufgabe anzunehmen. Die Rheinische Mission war seit 1829 im Kapland unter den Farbigen tätig. Sie übernahm die Stationen der Londoner Missionsgesellschaft in Kleinnamaqualand und schuf sich damit eine Basis als Ausgangspunkt für die Mission unter den Nama. Die Rheinische Mission sandte 1840 die Missionare Kleinschmidt und Budler nach Südafrika. Während Budler in Steinkopf blieb, war Kleinschmidt für Bethanien bestimmt. Die Gemeinde war lange verwaist gewesen, aber Kleinschmidt, der die Tochter Schmelens heiratete, wurde doch als Missionar freundlich empfangen. 1842 zog Kleinschmidt weiter nach dem Norden, nach Windhoek, und wurde in Bethanien durch den norwegischen Missionar Knudsen ersetzt. In Windhoek begann Kleinschmidt seine Missionsarbeit, aber als er hörte, daß in Windhoek schon die Missionare der Wesleyaner gewesen seien, wollte er nicht länger dort bleiben, um nicht in Schwierigkeiten mit den Wesleyanern zu kommen. Aber der Häuptling Jonker Afrikaner bat ihn zu bleiben, und so blieb er. Er bat Hugo Hahn, den die Rheinische Mission 1841 ausgesandt hatte, zu ihm zu kommen. Jedoch fand die gemeinsame Arbeit von Kleinschmidt und Hahn in Windhoek bald ein Ende. August 1844 erschien ein Missionar der Wesleyaner, Haddy, und da Kleinschmidt und Hahn einen Streit der Missionen untereinander vermeiden wollten, verließen sie im Oktober 1844 Windhoek. Hahn ging zu den Herero, Kleinschmidt nach Rehoboth zu der Roten Nation. Das war nun die zweite Namastation neben Bethanien. Bald verwaiste Bethanien jedoch. Knudsen überwarf sich mit seiner Gemeinde und dem Häuptling David Christian und verließ 1851

Bethanien. Sein Nachfolger wurde 1855 der Katechet Kreft, der, solange er noch nicht ordiniert war, von Missionar Krönlein-Berseba unterstützt wurde. In Berseba hatte zunächst der Missionskolonist Samuel Hahn gut seit 1850 vorgearbeitet. Neben seiner geistlichen Arbeit unterrichtete er das Volk in Garten- und Ackerbau. Missionar Krönlein, der 1851 nach Berseba kam, hat sich ein großes Verdienst erworben durch das Studium der Namasprache. Bisher mußten die Missionare sich der Vermittlung eines Dolmetschers bedienen. Es ist nur natürlich, daß ein Missionar, der die Sprache seiner Gemeinde kennt und in dieser Sprache predigen kann, viel mehr Erfolg haben wird, als wenn er sich der Hilfe eines Dolmetschers bedienen muß. Krönlein legte die Ergebnisse seines Studiums in dem Buch „Der Wortschatz der Khoi-Koinhottentotten" (Berlin 1889) nieder, worin er den Wortschatz der Bersebaner Hottentotten besonders berücksichtigte. Dieses Buch wurde erneuert durch Missionar F. Rust (Windhoek 1960). Verdienstvoll waren auch seine Übersetzungen biblischer Schriften: Das Neue Testament, die Psalmen. Krönlein erleichterte auf diese Weise den anderen Namamissionaren die Erlernung der Sprache. Die Rheinische Missionsgesellschaft faßte die Missionsstationen im Namaland zu einer Synode zusammen, zu deren Präses Krönlein ernannt wurde. So waren deutsche Missionare im Namalande tätig.

Weiter im Norden wirkte der deutsche Missionar Hugo Hahn. Er stammte aus Riga und war ursprünglich Landmesser gewesen, bevor er sich der Mission zur Verfügung stellte. Nachdem er Windhoek 1844 verlassen hatte, ging er mit Kleinschmidt nach Okahandja. Schmelen war vor vielen Jahren schon hier gewesen und hatte vorgearbeitet. So wurden die beiden hier freundlich empfangen, mußten aber den Ort schon nach wenigen Wochen wieder verlassen, da die Herero wegen der Dürre von Okahandja wegzogen. Kleinschmidt ging nach Rehoboth, Hahn baute in Otjikango 1844 eine Station, die er Neu-Barmen nannte. Hahn war eine starke Persönlichkeit mit einem klaren Blick für das praktisch Mögliche und erwarb sich bald großes Ansehen in seiner Umgebung. Es arbeiteten auch noch andere deutsche Missionare im Hereroland: Missionar Rath, der 1849 Otjimbingwe anlegte, Missionar Kolbe in Okahandja (1850). Kolbe mußte jedoch Okahandja nach vier Monaten wieder verlassen wegen Kriegswirren. So wie Krönlein die Namasprache studierte, tat Hahn dasselbe mit der Hererosprache. Das war eine mühsame Arbeit. Jede Predigt, die in der Hererosprache gehalten werden sollte, erforderte lange Vorbereitung. Zunächst wurde der Gedankengang in Deutsch aufgeschrieben, der Wortlaut festgelegt, dann ins Herero übersetzt. Der Text wurde mit einem verständigen Herero durchgesprochen, verbessert und schließlich auswendig gelernt. Neben Hahn, der **später von der Universität Berlin den Grad Dr. phil. h.c. für seine sprach**lichen Arbeiten erhielt, haben auch noch andere Missionare viel für die Erforschung der Hererosprache getan, zum Beispiel die Missionare Brincker, Rath und Viehe.

Es sollen nicht alle die Missionare, die vor 1880 in Südwestafrika arbeiteten, genannt werden. Jedenfalls wurde durch ihre Tätigkeit die Verbindung zwischen Deutschland und Südwestafrika hergestellt. Die Eingeborenen kamen so mit deutschen Menschen in Berührung, und in Deutschland erwachte das Interesse für Südwestafrika. Die Missionare sandten Berichte nach Deutschland, besonders im Rheinland und in den Kreisen der Rheinischen Mission hörte man von Südwestafrika, Berichte über die Tätigkeit der deutschen Missionare erschienen in deutschen Zeitungen und Zeitschriften. Der Inspektor der Rheinischen Mission Fabri ließ 1879 ein Buch erscheinen unter dem Titel „Bedarf Deutschland der Kolonien?" Fabri war überhaupt sehr tätig, die Kenntnisse von Südwestafrika und der Tätigkeit der deutschen Missionare dort zu verbreiten. So war schon eine gewisse Vorarbeit geleistet, ehe Lüderitz sein Augenmerk auf Südwestafrika richtete.

3. Lüderitz

Adolph Lüderitz wurde 1834 als Sohn eines Bremer Großkaufmanns im Tabakhandel in Bremen geboren. Nachdem er dort die Handelsschule durchlaufen hatte, trat er als Lehrling Ostern 1851 in das väterliche Geschäft ein. Nach Beendigung der Lehrzeit wollte er das Ausland kennenlernen und fuhr, 20 Jahre alt, 1854 nach Amerika. Er hatte aber dort kein Glück und kam arm und enttäuscht 1859 nach Bremen zurück, wo er wieder in das väterliche Geschäft eintrat. 1866 heiratete er Emmy von Lingen aus Bremen, die mit ihrer ruhigen und zarten Art eine gute Ergänzung zu Lüderitz' lebhaftem, zuweilen derben Temperament war. Es war eine harmonische Ehe, in die die Frau ein erhebliches Vermögen einbrachte.

Nach dem Tode des Vaters (1878) betrieb Lüderitz das Tabakgeschäft allein mit gutem Erfolg. Der deutsche Reichskanzler Bismarck hatte in diesen Jahren den Plan eines staatlichen Tabakmonopols. Das hätte den hanseatischen Tabakhandel lahmgelegt. Lüderitz sah sich deshalb nach anderen Geschäftsmöglichkeiten um. Er wurde mit dem jungen Bremer Kaufmann Vogelsang bekannt, der ihn auf das südliche Afrika, das er kannte, hinwies. Lüderitz hatte eine Faktorei in Lagos betrieben, wegen ausländischer Konkurrenz aber nicht mit dem gewünschten Erfolg. Vogelsang schlug Lüderitz vor, er wolle für ihn nach Westafrika gehen, um dort eine Faktorei zu gründen. Während Lüderitz noch unschlüssig war, kam ein Kapitän Timpe nach Bremen, der Arbeit suchte. Er wollte für Lüderitz nach Südwestafrika fahren. Die drei berieten nun gemeinsam und stellten fest, daß Südwestafrika noch von keiner europäischen Macht besetzt sei. Als Lüderitz nun hörte, daß das Klima dort für Europäer erträglich sei, faßte er den Plan der Gründung einer deutschen Kolonie: „Nein, dorthin (das heißt nach West- und Ostafrika) gehen wir nicht. Diese Küsten sind so ungesund, und wenn wir eine Kolonie gründen und aus der Kolonie mal was werden sollte, will ich auch, daß der Deutsche dort leben kann" (1). Der Gedanke, daß Deutschland Kolonien brauchte, wurde damals lebhaft in Deutschland besprochen. Das Buch von Fabri habe ich schon erwähnt. 1882 wurde der „Deutsche Kolonialverein" gegründet. Nach der eben angeführten Äußerung scheint es, daß Lüderitz die Gründung einer deutschen Kolonie mit deutschen Siedlern erstrebte. Es waren also nicht nur kaufmännische Erwägungen, die ihn zu seinem Vorgehen veranlaßten. Die drei entschlossen sich, in Südwestafrika einen Versuch zu machen. Vogelsang sollte nach Kapstadt vorausfahren, um Erkundigungen einzuziehen. Kapitän Timpe sollte mit der „Tilly" nachkommen. „Tilly" war ein Schoner von 260 t, den Lüderitz gekauft hatte, um damit Waren und Material für die zu gründende Faktorei zu senden. Die Waren bestanden hauptsächlich aus Waffen und Munition, wofür man in Südwestafrika einen guten Markt erwartete. Am 10.12.1882 verließ Vogelsang Bremen und kam am 6.1.1883 in Kapstadt an. Vogelsang wurde in Kapstadt bekannt mit Dr. Theophilus Hahn, dem Sohn des Missionskolonisten Samuel Hahn, den ich schon erwähnt habe (S. 10). Theophilus Hahn kannte Namaqualand gut und behauptete, das Land sei reich an Mineralien, besonders Kupfer. Und es wurden ja auch nicht weit von der Grenze von Südwestafrika in Springbok reiche Kupfervorkommen abgebaut. Und nach Kupfer hat Lüderitz durch mehrere Expeditionen suchen lassen. Jäckel, dem sich Drechsler anschließt, meinte, Lüderitz habe gehofft, Gold zu finden (2). Er weist darauf hin, daß kurz vorher Gold in Südafrika entdeckt worden sei und daß gerade damals der Kupferpreis sehr niedrig gewesen sei. Auch wäre das Transportproblem nicht zu lösen gewesen bei dem Fehlen von Straßen und jeglichen Verkehrsmitteln. Lüderitz hätte also als Kaufmann von vornherein erkennen müssen, daß ein Kupferabbau nicht lohnend sein würde. Ich finde jedoch in den Quellen keine Andeutung davon, daß „die südwestafrikanische Unternehmung damals vorzugsweise Gold- und Diamantenspekulation war." Vielmehr berichtet Schinz (3), „die unmittelbare Nachbarschaft der im Bereiche der Kolonie liegenden Kupferwerke in Ookiep ließen die Annahme einer Fortsetzung der erzführenden Schichten in das deutsche Gebiet hinüber als gerechtfertigt erscheinen, und die dort von englischen Reisenden und Händlern in früheren Jahren bereits tatsächlich gemachten Kupferfunde mußten den Unternehmer in jeder Ansicht nur bestärken."

Vogelsang stellte in Kapstadt fest, daß der Hafen von Angra Pequena (später Lüderitzbucht genannt) noch von keiner europäischen Macht, insbesondere nicht von England, besetzt sei. Er entschloß sich daher, **Angra Pequena** als Ausgangspunkt zu nehmen. Den Versuch, Angra Pequena über Land zu erreichen, mußte er nach wenigen Tagen aufgeben und nach Kapstadt zurückkehren, wo er sich eingehend über Südwestafrika bei Hahn informierte. Hahn meinte (4), die Handelsaussichten seien schlecht, hauptsächlich wegen der dauernden Kriege zwischen Nama und Herero. Der Handel mit Elfenbein habe aufgehört wegen Ausrottung der Elefanten. Schafzucht würde lohnend sein. Der Hafen von Angra Pequena könnte vielleicht von dem Häuptling von Bethanien gekauft werden. Vorbedingung für das Gelingen einer solchen Niederlassung sei die Besiegung der Herero. Vogelsang ließ sich durch dieses Gutachten nicht entmutigen. Er war ein unternehmender Geist, der etwas zu wagen bereit war. Insofern war er der rechte Mann für Lüderitz. Am 31. März kam die „Tilly" in Kapstadt an, beladen mit Teilen für Fertighäuser, Munition und Gewehren. Das Ziel der „Tilly" war Angra Pequena.

Dies wurde jedoch vor den Hafenbehörden geheim gehalten, ebenso die Natur der Ladung, weil sie aus Munition und Gewehren bestand, deren Einfuhr nach Südwestafrika die Kapregierung zu hindern suchte. Am 5. April 1883 verließ die „Tilly" Kapstadt in Richtung Angra Pequena. An Bord befanden sich außer Vogelsang und Kapitän Timpe der Schweizer von Pestalozzi, der Holländer de Jongh, die kaufmännischen Angestellten Franke und Wagner aus Bremen, die Südafrikaner Gebrüder William und Louis Klisser, der Rostocker Lahnstein, und die Steuerleute Teschenmacher und Brockmann. In Kapstadt waren noch ein Ochsenwagen, Wasser und Proviant zugeladen worden. Am 8. April sichtete man die Diazspitze, am 9. April ankerte das Schiff vor Angra Pequena, aber noch auf dem Meer, nicht in der Bucht. Am 10. April fuhr Vogelsang mit Timpe, Franke und William Klisser in einem Ruderboot in die Bucht, um einen geschützten Ankerplatz zu suchen. Um 10.30 Uhr sprang Vogelsang an Land, gefolgt von seiner Begleitung. Ein kräftiges „Hurra" gab der Freude der Gesellschaft Ausdruck, daß sie ihr Ziel erreicht hatte. Später wurde die „Tilly" in die Bucht gebracht. Doch nun kam harte Arbeit. Die Fracht mußte abgeladen werden, mangels anderer Arbeitskräfte mußten die Teilnehmer der Expedition selbst Hand anlegen. Und die Arbeit war schwer. In dem eiskalten Wasser stehend, oft bei starkem Südwestwind, mußten Balken, Kisten usw. abgeladen und an Land getragen werden. Die meisten Teilnehmer waren diese schwere Arbeit nicht gewöhnt. Vogelsang, der immer mehr als Führer hervortrat, mußte seine ganze Kunst der Menschenbehandlung aufbieten, um seine Mitarbeiter bei einigermaßen guter Laune zu erhalten.

Lüderitzbucht war nicht ganz menschenleer. Es befanden sich einige englische Robbenfänger an Land, ferner der Engländer Radford, der an der sog. Lagune wohnte. Er verhielt sich den Neuen gegenüber unfreundlich, als er vernahm, daß sie gekommen waren, um zu bleiben. Diese ließen sich jedoch dadurch nicht stören.

Vogelsang hatte von Lüderitz den Auftrag erhalten, einen Hafen zu finden, der sich als Basis für eine deutsche Niederlassung eignete. Den

Hafen hatte er nun, Raum für die Niederlassung mußte er noch bekommen. Gleich nach seiner Ankunft in Angra Pequena hatte er einen Buschmann zum deutschen Missionar Bam, der im Dienste der Rheinischen Mission in Bethanien stand, gesandt mit der Bitte um 6 Pferde. Vogelsang konnte es aber nicht abwarten, bis diese eintrafen. Nachdem das erste Haus zusammengesetzt war, entschloß er sich, zu Fuß nach Bethanien zu gehen. Franke und Lahnstein schlossen sich ihm an, und in Begleitung eines schwarzen Kochs und zweier Hottentotten als Träger brach die Gesellschaft am 23. April auf. Aber nach zwei Tagen mußte man den Versuch aufgeben als aussichtslos (5). Auf dem Rückweg wurden Vogelsang und seine Leute von den Pferden, die aus Bethanien geschickt waren, eingeholt, und nach kurzer Ruhe in Angra Pequena wurde am 26. April wieder aufgebrochen, diesmal zu Pferde. Vogelsang wurde begleitet von Pestalozzi und von de Jongh als Dolmetscher für das Holländische. Die Führung übernahm der Richter Daniel Fredericks aus Bethanien, der mit den Pferden nach Angra Pequena gekommen war. Er trieb zur Eile an, um die Durststrecke so schnell wie möglich zu überwinden. Am 28. April erreichte man Aus. Dort war eine Quelle in einer Felsschlucht, es gab auch gute Weide für die Pferde. Am 30. April wurde Bethanien erreicht mit seiner Kirche, seinem Missionshaus und den ca. 50 Hütten der Nama. Nach kurzer Rast im Missionshaus bei Frau Bam — Missionar Bam war auf Reisen — machten Vogelsang und seine Begleiter einen Antrittsbesuch bei dem Häuptling Joseph Fredericks als Vorbereitung für die Verhandlung am nächsten Tage. Diese fand am 1. Mai statt mit dem Kapitän und seinen Richtern. De Jongh als Dolmetscher trat als Sprecher in Kapholländisch auf und schlug den Verkauf von Angra Pequena mit einem Gebiet von 5 Meilen im Umkreis vor. Diese Rede wurde von einem Nama Lehrer in die Namasprache übertragen; die Antwort sollte am Nachmittag gegeben werden. Sie war bejahend, und der schon vorher von Vogelsang aufgestellte Kaufvertrag wurde abgeschlossen (6). Dadurch verkaufte der Häuptling an die Firma Lüderitz die Bucht von Angra Pequena und das Land im Umkreis von 5 Meilen nach allen Richtungen. Der Kaufpreis bestand in £100 in Gold und 200 Gewehren. Die Bezeichnung „Meilen" gab später zu Auseinandersetzungen Anlaß. Die Bethanier verstanden darunter die englische Meile (= 1,6 km), Lüderitz und Vogelsang aber meinten damit die deutsche Meile (= 7,4 km). Letztere war den Hottentotten unbekannt. Wir werden von den Schwierigkeiten, die sich daraus ergaben, noch hören (S. 14, 18). Vogelsang kehrte nach Angra Pequena zurück, froh, daß er diesen Hafen und seine Umgebung zum Eigentum von Lüderitz gemacht hatte. Um diese Tatsache zu feiern, wurde neben dem Faktoreigebäude in der Bucht am 12. Mai 1883 ein Pfahl errichtet und nachmittags 4.30 Uhr durch Vogelsang die schwarz-weiß-rote Flagge gehißt. Vogelsang ging damit etwas weit, denn das Gebiet war ja durch den Kauf nur privates Eigentum von Lüderitz, aber noch nicht deutsches Gebiet geworden. Am 25. August 1883 schloß Vogelsang mit Joseph Fredericks einen zweiten Vertrag, wodurch letzterer den Küstenstreifen zwischen dem Oranje und dem 26. Breitengrad und ein Gebiet von 20 (deutschen geographischen) Meilen landeinwärts von jedem Punkt von der Küste aus an Lüderitz verkaufte. Infolge des Mißverständnisses mit den Meilen hatten die Bethanier damit einen großen Teil ihres Weidelandes verkauft, ohne daß sie es wußten. Sie meinten, es handle sich nur um den Wüstenstreifen. Der Kaufpreis betrug £500 und 60 Gewehre.

Nachdem Lüderitz von dem ersten Kaufvertrag gehört hatte, mußte er sich überlegen, wie er seinen Besitz schützen könnte. Von den Eingeborenen scheint er nichts befürchtet zu haben. Allerdings mußte er mit der Feindschaft der Herero rechnen, wenn er mit den Hottentotten freundliche Beziehungen anknüpfte. Es bestand eine Erbfeindschaft zwischen den Herero und Nama. Nach zehnjähriger Friedenszeit war 1880 der Krieg erneut ausgebrochen. Hahn hatte in seinem Gutachten (7), das er Vogelsang zur Verfügung stellte, geschrieben: „Um alle diese Pläne durchzuführen, (d.h. Handel zu treiben, Kupfer zu gewinnen usw.) müssen die Damaras aus dem Felde geschlagen werden." Lüderitz befürchtete aber den Widerstand Englands, und so versuchte er, **Schutz des Deutschen Reiches für seine Erwerbungen zu erlangen.** Bismarck war aber an überseeischen Unternehmungen nicht interessiert, besonders nachdem die Samoavorlage im Reichstag abgelehnt worden war. In der Samoavorlage schlug die Reichsregierung eine finanzielle Hilfe für die Hamburger Firma Godeffroy für Unternehmungen in der Südsee vor. Der Reichstag war nicht kolonialfreundlich, während die Öffentlichkeit an Kolonien interessiert war. Bismarck war der Meinung, der Kaufmann solle vorangehen, der Soldat und Beamte nachkommen.

„Meine von Sr. Majestät dem Kaiser gebilligte Absicht ist", so lautete wörtlich das von Bismarck im Reichstag entwickelte koloniale Verwaltungsprogramm, „die Verantwortlichkeit für die materielle Entwicklung der Kolonie ebenso wie ihr Entstehen, der Tätigkeit und dem Unternehmungsgeiste unserer seefahrenden und handeltreibenden Mitbewohner zu überlassen, und weniger in der Form der Annektierung von überseeischen Provinzen an das Deutsche Reich vorzugehen, als in der Form von Gewährung von Freibriefen nach Gestalt der englischen Royal Charters im Anschluß an die ruhmreiche Laufbahn, welche die englische Kaufmannschaft bei Gründung der Ostindischen Kompanie zurückgelegt hat, und den Interessenten der Kolonie zugleich das Regieren derselben im wesentlichen zu überlassen und ihnen nur die Möglichkeit europäischer Jurisdiktion für Europäer und desjenigen Schutzes zu gewähren, den wir ohne stehende Garnison dort leisten können. Ich denke mir also, daß man dahin entweder unter dem Namen eines Konsuls oder eines Residenten bei einer derartigen Kolonie einen Vertreter der Autorität des Reiches haben wird, der Klagen entgegenzunehmen hätte, und daß irgend eines unserer See- und Handelsgerichte — sei es in Bremen oder Hamburg oder wo sonst — die Streitigkeiten entscheiden wird, die im Gefolge der kaufmännischen Unternehmungen entstehen könnten. Unsere Absicht ist, nicht Provinzen zu gründen, sondern kaufmännische Unternehmungen, aber in der höchsten Entwicklung, auch solche, die sich eine Souveränität einschließlich dem Deutschen Reich lehnbar bleibende, unter seiner Protektion stehende, kaufmännische Souveränität erwerben, zu schützen, in ihrer freien Entwicklung sowohl gegen die Angriffe aus der unmittelbaren Nachbarschaft als auch gegen Bedrückung und Beschädigung von seiten anderer europäischer Mächte." (Stenographische Berichte des Reichstags, 5. Legislaturperiode, 4. Session, Bd. II, S. 1062).

Während die „Tilly" noch nicht nach Kapstadt abgefahren war, hatte Lüderitz eine Eingabe mit der Bitte „um Schutz der deutschen Flagge für die zu erwerbenden Gebiete" im November 1882 an das Auswärtige Amt gerichtet. Er wurde zu einer Unterredung nach Berlin gebeten, die am 12. Januar 1883 stattfand. Nach der Aufzeichnung von Hollebens (8), des Handelsreferenten im Auswärtigen Amt, bat Lüderitz um das Folgende: 1. Schutz seiner Niederlassung, 2. seine Besitzungen dem kaiserlichen Konsulat in Kapstadt zu unterstellen, 3. durch ein deutsches Kriegsschiff die deutsche Flagge zeigen zu lassen. Holleben erstattete an Bismarck einen Bericht. Bismarck wollte daraufhin auf der Karte sehen, wo die Besitzungen von Lüderitz lägen, und wie weit sie von der englisch-portugiesischen Grenze und den neuesten französischen Ansprüchen entfernt wären. Die zweite Bitte wollte er erfüllen, auf die dritte Bitte sollte eine allgemein gehaltene mündliche Zusage gegeben werden. Am 7. Februar 1883 besprach der deutsche Botschafter in London, Bismarcks Sohn Graf Herbert Bismarck, die Angelegenheit mit dem Unterstaatssekretär des Foreign Office und fragte, ob eventuell deutsche Ansiedler in jenen Gegenden englischen Schutz erwarten könnten. Schon früher, im Jahre 1868, hatte sich die Rheinische Mission um englischen Schutz für ihre in Südwestafrika arbeitenden Mitarbeiter bemüht, und die Antwort erhalten, der Oranje bilde die Grenze der Kapkolonie (9). Graf Herbert Bismarck erhielt keine bestimmte Antwort, die englische Regierung müsse in dieser Frage mit der Kapregierung in Verbindung treten.

Inzwischen kam Vogelsang in Angra Pequena an und kaufte das Land. Lüderitz sprach Anfang August im Auswärtigen Amt vor und legte den Kaufvertrag vor. Er wies auf eine Schwierigkeit hin. Vor der Bucht von Angra Pequena liegen drei Inseln: Shark-, Penguin und Seal Islands. Ein englischer Untertan, Spence, behauptete, sie gehörten ihm und beutete sie aus. Sie waren wertvoll wegen Gewinnung von Guano und der Möglichkeit des Robbenschlagens, und Lüderitz wollte sie unter allen Umständen in seinen Besitz bringen. Diese Inseln waren der wertvollste Teil des neu erworbenen Landes. Lüderitz erhielt auf die Frage, ob er für seine Besitzungen auf deutschen Schutz rechnen könnte, von dem Referenten im Auswärtigen Amt von Bojanowski zur Antwort, daß er auf deutschen Schutz rechnen könnte, auf den jeder Deutsche im Ausland für seinen rechtmäßig erworbenen Besitz rechnen könne. Im übrigen sei sein Landkauf ein privates Handelsgeschäft, und er dürfe das von ihm erworbene Land nicht als deutsches Gebiet ansehen. Vogelsang wußte natürlich von diesen Verhandlungen nichts, und hatte, wie wir schon wissen, in Angra Pequena die deutsche Flagge gehißt. In Deutschland erfuhr man davon Anfang August durch die Zeitungen, und auch Bismarck hörte so davon. Das war natürlich nicht in seinem Sinne. Um so mehr wurde das in der deutschen Öffentlichkeit begrüßt.

Lüderitz hatte nun begreiflicherweise den Wunsch, das für ihn erworbene Land selbst zu sehen, und so kam es zu seiner ersten Reise nach Afrika. Am 13. September 1883 landete er in Kapstadt. Hier erfuhr er durch seine Agenten, Poppe, Rossouw und Co., daß die Firma Spence noch weitergehende Ansprüche stellte. Sie beanspruchte nicht nur die drei Inseln, sondern auch noch Teile des von Lüderitz auf dem Festland gekauften Landes. Auf diese Nachrichten begab sich Lüderitz am 15. September zu dem High Commissioner der Kapkolonie, Generalleutnant Smythe, und machte ihm Mitteilung von seiner Erwerbung. Lüderitz wußte damals nur von dem ersten Kaufvertrag Vogelsangs vom 1. Mai 1883, aber noch nicht von dem zweiten vom 25. August. Smythe zeigte Lüderitz ein Dokument, wonach ein englischer Schiffskapitän im Jahre 1864 von 11 Inseln längs der Westküste von Südwestafrika Besitz ergriffen hätte. Diese Inseln hätte die Kapregierung an die Firma de Passe, Spence und Co. verpachtet. Dieses Gebiet sei Niemandsland gewesen, antwortete Smythe, als Lüderitz fragte, von wem das Gebiet gekauft worden sei. Außerdem erhob Spence Ansprüche auf Teile des Festlandes. Der deutsche Konsul in Kapstadt, Lippert, unterstützte Lüderitz nicht, sondern riet ihm vielmehr, Herrn Spence seine Ansprüche abzukaufen. Dazu war Lüderitz nicht geneigt, hatte er doch inzwischen eine Abschrift des Vertrages zwischen dem Häuptling Christian Fredericks von Bethanien und Spence erhalten und daraus ersehen, daß der Firma Spence nur Minenrechte eingeräumt worden waren. Lüderitz wollte nun so schnell wie möglich nach Bethanien reisen, um die Verhältnisse zu klären. Am 11. Oktober 1883 kam er in Angra Pequena an und hatte gleich mit Schwierigkeiten zu tun. Das Schiff, auf dem er reiste, hatte Fracht für Lüderitz und für einige englische Händler an Bord, der Kapitän wollte sie in Angra Pequena löschen. Lüderitz verlangte nun Zoll für die Waren, die für die englischen Händler bestimmt waren, weil Angra Pequena sein Gebiet wäre. Der Kapitän machte nach seiner Rückkehr nach Kapstadt von dem Vorfall Meldung. Daraufhin wurde das englische Kanonenboot „Boadicea" nach Angra Pequena entsandt. Inzwischen war Lüderitz noch weiter gegangen. Er hatte die Fahnenstange in der Bucht, an der eine englische Flagge wehte, umhauen lassen. Als der Kapitän des englischen Kriegsschiffes davon erfuhr, war er natürlich entrüstet. Er ließ sich aber durch Lüderitz beruhigen, als dieser erklärte, daß er die Bucht gekauft habe und sie als seinen Besitz ansähe. Lüderitz fragte ihn, was er (der Kapitän) gesagt haben würde, wenn auf seinem Besitz die deutsche Flagge gehißt worden wäre.

Lüderitz reiste nun nach Bethanien im Ochsenwagen, den er aus Kapstadt mitgebracht hatte. Seine Reise wurde verzögert, weil die Ochsen unterwegs an Gallseuche erkrankten. Am 28. November 1883 fand eine Ratsversammlung in Bethanien statt. Außer dem Häuptling von Bethanien hatte Lüderitz noch fünf andere Häuptlinge geladen, von denen jedoch nicht alle kamen, da sie mit Kriegsvorbereitungen gegen die Herero im Norden beschäftigt waren. Lüderitz machte auf die Hottentotten einen guten Eindruck. Er sprach fließend holländisch und wußte sie richtig zu behandeln. Die Häuptlinge erklärten, daß sie an Spence niemals Land verkauft, sondern nur zur Nutzung überlassen hätten. In der Versammlung brachten die Häuptlinge auch die Meilenfrage zur Sprache. Vogelsang habe bei dem zweiten Vertragsabschluß am 25. August 1883 betont, es handele sich bei dem Landverkauf nur um den Sand. Später erklärten die Häuptlinge, Lüderitz habe ihnen zwei Karten vorgelegt und mit dem Zirkel die Grenzen angegeben, wobei das Weideland nicht eingeschlossen war. Daß Lüderitz wußte, daß bezüglich der Meilen ein Mißverständnis vorlag, geht aus einem Brief von Lüderitz (10) an Vogelsang vom 26. März 1884 hervor, in dem es heißt: „Da in unserem Kaufcontracte steht = 20 g e o g r. Meilen Inland, so wollen wir diese auch beanspruchen. — Lassen Sie Joseph Frederiks aber vorläufig im Glauben, daß es 20 engl. Meilen sind." Daß Lüderitz versäumte, dieses Mißverständnis aufzuklären, haben die Bethanier ihm niemals verziehen.

Lüderitz hatte nun Land erworben. Die Frage war nun, ob die Reichsregierung diese Erwerbung als deutsches Territorium anerkennen würde. Wir wollen hier nicht die Besprechungen zwischen Lüderitz und dem Auswärtigen Amt und zwischen der deutschen und englischen Regierung in allen Einzelheiten (11) verfolgen. Sie führten schließlich zu Bismarcks Telegramm (12) vom 24. April 1884 an den deutschen Konsul in Kapstadt: „According to statements of Mr. Luederitz colonial authorities doubt as to his acquisitions north of Orange river being entitled to German protection. You will declare officially that he and his establishments are under protection of the Empire." Den letzten Anstoß hierzu wird wohl der günstige Bericht von Kapitän Aschenborn gewesen sein, der mit seinem Schiff „Nautilus" nach Angra Pequena gesandt worden war, um die Verhältnisse dort zu erkunden. Der Besuch fand im Januar 1884 statt und war ein voller Erfolg für Lüderitz.

Kapitän Aschenborn berichtet über seinen Besuch in Angra Pequena folgendes (13):

„Am 13. Januar 1884 traf S.M.S. „Nautilus" in Kapstadt ein und fand hier den Befehl vor, statt nach der ihm zugewiesenen Station Australien mit tunlichster Beschleunigung nach China zu gehen, wo die politische

Spannung eine Verstärkung unserer dortigen maritimen Kräfte erforderlich erscheinen ließ.

Da ich wegen Typhuserkrankungen an Bord direkt nach Kapstadt gegangen war, um einer weiteren Ausbreitung der Krankheit an Bord vorzubeugen, und deshalb noch nicht Angra Pequena, wohin ich nach meiner Segelorder gehen sollte, angelaufen hatte, fragte ich drahtlich in Berlin an, ob ich noch diesen Besuch abstatten sollte. Dies wurde befohlen. Nachdem dann in Kapstadt Kohlen und Proviant genommen, Kranke ausgeschifft, die Takelage wieder in Stand gesetzt war und ich mich bei dem stellvertretenden Gouverneur, Generalleutnant Leicester Smith*, über die von englischer Seite gemachten Besitzansprüche an der südwestafrikanischen Küste in Kenntnis gesetzt hatte, verließ ich am 20. Januar, und weil dieser auf einen Sonntag fiel, unter Bezahlung einer Strafe von 2 Pfund den Hafen und dampfte nach Norden.

Die Ansteuerung der Küste gestaltete sich recht schwierig. Die kalte arktische Meeresströmung erzeugt bei dem Auftreffen auf die warme Küste starken Nebel. Dieser lagert entweder in dichten Strichen über dem Wasser, so daß man wohl das Hinterland, aber nicht die Küste selbst sehen und den Abstand schätzen kann, oder er lüftet sich soweit, daß die Brandung und die felsige Küste wohl zu sehen, aber etwaige Orientierungsmarken des Landes verdeckt sind. Bei diesem Dampfen längs der Küste wurden verschiedene kleine Felseninseln bemerkt, die noch nicht in die Karte aufgenommen waren. Als ich soweit nördlich gekommen war, daß ich Diaz-Point auf dem südlichen Kap vor Angra voraus zu erkennen glaubte, wurde es wieder so dick, daß man keine halbe Schiffslänge voraus sehen konnte. Ich dampfte daher, bis ich auf der Höhe der Einfahrt der Bucht zu sein glaubte, und wartete auf Aufklärung des Wetters.

In der Nacht hatten wir das stärkste Gewitter, dessen ich mich entsinnen kann. Die starken Blitze folgten sich fast unaufhörlich und schlugen dicht um das Schiff ins Wasser. Einer fuhr sogar an dem Blitzableiter des Besanmastes hernieder, wobei ich, auf der Kommandobrücke stehend, einen starken elektrischen Schlag erhielt.

Am nächsten Morgen, dem 24. Januar, hielt ich wieder auf die nebelumhüllte Küste unter fortwährendem Loten zu, um das gewöhnlich gegen Abend erfolgende Aufklaren zu erwarten. Bei einem Riss in der Nebelbank gegen 4 Uhr nachmittags erschien Land, das sicher am Tage vorher noch nicht gesichtet worden war. Ich hielt deshalb nach Süden ab und gewahrte bald in einer Bucht einen vor Anker liegenden Schoner und konnte dann die Angra Pequena vorliegenden Felseninseln erkennen, dampfte dann zwischen der Seal- und der Pinguininsel hindurch, auf denen die englische Flagge wehte, und sah hinter ihnen die Lüderitzsche Faktorei. Von dem Schoner kam mir ein Boot entgegen, das mich einlotsen wollte. Ich wußte

* eigentlich Smythe

nicht, daß dies Fahrzeug auch Herrn Lüderitz gehörte und glaubte nur, daß es auf eine Geldschneiderei abgesehen sei, lehnte daher die unnötige Hilfe ab, da die einzige bedrohliche Untiefe, der Tigerfels, schon erkannt war, und ankerte gegenüber der Faktorei in 6½ m Wasser.

Beim Einlaufen schon hatte ich durch mein Fernglas den Besitzer am Fenster mit seinem Anziehen für den Besuch beschäftigt gesehen, erwartete ihn deshalb, zumal ein Boot bereit zu liegen schien. Jedoch vergebens. Ich schickte daher einen Offizier mit den von Kapstadt für die Niederlassung mitgenommenen Postpaketen an Land und forderte Herrn Lüderitz für den folgenden Morgen auf, zu mir an Bord zu kommen. Bei der Rückkehr des Bootes erfuhr ich dann, daß Herr Lüderitz nur nicht gewagt hätte, schon am Abend zu kommen, weil ihm der Schiffer seines Schoners gesagt habe, daß er nicht ohne Erlaubnis auf ein Kriegsschiff fahren dürfe.

Am nächsten Morgen kam dann Herr Lüderitz mit einer Mappe voll Aktenstücke bewaffnet zu mir und berichtete ausführlich und redselig über seine Absichten und Erfolge. Er legte mir auch den mit dem Landesoberhaupte „King" oder „Kaptein" Joseph Frederik in Bethanien geschlossenen, von diesem und den dortigen Missionaren mitunterzeichneten Kaufvertrag vor und hielt mir, obwohl ich erklärte, kein Holländisch zu verstehen, die bei der Kaufverhandlung gehaltene holländische Rede. Währenddessen hatte ich die mitgebrachten Akten und die von Lüderitz angefertigte Karte seines nunmehrigen Besitzes studiert und konnte ihm nach Beendigung seiner schönen Rede, in der viel von der ewigen Freundschaft zwischen den Verhandelnden gesagt war, erklären, daß seine Karte f a l s c h sei. Darüber größtes Erstaunen mit der Beteuerung, daß er die Karte nach der neuesten englischen angefertigt habe. „Das mag schon sein", sagte ich, „Sie haben nur den Fehler bei Ihrer Eintragung gemacht, daß Sie statt der in dem Dokument festgesetzten ‚geographischen' Meilen ‚englische' in den Zirkel genommen haben." „Dann gehören mir ja auch die Minen in den Naubbergen!" rief er hocherfreut und umarmte mich voll Seligkeit.

Nach dem unanfechtbaren Vertrage gehörte aber in der Tat der Firma Lüderitz das ganze Küstenland von 26 Grad südlicher Breite bis zum Oranjefluß in einer Breite von 20 geographischen Meilen, von jedem Punkt der Küste aus landeinwärts gerechnet. Er hatte dafür 500 Pfund Sterling und 60 Gewehre gegeben.

Sein Widersacher bei diesem Landerwerb war ein Mr. Spence von der Firma de Pass, Spence & Co. Dieser hatte die oben erwähnten Minen am Naubberge gepachtet, welche Pachtung noch bis zum Jahre 1904 zu Recht bestand, und betrachtete das ihm zur Benutzung überlassene Land als ihm verkauft. Es ist aber in dem holländischen Abkommen nicht von einer „Verkoping" sondern von einer „Vergunning" die Rede. Nach dem Lüderitzschen Vertrage lag nun das Spence überlassene Land in den Grenzen des Lüderitzschen Besitzes und der Transport des Erzes konnte nur über dessen Grund und Boden vor sich gehen.

Weitere Streitfragen zwischen den genannten Parteien waren erstens die Frage, ob der Name „Angra Pequena", der in den Abmachungen gebraucht war, die ganze Bucht von der Diaz-Spitze bis zum North East Point umfasse, wie Lüderitz es verstand, oder nur den inneren Teil desselben, hinter den vorliegenden Inseln, wie es die Meinung von Spence war; zweitens die Frage, ob die Sharkinsel wirklich eine Insel und als solche von der englischen Regierung in Besitz genommen sei.

Die erste Frage wurde durch eine Erklärung des früheren Landesherren, des sogenannten King Joseph Frederik, zugunsten von Lüderitz entschieden, die zweite dadurch, daß in der englischen Proklamation die Besitzergreifung dieser Insel nicht genannt war.

In der Tat ist die sogenannte Sharkinsel nur eine Halbinsel, weil sie nicht „zu jeder Zeit mit einem landesüblichen Fahrzeug umschifft werden kann", da dies zur Ebbezeit nicht möglich ist, da die Verbindung mit der Insel trocken fällt. Diese Erklärung des preußischen Landrechts wurde auch bei meiner späteren Besprechung mit dem Gouverneur in Kapstadt anerkannt und dadurch dieser Platz, auf dem jetzt die Stadt Lüderitzbucht liegt, für Deutschland gesichert.

Außer dem gekauften Küstenlande hatte Lüderitz von dem „Kaptein" Joseph Frederik in Bethanien 7 Morgen Ackerland, das er sich dort aussuchen durfte, mit einer guten Quelle zum Geschenk erhalten, um dort eine Verkaufsstelle (store) anzulegen. Der Häuptling erhielt dafür eine rote Husarenuniform, die er mit Stolz trug.

Die Handelsgeschäfte waren schon gut in Gang gekommen, doch schien das Hauptaugenmerk von Lüderitz auf die Ausbeutung der Minenschätze des Landes gerichtet zu sein. Eine Kupfermine war schon in Angriff genommen.

Auch die Anlage einer Fischerei war geplant, da die Bucht von Fischen wimmelte. Fischten wir doch mit unserem Bordnetz in einem Zuge soviel Fische, daß die ganze Mannschaft des „Nautilus" wie des Schoners und die Leute an Land für mehr als einen Tag versorgt waren.

Leider konnte ich nicht zur Erkundung des Landes in das Innere kommen, weil es allein 7 bis 10 Tage dauerte, um die Zugochsen für die vorhandenen Wagen zur Küste zu schaffen, wobei die Tiere vier Tage ziehen mußten, ohne unterwegs Wasser zu finden.

Der Wassermangel zeitigt den größten Übelstand der ganzen Anlage, da auch an der Küste kein Quell- oder Brunnenwasser vorhanden ist und auch der Maschinenbetrieb durch den Kohlenmangel fraglich wurde. Die Tonne

Wasser, durch den Schoner „Meta" von Kapstadt geholt, kostete 33 sh. und war auch durch einen Destillierapparat nicht billiger zu gewinnen.

Die Faktorei bestand aus einem hölzernen, mit Wellblech gedeckten Wohnhaus, einem ebenso gebauten Lagerhaus und einem, etwas abseits gelegenen Pulverhäuschen. Da aber die Räume nicht mehr ausreichten, war schon ein größeres eisernes Haus bestellt und bereits unterwegs. Die natürlich recht primitive innere Einrichtung war von den deutschen Herren selbst angefertigt. Herr Lüderitz hatte dazu in Bremen das Tischler- und Schlosserhandwerk erlernt und war stolz darauf, daß die von uns benutzten Tische und Stühle sein eigenes Machwerk waren. Seine Gefährten waren ein Herr Franke, der als sein Stellvertreter hier bleiben sollte, ferner ein jüngerer Mann namens Wagner und ein junger Obersteiger namens Prescher. Mit letzterem wollte Herr Lüderitz auf dem Schoner „Meta" nach der Mündung des Oranjeflusses fahren, um die vorliegende Barre auf Passierbarkeit zu untersuchen und den südlichen Teil seines Landes kennenzulernen. Bei der späteren Verwirklichung seiner Pläne ist er leider verschollen. Er soll zuletzt bei einer Ausfahrt mit einem Boot in der Mündung des Oranjeflusses gesehen worden sein.

Der Anblick der Küste war wenig einladend: eine felsige Wüste ohne Vegetation. Nur bei der Faktorei waren ein paar kümmerliche Sträucher gepflanzt, deren sorgsame Pflege wenig aussichtsvoll erschien.

Auf dem höchsten Hügel an der Bucht, der „Nautilus-Spitze" genannt wurde, ließ ich ein hohes hölzernes weißes Kreuz als notwendige Landmarke errichten, von dessen Stelle ich eine Aufnahme der Bucht machte.

Bei den mit Herrn Lüderitz unternommenen Durchstreifungen der Küste fielen die häufigen roten Stellen des Gesteins auf, die auf Eisenhaltigkeit schließen ließen. Auch fand ich in dem steinigen Sande viele Eisenkörner von Erbsen- oder Bohnengröße, die sich als reines Eisen erwiesen und aus denen ich mir an Bord einen kleinen Anker schmieden ließ.

Außer den bereits genannten Deutschen befanden sich bei der Ansiedlung nur noch einige Eingeborene (Hottentotten) als Diener und Arbeiter in einem kleinen Kraal. Das einzige vor seinem Pontok angetroffene weibliche Wesen war ein Wunder von Häßlichkeit, die durch die mit Kohle oder Ruß hergestellten Schminkflecke auf Stirn, Nase und Wangen und durch das bekannte unförmige, den Hottentotten eigentümliche Hinterteil höchst grotesk wirkte, trotz den kleinen wohlgeformten Händen und Füßen.

Natürlicherweise entwickelte sich in den zwei Tagen unserer Anwesenheit ein lebhafter freundschaftlicher Verkehr zwischen Schiff und Land, und ich nahm neben schönen ,als Gastgeschenk erhaltenen Antilopengehörnen nur angenehme Erinnerungen an den kühnen und umsichtigen Kolonialpionier Lüderitz und sein Werk mit von dort."

Zu Ehren des Besuches hatte Lüderitz den Berg hinter der Niederlassung „Nautilus-Spitze" genannt. Auf Wunsch des Kapitäns Aschenborn wurde auf der Höhe ein Balkenkreuz als Seezeichen aufgerichtet. Schon vorher hatte Lüderitz bei Diaz Point, der Stelle, an der Bartolomäus Diaz ein Kreuz aufgestellt hatte und in dessen Nähe heute der Leuchtturm steht, ein Balkenkreuz als Seezeichen aufgestellt mit der Inschrift: „Errichtet von F. A. E. Lüderitz 1884 auf Diaz Point." Er war mit einem Ruderboot hingefahren und hatte das hölzerne Kreuz im Wasser schwimmend hinter dem Boot hergezogen.

Nachdem nun Lüderitz den Vertrag mit Joseph Fredericks geschlossen hatte und die Bucht von Angra Pequena und das Land rings umher erworben hatte, machten ihm die Auseinandersetzungen mit den Engländern viel Kopfzerbrechen. Es handelte sich für ihn hauptsächlich um die drei der Bucht vorgelagerten Inseln (Shark-, Penguin- und Seal Islands). Die Kapregierung hielt daran fest, daß sie die Inseln rechtmäßig erworben hätte und berechtigt gewesen wäre, sie an die Firma Spence zur Nutzung zu verpachten (14). Lüderitz suchte die Unterstützung der deutschen Reichsregierung in seinem Kampf gegen diese Ansprüche und bat um Reichsschutz. Diese Bitte wurde gewährt durch das schon erwähnte Telegramm an den Konsul Lippert. Weiter bat er „um recht baldiges und möglichst oft zu wiederholendes Erscheinen eines deutschen Kriegsschiffes" (15). Diese Bitte wurde gewährt durch Entsendung der Kriegsschiffe „Elisabeth" und „Leipzig". Marinegeneralarzt Dr. König berichtete (16) über die bei dieser Gelegenheit erfolgte Flaggenhissung folgendes (17):

„Am 7. August 1884 wurde es in der deutschen Niederlassung auf Angra und auf beiden Kriegsschiffen ‚Elisabeth' und ‚Leipzig' sehr früh lebendig. Schon um 6 Uhr wurde Kaffee getrunken, und um 7 Uhr fuhren in etwa zwölf großen Booten Offiziere und Mannschaften von beiden Schiffen an Land. Das Wasser stand leider so niedrig, daß die Boote nicht am Ufer anlegen konnten. So wurden die kräftigsten Bootsruderer ausgesucht, die ohne Strümpfe und Schuhe ins Wasser sprangen, um die Offiziere an Land zu tragen, — ein Anblick, der geeignet war, die feierliche Stimmung in eine recht fröhliche umzuwandeln.

Die Küste machte mit ihrem nackten felsigen Boden, den kein Baum, kein Strauch zierte, zunächst keinen günstigen Eindruck. Dagegen war der Blick von der Küste aus über die blaue See und die von unzähligen Vögeln umflogenen Inseln sehr freundlich, ja geradezu schön, wenn Schiffe die Bucht belebten, zahlreiche Boote Land und Schiffe verbanden und über dem Ganzen der wolkenlose Himmel lachte. Der Landungsplatz war öde. Vorläufig standen dort nur drei Holzhäuser, die den fünf Angestellten der Firma Lüderitz Wohnung und ihren Waren Schutz gewährten. Mit voller Musik zogen wir den Abhang hinauf, in dessen Mitte eine hohe Flaggenstange errichtet worden war. Zu beiden Seiten nahmen die etwa 300 Matrosen Aufstellung, während hinter ihr, mit Front zur See der Kommandant der ‚Leipzig' Kapitän zur See Herbig in Vertretung des erkrankten Kommandanten der ‚Elisabeth' seinen Platz wählte. Hinter ihm standen wir Offiziere, alle in großer Uniform, die Seekadetten, (unter denen sich Franz Hipper, der spätere Führer in der Skagerrakschlacht, befand), sowie Heinrich Vogelsang und die Angestellten des Hauses Lüderitz.

Die Mannschaft präsentierte das Gewehr, und unter lautloser Stille verlas Kapitän zur See Herbig das folgende Dokument:

Seine Majestät der Kaiser haben mir befohlen, mit der gedeckten Korvette ‚Elisabeth' nach Angra Pequena zu gehen, um das dem Herrn Adolf Lüderitz gehörige Territorium an der Westküste Afrikas unter den direkten Schutz Sr. Majestät zu stellen. Das Territorium des Herrn Lüderitz wird nach der amtlichen Mitteilung als sich erstreckend von dem Nordufer des Oranjeflusses bis zu 26 Grad Südbreite, 20 geographische Meilen landeinwärts angenommen, einschließlich der nach dem Völkerrecht dazugehörigen Inseln.

Indem ich diesen allerhöchsten Auftrag zur Ausführung bringe, hisse ich hiermit als äußeres Zeichen die kaiserliche deutsche Flagge, stelle somit das erwähnte Territorium unter den Schutz und die Oberherrlichkeit Sr. Majestät des Kaisers Wilhelm und fordere die Anwesenden auf, mit mir einzustimmen in ein dreifaches Hoch — Seine Majestät Kaiser Wilhelm I. lebe hoch!

Schering
Kapt. z. S., Kommandant S.M.S. ‚Elisabeth'.

Die Kriegsflagge stieg am Mast empor, und in das donnernde dreifache Hoch mischte sich der Kanonenschall der beiden Fregatten, die der Flagge den Salut von je 21 Schüssen brachten. Die Musik spielte „Heil dir im Siegerkranz". In kaum 20 Minuten war eine Tat geschehen, die für unsere ganze Kolonialpolitik von größter Bedeutung werden sollte. Im Gespräch mit den Beamten des Hauses Lüderitz Vogelsang, Franke, Wegner und Falkenthal erschien uns die Größe dieser kolonialen Unternehmung, in der bereits etwa eine Million Mark steckte, erst in ihrem vollen Lichte."

Auf die Inseln mußte Lüderitz verzichten, denn in seinem Anspruch darauf wurde er von Bismarck nicht unterstützt.

Lüderitz hatte nun weitreichende Pläne; er wollte an der Küste des Indischen Ozeans, an der St. Lucia Bai, eine deutsche Niederlassung gründen. Ich gehe darauf nicht näher ein, weil es nicht zu unserem Thema gehört, und verweise dafür auf das Buch von Schüssler S. 139-199 (vgl. Anm. 1). Jedenfalls war dieser Versuch ein Mißerfolg. Aber auch in Südwestafrika hatte Lüderitz weiterreichende Pläne. Er wollte sein Gebiet nach Norden ausdehnen. Auch Bismarck wünschte nun nicht mehr, daß England weitere Gebiete in Südwestafrika besetzte. Bis jetzt erhob England nur Anspruch auf Walfischbucht, das 1878 zum englischen Besitz erklärt worden war. Das Kanonenboot „Wolf" wurde beauftragt, an der Küste von Südwestafrika mit nördlichem Kurs entlangzufahren und an geeigneten Stellen die deutsche Flagge zu hissen. Das geschah im August 1884, und zwar in Sandwich Hafen, an der Swakopmündung und auf Kap Frio. Die Verhandlungen mit England über Südwestafrika wurden durch eine englische Note vom 22.9.1884 beendet, worin England an allen Teilen der Küste von Südwestafrika Deutschland als Nachbarn begrüßte. Die Nachricht von der Besitzergreifung und dem Zeigen der deutschen Flagge in Südwestafrika fand in Deutschland begeisterten Widerhall. Lüderitz wurde volkstümlich.

Lüderitz bemühte sich nun um eine Vergrößerung seines Territoriums nach Norden hin. Dazu mußte er mit den Herero verhandeln. Es hatte sich ja gezeigt, daß der Süden für eine Siedlung ungeeignet war, Kupfer hatte sich nicht in abbauwürdiger Menge gefunden, und der Handel lohnte sich nicht. Verhandlungen mit den Herero waren aber schwierig. Vogelsang hatte den Nama, die sich seit 1880 und auch schon vorher in ständigen Kriegen mit den Herero befanden, Waffen und Munition verkauft. Diese hatte er, wie wir schon gehört haben (S. 12), mit der „Tilly" nach Angra Pequena gebracht. Lüderitz zog es deshalb vor, nicht Vogelsang, sondern seinen Bruder August Lüderitz und Dr. Höpfner nach Okahandja zu Kamaherero, dem Häuptling der Herero, zu senden. Dr. Höpfner war mit Kamaherero bekannt. Er war durch einen Elberfelder Industriellen, Hasenclever, 1883 ins Hereroland gesandt worden, um zu untersuchen, ob sich dort abbauwürdige Kupfervorkommen fänden. Lüderitz scheute sich, Vogelsang nach Okahandja zu senden, denn er fürchtete für dessen Leben, weil gerade Vogelsang sich bei den Herero durch seine Verbindung mit den Bethaniern unbeliebt gemacht hatte. Die Sendung hatte also in Okahandja keinen Erfolg, besonders auch weil Lewis, ein englischer Händler, der bei den Herero großen Einfluß hatte und ihre Sprache beherrschte, ihr entgegenarbeitete. Er versuchte, die Herero zu überreden, daß sie um den Schutz der Kapregierung bäten, nachdem sich doch die Bethanier mit Lüderitz verständigt hätten. Gestützt wurde Lewis, der weder lesen noch schreiben konnte, von dem englischen Vertreter in Walfischbucht, Palgrave. Dieser hatte sich schon früher, 1876-1880 vergeblich bemüht, eine englische Schutzherrschaft über die Herero einzurichten. Bei diesen Verhandlungen stand den Abgesandten von Lüderitz auch der ehemalige Missionar Hahn im Wege.

Hahn hatte 1873 seinen Austritt aus der Rheinischen Mission erklärt. Er vertrat einen streng lutherischen Standpunkt und wollte keine Abendmahlsgemeinschaft mit den reformierten Missionaren haben. Damit war die Missionsleitung nicht einverstanden. Auch war die Missionsleitung enttäuscht, daß die von Hahn gegründete Missionskolonie Otjimbingwe ein Mißerfolg war. Ihr Zweck war gewesen, junge Herero in Handwerk und Landbau zu unterrichten. 1863 kamen einige Missionshandwerker (Hälbich, Tamm und der Kapländer Raven) nach Otjimbingwe, und die Arbeit begann. Anfangs ging alles gut, aber später zeigte sich, daß die Herero-Lehrlinge keine Ausdauer hatten, der Landbau lag dem Nomadenvolk nicht. Die Missionskolonie wurde 1874 aufgelöst, die Missionskolonisten bezw. Missionshandwerker Baumann, Tamm, Felling, Redecker, Hälbich wurden aus dem Missionsdienst mit Abfindung entlassen. Baumann wurde als Katechet angestellt, Hälbich und Redecker blieben auf eigene Rechnung im Lande. Es kam dann zwischen Hahn und der Missionsleitung zu weiteren Unstimmigkeiten wegen der Gründung der sog. Missionshandelsgesellschaft, deren offizieller Name war „Aktiengesellschaft für den Handel in den Arbeitsgebieten der Rheinischen Mission". Die Missionsleitung wünschte Scheidung von Mission und Handel. Deshalb gründete sie die Missionshandelsgesellschaft, um die Missionare von dem bisher unvermeidlichen Tauschhandel zu befreien. Die Missionshandelsgesellschaft hatte zunächst Erfolg, später aber gingen die Geschäfte nicht mehr so gut. Die Missionsleitung hatte in der Wahl der Leiter keine glückliche Hand, auch lag der Handel in Südwestafrika wegen des Krieges zwischen den Herero und Nama im allgemeinen darnieder. Elefanten und Strauße waren durch die Jäger beinahe ausgerottet. Der Handel mit Elfenbein und Straußenfedern stockte also, der Viehhandel mit Südafrika war wegen der Entfernung und der Unsicherheit im Lande mit einem großen Risiko verbunden. So wurde später auch die Handelsgesellschaft aufgelöst (1881).

Hahn erstrebte Verbindung von Handel und Mission zum Besten der Eingeborenen. Infolge dieser Meinungsverschiedenheiten schied er 1873 nach 30 Jahren aus dem Dienst der Mission aus. Er ging als Pfarrer der St. Martinikirche nach Kapstadt, wo er noch 10 Jahre wirkte. Er starb im Alter von 78 Jahren in Paarl im Hause seines Sohnes. Eine Zeitlang war er noch Superintendent in der Hereromission gewesen, gab aber diese Stellung auf, da die praktischen Schwierigkeiten wegen der weiten Entfernung von Kapstadt zum Hereroland zu groß waren. Hahn hatte bei den Herero großen Einfluß und riet ihnen ab, auf die Vorschläge von Lüderitz einzugehen. Er meinte, sie wären nicht zum Nutzen der Herero. August Lüderitz und Höpfner hatten also bei Kamaherero keinen Erfolg. Der Häuptling ließ sich auf nichts ein.

Nun versuchte Vogelsang selbst sein Glück trotz der Gefahr für sein Leben. Er kam als kaiserlich deutscher Konsul. Dazu war er am 18.11.1884 durch den kaiserlichen Generalkonsul für Westafrika Dr. Nachtigal ernannt worden (18). Sein Geschäftsbereich waren die von Lüderitz erworbenen Gebiete. Auch Vogelsang erreichte nichts. Palgrave (S. 25) war kurz vorher in Okahandja gewesen! Vogelsang wurde allerdings in Okahandja etwas freundlicher empfangen als das bei A. Lüderitz und Höpfner der Fall gewesen war.

In Südwestafrika war Lüderitz aktiv gewesen, und das Auswärtige Amt hinkte etwas hinterher. Die Erwerbungen und Verträge waren von Lüderitz als Privatmann getätigt worden. Dadurch geriet er gegenüber der Kapregierung in Nachteil. Er konnte als Privatmann einer Regierung gegenüber keine Hoheitsrechte ausüben, Zölle erheben usw. Im Auswärtigen Amt in Berlin war es besonders der Leiter der handelspolitischen Abteilung, Geheimer Legationsrat Heinrich von Kusserow, der Lüderitz unterstützte. Er war es, der bei Bismarck immer und immer wieder darauf drängte, daß Deutschland eine Kolonialpolitik betrieb. Er war Bismarck oft unbequem, weil seine Denkschriften und Vorträge zu lang waren. Kusserow war es, der darauf drängte, daß im Hinblick auf Lüderitz' Erwerbungen ein Generalkommissar für Westafrika ernannt wurde. Dazu kamen noch die Erwerbungen von Woermann in Togo und Kamerun. Der Entsendung des Reichskommissars ging eine Besprechung bei Bismarck voraus, an der Lüderitz, Woermann, Kusserow und ein Kaufmann Dyers aus Bremen teilnahmen. Bismarck erläuterte seine Absichten: Es sollte keine erobernde Kolonialpolitik, wie zum Beispiel durch Frankreich, getrieben werden. Er wollte keine Kriegsschiffe aussenden, um fremde Länder zu besetzen, aber der deutsche Kaufmann sollte geschützt werden. Wo der deutsche Kaufmann Land erworben hatte, wollte die Regierung folgen. Aber der Kaufmann sollte die Kolonie selbst verwalten. Bismarck wollte ein Kriegsschiff und einen Reichskommissar nach Westafrika entsenden und bat um Instruktionen für die Erwerbung von Küstenstrecken.

Die Wahl für dieses Amt fiel auf Dr. Gustav Nachtigal. Geboren 1834 in einem Dorf bei Stendal, wirkte er seit 1859 in Köln als Arzt, ging 1863 wegen eines Lungenleidens nach Algier, später nach Tunis, wo er bis1869 als Arzt praktizierte. Später bereiste er verschiedene Länder in Nordafrika, bis er 1882 zum Generalkonsul in Tunis ernannt wurde. Er besaß also schon eine gewisse Kenntnis von Afrika und seinen Bewohnern. 1884 wurde er zum kaiserlichen Generalkonsul und Kommissar für Westafrika ernannt. Auf dem Kanonenboot „Möwe" fuhr er von Lissabon aus zunächst nach Togo und Kamerun und kam am 7.10.1884 in Angra Pequena an. Vogelsang war in Bethanien, und so wurde Nachtigal von Lahnstein empfangen. Als er hörte, daß die Namahäuptlinge zu einer Konferenz nach Bethanien geladen waren, entschloß er sich, ihr beizuwohnen. In der Begleitung von Vogelsang, der inzwischen nach Angra Pequena zurückgekehrt war, und von Leutnant Graf Spee, dem späteren Sieger in der Schlacht von Coronel, der im Dezember 1914 in der Schlacht bei den Falklandinseln mit seinem Schlachtschiff „Scharnhorst" unterging, reiste Nachtigal nach Bethanien. Die Häuptlinge waren jedoch nicht gekommen wegen des Krieges mit den Herero. So verhandelte Nachtigal mit Josef Fredericks und seinem Rate am 28.10.1884 allein.

Ein Augenzeuge, Missionar Bam, schildert diesen für die Geschichte des Platzes Bethanien wie des ganzen Schutzgebietes hochbedeutsamen Akt folgendermaßen (Deutsche Kolonialzeitung 85, S. 137 ff.):

„Am 24. Oktober trafen hier, wie erwartet, der kaiserliche Kommissar Dr. Nachtigal in Begleitung des Herrn Vogelsang (vom Hause Lüderitz) und des Grafen Spee, Unterleutnant zur See, ein. Bald erschien denn auch unser Häuptling. Derselbe hatte sich in seinen schwarzen Sonntagsanzug geworfen und hätte gewiß ein einnehmendes Äußere präsentiert, wenn nur seine Hände nicht gar so schmutzig gewesen wären. Trotzdem schüttelte Dr. Nachtigal dem Häuptling Josef wie seinen Ratsleuten herzlich die Hand und ließ ihnen durch mich einige freundliche Worte sagen und die Hoffnung aussprechen, daß sie miteinander gute Freunde werden würden. Hernach besuchten die Herren unsern gerade im schönsten Schmuck stehenden Garten, wo sie an den schattigen Weinlauben und dem schönen Plätzchen unter den Feigenbäumen großes Gefallen fanden und meinten, so etwas hier im Lande nicht vermutet zu haben. Gleich am folgenden Tage überreichte ich dem General-Konsul eine im Namen von uns Missionaren durch unseren Präses abgefaßte Petition, in der wir auf den ungeheueren Schaden, den der Branntweinhandel hier im Lande anrichtet, hinweisen und ihn bitten, seinen Einfluß dahin geltend zu machen, daß diesem Unwesen möglichst enge Grenzen gesteckt werden. Wir fanden eine wohlwollende Aufnahme.

Am Sonntag, dem 26. Oktober, erschienen Dr. Nachtigal und seine Begleiter in voller Uniform in der Kirche. Auch unser Kapitän Josef hatte die ihm von Herrn Lüderitz geschenkte Ulanen-Uniform an; nur den Säbel hatte er zu Hause gelassen.

Tags darauf sollten nun die öffentlichen Verhandlungen beginnen. Vorher hatte der Herr General-Konsul ein aus 13 Artikeln bestehendes Schriftstück abgefaßt mit der Überschrift: Schutz- und Freundschaftsvertrag zwischen dem Deutschen Reich und Bethanien. Auf seine Bitte hatte ich dasselbe ins Holländische übertragen, damit unser Kapitän und seine Ratsleute sich nun den Inhalt desselben durch Christian Goliath verdolmetschen lassen könnten. Der Kapitän ließ nicht lange auf Antwort warten: er habe nichts einzuwenden, weder gegen die ganze Sache, noch gegen die einzelnen Artikel; er wäre bereit, den Kaiser von Deutschland um dessen Schutz zu bitten für sein ganzes Land, aber er möchte diesen Schritt nicht tun ohne den Häuptling von Berseba, Jakobus Isaak.

Nachdem ich ihm vorgestellt, daß der Herr General-Konsul unmöglich so lange hier bleiben könne und ihm dann diese gute Gelegenheit, sein Land dem Schutz des Deutschen Reiches zu unterstellen, verloren gehe, und man sich noch erst eine gute Weile die Sache überlegt, kamen der Kapitän und seine Ratsleute dann doch zu dem Entschluß, selbständig zu handeln. So kam denn der 28. Oktober heran, ein Tag, der in der kleinen Geschichte unserer Station Bethanien immer denkwürdig bleiben wird. Gegen 9 Uhr ließ der Kapitän die Herren ersuchen, zu der Rats- und Volksversammlung in seinem Hause kommen zu wollen. Ich begleitete sie als Zeuge und Dolmetsch. In dem geräumigen Saal fanden wir die Leute schon versammelt, den Kapitän auf einem Lehnstuhl sitzend, unter den schönen großen Bildern des Kaisers und des Kronprinzen, dazwischen die Photographie des Herrn Lüderitz. An der Wand gegenüber, wo wir Platz nahmen, befand sich ein Öldruckbild Dr. Martin Luthers. Nachdem wir Platz genommen hatten, ergriff der Kapitän das Wort und erklärte, daß er nach Überlegung mit seinem Rat willig sei, mit dem Deutschen Reiche einen Schutz- und Freundschaftsvertrag abzuschließen (19). So bitte er denn Seine Majestät den Deutschen Kaiser, über das von ihm beherrschte Gebiet die Schutzherrlichkeit übernehmen zu wollen. Darauf sicherte der General-Konsul ihm den Schutz Seiner Majestät des Deutschen Kaisers zu. Als äußeres Zeichen dieses Schutzverhältnisses wurde am andern Tage vor dem Hause des Kapitäns feierlich die deutsche Flagge gehißt, wobei Dr. Nachtigal das Gebiet von Bethanien für deutsches Schutzgebiet offiziell erklärte."

Bei dieser Gelegenheit beschwerten sich die Bethanier bei Nachtigal über die Ausdehnung des Territoriums von Lüderitz, das infolge des Mißverständnisses wegen der Meilen viermal größer war als sie gedacht hatten. Nachtigal erwähnte das in einem Brief (20) an Lüderitz vom 18.11.1884: „Es ist ferner noch ein anderer Punkt, der mich beunruhigt." Aber auch Nachtigal hat diesen Punkt nicht klargestellt. Die Angelegenheit wurde schließlich dadurch erledigt, daß sich die Bethanier dem großen Aufstand 1904 anschlossen. Danach wurde ihr Gebiet eingezogen.

Nachtigal war über die Aufnahme in Angra Pequena durch die Angestellten von Lüderitz sehr erfreut, aber das Land machte keinen guten Eindruck auf ihn. Er soll geäußert haben: „Welche Steinwüste haben wir uns da aufreden lassen". Nachtigal kehrte nach Angra Pequena zurück (21) und setzte seine Reise an der Westküste von Afrika nach Norden fort. Vogelsang schloß sich an. Die „Möwe" landete in Walfischbucht, wo Vogelsang ausstieg, um nach Okahandja zu reisen. Nachtigal dagegen stieg nicht aus, denn er war eilig, und ein Staatsvertrag mit Kamaherero war noch nicht fertig. August Lüderitz hatte ja mit ihm kein Abkommen treffen können. So setzte er seine Reise nach Kamerun fort, wo er erkrankte. Auf der Rückreise nach Deutschland starb er an Bord der „Möwe" in der Nähe von Las Palmas.

Wie schon erwähnt, (S. 26) wurde Vogelsang auf seiner Reise nach Okahandja zwar nicht ermordet, wie Lüderitz befürchtet hatte, sondern von Kamaherero verhältnismäßig freundlich empfangen. Das war wohl

Vogelsangs Kunst der Menschenbehandlung zuzuschreiben. Aber er erreichte nichts.

Lüderitz erwarb im Jahre 1885 noch weitere Gebiete im Norden. Er schloß Kaufverträge bezw. erwarb Minenkonzessionen bei den folgenden Häuptlingen außer dem schon genannten Joseph Fredericks von Bethanien: Piet Haibib von den Topnaars, Hermanus van Wyk von Rehoboth, Jacobus Isaak von Berseba, Jan Jonker Afrikaner von Windhoek und Cornelius von Franzfontein. Lüderitz besaß nun ein großes Gebiet als sein Privateigentum. Man muß aber dabei bedenken, daß er in dieser Zeit (1884/85) sich auch noch um die Erwerbung der St. Lucia Bai und der noch freien Gebiete des Zululandes bemühte. Diese Erwerbungen ·und· die Ausgaben für die Entwicklung seiner Besitzungen in Südwestafrika überstiegen seine finanziellen Kräfte. In Südwestafrika waren es besonders die Handelsgeschäfte und die Expeditionen, die ihn geldlich belasteten. Er betrieb Handelsniederlassungen in Angra Pequena, Aus, Kubub und Bethanien, die alle mit Verlust arbeiteten. Es mußten Häuser gebaut und die Gehälter für die Angestellten bezahlt werden. Die Geschäfte gingen schlecht, denn die Nama besaßen nichts, womit sie kaufen konnten. Lüderitz hatte schon auf seiner Reise 1883/84 erkannt, daß sich die von ihm erworbenen Gebiete nicht für eine Siedlungskolonie eigneten. Er hoffte nun auf Mineralfunde und sandte drei Expeditionen aus, um das Gebiet bergmännisch untersuchen zu lassen: 1. Obersteiger Prescher (1884), 2. Dr. Höpfner (1883/84), 3. Bergwerkdirektor Pohle (1884/85). Diese Expeditionen waren kostspielig, in der Auswahl der Personen hatte Lüderitz keine glückliche Hand, besonders bei der dritten (22). Kupfer wurde nur bei Aus gefunden, aber nicht in abbauwürdiger Menge. Die Hoffnung, durch Einnahmen die Ausgaben für die Entwicklung von Lüderitzland, wie man das Gebiet jetzt zuweilen nannte, zu decken, erwies sich als vergeblich. Am 26.3.1884 schreibt Lüderitz an Vogelsang: „Also gut aufgepaßt, nichts vergeuden und alle unnötigen Ausgaben vermeiden." Am 8.11.1884 schreibt Lüderitz an Richard Lesser, Redakteur der „Kolonialzeitung" (23): „Ich denke, daß in diesem Jahre alles geordnet ist und daß ich dann eine sog. Charter bekomme, um endlich mal Geld herauszuholen. Bis jetzt habe ich über 500 000 Mk. in Angra Pequena stecken, da Alles, was einkam, sofort wieder hineingesteckt wurde. Die Expeditionen verschlingen zu große Summen und kein Mensch unterstützt mich dabei. Bankiers haben sich noch nicht gefunden, welche mir, auf Sicherheit auf das Gebiet hin, auch nur einen Pfennig geliehen hätten. Und da die jetzige Ladung der „Tilly" wieder gegen bar gekauft wurde, so sind vorläufig meine Mittel erschöpft, und kann ich nur das Allernotwendigste beschaffen."

Nun kam noch ein Unglück hinzu. Die in dem Brief erwähnte Ladung ging mit der „Tilly" an der Angraspitze am 1.2.1885 unter (24). Die Ladung, viele Tausende von Mark wert, hatte vornehmlich aus Ackerbau- und

Bohrgeräten bestanden. Bei Aus und Bethanien sollten Versuche mit Ackerbau gemacht werden.

Lüderitz sah nun ein, daß er als Privatmann sein Gebiet nicht entwickeln konnte, und trat mit Herrn von Hansemann, dem Direktor der Discontobank, in Verbindung. Die beiden Herren konnten sich aber nicht einigen. Lüderitz berichtete über seine Verhandlungen mit Hansemann in einem Brief an Lesser vom 1.12.1884 (25). Hansemann wollte die Gebiete kaufen, Lüderitz war aber nicht bereit, sie abzutreten. Er verlangte 500 000 Mk. für seine bisherigen Unkosten und 5% Gewinnanteil an den Unternehmungen der Gesellschaft. Ausbeutung der Erze und Mineralien sollten der zu gründenden Gesellschaft zustehen, Handel und Fischfang wollte Lüderitz sich selbst vorbehalten. Von einer Abtretung des Gebietes wollte Lüderitz nichts wissen. Andere Banken waren nicht bereit, Lüderitz finanziell zu unterstützen. In seiner Denkschrift (26) an die Deutsche Kolonialgesellschaft für Südwestafrika vom 25.2.1885 schraubte er seine Forderungen etwas zurück. Er war nun bereit, sein Gebiet zu verkaufen, und verlangte dafür 600 000 Mark, davon 400 000 Mark in bar und 200 000 Mark in Anteilen der Gesellschaft. Er wollte das Privateigentum an Häusern und Waren behalten, „selbstredend", und nur den Länderkomplex abtreten. Lüderitz nennt das eine „bescheidene Forderung".

Die Gründung der eben genannten „Deutschen Kolonialgesellschaft für Südwestafrika" (abgekürzt DKG) ging auf den Wirtschaftsführer und Abgeordneten des Reichtags Hammacher zurück, an den sich Lüderitz im Februar 1885 gewandt hatte. Hammacher, Mitglied der national-liberalen Fraktion, hatte sich im Reichstag entschieden für Bismarcks Kolonialpolitik eingesetzt. Er hatte auf Anfrage im Auswärtigen Amt erfahren, daß eine finanzielle Unterstützung von Lüderitz wünschenswert wäre, um zu verhindern, daß sein Besitz in englische Hände überginge. Hammacher, besonders unterstützt von dem Frankfurter Oberbürgermeister Miquel, gelang es, eine Anzahl Finanzmänner zusammenzubringen, die an der Kolonialpolitik Interesse hatten. Die Versammlung fand am 5. März 1885 statt. Bismarck hatte erkennen lassen, daß er am Zustandekommen einer Kolonialgesellschaft interessiert sei. Die Discontogesellschaft, die Deutsche Bank, die Dresdner Bank, die Bankhäuser Bleichröder, Delbrück, Leo & Co., Salomon Oppenheimer & Co. waren auf dieser Versammlung vertreten. Hammacher legte der Versammlung Lüderitz' Denkschrift vor. Darin betonte Lüderitz den Wert des von ihm erworbenen Landes. Es seien hinreichend Erze, besonders Kupfer, und Weide vorhanden; Viehzucht würde sich lohnen. Lüderitz denkt an Ausfuhr von getrocknetem und gesalzenem Fleisch und Fischen. Das Klima sei für Europäer günstig, gute Häfen seien vorhanden. Letztere Behauptung war wohl etwas gewagt; denn außer Angra Pequena und vielleicht noch Sandwichhafen konnte er keinen brauchbaren Hafen vorweisen. Die nächsten Aufgaben der Gesellschaft würden sein die

Entsendung eines Küstendampfers, Gründung einer Niederlassung an der Oranjemündung, Entsendung von Expeditionen zur Erforschung der Erzlagerstätten, Entsendung von Bohrmaschinen zur Wassererschließung, Einfuhr von Wollschafen. Er als Privatmann könne das alles nicht durchführen, das müßte eine kapitalkräftige Gesellschaft tun. Nach mehreren Versammlungen und Besprechungen wurde am 4. April 1885 der Verkaufsvertrag unterzeichnet. Lüderitz schraubte seine Forderung auf 500 000 Mark herunter (300 000 Mark in bar, 200 000 Mark in Aktien). Dafür erhielt die Gesellschaft Lüderitz' Rechte und Eigentum in Südwestafrika. Lüderitz behielt sich den Besitz von Häusern, Handelsrechten, Waren und Vieh vor. Die von Hammacher einberufene Versammlung wählte einen Ausschuß von 12 Herren, der die Satzungen der Gesellschaft entwerfen und die Registrierung der Gesellschaft durchführen sollte. Es sollten Aktien im Werte von 1 200 000 Mark ausgegeben werden. Am 30. April 1885 wurde die „Deutsche Kolonialgesellschaft für Südwestafrika" gegründet. Durch Allerhöchsten Erlaß erhielt sie die Rechte einer öffentlichen Gesellschaft.

Der Beschluß, die Gesellschaft zu gründen, war für die Beteiligten sicher nicht leicht. In seiner Denkschrift konnte Lüderitz wenig Positives vorweisen. Die Aussichten waren unsicher. So erklärte es sich auch, daß das Kapital der Gesellschaft sehr gering war, besonders wenn man bedenkt, daß ein großer Teil nur gezeichnet war. Das Kapital wurde später auf 2 Mill. Mark erhöht, davon waren aber nur 1 287 000 Mark eingezahlt. Auf eine normale Verzinsung des Kapitals konnten die Geldgeber nicht rechnen. Man muß ihnen also (trotz Drechsler a. a. O. S. 41) ein patriotisches Motiv zubilligen. Lüderitzland war nun Privatbesitz der DKG. Die Landeshoheit aber stand dem Deutschen Reich zu, und Bismarck wollte sie gern durch Schutzverträge mit den einheimischen Häuptlingen sichern. Mit der Abschließung wurden zwei Männer beauftragt, Büttner und Göring.

4. Büttner und Göring

Büttner, geb. 1848 in Königsberg, war 1873 bis 1880 Leiter des Augustineums in Otjimbingwe gewesen. Das Augustineum war 1866 durch Hugo Hahn gegründet worden zwecks Ausbildung von Landessöhnen zu Nationalgehilfen der Rheinischen Mission. Die Fürstin Augusta von Lippe hatte die Gründung durch eine Spende von 2500 Talern ermöglicht. Prinz Ernst von Schöneberg und die Prinzessin von Rudolstadt hatten auch dazu beigetragen. Büttner war Lehrer und Hausvater zugleich. Diese Doppelarbeit war für ihn zu viel. Schon 1877 hatte er um seine Entlassung gebeten, blieb aber noch bis 1880 in der Arbeit, in welchem Jahr er endgültig das Land mit Frau und Tochter verließ, um in Berlin weiter für die Mission zu arbeiten.

Büttner wurde 1884 gebeten, nach Südwestafrika zu gehen und namens des Reiches Schutzverträge mit den Häuptlingen zu schließen. Der Inhalt dieser Verträge sollte sein, daß das betreffende Stammesgebiet unter den Schutz des Deutschen Reiches gestellt würde. Die Häuptlinge sollten den deutschen Staatsangehörigen Schutz der Person und des Eigentums zusichern und ihnen das Recht geben, im Lande zu reisen, zu wohnen und Handel zu treiben. Die deutschen Staatsangehörigen sollten die Gesetze des Landes achten. Schließlich sollte das Verfahren bei Rechtsstreitigkeiten zwischen den Eingeborenen und den deutschen Staatsangehörigen geregelt werden. Die Häuptlinge sollten sich verpflichten, kein Land an eine fremde Macht ohne Einwilligung der deutschen Regierung zu verkaufen. 1885 landete Büttner in Angra Pequena und reiste von dort nach Warmbad. Die Verhandlungen dort waren jedoch ergebnislos. Der Kapitän Willem Christiaan erhielt von der Kapregierung ein jährliches Gehalt von £100 und wollte das nicht dadurch verlieren, daß er mit Büttner einen Schutzvertrag abschloß. Von Warmbad reiste Büttner nach Berseba, wo er besser aufgenommen wurde. Am 28.7.1885 wurde dort der Schutzvertrag zwischen Büttner und dem Kapitän Samuel Izaak unterzeichnet.

Ähnliche Verträge schloß Büttner ab in Hoachanas mit Kapitän Manasse am 2.9.1885 und am 15.9.1885 in Rehoboth mit Kapitän Hermanus van Wyk. Büttner war auch in Gibeon gewesen (Mitte August 1885), um einen Vertrag abzuschließen, traf aber den Kapitän Hendrik Witbooi nicht an. Er war auf einem Zug gegen die Veldskoendraers. Büttner erklärte einer Versammlung der Gibeoner den Zweck seines Besuches und gab dem Stationsmissionar Rust eine Abschrift seines Vertrages mit den Bersebanern für den Fall, daß die Gibeoner später den Abschluß eines ähnlichen Vertrages mit ihm wünschen sollten. Der Missionar legte den Vertrag Moses Witbooi, dem Vater Hendrik Witboois, vor. Moses war so erbost darüber, daß der Missioner gewagt hatte, ihm dieses Schriftstück vorzulegen, daß er den Missionar mit einer Buße belegte und die Kirche zeitweise schloß. Die Bemühungen Büttners in Gibeon waren also erfolglos. Von Rehoboth aus reiste Büttner nach Okahandja, wo er mit Reichskommissar Dr. Göring zusammentraf.

Während Büttner Verträge im Namaland abschloß, tat Göring dasselbe im Hereroland. Dr. E. Göring, der Vater des Nationalsozialisten Hermann Göring, stammte aus Westfalen und war zuletzt Landgerichtsrat am Landgericht Metz gewesen. Er wurde 1885 als Reichskommissar nach Südwestafrika gesandt. Der Anlaß für diese Entsendung war eine Anfrage der englischen Regierung, bei welchen Gerichten die englischen Untertanen in Südwestafrika Recht finden könnten. Er landete am 25. August 1885 in Angra Pequena; seinen Instruktionen gemäß sollte er dort seinen Wohnsitz nehmen, bis er eine geeignetere Stelle gefunden hätte. Göring sah sogleich ein, daß in Angra Pequena nichts zu machen wäre, und zog nach Otjimbingwe, wo auch die DKG ihr Hauptquartier aufgeschlagen hatte. Er mietete von der Rheinischen Mission das Augustineum, wo er das Reichskommissariat einrichtete. Seine Instruktionen besagten u.a. auch, daß er versuchen solle, einen Schutzvertrag mit Kamaherero zu schließen. Kamaherero hatte unter englischem Einfluß gestanden. Sein Freund war der englische Händler Lewis. Zunächst hatte Kamaherero die Unterstützung der Regierung am Kap gefunden, die seit 1874 mit ihm in Verbindung stand. Er fühlte sich damals beunruhigt durch eine bevorstehende Einwanderung von Buren aus dem Transvaal und hatte durch einen Brief vom 21.6.1874 Anlehnung und Hilfe bei der Kapregierung gesucht. Nach einem zweiten Brief Kamahereros wurde der Arzt Palgrave als Spezialkommissar nach Südwestafrika geschickt, um die Verhältnisse zu untersuchen und geeignete Vorschläge zu machen. Palgrave hatte das Land durch mehrere Reisen kennengelernt. Kamaherero hatte ihm durch ein Schriftstück 1867 gestattet, in den nächsten 21 Jahren frei im Hereroland umherzureisen. Am 10.3.1876 wurde Palgrave als Spezialkommissar für Herero- und Namaland durch den Gouverneur vom Kap eingesetzt. Auf Konferenzen mit den Herorohäuptlingen in Okahandja am 29. und 30. Juli und 4. September 1876 wurden die schwebenden Fragen besprochen. Kamaherero sprach den Wunsch aus, einen Beamten der Kapregierung als Haupt seines Landes zu haben, und zwar sollte das Palgrave sein. Dieser sollte die Rechtsprechung im Hereroland übernehmen für Gerichtssachen von Weißen untereinander, von Weißen mit Herero und von Herero mit Angehörigen anderer Stämme. Palgrave reiste nach der Konferenz nach Kapstadt zurück, wo er sich ziemlich lange aufhielt. Am 2.8.1877 schrieb er an Kamaherero, daß er bald kommen werde, und im Oktober 1877 landete er in Walfischbucht als „Ziviler Kommissar". Er hielt sich dann zeitweise in Okahandja auf, war aber mit den Zuständen im Hereroland nicht zufrieden. Er verglich die Herero mit einem Gespann Ochsen, die hierhin und dorthin ziehen, und er bemerkte bald, daß die Oberhoheit Kamahereros nur nominell war. Eine zum 31.12.1877 nach Okahandja einberufene Versammlung war dann auch nur sehr schwach besucht. Wegen der Einführung einer Steuer zwecks Bezahlung und Unterhaltung des englischen Beamten kam es zu Meinungsverschiedenheiten. Nach Okahandja kam ein englischer Magistrat, Major Manning. Palgrave verließ das Land 1879, ohne viel erreicht zu haben. 1880 kehrte er nach Walfischbucht zurück als Magistrat für Walfischbucht und als Kommissar für Hereroland. Inzwischen hatten sich verschiedene Weiße aus SWA am Kap über Palgrave beschwert. Seit 1878 mußten sie Steuern zahlen und verlangten dafür Soldaten und Polizisten zu ihrem Schutze. Die Kapregierung hatte deshalb beschlossen, sich möglichst wenig im Hereroland einzumischen. Als 1880 der Krieg zwischen den Herero und den Nama erneut ausbrach, verließ Palgrave enttäuscht das Land, und auch die Kapregierung zeigte kein Interesse mehr an Südwest.

So fand Göring, als er im Oktober 1885 von Otjimbingwe kommend in Okahandja eintraf, eine für ihn günstige Lage vor. Kamaherero fühlte sich schutzbedürftig, hatte Schwierigkeiten mit seinen Unterhäuptlingen, fühlte sich bedroht durch die Buren und war enttäuscht von der Kapregierung, weil sie sich von SWA zurückgezogen hatte und die Mission Palgrave mißglückt war. Eben als Göring sich in Okahandja aufhielt, fand ein Gefecht bei Osona am 15. Oktober zwischen den Witbooi und Herero statt, in dem die Witbooi abgewiesen wurden. Die Verluste auf beiden Seiten waren schwer, die Herero hatten 30 Tote und 70 Verwundete. Göring und seine Begleitung bemühten sich in aufopfernder Weise um die Verwundeten, was einen solch tiefen Eindruck auf Kamaherero machte, daß er bereit war, mit Göring als Vertreter Deutschlands einen Schutzvertrag abzuschließen. Das geschah am 21. Oktober 1885, wobei auf dem Hause Kamahereros die deutsche Flagge feierlich gehißt wurde. In diesem Vertrag versprach Kamaherero „allen deutschen Staatsangehörigen und Schutzgenossen für den Umfang des von ihm beherrschten Gebietes den vollständigen Schutz der Person und des Eigentums sowie das Recht und die Freiheit, in seinem Lande zu reisen, daselbst Wohnsitz zu nehmen, Handel und Gewerbe zu treiben." Weiter hieß es: „Die deutschen Staatsangehörigen und Schutzgenossen sollen in dem dem Kamaherero gehörenden Gebiet die bestehenden Sitten und Gebräuche respektieren, nichts tun, was gegen die deutschen Strafgesetze verstoßen würde, und diejenigen Steuern und Abgaben entrichten, welche bisher üblich waren. Dagegen verpflichtet sich Kamaherero, in dieser Beziehung keinem Angehörigen einer anderen Nation größere Rechte und Vergünstigungen zu gewähren als den deutschen Staatsangehörigen."

Beim Abschluß dieses Vertrages dienten die deutschen Missionare Dr. Büttner und Diehl als Vermittler und Dolmetscher. Zur Zeit des Abschlusses dieses Vertrages waren auch verschiedene Vertreter von Minengesellschaften in Okahandja. Sie beantragten und erhielten von Kamaherero verschiedene Konzessionen, in seinem Lande nach Erzen zu suchen und zu bearbeiten, wofür sie Abgaben zu zahlen hatten.

Nach Abschluß des Vertrages begab sich Göring nach Omaruru, um mit dem dortigen Häuptling Manasse zu verhandeln. Er legte Manasse und seinem Rat den Schutzvertrag von Okahandja vor und gab die nötigen Erklärungen hierzu. Manasse und sein Rat nahmen den Schutzvertrag an. Danach verließen Göring und sein „Kanzler" Nels Omaruru und begaben sich über Otjimbingwe und Rehoboth nach Bethanien und Angra Pequena, von wo aus Göring zu Schiff nach Kapstadt reiste. Dort verfaßte er einen Bericht (27) über SWA zur Vorlegung an den Bundesrat, der reichlich optimistisch war. Er wurde dem Bundesrat am 6.6.1886 vorgelegt. Göring meinte, Ackerbau könnte am Waterberg getrieben werden, wo starke Quellen zur Verfügung ständen. Im Namaland müßten Dämme gebaut werden,

Ondonga Häuptling Kambonde kaMpingana der Zweite (1884-1909) mit zwei seiner Frauen und Sohn. Hauptfrau Alungondo links. (Leutwein 1906 S. 173 - Fotosammlung Walter Rusch)

Finnische Missionsstation Ondonga. (Foto R. Wywias 1908 – Sammlung W. Rusch)

Missionsstation Otyimbingue gegründet von Missionar Johannes Rath am 9. Juli 1849. Im September 1885 richtete Reichskommissar Dr. Heinrich Göring (1838-1919) den Regierungssitz hier ein. (Postkarte Franz Spenker Nr. 7011)

Die Missionsstation Omaruru wurde von Missionar Gottlieb Viehe am 22. Juni 1870 gegründet. (Fotosammlung – Walter Rusch)

um Ackerbau zu ermöglichen. Ackerbau könnte auch betrieben werden in den trockenen Flußbetten. Er schätzte, daß jährlich 9000 Rinder aus dem Hereroland und 3000 Rinder aus Namaland nach Kapstadt ausgeführt werden könnten. Er sah in der Entwicklung der Viehzucht die Zukunft des Landes — darin hatte er zweifellos recht — und regte die Errichtung einer Fleischkonservenfabrik in Sandwichhafen an. Ausfuhrartikel seien z.Zt. Straußenfedern, Häute und Elfenbein. Erze in nennenswertem Umfange seien bis jetzt nicht gefunden worden, würden sich aber wohl finden lassen. Göring reiste danach nach Deutschland, seine beiden Begleiter „Kanzler" Nels und „Polizeimeister" von Goldammer blieben in SWA zurück. Nels war Gerichtsreferendar in den Reichslanden gewesen. Er war ein großer stattlicher Mann mit gewandten Umgangsformen, noch ziemlich jung, der bald das Vertrauen der Europäer und Eingeborenen gewann, da man sich auf sein Wort verlassen konnte. Von Goldammer war Feldwebel gewesen und stellte Görings gesamte Polizeimacht dar. Dr. Büttner, der gleichzeitig mit Göring Schutzverträge im Auftrage des Reiches im Namaland abschloß, arbeitete merkwürdigerweise ganz unabhängig von Göring. Als Göring jedoch den Schutzvertrag in Okahandja abschloß, war Büttner, der die Herero kannte, ihm behilflich. Nels war der Vertreter des Reichskommissars, bis Göring aus Deutschland zurückkehrte.

Während der Zeit seiner Abwesenheit ließen sich ca. 25 Familien der „Dorslandtrekkers" in der Gegend von Grootfontein nieder. Die erste Gruppe hatte den Westtransvaal 1874 verlassen. Es folgten später noch zwei weitere Gruppen. Die Gründe für diesen Zug sind nicht ganz deutlich. Die Trekkers zogen durch die Kalahari nach Nordwesten und kamen schließlich nach vielen Entbehrungen aus Angola nach Grootfontein. Auf dem Wege dahin waren viele von ihnen gestorben. In Grootfontein beschlossen 90 der ca. 600 Trekkers, wieder nach Transvaal zurückzukehren. 25 Familien von ihnen ließen sich von einem Händler aus dem Kap, Jordaan, überreden, sich in Grootfontein niederzulassen. Jordaan kaufte von den Ovambohäuptlingen Kampingana und dessen Sohn Kambonde ein Stück Land bei Grootfontein und Otavi. Damit war Kamaherero wieder nicht einverstanden (28). Denn er meinte, dieses Gebiet gehöre ihm. Er verhinderte deshalb den Verkehr zwischen der Küste und der Niederlassung der Trekkers. Die Buren, von den Herero bedroht, bemühten sich um deutschen Schutz. Die Verhandlungen zwischen ihnen und Nels kamen aber zu keinem Abschluß wegen der Abwesenheit des Reichskommissars Dr. Göring, der im Januar 1887 nach SWA zurückkehrte. Er konnte aber auch nichts weiter tun, denn Jordaan wurde von den Ovambos ermordet. Danach löste sich die Siedlung auf, und die meisten Buren zogen nach Angola.

In diese Zeit fällt auch der Tod von Lüderitz. Er hatte seine Ländereien und Rechte in SWA an die DKG verkauft. Die kaufmännischen Unternehmungen hatte er sich vorbehalten. Dazu gehörten z.B. Geschäfte in Angra Pequena, Bethanien und Aus. Nachdem seine Pläne in Zululand gescheitert waren, kam er auf seinen alten Plan, eine deutsche Siedlungskolonie an der Mündung des Oranje zu gründen, zurück. Auch glaubte er immer noch, daß sich im Süden von SWA Erze finden lassen müßten. Die Expedition Pohle (vgl. S. 30) hatte im Jahre 1884/85 zwischen Aus und dem Oranje zwar nach Erzen, besonders Kupfer, gesucht. Aber die Expedition hatte nach seiner Meinung ihre Pflicht nicht getan (29) und Lüderitz vertraute deshalb nicht ihren Ergebnissen. Die Expedition hatte nichts gefunden, was abbauwürdig war. So entschloß er sich, selbst dorthin zu gehen und unter seiner Aufsicht Erze suchen zu lassen. Gleichzeitig wollte er die Möglichkeit der Gründung einer Siedlungskolonie an der Oranjemündung untersuchen. Dazu gehörte es, eine Einfahrt in die Oranjemündung zu finden. So entschloß er sich 1886 zu der Reise. Lüderitz hatte nicht mehr genügend Geld, die Expedition selbst zu finanzieren. So gewährte ihm die DKG einen Zuschuß von 6 000 Mark. Als Begleiter gewann er den Bergingenieur Iselin aus Basel, der nachholen sollte, was Pohle seiner Meinung nach versäumt hatte, und den Steuermann Steingröver, der wissenschaftliche Sammlungen für ein Bremer Museum machen sollte. Sein dritter Begleiter war der schottische Bergmann Hodkins, der bergmännische Untersuchungen zwischen der Küste, Bethanien und dem Oranjeufer unternehmen sollte. Iselin und Hodkins fanden aber ebensowenig wie Pohle abbauwürdige Fundstellen. Schließlich entschloß Lüderitz sich zu einer Fahrt auf dem Oranje in zwei Faltbooten, die er aus Deutschland mitgebracht hatte. Die Reise begann in Nabasdrift und endete zunächst in Aries Drift. 52 Stromschnellen waren zu überwinden. In Aries Drift konnte Lüderitz keinen Boten nach Aus finden, um Wagen zu einer Fahrt über Land nach Angra Pequena zu holen. Da Lüderitz in seiner Ungeduld nicht warten konnte, entschloß er sich zu einer Fahrt an der Küste entlang in dem größeren der Faltboote mit dem Steuermann Steingröver. So setzte er am 20. Oktober allein mit Steingröver die Fahrt den Oranje abwärts fort und erreichte die Mündung am folgenden Tage. Wegen der Sandbänke konnten Lüderitz und sein Begleiter jedoch die See auf dem Fluß nicht erreichen. So ruderten sie an das Ufer, wo der Bur Reynier Coetzee wohnte. In dessen Holzhaus verbrachten sie die Nacht.

Am 22.10. trugen einige Eingeborene das Boot nach der Alexanderbucht, da die Ausfahrt durch die Flußmündung sich als unmöglich erwiesen hatte. Dies nahm einen ganzen Tag in Anspruch. Am nächsten Tag, also am 23. Oktober 1886, begann die Fahrt. Lüderitz hoffte, bei dem günstigen Südwind, der gerade wehte, in 5 bis 8 Tagen in Angra Pequena zu sein. Das Boot hatte kein Segelschwert, nur zwei Ruder, wog nur 88 Pfund, lag sehr niedrig im Wasser, als Segel hatte man nur ein altes Laken. Coetzee hatte dringend vor dem Wagnis, mit dem kleinen Boot nach Angra Pequena zu fahren, gewarnt, aber Lüderitz in seiner Ungeduld ließ sich nicht zurückhalten. Am 23.10.1886 stieß das Boot von der Küste ab. An Bord waren 6 Flaschen kalter Kaffee, Trinkwasser in einem Kälbermagen, einige Fleischkonserven und Zwieback. Die ersten beiden Tage nach der Abfahrt war das Wetter noch schön und die See ruhig, aber am dritten Tage kam ein starker Nordwestwind auf. Die Wellen gingen hoch. Von dem Boot und seinen beiden kühnen Insassen hatte man nichts mehr gesehen und gehört (30). Der Farmer Coetzee suchte die Küste zu Pferde zwei Tageritte ab, fand aber nichts. So kam Lüderitz in seinem 52. Lebensjahr an sein Ende. Sein Todestag ist wahrscheinlich der 24. oder 25. Oktober 1886. Zur Erinnerung an ihn nannte die DKG Angra Pequena um in Lüderitzbucht. Lüderitz ist seinem Wagemut zum Opfer gefallen, dem Wagemut, der ihn das Unternehmen in Angra Pequena beginnen ließ, das der Anfang von Deutsch-Südwestafrika werden sollte. Was er erhofft hatte, daß in seinen Ländereien einst Bodenschätze gefunden werden sollten, und daß dort Deutsche als Siedler wohnen sollten, hat sich bewahrheitet. Gerade dort wo er angefangen hatte, wurden später Diamanten gefunden, und deutsche Siedler fanden sich in großer Zahl ein. Allerdings zeigte sich dort, daß der Süden für dichte Besiedlung ungeeignet war. An der Mündung des Oranje, wo Lüderitz eine deutsche Niederlassung gründen wollte, liegt heute Oranjemund, allerdings eine Diamantenstadt und nicht eine deutsche Bauernsiedlung, wie Lüderitz geplant hatte. So hat er die Wege für eine zukünftige Entwicklung des Landes gewiesen durch rücksichtslosen Einsatz seiner Person und seines Vermögens, von dessen Zinsen er in Ruhe zu Hause hätte leben können. Daß er seinem eigenen Unternehmen zum Opfer fiel, hat viel dazu beigetragen, den kolonialen Gedanken in Deutschland zu beleben. An der Spitze der Haifischinsel bei Lüderitzbucht ist heute an einem Felsen sein Bronzebild angebracht an der Küste des Ozeans, dem er zum Opfer fiel.

Die ersten Monate nach Görings Rückkehr nach SWA im Januar 1887 verliefen ruhig. Da landeten im Juni 1887 sechs australische Minenarbeiter in Kapstadt, von denen einer, John Stevens, behauptete, daß sein Vater vor 20 Jahren auf der Matchlessmine gearbeitet habe und bei Walfischbucht ein Goldriff entdeckt habe. Die DKG, der das fragliche Gebiet gehörte, gewährte ihm die Erlaubnis, nach Gold zu schürfen. Am 2.9.1887 erhielt Göring von Stevens die Aufforderung, zu ihm zu kommen, da er Gold gefunden habe. Göring besichtigte den Fundort und sah selbst, daß in einem Riff von 5 km Länge Gold enthalten sei. Gesteinsproben wurden nach Kapstadt gesandt. Das Ergebnis der Untersuchung war günstig. Göring maß dieser Entdeckung große Bedeutung zu, denn er hoffte, daß SWA so finanziell unabhängig werden könnte. Göring entschloß sich, erneut nach Deutschland zu reisen, um die neue Entwicklung mit der Reichsregierung zu besprechen.

Es erschien ihm notwendig, nunmehr eine Truppe aufzustellen, um die Ordnung auf den Goldfeldern aufrecht zu erhalten. Er wollte vermeiden, daß in SWA solche Zustände einrissen, wie sie in Transvaal nach den Diamant- und Goldfunden entstanden waren. Bismarck lehnte es aber ab, eine militärische Macht nach SWA zu senden; die DKG sollte selbst eine Truppe aufstellen. Die DKG übernahm diese Aufgabe auch und stellte dafür aus ihrem beschränkten Kapital 70 000 Mark zur Verfügung. Göring warb 2 Offiziere in Kapstadt bzw. Deutschland an, den Freiherrn von Steinäcker und Leutnant von Quitzow, ferner 5 Unteroffiziere (Unteroffizier Schad in Deutschland und 4 ehemalige deutsche Unteroffiziere in Kapstadt). 20 Hottentotten und Bastards wurden in SWA angeworben. Die Truppe wurde in Otjimbingwe stationiert. Dieses Unternehmen war aber kein Erfolg. Viele von ihren Mitgliedern waren ungeeignet, die Offiziere hatten keine Strafgewalt, die dem Reichskommissar zustand; infolgedessen war die Disziplin mangelhaft. Die Truppe hatte die Aufgabe, die Europäer auf den Minenfeldern zur Befolgung der Verordnungen anzuhalten. Dazu war sie in ihrer Zusammensetzung ganz und gar nicht geeignet. Die Leute sollen meistens betrunken herumgelungert haben.

Die Nachricht von den Goldfunden in SWA erregte Aufsehen in Deutschland und veranlaßte die Gründung von Minengesellschaften und die Aussendung von Expeditionen zur Untersuchung der Bodenschätze. Eine „Verordnung betr. das Bergwesen" wurde am 25.3.1888 erlassen und eine Bergbehörde eingerichtet, die aus Bergassessor Frielinghaus und Bergreferendar Duft bestand. Die Kosten trug die DKG. Die Untersuchungen der Bergbehörde zeigten bald, daß kein abbauwürdiges Gold vorhanden war. Der Goldrausch verflog sogleich, die Goldsucher zerstreuten sich, die Gesellschaften lösten sich auf.

Drechsler (a. a. O. S. 47) vermutet, daß Göring hinter dem Goldschwindel steckte, „weil sich Jahre später herausstellte, daß die sogenannten Goldfunde ein Betrugsmanöver der Goldgräber gewesen waren: Sie hatten die angeblichen Fundstellen „gesalzen", indem sie Gold mit ihren Gewehren in das Gestein hineingeschossen hatten. Erstaunlicherweise hat keiner der Autoren, die das Betrugsmanöver erwähnen, die Cui-bono-Frage gestellt. Nach gründlicher Überprüfung der Motive aller Interessenten kommt wohl nur der Reichskommissar Dr. Göring als Anstifter in Betracht. Er, der unbeachtet in Südwestafrika ‚regierte', wollte diese deutsche Kolonie wieder ins Spiel bringen. Vor allem wollte er die Deutsche Kolonialgesellschaft für Südwestafrika, die einen Dornröschenschlaf hielt, zu neuer Aktivität zwingen. Göring war es, der das ‚Goldvorkommen' an Ort und Stelle bestätigte."

Ich kann Drechsler hier nicht beipflichten. Dieser Goldschwindel war doch eine große Dummheit und es war klar, daß der Schwindel über kurz oder lang aufgedeckt werden würde. Für so dumm kann man Göring doch nicht halten. Vielmehr ist anzunehmen, daß John Stevens und seine Genossen, die arme Abenteurer waren, das Gestein durch Einschüsse gesalzen hatten, um auf diese Weise schnell zu Geld zu kommen.

Der Reichskommissar geriet bald durch die Schutzverträge in Schwierigkeiten. Denn die Häuptlinge hatten angenommen, daß Deutschland sie gegen ihre Feinde schützen würde. Dazu war Göring nicht in der Lage. Die Sache wurde besonders akut bei den Herero, mit denen Göring im Jahre 1885 in Okahandja den Schutzvertrag abgeschlossen hatte (vgl. S. 35). Diese wurden durch ihren Erzfeind Hendrik Witbooi bedrängt und erwarteten nun von Deutschland, gegen diesen Feind geschützt zu werden. Als Göring nach SWA kam, war Hendrik Witbooi die einflußreichste und markanteste Persönlichkeit unter den Häuptlingen des Gebietes. Der Stamm der Witbooi hatte 1863 unter Kido Witbooi, dem Großvater von Hendrik, seinen Wohnsitz Pella südlich des Oranje verlassen, hatte den Fluß überschritten und sich in Gibeon am 10. April 1863 niedergelassen. Geplant war, weiter nach dem Norden zu ziehen und dort ein fruchtbares Land zu bewohnen. Die Witbooi mußten sich zunächst gegen die „Rote Nation", wohnhaft in Hoachanas, behaupten. Mehrfach wurde Gibeon von den Kriegern der „Roten Nation" angegriffen, aber trotz verschiedener Niederlagen gelang es den Witbooi doch, den Platz zu behaupten. In diesen Kämpfen hat Hendrik, damals etwa 25 Jahre alt, den Daumen seiner rechten Hand verloren. Er mußte deshalb beim Schreiben die Feder zwischen Zeige- und Mittelfinger klemmen, hatte aber trotzdem eine deutliche Handschrift. Nachfolger von Kido war Hendriks Vater Moses. Vater Moses und Sohn Hendrik vertrugen sich aber nicht gut. Zum offenen Bruch kam es 1883, als Paul Visser, Schwager von Moses, Vieh von den Rehobother Bastards geraubt hatte. Moses hatte das gebilligt, zumal er Anteil an der Beute bekam. Hendrik verlangte jedoch in einer öffentlichen Versammlung der Witbooi, daß der Raub zurückgegeben werden sollte, und 60 Viehbesitzer erklärten sich bereit, aus ihrem Viehbesitz für die Wiedergutmachung beizusteuern. Moses fühlte sich durch das Auftreten seines Sohnes beleidigt, so daß Hendrik beschloß, mit seinen Anhängern Gibeon zu verlassen und nach dem Norden zu ziehen. Um die Handlungsweise von Hendrik zu verstehen, muß man das Erlebnis berücksichtigen, wovon er in einem langen Brief am 3.1.1890 an den Missionar J. Olpp erzählte (31). Olpp war bis 1868 Missionar in Gibeon gewesen und hatte Hendrik im gleichen Jahr getauft. Er hatte großen Einfluß auf ihn. Olpp mußte wegen Krankheit 1880 nach Deutschland zurückkehren. Im gleichen Jahr reiste Hendrik nach Otjiseva im Hereroland, um dort Rinder, die ihm gehörten, zu holen. Am 24.8.1880 befahl Kamaherero aus Anlaß eines Viehdiebstahls, daß alle Hottentotten im Hereroland ermordet werden sollten. Hendrik wurde von den Herero gefangen und sollte auch sterben. Ein Herero, der früher in Gibeon gewesen war, erkannte Hendrik, rettete sein Leben, und Hendrik konnte nach dem Süden fliehen. Was er auf der Flucht erlebte, erzählte er in dem genannten Brief:

„Zoo ben ik huistoe gegaan, en toen ik tusschen de poort van de groot bergen Khanigukha uitgekomen is, toen heb ik daar die drie merkwaardige woorden ontvangen, door een stem, die tot my spreek op den 23 Augustus 1880.
1. Het is volbrag.
2. De weg is opengedaan.
3. Ik geef U een zware opdraag.

Op deze drie woorden is die hele werk aangeknop en begonnen geworden, maar toen was het nog niet openbaar voor de menschen, ik alleen heeft het geweten".

Auf seinem Zug von Süden nach dem Norden glaubte Hendrik sich durch ein helles Licht geführt. Jedesmal, wenn er den verkehrten Weg einschlug, erlosch das Licht, ging er den anderen Weg, da erschien das Licht wieder. Damit begann der erste Zug Hendriks gegen die Herero. Er wollte an ihnen vorbeiziehen nach dem Norden auf der Suche nach einem fruchtbaren Lande, in dem die Witbooi sich niederlassen sollten. Dreimal versuchte er den Durchmarsch, dreimal hinderten ihn die Herero daran. Obwohl geschlagen, gelang es Hendrik jedesmal, seine Streitmacht zurückzuführen. Er verlor trotz der Niederlagen das Vertrauen seiner Leute nicht. Hendrik sah ein, daß er auf diesem Wege nicht weiterkommen konnte. So schlug er einen anderen ein. Das ist ein Zug im Charakter Hendriks: Eine Zeitlang folgt er einer bestimmten Richtung, erweist sich diese als falsch, schlägt er für eine ebenso lange Zeit eine andere ein. Nun begann er ein Räuberleben.

Hendrik zog sich in das unwegsame Gelände um den Gamsberg zurück. Hoch erhebt sich dieser Berg etwa 60 Kilometer westlich von Rehoboth am Rande der Namib und des innerafrikanischen Hochlandes. In seine Flanken hat das Wasser tiefe Schluchten gegraben. In seiner Nähe, in Hoornkrans, schlug Hendrik sein Lager auf. Den Bestand seines Volkes sicherte er nunmehr durch Räubereien. Von seinem Schlupfwinkel brach er plötzlich hervor und überfiel die Herden im Süden des Hererolandes, erschlug oder vertrieb beim Morgengrauen die Hirten und trieb die Herden ab, bevor die überraschten Herero sich sammeln konnten. Die Rinder, die die Witbooi nicht für ihre Ernährung brauchten, verkaufte Hendrik an Händler im Süden, die ihm dafür Munition verschafften. Von ihnen werden besonders der Engländer Duncan und der Bur Spangenberg genannt. Duncan wohnte in Keetmanshoop, Spangenberg hatte von Hendrik eine Farm im Süden gekauft.

Hendrik zog sich in das unwegsame Gelände um den Gamsberg zurück und setzte seine Räubereien eine lange Zeit fort, obwohl ihn die Missionare Hegner und Rust, die er hoch schätzte, davor warnten. In einem sehr ernsten Brief vom 19.5.1886 von Gibeon aus forderte der Stationsmissionar von Gibeon, F. Rust, Hendrik zur Umkehr auf und bat ihn, kein weiteres Blut zu vergießen. Eine Unterredung zwischen dem Präses der Namamission, Missionar Hegner in Berseba, und Hendrik fand in Gibeon statt. Auch diese war umsonst; im Gegenteil, die Haltung Hendriks versteifte sich. Er sagte, es solle Munition ins Land kommen, dann sollten die Leute gedemütigt werden, bis sie gehorsam seien. Das bedeutete, daß Hendrik Herrscher des ganzen Landes sein wollte. Nach dieser Unterredung gab die Rheinische Mission Hendrik auf; Missionar Rust löste am 20.10.1887 die Missionsstation Gibeon auf und zog zunächst nach Berseba, von wo aus er die Station Gochas gründete.

In Hendrik wurde nun der Wille zu herrschen immer ausgeprägter, wie aus einem Gespräch hervorgeht, in dem er erwog, ob große historische Gestalten wie Napoleon notwendig aus großen Nationen hervorgehen müßten oder ob nicht einmal auch eine kleine Nation eine solche Gestalt hervorbringen könnte.

Nicht nur gegen die Herero, sondern auch gegen die Nama, die ihm widerstrebten, wandte er sich. So kämpfte er gegen die Groot-Doden, die er als selbständigen Stamm vernichtete, gegen die Rote Nation von Hoachanas, die er 1888 an den Rand des Abgrundes brachte, und gegen den Afrikanerstamm von Windhoek. In einem späteren Brief an den Führer der Rehobother Bastards, Hermanus van Wyk, vom 4.9.1892 unterzeichnete er sich: „Ik ben Hendrik Witbooi, Hoofd. Cap. de Noord Groot Namaqualand."

Göring tat, was er konnte, um Hendrik zur Aufgabe seiner Raubzüge und zur Annahme eines Schutzvertrages mit Deutschland zu bewegen. Aber vergebens! Göring hatte im Mai 1887 die Entsendung von 150 Marinesoldaten zur Unterwerfung von Hendrik beantragt; denn er hatte eingesehen, daß ohne Anwendung von Gewalt Hendrik nicht nachgeben würde. Dieser Antrag wurde abgelehnt. Bismarck bemerkte: „Eine bewaffnete Intervention würde außerdem unserem Kolonialsystem nicht entsprechen." Das Einzige, was getan wurde, war die Entsendung von 500 veralteten Mausergewehren und 50 000 Patronen zur Verteilung an die Herero. Dies geschah auch von Otjimbingwe aus. Die Herero waren aber mit dieser Hilfe nicht zufrieden. Diese Unzufriedenheit wurde geschürt durch den uns schon bekannten Lewis, der sich bei den Herero durch Verteilung von Schnaps beliebt gemacht hatte. Auf die Nachricht von den Goldfunden in SWA erschien er wieder im Hereroland und agitierte gegen den Schutzvertrag mit Deutschland, indem er darauf hinwies, daß die Deutschen unfähig seien, die Herero gegen die Witbooi zu schützen. So überfiel z. B. Hendrik am 1.9.1887 Otjimbingwe und raubte das Vieh. Göring konnte nichts anderes tun, als von der Veranda seines Hauses aus zuzusehen. Am 17.10.1888 hatte Göring eine Zusammenkunft mit Hendrik in Rehoboth und versuchte vergeblich, ihn zur Einstellung seiner Raubzüge und zum Abschluß eines Schutzvertrages mit Deutschland zu bewegen. Zum offenen Bruch mit den

Herero kam es Ende Oktober 1888 auf einer Versammlung mit den Häuptlingen und Ratsleuten der Herero in Okahandja. Teilnehmer waren auch Dr. Göring, Leutnant von Quitzow, Franken (Vertreter der DKG), die Missionare Diehl und Eich als Dolmetscher, von der Seite der Herero Kamaherero mit seinen Ratsleuten und Kapitän Zacharias von Otjimbingwe, ferner Lewis und 7 englische Händler.

Kamaherero eröffnete die Sitzung mit der Feststellung, daß er keine Minenrechte an die deutschen Minengesellschaften gegeben habe. Für ihn gelte nur die allgemeine Konzession, die er an Lewis gegeben habe. Göring bestritt Kamaherero das Recht zu dieser Feststellung. Die Herero erkannten das aber nicht an. Der Schutzvertrag, den sie mit Deutschland geschlossen hätten, sei nichtig. Lewis sei ihr Kapitän. Danach wurde die Versammlung, die zuletzt ziemlich stürmisch verlaufen war, geschlossen. Göring reiste nach Otjimbingwe ab. Er fühlte sich im Hereroland nicht mehr sicher und beschloß, nach Walfischbucht überzusiedeln, um sich und seiner Familie eine Demütigung zu ersparen. In Walfischbucht wollte er weitere Instruktionen aus Deutschland abwarten. Die deutschen Beamten gingen mit ihm. Die Truppe der DKG wurde aufgelöst, die eben eröffnete Postagentur in Otjimbingwe geschlossen. Damit war die deutsche Herrschaft in SWA völlig zusammengebrochen, ihr Ansehen bei den Eingeborenen sank auf den Nullpunkt. Es ist viel darüber gesprochen worden, ob sich dieser Zusammenbruch hätte vermeiden lassen. Deutsche Teilnehmer an der Versammlung meinten, daß Göring energischer hätte auftreten sollen. Die Hauptschuld trifft jedoch die Reichsregierung und auch Bismarck, die glaubten, mit einem Minimum von Mitteln (3 Beamten und 20 Soldaten) die Kolonie, ein Land größer als das damalige Deutschland, verwalten zu können. Der Hauptgrund für die plötzliche Sinnesänderung der Herero, ihre Lösung des deutschen Schutzvertrages und ihre Hinwendung zu Lewis und den Engländern war wohl die Tatsache, daß die Deutschen sie nicht gegen die Witbooi schützten.

Als die Nachricht von den Ereignissen nach Deutschland kam, wurde besprochen, ob man nicht SWA überhaupt aufgeben sollte. Das wurde besonders von dem freisinnigen Abgeordneten Bamberger in der Reichstagssitzung vom 15.1.1889 empfohlen (32). Bismarck entgegenete ihm, „daß kein Anlaß vorläge, das Damaraland als wertlos aufzugeben, weil es einem Abenteurer gelang, den wankelmütigen Maharero umzustimmen und das nach schwerem diplomatischem Kampfe Gewonnene aufzugeben."

Die DKG, die von dem Zusammenbruch der deutschen Herrschaft am meisten betroffen war, bat in einer Eingabe vom 19.2.1889 den Reichskanzler um Schutz: „Euer Durchlaucht möchten hochgeneigtest diejenigen Verordnungen treffen, welche nach hochdero Ermessen geeignet erscheinen, um unserer Gesellschaft den Schutz des Reiches zur Ausübung und Geltendmachung ihrer Rechte und Interessen im Damaraland zu gewähren." Bismarck antwortete ablehnend: „. . . daß es nicht Aufgabe des Reiches sein könne und außerhalb des Programms der deutschen Kolonialpolitik liege, für die Herstellung staatlicher Einrichtungen unter unzivilisierten Völkerschaften einzutreten und durch Aufwendung mlitärischer Machtmittel den Widerstand eingeborener Häuptlinge gegen noch nicht fundierte Unternehmungen von Reichsangehörigen in überseeischen Ländern zu bekämpfen. Es könne daher eine Zusicherung, daß dem südwestafrikanischen Gebiete durch Machtmittel des Reiches der ungestörte Betrieb bergmännischer und sonstiger Unternehmungen verbürgt werden solle, nicht erteilt werden."

Im März 1889 wurde aber doch die Wiedereinsetzung der deutschen Beamten, die noch in Walfischbucht die Entwicklung abwarteten und sich hauptsächlich mit Skatspielen die Zeit vertrieben, beschlossen und außerdem, daß zu diesem Zweck eine Truppe aufgestellt werden sollte.

5. C. von François (1889-1894)

Zu ihrem Kommandeur wurde Hauptmann Curd von François ernannt, 36 Jahre alt, der im Jahre 1889 mit der Festlegung der Grenzen der Kolonie Togo beschäftigt war. Mit der Werbung und Aufstellung der Truppe wurde sein jüngerer Bruder Hugo von François beauftragt. Er war Leutnant und Adjutant im 26. Infanterieregiment in Magdeburg. Die Truppe bestand aus 21 Freiwilligen, die durch Kontrakt auf Hugo von François verpflichtet waren. 8 stammten aus dem Beurlaubtenstand. Ihre Mitglieder waren die folgenden:

Dem aktiven Heer waren entnommen:
1. Sergeant Heller, Infant.-Regt. Nr. 97, 1862 geb.
2. Unteroffizier Trautvetter, I. Garde-Feld-Artillerie-Regt., ehemalig. Einj.-Freiw.,
3. Unteroffizier Schmidt, Grenad.-Regt. Nr. 89, Zivilberuf Schlächter, 1867 geb.,
4. Gefr. Lukas, I. Garde-Drag.-Regt., Zivilberuf Schuhmacher,
5. Gefr. Kallweit, Garde du Corps, Landwirt, 1865 geb.,
6. Grenad. Hellberg, Grenad.-Regt. Nr. 89, geb. 1864, Tischler,
7. Grenad. Schulz III, Grenad.-Regt. Nr. 89,
8. Jäger Bremen, 14. Jäger-Bat., Schneider.
    Aus dem Beurlaubtenstande:
9. Unteroffizier Ballnuss, I. Garde-Feld-Artillerie-Regt.,
10. Unteroffizier Dietrich, Infant.-Regt. Nr. 52, Landwirt,

11. Unteroffizier Dörk, Ulanen-Regt. Nr. 16, seit 1885 außer Dienst, Landwirt
12. Husar Felix, Husaren-Regt. Nr. 13, seit 1885 außer Dienst,
13. Ulan Jahn, Thür. Ulanen-Regt. Nr. 6, seit 1884 außer Dienst, Landwirt,
14. Ulan Thiemann, Ulanen-Regt. Nr. 16, Landwirt,
15. Soldat Heim, Bayer. Train-Bat., geb. 1862, seit 1883 außer Dienst,
16. Einj.-Freiw. Broll, 90. Regt., seit 1886 außer Dienst,
17. Pionier Stenzel, Eisenbahn-Regt., seit 1882 außer Dienst,
18. Pionier Hahne, Garde-Pion.-Bat., seit 1886 außer Dienst, Schreiber,
19. Ökonomie-Handwerker Rahn, Garde-Pion.-Bat.,
20. Unteroffizier Saenger, bis 1881 Regiments-Schreiber im Infant.-Regt. Nr. 57, einige Zeit in holländischen Diensten in Java,
21. Laz.-Geh. Scadok, 2. Garde-Feld-Artillerie-Regt., seit 1887 außer Dienst.

Die Truppe wurde im Mai 1889 in Berlin zusammengezogen, eingekleidet und einexerziert und reiste am 10. Mai ab, als wissenschaftliche Expedition getarnt, um Schwierigkeiten mit England und der Kapregierung bei der Landung in Walfischbucht zu vermeiden. Curd von François traf die Truppe in Teneriffa. Seine Instruktionen enthielten die folgenden Punkte (33):

„1. Die Truppe ist nicht zu kriegerischen Unternehmungen, besonders gegen die Hereros, bestimmt.
2. Dem Führer liegt ob, mit der Truppe die uns treu gebliebenen Häuptlinge zu besuchen, ihre Beschwerden zu vernehmen und Frieden unter den verschiedenen Stämmen aufrecht zu erhalten.
3. Tätliches Einschreiten der Truppe tritt nur ein bei Zuwiderhandlungen einzelner Individuen gegen unsere Anordnungen.
4. Der Engländer Robert Lewis ist festzunehmen oder unschädlich zu machen.
5. Nach Otjimbingwe marschiert die Truppe nur, wenn wirksamer Widerstand ausgeschlossen ist.
6. Ist dies zu befürchten, so sind Lewis und Genossen vom Verkehr von Kapstadt und Walfischbucht abzuschneiden. Insbesondere ist durch die Beschränkung der Waffen- und Munitionseinfuhr ein Druck auf die widerspenstigen Häuptlinge auszuüben."

Die Schwierigkeit für François lag darin, die in Nr. 2, 4, 6 enthaltenen Aufträge mit Nr. 1 zu vereinen. Bei der Landung in Walfischbucht fand François Göring mit seinem Stab und einigen anderen Deutschen vor, die vor den Herero nach Walfischbucht geflüchtet waren. Nachdem Göring François über die Lage orientiert hatte, ging er auf Heimaturlaub. Göring hielt die Truppe für viel zu schwach und riet François, sofort Verstärkung zu beantragen. François verließ Walfischbucht nach 4 Tagen mit Ziel Otjimbingwe, obwohl die Landeskenner François stark von diesem Zug abgeraten hatten im Hinblick auf die feindselige Haltung der Herero und die

Machenschaften von Lewis. Aber François kannte keine Furcht, und der Erfolg gab ihm Recht. Nels und von Goldammer schlossen sich an. Der Marsch verlief ohne Zwischenfälle. In Otjimbingwe wurde das Kommissariat wieder bezogen. Der Empfang in Otjimbingwe war seitens der Engländer sehr kühl. Die Deutschen verhielten sich abwartend. Die Herero waren ängstlich. Sie befürchteten Repressalien wegen der jüngsten Vorgänge. Nach Görings Weggang hatten sie das Gebäude des Kommissariats beschädigt, den Garten zerstört und auch sonst allerhand Unfug getrieben. Sie wußten nicht, ob vielleicht nicht noch mehr Soldaten kommen würden. Kanzler Nels ritt nach Okahandja, um festzustellen, wie die Lage dort wäre. Er berichtete, sie sei ungewiß. François entschloß sich, zunächst den Häuptling Manasse in Omaruru zu besuchen. Manasse stand in Opposition zu Kamaherero, den er nicht als Oberhäuptling anerkennen wollte. Manasse war auch nicht mit der Kündigung des Schutzvertrages einverstanden gewesen und hatte an der Versammlung in Okahandja im Oktober 1888 nicht teilgenommen (vgl. S. 43).

Nachdem sich François der Freundschaft Manasses versichert hatte, kehrte er nach Otjimbingwe zurück. Er hatte gehört, daß Lewis nach SWA zurückkehren wollte und daß er demnächst in Walfischbucht landen würde. Er wollte Lewis abfangen und festnehmen. Auf die Nachricht von dem Kommen von Lewis nahmen die Herero eine feindliche Haltung gegen die Deutschen ein, und François befürchtete einen Zusammenstoß mit ihnen. Den wollte er im Hinblick auf seine Instruktionen vermeiden. Er beschloß deshalb, das für ihn ungünstig gelegene Otjimbingwe zu verlassen, um sich einen geeigneteren Stützpunkt zu suchen. Als die Truppe Otjimbingwe am 6.8.1889 abends verließ, versuchten die Herero, sie zurückzuhalten. Es kam zu einer ernsten Spannung, und es sah schon so aus, als sollten die Gewehre sprechen. Die Herero wollten die Truppe am Abmarsch hindern, weil sie mit Recht vermuteten, daß sie von der Munitionszufuhr von der Küste abgeschnitten werden sollten. Aber schließlich konnte der Abmarsch doch ohne Zwischenfälle vor sich gehen dank des ruhigen und bestimmten Auftretens der deutschen Soldaten. François rückte nach Tsaobis. Tsaobis liegt wenige Reitstunden von Otjimbingwe entfernt auf dem Wege zur Küste an einer günstigen Stelle und hat gutes Wasser. Dort kann der Verkehr von der Küste nach dem Inland leicht überwacht werden; die von Walfischbucht oder Swakopmund kommenden Frachtwagen müssen dort vorbeifahren. Tsaobis wurde von der Truppe befestigt und „Wilhelmsfeste" (34) genannt. François beschloß, von hier aus die Munitions- und Waffeneinfuhr zu den Herero zu beschränken. Am 12.8.1889 wurde der erste mit Munition beladene Wagen, der für Otjimbingwe bestimmt war, angehalten. Lewis' Agenten Bam und Ford wurden festgenommen, als sie nach Tsaobis kamen, um François zu fragen, mit welchem Recht er den Wagen angehalten hätte. Sie mußten das Land verlassen. Lewis erhielt den Ausweisungsbefehl, als er in Walfischbucht landete mit der Absicht, nach SWA einzureisen. Er verließ nun Walfischbucht mit dem Ziel England, und damit war seine Rolle ausgespielt. Er fand ein eigenartiges Ende. Auf einer Handelsreise 1895 unweit Upington verfolgte er einen Leoparden, der ein Reittier gerissen hatte. Der Leopard sprang ihn vom Baume aus an und verwundete ihn. Lewis starb an den Wunden. Das war das Ende dieses Mannes, der eine Zeitlang eine große Rolle zum Schaden der deutschen Herrschaft gespielt hatte.

Reichskommissar Göring kehrte im März 1890 nach SWA zurück. Er und François hatten Ende Mai mit Kamaherero, Manasse und einigen Hererogrößen eine Beratung. Die Stimmung der Herero war wieder umgeschlagen. Das energische Auftreten von François hatte seine Wirkung nicht verfehlt. Von England bzw. der Kapregierung hatten die Herero keine Hilfe mehr zu erwarten. Die Schutztruppe, die im Januar 1890 auf 50 Mann verstärkt worden war, jagte ihnen Furcht ein. So bestätigten die Herero wieder den Schutzvertrag von 1885, baten aber gleichzeitig dringend um Hilfe gegen Hendrik Witbooi. Das wurde ihnen von Göring in Aussicht gestellt. Gleichzeitig erklärten sich die Herero damit einverstanden, daß die Truppe sich in Windhoek festsetzte. Am gleichen Tage schrieb Göring einen Brief (35) an Hendrik, in dem er ihn aufforderte, Frieden zu halten und von Hoornkrans nach Gibeon zu ziehen.

„Okahandja, den 20. Mai 1890.
An den Kapitän Hendrik Witbooi!

Ich höre aus dem Namalande, daß Du beabsichtigst, Krieg gegen die Herero zu führen, so wie Du das bisher getan hast, Werfte abzuschießen und Beester zu rauben.

Aber die deutsche Regierung kann es nicht lange mehr mit ansehen, daß Du das Land und Volk, welches unter deutschem Schutz steht, immer und immer beunruhigst, so daß Arbeit, Handel und Wandel leiden. Sie wird dies mit allen Mitteln zu verhindern suchen, um den Frieden, der dem ganzen Lande Not tut, wieder herzustellen.

Ich bitte Dich daher, laß ab von dem ewigen Kriegführen, mache Frieden mit den Herero und ziehe wieder nach Gibeon! Ich, oder ein später an meine Stelle tretender Kommissar werden gern bereit sein zu vermitteln, um die Freundschaft herzustellen. Daß die englische Regierung uns in unserem Bestreben, den Frieden herzustellen, beisteht, wirst Du zu Deinem Nachteil erfahren haben, indem sie Deine Munition in British Betschuanaland gestoppt hat.

Daß die deutsche Regierung ganz andere Macht besitzt, Dir zu schaden, wirst Du wohl einsehen. Darum nochmals ersuche ich Dich ernstlich, mache Frieden, wenn Du Dich, Dein Land und Leute erhalten willst.

Indem ich Dich ersuche, mir umgehend nach Rehoboth Antwort zu schreiben, bin ich

gez. Dr. Göring."

Hendrik beantwortete (36) den Brief sofort, am 29. Mai 1890, und lehnte das Ansinnen energisch ab, wobei er auch besonders den darin angeschlagenen Ton beanstandete. Göring reiste danach zunächst nach Rehoboth, wo er eine Unterredung mit Hendrik hatte, die freilich ergebnislos war. Dann schloß er in Warmbad einen Schutzvertrag mit den Bondels und den Veldskoendraers. Von Warmbad aus reiste Göring nach Kapstadt und von dort nach Deutschland, um nicht wieder zurückzukehren. Viel hat er in Südwestafrika nicht erreicht. Das war freilich nicht seine Schuld bei den geringen Mitteln, die ihm zur Verfügung standen. Was in seinen Kräften stand, hat er getan. Er trat bestimmt und sicher auf und war dabei doch verbindlich. Auch verstand er es, die Herero bei passenden Gelegenheiten durch die Entfaltung eines gewissen Pompes zu beeindrucken.

François kehrte nach Tsaobis zurück. In der Beratung vom Mai 1890 hatte Kamaherero zugestimmt, daß die Truppe sich in Windhoek festsetzte. Am 18.10.1890 traf François in aller Heimlichkeit mit seiner Truppe in Stärke von 32 Mann dort ein und begann gleich am nächsten Tage mit dem Bau der Feste. Er hatte sich für Windhoek entschieden, weil Tsaobis etwas abseits vom Hererogebiet lag. Otjimbingwe lag ungünstig für eine Verteidigung. Dagegen war Windhoek herrenloses Land zwischen den Herero und den Witbooi, hatte reichlich Wasser und ein für Europäer günstiges Klima. Es war also für eine Besiedlung durch europäische Farmer geeignet. Von dort aus konnte er den Gang der Ereignisse bei den Herero und den Witbooi beeinflussen. Er war den deutschfreundlichen Bastards von Rehoboth nahe. Andererseits war das Gebiet von Windhoek menschenleer, und die Möglichkeit eines Konfliktes der Truppe mit den Eingeborenen war deshalb gering. Das Kommissariat dagegen blieb zunächst in Otjimbingwe. Dort waren die dafür nötigen Gebäude, dort wohnten viele Europäer, die Verbindung zu den Herero und nach Walfischbucht war gut.

Windhoek wurde nun der Sitz des Truppenführers und war bewohnt von 32 Soldaten und etwa 150 Bergdamara und 50 Hottentotten vom Jonkerstamm und von der Roten Nation, die mit der Truppe von Tsaobis nach Windhoek gezogen waren. Tsaobis blieb besetzt mit einem Unteroffizier und drei Mann. Windhoek war also für damalige Südwester Verhältnisse von vornherein ein großer Ort. Die Truppe baute den Platz sofort aus, und zwar mit eigenen Kräften. Zunächst wurden die Ruinen des von Missionar Schröder 1871 erbauten Hauses in Klein Windhoek in Verteidigungszustand gesetzt und die Vorräte dort untergebracht. In Windhoek selbst baute die Truppe neun steinerne Wohnhäuser, Vorratsräume und Ställe, faßte die

Quellen ein, erschloß neue Wasserstellen in Klein- und Groß-Windhoek, legte Gemüsegärten und eine Baumschule für den Bedarf der Truppe an. Das war der Beginn der heutigen Hauptstadt von SWA. Für weitere Einzelheiten verweise ich auf N. Mossolows Schrift „Windhoek damals" (2. Aufl., Windhoek 1965).

Kanzler Nels blieb in Otjimbingwe als Vertreter des Reichskommissars, bis er Ende Juni 1891 SWA verließ. Schon vorher Anfang März 1891 wurde François zum stellvertretenden Reichskommissar ernannt. Truppenführung und Reichskommissariat waren nunmehr in einer Hand vereinigt. Im Juni 1891 traf auch Assessor Köhler ein, der François als Richter bei der Landesverwaltung unterstützte. Köhler war Richter in 1. Instanz, der stellvertretende Reichskommissar fungierte als Richter 2. Instanz. Es war ein Nachteil, daß François nur als Stellvertreter des Reichskommissars, den es gar nicht gab, galt. Deshalb fehlte ihm die letzte Autorität, obwohl er seit November 1891 den Titel Landeshauptmann führte. Es ist schwer einzusehen, weshalb die Reichsregierung zögerte, ihn zum Reichskommissar zu ernennen.

Göring hatte das Land verlassen, ohne viel ausgerichtet zu haben, aber François war gekommen, um zu bleiben. Nachdem die Hoffnung, in Deutsch-Südwestafrika würden Gold, Kupfer und andere Bodenschätze gefunden werden, sich nicht bewahrheitet hatte, dachte man daran, in der Kolonie Auswanderer anzusiedeln, um ein Absatzgebiet für die deutsche Industrie zu schaffen. Für Ansiedlung war Frieden nötig. Sollte SWA deutsche Erzeugnisse kaufen, mußte es etwas haben, womit es kaufen konnte. Das konnte nur Vieh sein, das die Herero besaßen. Für beide Ziele war Hendrik ein Hindernis, der den Frieden störte und das Vieh der Herero raubte, während die Witbooi nichts produzierten.

So erkannte François bald, daß er Hendrik unterwerfen mußte, wenn die Kolonie sich entwickeln sollte. Aber da er das mit so wenig Soldaten nicht tun konnte, beantragte er Verstärkung, nachdem mehrmals vergeblich versucht worden war, Hendrik zur Annahme eines Schutzvertrages zu bewegen. Ein solcher Versuch wurde im März 1891 unternommen. Ich lasse den Bericht eines Teilnehmers an den Verhandlungen, Hugo von François, des jüngsten der François-Brüder, darüber folgen (37):

„Nachmittags hatte mein Bruder Alfred eine längere Unterredung mit Witbooi und seinem Rat, die ich im Auszuge hier mitteilen will, da sie Streiflichter auf die Denkweise und Absichten Witboois wirft.

Mein Bruder sagte Witbooi zuerst, er sei nur zum Besuch im Lande und habe mit der Regierung nichts zu tun; ob Witbooi ihm einige Fragen beantworten wolle.

Witbooi ließ darauf die Beratungshütte räumen, die nebenbei bemerkt von Wanzen wimmelte, auf die Hendrik während der Verhandlung bei passender Gelegenheit Jagd machte, und ließ die Kapitaine und Ratsleute herbeirufen.

Als Dolmetscher fungierten die Unterhäuptlinge Samuel Isaak und Keister.

Mein Bruder: Wird Hendrik Frieden mit den Herero machen und unter welchen Bedingungen?

Hendrik: Ja, wenn die Herero, die den Krieg begonnen hätten, zu ihm kämen und um Frieden bäten.

Mein Bruder: Welche Herero kommen müßten?

Hendrik: Der Vertreter der Hereronation.

Mein Bruder: Ob Hendrik besondere Friedensbedingungen stellen würde und welche?

Hendrik: Ja. Die Bedingungen müsse er sich aber noch überlegen.

Mein Bruder: Ich habe gehört, daß Maharero schon einmal um Frieden gebeten hat und Hendrik ersucht hat, er möge nach Gibeon ziehen. Ob dies wahr sei?

Hendrik: Dies sei richtig; doch müsse er genauer erzählen, wie dies gekommen sei. Er erzählte hierauf mit großer Lebendigkeit, vielem Nachdruck und unter größter Aufmerksamkeit der Hottentotten, auch derjenigen, welche an den beiden Türen in großer Zahl saßen, die Ursachen und den Verlauf des Krieges, welcher von 1881 bis 1892 dauerte. Dabei gebrauchte er so klare Schnalzlaute, wie ich sie von einem Hottentotten bisher noch nicht gehört habe.

Ich kann diese Geschichte hier nicht wiedergeben, da Hendrik ca 1 Stunde redete. Er suchte alle Schuld auf die Herero zu schieben, wie er ja überhaupt sich stets als unschuldiges Lamm hinstellt.

Anknüpfend daran, daß Hendrik in den ersten 4 Jahren den Krieg nicht habe ordentlich führen können, weil er keine Munition gehabt habe, fragte mein Bruder: Von wem hat Hendrik die Munition erhalten?

Hendrik wollte nicht mit der Sprache heraus. Er habe sie von Kimberley bekommen.

Mein Bruder: Ob er sie von der South-African-Company bekommen habe, in der Herr Rhodes (Premier-Minister der Kapkolonie) sei?

Hendrik: Ja, er habe sie von der Gesellschaft erhalten, in der Herr Rhodes sei.

Bei dieser Antwort machte Hendrik den Eindruck, als ob er den Namen Rhodes zum ersten Mal höre.

Mein Bruder: Was hat Hendrik für die Munition bezahlt?

Hendrik: Nichts.

Mein Bruder: Ich will Hendrik meine persönliche Meinung über den Krieg sagen. Nach meiner Ansicht darf er den Krieg nicht fortsetzen. Er entvölkert das Land, und das Land verarmt: Ist es wahr, daß Hendrik nur darum nicht Frieden macht, weil er viele Schulden hat?

Samuel Isaak und Hendrik wurden bei dieser Frage etwas verlegen.

Hendrik: Das wäre kein Grund, ihn abzuhalten, Friede zu machen. Er hätte nur 600 Pfund Sterling (12 000 Mark) bei einem Deutschen, namens „Mahnert", Schulden. Auch bei dieser Antwort, wie oben bei der Beantwortung der Frage wegen der Munition war Hendrik sichtlich bestrebt, nichts von seinem Freund Duncan zu sagen. Er betonte, daß Mahnert ein Deutscher sei.

Mein Bruder: Ich habe gehört, Hendrik soll einer englischen Gesellschaft Konzessionen gegeben haben, Bergbau in !Ariam oder !Areb zu treiben.

Hendrik: Ja, das habe er getan.

Mein Bruder: Die deutsche Regierung habe eine Verordnung erlassen, wonach dies nicht anerkannt wurde.

Hendrik: Warum nicht? Ich bin doch allein Herr in meinem Lande und kann doch verkaufen, was ich will.

Mein Bruder: Hendrik könne sein Eigentum nach Belieben verkaufen. Der weiße Mann wäre aber nicht sein Untertan, er müsse für seinen Kauf die Genehmigung der deutschen Regierung haben, sonst sei nicht ausgeschlossen, daß zwei Weiße denselben Platz beanspruchten, wie z.B. in /Ubeb, welches von den Herren Hutton und Dannert beansprucht würde. Hoornkrans und !Ariam hätten auch nicht immer Hendrik gehört, sondern erst Jan Jonker und später den Bastards, und die hätten vielleicht auch schon Konzessionen auf !Ariam ausgegeben.

Weswegen hat sich Hendrik nicht unter die deutsche Oberhoheit gestellt?

Hendrik: Weswegen und warum er das tun solle?

Mein Bruder: Er könne sich das wahrscheinlich schwer vorstellen. Wenn er einen Mann habe, der in Europa oder in der Kapkolonie gewesen sei, so würde der ihm am besten die Vorteile klar machen können, die er davon haben könne.

Alle die Sachen, die sie jetzt hätten, und noch viele andere, könnten sie aus Deutschland haben, dieselben würden später 3-4 mal billiger werden, wenn erst eine Eisenbahn das Land durchziehe. Im übrigen könne er sich wohl gegen die Herero schützen, nicht aber gegen andere Einwanderer, die Boeren und Goldgräber.

Hendrik: Ich will keinen Schutz haben; wenn die Gefahren von außen kommen, werde ich mich nach den Umständen richten.

Mein Bruder: Ob er die Vorteile nicht einsehe?

Hendrik: Ja, ich sehe dieselben ein, aber ich will so leben, wie mein Vater gelebt hat und wie ich bisher gelebt habe.

Mein Bruder: Er glaube nicht, daß dies auf die Dauer gehen würde. Hendrik müsse doch auch an seine Kinder denken.

Hendrik: Meine Kinder müssen sehen, wie sie auskommen und sich einrichten.

Mein Bruder: Was wird Hendrik machen, wenn die deutsche Regierung eines Tages sagt: Du mußt die Oberhoheit des deutschen Reichs anerkennen?

Hendrik: Warum und mit welchem Recht wird das die deutsche Regierung sagen?

Mein Bruder: Das habe sie schon häufig gesagt, wenn sie es für nötig halte. Was er tun würde?

Hendrik: Dann werde ich mich nach den Umständen richten.

Ich sagte nun Hendrik, daß er ja bereits wisse, daß die deutsche Regierung sich nicht in seinen Krieg mit den Herero einmische, und die Truppe vorläufig weder gegen ihn noch die Herero einzuschreiten habe.

Hendrik unterbrach mich und fragte, warum ich „vorläufig" sage, warum die Truppe vorläufig nicht einzuschreiten habe. Ich entgegnete ihm, daß die Truppe mit jedem Schiff Instruktionen erhielte. Würde z. B. ein Weißer von den Herero oder von seinen Leuten erschlagen, so würde die Truppe Befehl bekommen einzuschreiten.

Hendrik meinte, ja, das sei ganz richtig."

Damit war die Unterredung geschlossen. Der Landeshauptmann selbst hatte am 9.6.1892 eine freilich ergebnislose Unterredung (38) mit Hendrik Witbooi. Seine Selbständigkeit wollte Hendrik nicht aufgeben. Die Herrscher von Afrika seien von gleicher Art, so sagte er, und einander behilflich, aber er verstehe nicht, warum eine auswärtige weiße Macht in Afrika eingreife. Hier finden wir einen Gedanken ausgesprochen, den wir heutzutage oft hören: Den Gedanken der Einheit des schwarzen Afrika gegen die weißen Kolonialmächte. Besonders wandte er sich gegen die von François wirksam durchgeführte Munitionssperre. Alle Menschen hätten wie auf Regen ein natürliches Recht auch auf Munition. Ein Friede, der durch die Munitionssperre herbeigeführt worden sei, sei kein wahrer Friede. François erwähnte, Deutschland würde Hendrik schützen gegen mächtige fremde Nationen. Darauf fragte Hendrik, wer diese Nationen seien. François antwortete nach Hendriks Aufzeichnung: „De Boeren en andere sterke naties, die willen met mag in die land inkomen, en wonen, en werken doen, waar zy willen, zonder permisi te vragen by die lands hoofden." Hendrik fragte zurück, ob Deutschland auch eine solche Nation sei. Nach dieser Unterredung erkannte François, daß weitere Verhandlungen zwecklos waren und daß er, um Frieden in SWA herbeizuführen, Hendrik unterwerfen mußte.

Zunächst plante François ein gemeinsames Vorgehen mit den Herero gegen die Witbooi. Kamaherero wollte auch gern teilnehmen, denn die

Herero hätten eine Demütigung der Witbooi gern gesehen. Die Unternehmung war auf Juli/August 1892 angesetzt, aber François wartete in diesen Monaten vergebens auf einen Boten, der ihm den Abmarsch der Hererokrieger von Okahandja melden sollte. Es war den Herero nicht möglich gewesen, ihre Streitmacht zur gleichen Zeit in Okahandja zu versammeln. Als Hendrik hörte, daß François sich den Herero genähert habe, ergriff er seinerseits die Initiative und versuchte, durch Vermittlung der Rehobother Bastards zu einem Frieden mit den Herero zu kommen. Das gelang ihm im November, denn beide Parteien — auch die Herero — wurden sich der Gefahren, die ihnen von den Deutschen drohten, bewußt. Insbesondere war es die Munitionssperre, die beide empfindlich traf.

Für François begann nun die Situation gefährlich zu werden, denn nach dem Friedensschluß war ein gemeinsames Vorgehen der beiden Stämme immerhin möglich. Die Truppe, die ihm zur Verfügung stand, war ganz ungenügend. Für April 1893 war wohl noch eine Verstärkung von 100 Mann zu erwarten, aber auch das war für einen Krieg gegen einen der beiden Stämme oder gar gegen beide zusammen unzureichend. Hier jedoch sollte François durch die Ereignisse angenehm überrascht werden. Denn als der Reichskanzler Caprivi von dem Friedensschluß zwischen den beiden Stämmen hörte, bestimmte er, daß eine wesentlich größere Truppenmacht ausgesandt werden sollte — statt 100 Mann 212 Reiter und zwei Offiziere, die mit dem Woermanndampfer „Karl Woermann" am 16.3.1893 in Walfischbucht ankamen, wo sie von Leutnant Hugo von François empfangen wurden. Mit größtmöglicher Geschwindigkeit marschierte die Truppe nach Windhoek, wo sie am 2. April einzog. Mit der Truppe traf auch eine neue Instruktion des Reichskanzlers ein, die die Instruktionen, die er früher erhalten hatte, abänderte. Diese hatten im wesentlichen aufgetragen (S. 45): Wiedereinsetzung der deutschen Beamten, die zusammen mit Göring 1890 das Land verlassen hatten, Festnahme oder Ausweisung von Robert Lewis, Einschränkung der Einfuhr von Munition und Waffen, Besuch der treu gebliebenen Häuptlinge, um mit ihnen zu verhandeln, Aufrechterhaltung des Friedens zwischen den Stämmen. Die Truppe sollte nicht zu kriegerischen Unternehmungen verwendet werden, sondern nur bei Widerstand einzelner Individuen gegen deutsche Anordnungen einschreiten.

Nunmehr hieß es, Windhoek solle mit der verstärkten Truppe verteidigt und die deutsche Herrschaft unter allen Umständen aufrechterhalten und gefestigt werden. Weitere Unternehmungen zum Schutze Windhoeks wurden dem Ermessen des Kommissars überlassen. Es solle bald energisch gehandelt werden, betonte die Kolonialabteilung des Auswärtigen Amtes, mit halben Maßnahmen sei der Abteilung nicht gedient.

François hatte nun zu entscheiden, welche Maßnahmen er auf Grund der neuen Instruktion zu treffen hatte. Mit der bisher zur Verfügung stehenden Truppe war es unmöglich gewesen, die deutsche Herrschaft zur Geltung zu bringen. Diese erstreckte sich vielmehr nur auf die unmittelbare Umgebung von Windhoek und einige Stationen am Baiwege. Angesichts der Größe des Landes und der Zahl der Eingeborenen war die nun vorhandene Truppe auch jetzt noch nicht stark genug, eine deutsche Herrschaft im Lande aufzurichten. Es handelte sich lediglich um die Frage, wie man am besten ein Stück auf dem Wege dahin weiterkommen könnte.

Mit diesem Ziele im Auge entschied sich François zu angriffsweisem Vorgehen, weil er der Meinung war, daß er auf diese Weise mit seiner immer noch kleinen Truppe das meiste erreichen könnte. Die Eingeborenen sollten Achtung vor dem Deutschen Reich bekommen und ihnen gezeigt werden, daß das Deutsche Reich die Mittel hätte, seine Macht zur Geltung zu bringen. Bisher hatten sich die Stämme die Waage gehalten, und die Deutschen hatten sich nur deshalb im Lande behaupten können, weil die Herero und Witbooi im Kriege miteinander lagen und deshalb die Gefahr nicht erkannten, die mit dem Kommen der Deutschen ihrer Selbständigkeit erwachsen war. Hendrik Witbooi hatte das aber nun erkannt und daraus die Folgerungen gezogen, in dem er den Krieg gegen die Herero einstellte, um gegen die Deutschen freie Hand zu haben.

Man wird die Entscheidung von François' zu angriffsweisem Vorgehen billigen müssen. Nach der Periode des Verhandelns und Abwartens mußte mit der Aufrichtung der deutschen Herrschaft endlich Ernst gemacht werden. Es handelte sich nur darum, wo damit begonnen werden sollte. Von François entschied sich für ein Vorgehen gegen Hendrik, der sich in den bisherigen Verhandlungen als der hartnäckigste Widersacher der Deutschen gezeigt hatte. War er geschlagen, so rechnete François, würde das auf die übrigen Stämme großen Eindruck machen. Dabei war zu erwarten, daß die Herero eine Demütigung der Witbooi gern sehen würden. Die Herero waren außerdem das wirtschaftlich wertvollere Element in der Kolonie, denn sie besaßen die großen Rinderherden. Die Witbooi dagegen lebten nur von Raub und waren wirtschaftlich unproduktiv. Als Handelspartner konnten deshalb nur die Herero in Frage kommen.

Der Zug gegen die Witbooi sollte sofort unternommen werden. Es waren genügend Vorräte in Windhoek vorhanden; infolge der guten Regenzeit gab es genügend Wasser und Weide, die Truppe war gut einmarschiert und einexerziert und dank der guten Qualität der Mannschaften gefechtsbereit. François wollte Hornkranz, den Wohnsitz der Witbooi, überrumpeln, Hendrik gefangennehmen oder töten und den Stamm der Witbooi unschädlich machen. Dabei war das Moment der Überraschung wesentlich, und es wurden alle Maßnahmen getroffen, um das Unternehmen geheimzuhalten. Es traf sich günstig, daß Samuel Isaak, der Unterkapitän der Witbooi, noch vor Aufbruch der Truppe Windhoek verließ, wohin er mit einigen Begleitern gekommen war. Der Zweck seines Besuches war wohl der, sich die neuen

Truppen anzusehen. Als er einmal dem Exerzieren zuschaute, sagte er zu Leutnant von Bülow auf die Frage, wie ihm das gefiele: „Ganz gut. Aber diese Leute sind angelernt, die meinigen sind geborene Soldaten." Damit hatte er insofern recht, als es in den kommenden Kämpfen weniger auf das Exerziermäßige als darauf ankam, daß der Mann sich selbständig im Gelände bewegen und selbständig entscheiden konnte.

Am 9.4.1893 setzte sich der Zug (39) gegen Abend in Bewegung. Die beiden Kompanien hatten eine Stärke von je einem Offizier, elf Unteroffizieren, 2 Lazarettgehilfen, 2 Trompetern und 93 Reitern. Nur die Offiziere und Unteroffiziere waren beritten, die „Reiter" mußten zu Fuß marschieren. Die Truppe war knapp an Pferden, es war noch die Zeit der Pferdesterbe. Der Marsch ging über Haris, Gurumanas bis in die Nähe von Hoornkrans; dort wurde am 11. April Lager bezogen. An diesem Tage wurde der Truppe endlich in Abwesenheit der Eingeborenen der wahre Zweck des Unternehmens bekanntgegeben.

Am nächsten Tag wurde kurz nach Mitternacht aufgebrochen und unter Vermeidung jeglichen unnötigen Geräusches der Marsch nach Hornkranz fortgesetzt. Alle Pferde blieben zurück, auch die Offiziere nahmen die Gewehre. Der Angriff sollte mit Tagesanbruch beginnen. Dazu mußte schnell marschiert werden, denn man hatte sich die Entfernung nach Hoornkrans kleiner vorgestellt, als sie in Wirklichkeit war. Auch verloren die drei Eingeborenen, die als Führer dienten, mehrfach den Weg, wodurch kostbare Zeit verlorenging.

Als es schon hell zu werden begann, erreichte die Truppe einen Berg vor Hoornkrans, auf dem die Witbooi Schanzen angelegt hatten. Er war nicht besetzt; die Witbooi wußten also nichts von dem bevorstehenden Angriff. Es war 5.30 Uhr, und Eile war geboten. François teilte hier seine Truppe: Die erste Kompanie sollte von Norden, die zweite von Osten angreifen, während er selbst in der Schanze blieb.

Hornkranz lag beiderseits eines Flußlaufes. Östlich des Flußbettes ist eine einigermaßen ebene Fläche, auf der die Hütten standen. Westlich davon ist das Gelände unübersichtlich und mit Felsbrocken übersät. Die Werft war geschützt durch eine Mauer, eineinhalb Meter hoch und einen Meter breit, gefügt aus lose übereinandergeschichteten Felssteinen. Sie war etwa 2 km lang und umgab die Siedlung im Norden und Osten. Unmittelbar hinter ihr begannen die Hütten.

Die erste Kompanie erreichte als erste die Mauer, und zwar an der nördlichen Schmalseite, ohne belästigt zu werden, und begann sofort in die Werft zu feuern. Nun wurde es darin lebendig. In Überraschung und Verwirrung liefen Menschen und Tiere durcheinander, an organisierten Widerstand war nicht zu denken. Viele Witbooi suchten Schutz in dem Gebiet westlich der Werft, einzelne erwiderten das Feuer, das nunmehr von zwei Seiten kam, nachdem auch die zweite Kompanie von Osten in das Gefecht eingegriffen hatte. Hendrik, der zur Zeit des Angriffs gerade beim Kaffeetrinken gewesen sein soll, scheint die Nutzlosigkeit eines Widerstandes sofort eingesehen zu haben und tat das Beste, was er unter den Umständen tun konnte: Er flüchtete mit den meisten seiner Krieger. Den Rest des Stammes ließ er zurück. Widerstand wurde den in die Werft eindringenden Truppen besonders von den umgebenden Schanzen und aus der halbfertigen Kirche, einem Steinhaus ohne Dach, geleistet, bis die letzten Verteidiger gefallen waren. Die Verfolgung des nach Westen fliehenden Feindes war nur für eine kurze Strecke möglich. Die Deutschen waren zu Fuß, die meisten Witbooi aber beritten. In dem unübersichtlichen Gelände waren sie bald verschwunden, und bei der Truppe machte sich die Müdigkeit bemerkbar. Auf deutscher Seite waren ein Reiter gefallen, zwei verwundet. Die schwer zu schätzenden Verluste der Hottentotten waren aber beträchtlich. Die Werft bot einen schrecklichen Anblick. Leichen von Menschen und Tieren, Hausgerät, Waffen lagen regellos umher. Bei der Durchsuchung der Hütten zeigte es sich, daß die Witbooi mit Munition, Material und Werkzeug zur Herstellung von Munition wohl versehen waren. In den Hütten hingen noch die Fellsäcke mit den fertigen Patronen. Der Teil der Beute, der nutzlos war oder nicht mitgenommen werden konnte, wurde verbrannt oder zerstört, der noch brauchbare Teil am nächsten Tage mitgenommen: 10 Pferde, 40 Kühe, 50 Gewehre und einige Munition. Dazu kamen die Gefangenen, etwa 40 Frauen und Kinder.

Am nächsten Tage wurden die Hütten niedergebrannt und nachmittags wurde der Rückmarsch angetreten. Er führte über Rehoboth und Aris nach Windhoek, das am 19. April erreicht wurde. Unter dem Jubel der Zurückgebliebenen zog die Truppe in Windhoek ein, und der Sieg wurde gefeiert. Man fühlte sich von einem Druck befreit und sah eine neue Zeit für die Kolonie anbrechen.

Aber bald zeigte es sich, daß es sich nicht um einen Sieg gehandelt hatte, sondern daß dieser Überfall nur der Beginn eines langwierigen Kampfes sein sollte. Das Ziel war nicht erreicht worden. Ein Kenner des Landes, der Bergreferendar Duft, hatte gleich beim Eintreffen der Siegesnachricht geäußert, er fürchte für die Sicherheit des Landes; die Witbooi seien nur für den Augenblick geschlagen. Und es zeigte sich sogleich, daß Hendrik keineswegs den Mut verloren hatte. Als die Truppe durch die Auasberge zog, hatte sie alle dienstfähigen Pferde von dem dortigen Pferdeposten Aridareigas mitgenommen; nur die Stuten und Füllen waren zurückgeblieben. Die Witbooi waren aber der Truppe gefolgt und hatten alle noch auf dem Posten befindlichen Pferde abgetrieben. Dasselbe taten sie mit den 120 Pferden, die am unteren Kuiseb standen und die dem Kaufmann Schmerenbeck gehörten. Diese hatte François kaufen wollen. Nun waren die Witbooi gut beritten, die Truppe hatte aber nur etwa 70 Pferde. Unter diesen Umständen war an ein Durchgreifen gegen die Witbooi nicht zu denken, und es war nun sicher, daß die Witbooi nicht geschlagen waren, sondern daß der Krieg erst begonnen hatte.

Nicht nur durch die Wegnahme der Pferde bewies Hendrik, daß er sich nicht geschlagen fühlte. Er sandte Samuel Isaak zu Samuel Maharero und ließ ihn auffordern, mit ihm zusammen einen Aufstand gegen die Deutschen zu unternehmen, aber Maharero lehnte ab. Auch die Bastards forderte er auf, sich ihm anzuschließen; sonst werde er sie als Feinde behandeln. Die Bastardnation hatte nun zu entscheiden, auf welche Seite sie treten wollte. Wieder wie schon zu Zeiten des Kampfes zwischen Herero und Witbooi befanden sie sich als die schwächere Nation in einer Zwischenstellung. Es war sicher, daß sie ihre Selbständigkeit einbüßen würden, wenn sie sich Hendrik anschlossen. Daß die Entscheidung zugunsten der Deutschen fiel, war zum großen Teile dem Einfluß des Bastards Hans Diergaard zu danken.

Vier Tage nach der Rückkehr von Hornkranz sandte François den Leutnant Kurd Schwabe mit etwa 30 Mann nach Osten über Gurumanas hinaus, um festzustellen, ob an dem Gerücht von einem Zug der Witbooi nach dem Schafrivier etwas Wahres sei, und um zu versuchen, einen Ochsenwagen, der auf dem Zuge nach Hornkranz hatte zurückgelassen werden müssen, zu bergen. Der Wagen war aber inzwischen von den Witbooi verbrannt worden; zahlreiche Pferdespuren wiesen nach Osten und Süden. Die Expedition kehrte, ohne etwas von den Witbooi gesehen zu haben, zurück. Es wurde dabei festgestellt, daß die Bastards verschiedene Außenposten aus Furcht vor den Witbooi verlassen hatten.

Auch in Windhoek traf man Maßnahmen, um sich gegen Überfälle zu schützen. Das Vieh wurde in die Nähe der Ansiedlung gebracht und auf seinen Weideplätzen tagsüber durch eine Postenkette gesichert. Nachts kam es in den Kraal. Auf den umgebenden Höhen wurden Schanzen angelegt und am Tage besetzt. Es war nun deutlich, daß der Angriff auf Hornkranz ein Fehlschlag gewesen war und daß die deutsche Truppe, klein an Zahl, ungenügend beritten, dazu noch ohne Landeskenntnis, sich in der Defensive befand.

Am 11. Mai brach François zu seinem zweiten Zuge (40) gegen Hornkranz auf. Es war bekannt geworden, daß Hendrik Hornkranz wieder besetzt hatte. Außerdem mußte François seine neuen Verbündeten, die Bastards, gegen die Witbooi schützen. Für den Zug wurden alle verfügbaren Pferde zusammengebracht und zum ersten Male auch Reitochsen bei der Truppe verwendet. Der Marsch ging über Rehoboth, wo sich 50 Bastards unter Hans Diergaard anschlossen. Am 18. Mai nachmittags wurde Hornkranz erreicht und gegen den Platz vorgegangen. Es zeigte sich, daß die Krieger des Stammes dahin zurückgegangen waren, aber nun beim Erscheinen der Deutschen in westlicher Richtung davonritten. Die Truppe verbrachte die Nacht in Hornkranz, das durch Leichengeruch verpestet war; denn die Witbooi hatten nur die Vornehmen unter den Gefallenen beerdigt. Auch das Wasser war zum Teil verdorben. Am nächsten Tag wurde nach dem Gams- und Karibibberg hin erkundet und festgestellt, daß die Witbooi sich bei letzterem verschanzt hatten. Zwei Patrouillen, die sich dem Berge näherten, wurden aus 200 bzw. 300 m Entfernung beschossen und mußten sich unter Verlusten zurückziehen. François, der selbst bis nahe an den Berg heranritt, mußte sich überzeugen, daß er den Berg ohne Geschütze nur unter großen Verlusten werde nehmen können, denn die Witbooi hatten von ihren Schanzen aus freies Schußfeld. So entschloß sich François zum Rückzug.

Aber Hornkranz sollte besetzt bleiben. Die halbfertige Kirche in der Mitte der Werft wurde in Verteidigungszustand gesetzt, die Mauern befestigt und erhöht, Schießscharten eingebrochen und Lebensmittel und Wasser darin verstaut. Die Besatzung bestand aus 27 Mann unter Führung des Sergeanten Pohl.

Als die Truppe sich auf dem Rückmarsch befand, machten die Witbooi noch den Versuch, sie in ihrem Nachtlager bei Naos zu überfallen. Die Angreifer wurden jedoch rechtzeitig entdeckt und zogen sich nach einigen Schüssen zurück, ohne daß Verluste eingetreten wären. Dieser Vorfall hatte keine weiteren Folgen, zeigte aber, wie stark sich die Witbooi fühlten, daß sie sogar nachts angriffen, was die Eingeborenen in den Kämpfen gewöhnlich vermieden. Über Gurumanas und Aris erreichte die Truppe Windhoek.

Die Witbooi waren inzwischen nicht müßig gewesen. Noch am Tage des Abzuges der deutschen Truppen näherten sie sich ihrem Hauptort wieder. Sechs Berittene ritten in Hornkranz ein, ohne zu ahnen, daß die Kirche von den Deutschen besetzt war. Trotz der Veränderungen, die die Truppe bei ihrem Besuche an der Kirche angebracht hatte, waren die Witbooi nicht mißtrauisch geworden. Als sie der Kirche ganz nahe waren, erhielten sie plötzlich Feuer; fünf fielen, einer entkam verwundet. Einige Stunden später verließ Sergeant Pohl mit einigen Soldaten die Kirche, um ein Mauerwerk, das das Schußfeld beeinträchtigte, zu zerstören. Das gelang ohne Belästigung seitens der Witbooi, aber als sich die Gruppe auf dem Rückweg befand, erhielt sie plötzlich Feuer, wodurch ein Soldat eine schwere Fußverletzung erlitt.

Weitere Unternehmungen fanden zunächst nicht statt. Die ihm dadurch gewährte Ruhepause benutzte Hendrik, seine Mannschaft und seine Bestände an Munition zu verstärken. Die Munition erhielt er aus dem Süden des Landes, wohin Händler sie von jenseits des Oranje brachten. In Verbindung damit wurde der bereits erwähnte Duncan genannt. Die Munition kaufte Hendrik auf Kredit oder bezahlte sie mit geraubtem Vieh. Von den im Süden wohnenden Hottentottenstämmen erhielt er Zulauf an Kriegern, besonders von den Khauas-, Simon-Kopper- und Bethanier-Hottentotten; aber auch Griquas und Bastards schlossen sich ihm in der Hoffnung auf Beute an. Es waren sogar Rehobother Bastards unter den Kriegern Hendriks, die mit dem Stammesbeschluß, sich den Deutschen anzuschließen, nicht einverstanden gewesen waren. Die Tatsache, daß Hendrik sich bisher hatte halten können, bewies in den Augen der Eingeborenen, daß er den Deutschen überlegen war. Im Süden hatte der Einfluß der Deutschen fast völlig aufgehört. Die Scharen der Witbooi konnten das Land ungehindert durchstreifen. Hendrik ließ sogar durch Spangenberg, einen weißen Händler und Farmer im Süden, in den Kapzeitungen Farmen zum Kauf anbieten, als ob der Süden der deutschen Kolonie sein Land wäre. Der deutsche Konsul in Kapstadt mußte öffentlich erklären, daß die deutsche Regierung solche Käufe nicht anerkennen würde.

Die Schutztruppe war unfähig, etwas gegen diesen unbefriedigenden Zustand zu unternehmen, da sie noch immer schlecht beritten, also schwer beweglich und an Zahl schwach war.

Aber nicht nur im Süden schwärmten die Witbooi; ihre Anwesenheit bei Windhoek konnte aus gewissen Vorfällen — Viehdiebstählen, Beraubung von Boten — geschlossen werden. So meldete ein Eingeborener am 26. Juni 1893 frühmorgens, er habe 80 Witbooi ganz in der Nähe von Windhoek beobachtet, und wirklich konnte man vom Turm der Kaserne die weißen Hüte der Witbooi im Nordwesten sehen. Leutnant von François, der in Abwesenheit seines älteren Bruders den Befehl führte, ließ sofort das Vieh zusammentreiben und sandte eine starke Unteroffizierspatrouille nach Norden, um eine etwa eineinhalb Kilometer entfernte Höhe zu besetzen. Die übrigen Soldaten begaben sich auf ihre Alarmstationen an wichtigen Punkten der Ansiedlung. Die Patrouille hatte ihr Ziel noch nicht erreicht, als sie beschossen wurde. Es entwickelte sich ein einstündiges Gefecht, bei dem die Witbooi die vorrückende Patrouille beschossen, um dann wieder im Gebüsch zu verschwinden. Schließlich kehrte die Patrouille zurück, da an eine Verfolgung der Witbooi nicht zu denken war. Zu gleicher Zeit hörte man Schießen im Süden, wo die Witbooi einige Bastardwagen überfallen, die Begleiter vertrieben, die Wagen angezündet und einiges Vieh erbeutet hatten. Dann wurde es still. Man sah noch die im Norden befindlichen Witbooi nach Süden ziehen. Eine am Nachmittag unter François ausreitende Patrouille, die nach dem Süden aufklärte, konnte nichts vom Feinde entdecken.

Am nächsten Morgen waren die Witbooi wieder da, dieses Mal nahe dem Kommissariatsgebäude. Wieder gingen Patrouillen vor, und zwar eine aus Klein-Windhoeker Ansiedlern bestehende in Richtung der Auasberge, eine Offizierspatrouille nach Onguema. Aber die Witbooi waren wieder verschwunden. Am gleichen Tage abends kehrte Hauptmann von François von

Walfischbucht zurück. Er war von den Witbooi nicht behelligt worden. Scheinbar stand die Anwesenheit der Witbooi im Zusammenhang mit dem erwarteten Eintreffen des Hauptmanns. Hendrik wollte ihn wohl abfangen lassen. Es ist merkwürdig, daß die Witbooi dies nicht versucht haben, obwohl François nur von wenigen Reitern begleitet war.

François entschloß sich, die Besetzung von Hornkranz aufzugeben und die dort stationierten Soldaten einzuziehen. Am 5. Juli 1893 rückte (41) er mit 77 Mann von Windhoek ab; 38 waren zu Pferde, 38 zu Fuß. Letztere fuhren zum Teil auf Ochsenwagen wegen Mangel an brauchbarem Schuhwerk! Am 8. Juli nachmittags wurde Hornkranz ohne Zwischenfälle erreicht und durch ein Trompetensignal der Besatzung die Ankunft der Truppe angezeigt. Man kann sich ihre Freude vorstellen, als sie nun nach acht Wochen aus der Isolierung erlöst war. Die Besatzung hatte sich während dieser Zeit immer in dem Kirchengebäude aufhalten müssen, von den Witbooi belagert und oft beschossen. Nur zum Wasserholen hatten einige Leute abends das feste Haus verlassen und waren unter besonderen Vorsichtsmaßregeln 200 Meter bis zur Wasserstelle gegangen, ohne je gestört zu werden. Zufuhren hatten sie während dieser Zeit nicht erhalten können; so war ihre Ernährung sehr eintönig gewesen.

Jetzt war nun diese Zeit vorbei, und am 9. Juli setzte sich die ganze Abteilung, nun über 100 Mann stark, in Bewegung. Auf dem Rückwege wurde bei Naos übernachtet und am nächsten Morgen noch vor Hellwerden in Richtung Gurumanas abmarschiert. François ritt mit wenigen Reitern voran, die berittene Abteilung folgte nach kurzer Zeit, zum Schluß setzten sich die Wagen mit der Abteilung zu Fuß unter Führung von Leutnant Schwabe in Bewegung. Nach kurzem Marsch — es war noch dunkel — erfolgte ein Feuerüberfall auf die Spitze aus 50 Meter Entfernung. Die Reiter der Spitze sprangen von den Pferden, die berittene Abteilung schloß auf und griff in den Kampf ein. Die beiden Linien lagen sich nun feuernd gegenüber. Inzwischen war Leutnant Schwabe mit der Abteilung zu Fuß nachgeeilt und hatte die Witbooi links seitlich umfaßt, wobei es zum Nahkampf kam. Die Umfassung entschied das Gefecht. Die Witbooi flohen unter Verlust und Hinterlassung von mehreren Pferden, so daß auf manchen Pferden zwei, ja sogar drei Witbooi reiten mußten, und wurden auf ihrer Flucht noch von der Höhe aus auf weite Entfernung wirksam beschossen.

Dies war eine wirkliche Niederlage der Witbooi, und unter ihrem Eindruck herrschte einige Zeit tiefe Niedergeschlagenheit in Hendriks Lager. Samuel Izaak, der die Witbooi an diesem Tage führte, hat später selbst geäußert, daß er in diesem Gefecht 36 Mann verloren habe, dazu noch 31 Pferde. Eine Anzahl Eingeborener, die sich den Witbooi in der Hoffnung auf Beute angeschlossen hatte, lief nun wieder weg, besonders die Bethanier. Hendrik selbst konnte sich dem Eindruck der Niederlage nicht entziehen, wie er in einem Brief an Missionar Heidmann zugab. Bald hatte er sich jedoch wieder gefaßt. Am 24. Juli schrieb er an Hauptmann von François und bat ihn um Freigabe der am 12. April in Hornkranz gefangenen Stammesangehörigen. Ferner verlangte er Munition, damit sie mit gleichen Mitteln gegeneinander kämpfen könnten; dann erst könnte von François einen „ehrlichen" Sieg über ihn gewinnen. Hendrik ist auch später nicht müde geworden zu betonen, daß der Überfall auf Hornkranz ein Unrecht war, das François gegen ihn begangen hätte. Nach der Einnahme von Hornkranz hatte Hendrik in Walfischbucht persönlich, jedoch vergeblich versucht, Munition zu erhalten. So mußte er die Munition aus dem Süden beziehen.

Hendrik begann nun, die Transportwege auch weiterhin unsicher zu machen. Dabei traf er seine Feinde an einer empfindlichen Stelle. Fast die ganze Verpflegung und der Bedarf für die Truppe, für die Einwohner von Windhoek und die Verwaltung mußten auf dem Baiwege über eine Strecke von beinahe 400 km herangebracht werden, und dieser Weg war wegen seiner Länge und der Natur des Landes gegen die Witbooi schwer zu schützen.

In Windhoek wurden Waren dringend gebraucht. Infolge des Krieges war der Verkehr auf dem Baiwege im Jahre 1893 sehr zurückgegangen, da man Überfälle befürchtete, die Truppe ihre Wagen anderweitig brauchte und die Bastards, die sonst das Fuhrgeschäft besorgten, in ihrem eigenen Lande zu tun hatten. Infolgedessen stieg das Frachtgeld von Walfischbucht nach Windhoek von 14 auf 20 Mark für den Zentner.

Dies wollte sich der Bur Gerd Wiese (42), der eine Farm am Schaffluß besaß, zunutzemachen und stellte Ende August einen Wagenzug zusammen, der aus 20 Wagen und 400 Ochsen bestand. 22 Bastards und eine Anzahl Eingeborener, Hottentotten und Bergdama begleiteten ihn. Auf dem Wege nach Walfischbucht hatte der Zug Tsaobis erreicht und folgte nun dem Laufe des Swakop abwärts. Das Tal ist dort von Felswänden eingeschlossen, kleinere Vorsprünge zwingen den Weg zu vielen Windungen. Während der Zug im Morgengrauen dahinzog und die meisten Bastards schliefen, erfolgte plötzlich der Angriff von allen Seiten. An Widerstand war nicht zu denken. Wiese, der im letzten Wagen fuhr und für alle Fälle ein gesatteltes Pferd bei sich hatte, konnte, von den Witbooi verfolgt, mit Mühe Tsaobis erreichen, wo er den Vorfall meldete. Bei dem Wagenzug wurden einige Bastards getötet sowie auch ein junger Bur namens Meyer, der sich tapfer verteidigte und einige Witbooi tötete, bis auch er einer Kugel erlag. Die übrigen Bastards wurden gefangen und erschossen, die begleitenden Eingeborenen ließ man laufen. Ein Sohn des Bastardkapitäns Hermanus van Wyk verbarg sich schwer verwundet im Riet und konnte sich einige Tage später retten.

Hendrik, der selbst anwesend war, durfte sich an dem Schauplatz des Überfalls nicht lange aufhalten. Denn er wußte, daß am 23. August ein Truppentransport mit 3 Offizieren und 100 Mann in Swakopmund gelandet war und sich auf dem Wege nach Tsaobis befand. Deshalb ließ er die Wagen und die Waren, die für die Witbooi nicht wertvoll waren, zerstören. Dann zog er etwas flußabwärts nach Diepdal, wo vier Wagen des Kaufmanns Schmerenbeck standen. Der Bastard, der den Wagenzug führte, und seine Begleiter wurden getötet. Ein Wagen wurde mit den wertvollsten Gütern beladen — Proviant, Tabak und Kleidung — und mitgeführt, die anderen zerstört. Die Waren, die die Witbooi hinterlassen mußten, wurden verbrannt, den Alkohol ließ Hendrik in den Sand laufen. Die 400 Zugochsen wurden mitgenommen; Hendrik hatte nun wieder ein Objekt in der Hand, womit er Munition kaufen konnte.

Dieser Vorfall war für Windhoek ein harter Schlag. Hatte die Stadt schon bisher unter Warenmangel gelitten — die beiden vorhandenen Geschäfte mußten zeitweise überhaupt schließen — so kam der Frachtverkehr nun völlig zum Stillstand. Schon vor dem Überfall waren nicht genügend Frachtwagen vorhanden gewesen, und viele Waren lagerten in Walfischbucht, die auf Beförderung warteten. Die Zurückhaltung der Bastards und Herero gegenüber dem Frachtgeschäft beruhte einerseits auf der Furcht vor den Witbooi, andererseits war in den letzten Jahren immer mehr die Lungenpest aufgetreten. Bisher war es gelungen, die Landesmitte davon freizuhalten, während im Ovamboland die Krankheit immer ihre Opfer gefordert hatte. Von dort hatte sie sich nach dem Bezirk Omaruru verbreitet und war dann nach Windhoek übergesprungen, da man infolge der kriegerischen Ereignisse manche Vorsichtsmaßregel außer acht gelassen hatte. Besonders schwer wurden dadurch die neuen Ansiedler getroffen, die ihre Ersparnisse in Vieh angelegt hatten und die nun große Verluste erlitten.

Aber auch im Süden waren die Witbooi tätig (43). Im November wurde der Landwirt Hermann auf Kubub bei Aus, der landwirtschaftlichen Station der Kolonialgesellschaft, durch eine Botschaft des Missionars Heinrich in Bethanien davon verständigt, daß eine Abteilung Witbooi sich nach Süden bewege, um Kubub zu zerstören. In Bethanien erhielten die Witbooi Zuzug aus einem Teil des Stammes der Bethanier. Auf die Nachricht von dem Nahen der Witbooi flohen die Eingeborenen auf der Farm, und Hermann und der ehemalige Leutnant von Quitzow, der in Hermanns Dienst getreten war, blieben allein zurück. An Widerstand war nicht zu denken, und so mußten die beiden am 4. November die Station verlassen und zu Pferde nach Lüderitzbucht fliehen. Am 6. November wurden die Anlagen von Kubub zerstört; nur die Pumpen und Brunnen blieben erhalten. Ferner ging der gesamte Viehbestand verloren: 28 Pferde, 125 Rinder, 2355 Wollschafe, 240 Angoraziegen, daneben noch anderes, weniger wertvolles Vieh, zusammen etwa 4000 Stück wurden von den Witbooi abgetrieben. Der Schaden betrug mehr als 100 000 Mark.

Das war ein harter Schlag nicht nur für die DKG, sondern auch für die ganze Kolonie. Denn Hermann hatte den Weg gezeigt, auf dem das Land nutzbar gemacht werden konnte. Der Wollerlös des Jahres 1892 hatte genügt, die laufenden Ausgaben des Betriebes zu decken. Nun war das mühsam aufgebaute Werk zerstört, die Herden verloren, und obwohl Hermann entschlossen war, weiterzuarbeiten und auch später zurückkam, kehrte er doch vorläufig SWA den Rücken.

Wie schon erwähnt, war am 23. August ein weiterer Verstärkungstransport aus Deutschland angekommen, bestehend aus 3 Offizieren (Leutnants von Heydebreck, Lampe und von Ziethen) und über 100 Mann sowie auch über 40 Ansiedlern. Zum erstenmal wurde Swakopmund zur Ausschiffung benutzt. François, inzwischen zum Major befördert, hatte nun eine größere Macht zur Verfügung und brach am 24. September mit vier Offizieren, zwei Kompanien in Stärke von 350 Mann und den inzwischen aus Walfischbucht eingetroffenen zwei Geschützen zu seinem dritten Zuge gegen Hornkranz auf (44). 50 Bastards schlossen sich ihm an. Hendrik sollte dem Vernehmen nach in der Höhe von Hornkranz eine Stellung am Roten Berge besetzt halten. François beabsichtigte, die Witbooi einzuschließen und sie dann durch Geschützfeuer zu zwingen, ihre Deckung zu verlassen und sich zum Kampfe zu stellen. Beim Nahen der Deutschen zogen sich die Witbooi jedoch zurück. Es fand nur ein kleines Patrouillengefecht statt, und die Geschütze schossen einige Granaten in die Stellung; aber der Feind stellte sich nicht zum Kampf. François entschloß sich, den Feind nicht zu verfolgen, da er auf einen langwierigen Feldzug nicht vorbereitet war. Den Witbooi kam es gar nicht darauf an, ein bestimmtes Gebiet zu verteidigen, und so konnten sie leicht Gelände aufgeben, um nach anderen Plätzen zu ziehen, wobei ihnen ihre Beweglichkeit und Landeskenntnisse zugute kamen. Es war dies eine ganz andere Art der Kriegsführung, als sie die Deutschen gewohnt waren, und die Natur von SWA, seine Unwegsamkeit und Weiträumigkeit, war ein mächtiger Bundesgenosse der Witbooi.

Der Zug war also erfolglos gewesen, aber François gab die Hoffnung nicht auf und durfte das auch nicht tun, denn ein Aufgeben des Krieges gegen Hendrik hätte bei den Stämmen den Eindruck erweckt, Hendrik habe gesiegt. Damit wäre das Ansehen der deutschen Verwaltung auf den Nullpunkt gesunken, und Hendrik hätte neuen Zulauf erhalten. Auch jetzt bemühte er sich, seine Stellung zu verstärken. Seine an Samuel Maharero gerichtete Aufforderung, mit ihm zusammen die Deutschen in Otjiwarongo zu ermorden, war allerdings erfolglos. Die Herero beobachteten wohl die wachsende Macht der Deutschen mit Mißtrauen; aber zu einem gemeinsamen Handeln mit ihren ehemaligen Feinden und Peinigern konnten sie sich doch nicht entschließen. Hendrik konnte aber seine Stellung dadurch verstärken, daß er die bei Horebis erbeuteten Ochsen, die einen Wert von etwa 40 000 Mark darstellten, gegen Munition tauschte. Zu diesem Handel sandte er Samuel Izaak nach dem Süden.

Auf deutscher Seite wurde nun zu dem, wie man hoffte, letzten Zuge gegen die Witbooi gerüstet. Im Oktober hatte François eine Anzahl Wasserstellen im Bastardlande, zum Beispiel Gurumanas und Tsebris, besetzen lassen, um seine neuen Bundesgenossen gegen die Überfälle und Viehdiebstähle der Witbooi zu schützen und eine Grenze gegen die Witbooi zu errichten. So konnten die Bastards einigermaßen in Frieden leben. In Windhoek wurde die Truppe neu eingekleidet und mit Munition und Proviant reichlich versehen. Nachdem François schon Mitte November Windhoek mit 40 Reitern in Richtung Hornkranz verlassen hatte, folgte ihm der Hauptteil der Truppe unter Leutnant von Heydebreck am 2. Dezember. Die Abteilung bestand aus 3 Offizieren (von Heydebreck, Lampe, Eggers), dem Arzt Dr. Richter und 130 Mann. Ein Geschütz begleitete den Zug. Hornkranz wurde am 7. Dezember erreicht. François war mit seinen Reitern schon am Tage vorher dort eingeritten. Patrouillen stellten den Feind wiederum am Roten Berge fest; als aber diese Stellung am nächsten Tage von den Kompanien angegriffen wurde, war sie schon verlassen. Die Witbooi zogen nunmehr nach dem Ghoabrivier, wo François sie einschließen und vernichten wollte. Innerhalb von vier Tagen wurde die Einschließung immer enger gezogen; als man aber am fünften Tage zum Angriff schreiten wollte, fand man die Stellung wieder leer. Hier hatte sich die Werft der Witbooi befunden, die aus ungefähr 400 Hütten bestand. Sie wurden niedergebrannt. Eingeborene, die man im Gelände fand, sagten aus, daß die Witbooi nach der Dorisibschlucht gezogen seien (45). Das bestätigte sich, als die Truppe am 27. Dezember mit den Witbooi wieder in Fühlung kam. Die Schlucht wurde sogleich umstellt. Die Witbooi erkannten die Gefahr, die ihnen drohte, konnten aber die Postenketten nicht durchbrechen. Sie wurden unaufhörlich von oben beschossen. Besonders wirksam war die Beschießung durch ein Geschütz, das Leutnant Lampe auseinandernehmen und in Teilen auf einen Berg hatte schaffen lassen. Die Witbooi hatten schwere Verluste, wie man später aus Blutspuren und den frischen Gräbern in der Schlucht sehen konnte. Am Morgen des 1. Januar gelang es den Witbooi endlich, an der Stellung der Bastards vorbei aus der Schlucht nach Westen auszubrechen. Sie mußten allerdings dabei ihr Vieh, etwa 50 Pferde und mehrere hundert Rinder, dazu zahlreiche Waffen zurücklassen. In der Schlucht bot sich ein Bild der Zerstörung. Es war kein Zweifel, daß die Witbooi hier eine empfindliche Niederlage erlitten hatten. Ihr Führer war einer der Söhne Hendriks gewesen; Hendrik selbst war von einer Reise nach dem Süden noch nicht zurückgekehrt.

Von der Schlucht aus marschierte die Truppe am 4. Januar nach Süden, um, wenn möglich, Hendrik Witbooi abzufangen, der in jenen Tagen mit einigen Munitionsladungen zurückerwartet wurde. Nomtsas wurde am 19. Januar erreicht, aber dort erfuhr man, daß Hendrik schon wieder zu seinem Volk zurückgekehrt sei. Es war also für die Truppe hier nichts mehr zu tun, und so wurde am 20. Januar der Rückmarsch angetreten. Am nächsten Tage gab es noch ein kleines Geplänkel.

Am 29. Januar wurde die Naukluft erreicht, wo es mehrere Zusammenstöße mit den Witbooi gab, die sich dort festgesetzt hatten und den Deutschen den Eintritt in das Gebirge verwehren wollten. Von der ersten Patrouille unter Führung des Unteroffiziers Seiler wurden drei Reiter abgeschossen, darunter auch der Führer. In den sich anschließenden Kämpfen gelang es zwar, in die Schlucht einzudringen, aber die Truppe war zu erschöpft, um dem sich in das Innere des Gebirges zurückziehenden Feinde folgen zu können. Schon zehn Wochen hatte der Feldzug in der sommerlichen Hitze gedauert, und Menschen und Tiere bedurften dringend der Erholung. So wurde der Rückmarsch angetreten und Windhoek am 14. Februar 1894 erreicht.

In Windhoek fand François den Major Leutwein vor, der sein Nachfolger werden sollte.

Die militärischen Aufgaben ließen François nicht viel Zeit, die Entwicklung des ihm anvertrauten Landes voranzutreiben. François war vorwiegend Offizier und Forschungsreisender, und das zeigt sich auch in seiner Tätigkeit in SWA. Er hat durch seine Reisen die Kenntnis von SWA sehr gefördert. Er bereiste das Land zwischen Okavango und dem Ngamisee im Norden und dem Oranje im Süden. Im Osten kam er bis tief in die Kalaharisteppe (46). Das bedingte seine häufige Abwesenheit von Windhoek, wo er als Kommissar durch seinen Bruder Hugo und Assessor Köhler vertreten wurde. In der Zeit vom 12.5.1891-2.4.1893 zum Beispiel fungierten Assessor Köhler und Leutnant Hugo von François an 289 Tagen als Vertreter des Kommissars, während Hauptmann von François selbst nur an 386 Tagen die Kommissariatsgeschäfte wahrnahm. Deswegen wurde er von den Europäern in der Kolonie kritisiert. Man fragte, was der Kommissar am Okavango, Ngamisee und in der Kalahari zu suchen hätte, während doch im Lande selbst so viele Aufgaben (Herstellung des Friedens und geordneter Zustände) zu lösen wären. Diese Kritik ist wohl nur bedingt berechtigt. Der Landeshauptmann mußte sich eine Kenntnis des Landes, das ihm anvertraut war, und seiner Umgebung verschaffen. Damals wußte man noch wenig von SWA und seiner Umgebung. Diese Reisen unternahm er mit den bescheidensten Mitteln und mit kleiner Begleitung. Aber seine Tätigkeit für das Land war nicht darauf beschränkt. Er hat viel Interesse für die Besiedlung des Landes gezeigt. Auf ihn geht die Gründung der

Hauptstadt Windhoek zurück, und in der Auswahl dieses Platzes hat er eine sehr glückliche Wahl getroffen.

Bei der Beurteilung der Tatsache, daß François nicht viel für die Entwicklung getan hat, muß man sich auch vor Augen halten, daß die Reichsregierung, besonders Reichskanzler Caprivi, wenig Interesse für SWA zeigte und daß es lange Zeit gar nicht sicher war, ob Deutschland die Kolonie behalten würde. Caprivi sprach das unglückliche Wort von dem Jahr 1892 als „Versuchsjahr"; erst der Krieg gegen Hendrik Witbooi 1893/94 hat endgültig entschieden, daß SWA eine deutsche Kolonie bleiben würde. Diese Unsicherheit über die Zukunft des Landes lähmte die Initiative der Beamten, des Militärs und der Ansiedler. Bei den bescheidenen Mitteln beschränkte sich François' Einfluß auf Windhoek und seine nähere Umgebung, außerdem hatte er einen gewissen Einfluß im Hereroland und bei den Bastards von Rehoboth. Zu Ovamboland und Namaland hatte er keine Beziehungen. Im Hereroland hatte er deshalb etwas zu sagen, weil Maharero bei ihm Hilfe suchte, da seine Stellung als Oberhäuptling der Herero nicht unbestritten war. Viel weiter als Okahandja und Otjimbingwe reichte allerdings der deutsche Einfluß nicht.

Bezeichnend hierfür ist der folgende Vorfall (46). Am 12.9.1892 wurde der englischen South-West-Africa Company die sogenannte Damaralandkonzession erteilt. Diese Gesellschaft wurde 1892 in London gegründet. Abgesehen von den gleich zu besprechenden Rechten erhielt sie 13 000 qkm herrenloses Regierungsland im Norden nach freier Wahl zugeteilt. Die sogenannte Eisenbahnkonzession gab ihr das alleinige Recht zum Bau und Betrieb einer Eisenbahn von irgendeinem Punkte nördlich von Sandwichhafen und südlich vom Kunene ins Inland. Zu den Minen- und Landrechten, die zu der Konzession gehörten, gehörte auch das Kupfervorkommen von Otavi. Die Gesellschaft sandte nun zwei Expeditionen aus, eine zur Erkundung einer Eisenbahnlinie von Swakopmund nach Otavi, und eine zur Erforschung der Kupfervorkommen. Bergreferendar Duft als Vorsteher der Bergbehörde, und Premierleutnant von Bülow als Vertreter des Gouverneurs sollten die Minenexpedition begleiten. Premierleutnant von Bülow war der Truppe zugeteilt zur Vorbereitung seiner späteren Verwendung im diplomatischen Dienst. Es war schwer (47), für ihn eine Verwendung innerhalb der Truppe, die seinem Alter und seinem Rang entsprach, zu finden. Diese beiden Herren konnten jedoch die Expedition nur bis Otavi begleiten. Dort wurden sie auf Befehl des Bruders des Häuptlings Kambazembi vom Waterberg aufgehalten und zur Umkehr gezwungen, während die Engländer zu den Minen weiterreisen durften. Sie nahmen dort Aufschlußarbeiten vor und waren auch mit den Ergebnissen zufrieden. Doch war auch von einer Aufnahme des Minenbetriebs solange keine Rede, als die Eisenbahn Swakopmund—Otavi noch nicht gebaut war, um die Erze zur Küste zu bringen. In der Zeit von François wurde wohl auch an anderen

Stellen nach Erzen gesucht, aber nichts Abbauwürdiges gefunden. Nach den auf S. 38 erwähnten angeblichen Goldfunden bildeten sich verschiedene Gesellschaften, die in SWA nach Erzen suchen ließen, und obwohl sie nur wenig erfolgreich waren, erwies es sich doch als notwendig, in das Bergwesen eine gewisse Ordnung zu bringen. Das geschah durch das kaiserliche Berggesetz vom 25.3.1888 (48), „betr. das Bergwesen und die Gewinnung von Gold und Edelsteinen im südwestafrikanischen Schutzgebiet" (vgl. S. 39). In diesem Gesetz wurde das Bergregal der DKG eingeräumt, und zwar für den Umfang des gesamten Schutzgebietes. Die Gesellschaft war berechtigt, von den Bergbautreibenden Gebühren, Abgaben und Steuern zu erheben und war dafür verpflichtet, das Bergwesen zu verwalten. Daraufhin errichtete die Gesellschaft eine Bergbehörde mit dem Sitz in Otjimbingwe. Nach der Auflösung der Bergbehörde bei dem allgemeinen Zusammenbruch der deutschen Herrschaft im Oktober 1888 (S. 43) ging die Aufsicht über das Bergwesen auf die deutsche Regierung über (49). Die DKG ließ durch ihren Berghauptmann Frielinghaus, dessen Vertrag noch bis 1890 lief, im Bezirk Rehoboth nach Erzen suchen. Aber dieser fand nichts, was den Abbau lohnte. Frielinghaus wies auch darauf hin, daß ein Abbau von Erzen in SWA wegen der primitiven Transportmittel ungewöhnliche Kosten verursachen würde. Der Vertrag mit Frielinghaus wurde Ende 1890 nicht erneuert, und so kam dessen Tätigkeit in SWA zu Ende.

Abgesehen von der Regelung des Bergwesens hatte François viel mit der Regelung der Einfuhr von Munition und Waffen zu tun. Nach Abschluß der Schutzverträge war Göring von verschiedenen Seiten um Gewährung von Schutz gebeten worden, aber er war ja außerstande, das zu tun. Als Ersatz dafür hatte er die befreundeten Stämme durch Lieferung von Waffen und Munition unterstützt und ihre Einfuhr bei den Stämmen, die den Frieden störten, zu hindern versucht. In der Praxis wirkte sich das so aus, daß er bei den Herero die Einfuhr erlaubte, bei den Witbooi aber zu hindern suchte. So erhielt Göring aus Deutschland im Jahr 1888 500 Gewehre und 50 000 Patronen zur Verteilung an die befreundeten Stämme (S. 42). Dabei wurden die Herero und Bastards von Rehoboth berücksichtigt. François hielt es aber überhaupt für falsch, Eingeborene mit Waffen zu beliefern, und hat selbst nichts geliefert, sondern vielmehr versucht, die Kaufleute zu hindern, Munition und Waffen einzuführen. Er konnte das nur in der Mitte des Landes tun. Im Süden hatte er keinen Einfluß. Er war dort vertreten durch einen Militärposten in Keetmanshoop, bestehend aus 1 Unteroffizier und 6 Mann, und das auch nur von Oktober 1891 bis Januar 1892. Danach wurde der Posten eingezogen, da die betreffenden Mannschaften am 1.4.1892 nach Erfüllung ihrer Dienstpflicht entlassen werden mußten. So konnten die Witbooi ungehindert Waffen und Munition von englischen Händlern im Süden kaufen oder vielmehr für die Hererorinder, die sie geraubt hatten, eintauschen. Dabei wird der Name des Händlers Duncan, der in Keetmanshoop wohnte, oft genannt. Etwas behindert wurde die Munitionseinfuhr durch die Kapregierung, die es nicht gern sah, daß dergleichen nach SWA eingeführt wurde, und die Einfuhr zu erschweren suchte. Der Kommissar war im Süden außerdem noch vertreten durch den Unteroffizier Morhenne als Hafenmeister in Lüderitzbucht. Er stand auf einsamem Posten. Der Vertreter der DKG Hermann in Kubub vertrat die Interessen des Kommissars bei den Bondels. Durch Verordnung vom 25.3. 1890 wurde die Einfuhr von Waffen und Munition von einer Lizenz, die durch den Kommissar ausgegeben wurde, abhängig gemacht. Aber schon vorher im Jahre 1889 wurde dieses System angewandt. Bei den damaligen Verhältnissen konnte der Kommissar manches tun, auch wenn es nicht durch eine Verordnung gedeckt war, wenn er es für richtig hielt. Der Verhinderung der Waffen- und Munitionseinfuhr diente auch die Anlage von Tsaobis, von wo aus der Handel von der Küste ins Inland und umgekehrt kontrolliert werden konnte. Als diese Kontrolle wirksam wurde, waren die Herero und natürlich auch die Händler sehr ungehalten darüber. Auch die Reichsregierung war mit der Sperre nicht einverstanden. Sie befürchtete, daß Deutschland die Sympathien der Herero verlieren würde. Göring hatte eine teilweise Sperrung der Munitionseinfuhr für möglich gehalten und Lizenzscheine für die Einfuhr ausgegeben. François tat das nicht mehr, mußte die Einfuhr allerdings solange zulassen, wie die von Göring ausgegebenen Scheine noch gültig waren. Das war bis 1892 der Fall. Danach versuchte François, die Einfuhr völlig zu unterbinden. Die Schätzungen über die Zahl der eingeführten Gewehre gehen auseinander. François selbst schätzte ihre Zahl auf 3000, von Bülow aber auf 20 000. Eine Kontrolle war eigentlich nur bei der Einfuhr über die Häfen möglich. Was zu Lande über die Landesgrenzen kam, entzog sich der Kontrolle. Mit diesen Waffen haben die Herero im Aufstand gekämpft, haben sie also gut aufbewahrt. François handelte deshalb völlig in Deutschlands Interesse, wenn er die Waffeneinfuhr zu unterbinden versuchte.

François war kein Freund von Verordnungen. Er meinte, bei seinen beschränkten Mitteln könnte er sie doch nicht durchsetzen, und dann schadeten sie mehr, als daß sie nützten. Sie wurden durch Anschlag bei dem Kommissariat und an einigen anderen Stellen bekanntgegeben und gelangten so kaum zu allgemeiner Kenntnis. Die wenigen Verordnungen, die François außer der betreffend die Einfuhr von Munition und Waffen erließ, betrafen die Ausübung der Jagd, wodurch bewirkt werden sollte, daß Handelsjagdzüge, das Abschießen von weiblichen Straußen und von Elefantenkühen unterblieben. Die am 4.8.1888 erlassene Verordnung betreffend der Frachtfahrer hatte den Zweck, die Weide längs des Baiweges zu schonen. Zwischen Otjikango und der Swakopmündung durften am Wege keine Viehposten gehalten werden. Eine weitere Verordnung erschwerte den Verkauf von Alkohol. Dafür mußte ein Lizenzschein gegen eine Gebühr von 300 Mark gelöst werden.

Ende 1893 wurden in Deutschland Stimmen laut, die die Abberufung von François verlangten. Man warf ihm vor, daß er den Krieg gegen Hendrik nicht beenden konnte. Die Händler waren unzufrieden, weil nach dem Überfall auf Hoornkrans der Handel nicht mehr sicher war (50). Hermann, der Verwalter von Kubub, die DKG und auch die Kolonialabteilung des Auswärtigen Amtes schoben die Schuld für die Vernichtung von Kubub (S. 62) auf François, der nicht für genügend militärischen Schutz gesorgt hätte. In einer Reichstagssitzung im Jahre 1894 erklärte Abgeordneter Dr. Hammacher, der Mitglied des Präsidiums der DKG war: „. . . Ich bin nicht gewöhnt, mich starker Ausdrücke zu bedienen, schließe aber mit den Worten, mit denen der Herr Referent geschlossen hat: Die Budget-Kommission ist zu der Überzeugung gelangt, daß Herr von François abberufen werden muß (51)." So kam es zwar nicht gleich zur Abberufung von François, aber zur Entsendung von Major Leutwein.

6. Leutwein (1894-1904)

Die Reichsregierung bemerkte, daß die Dinge in SWA 1893 eine unerfreuliche Wendung genommen hatten und daß das Ansehen Deutschlands in Afrika tief gesunken war. Der Reichskanzler von Caprivi entschloß sich deshalb, einen höheren Offizier zur Kontrolle und Berichterstattung nach SWA zu senden. Auf Vorschlag des Obersten im Generalstab, Liebert, wurde Major Theodor Leutwein für diese Aufgabe gewählt. Er war Major im 46. Inf. Reg. in Posen. Seine Aufgabe und Befugnisse waren umschrieben in der Instruktion (52), die der Reichskanzler ihm mitgab: Danach sollte er auf Grund eigener Anschauung berichten, sich aber eines Eingreifens in Truppenführung und Verwaltung enthalten, aber befugt sein, nötigenfalls vertretungsweise die Geschäfte des Landeshauptmanns zu führen.

Leutwein traf am 1.1.1894 in Swakopmund ein. Er reiste sobald wie möglich nach Windhoek weiter, wo er den inzwischen zum Major beförderten Reichskommissar von François nicht antraf. Leutwein hatte infolgedessen Zeit, seine eigenen Beobachtungen anzustellen und Pläne zu schmieden. François kehrte am 14. Februar 1894 aus dem Süden nach Windhoek zurück (S 65). Es spricht für François und Leutwein, daß es zu einem harmonischen Zusammenwirken zwischen den beiden Männern kam. Leutwein schlug vor zu versuchen, die deutsche Schutzherrschaft nun tatsächlich aufzurichten durch einen Zug durch das Namaland und durch Einrichtung von Militärstationen. Vor dem Abmarsch wurde die rückwärtige Linie durch Militärstationen in Otjimbingwe, Heigamkab, Tsaobis (wo eine solche schon bestand) und Swakopmund gesichert. François sollte mit einem Teil der Truppe das westliche Namaland durchziehen, während Leutwein die östlichen Teile übernahm (53). Dort war es bei den Khauashottentotten und den Franzmannhottentotten (Gochas) zu Schwierigkeiten gekommen. Leutwein unterwarf die Stämme: die Khauashottentotten mit Gewalt, die Franzmannhottentotten mit linder Gewalt und schloß mit letzteren einen Schutzvertrag. Überhaupt hat Leutwein immer versucht, ohne Blutvergießen zum Ziel zu kommen. Der Häuptling Simon Kopper in Gochas hat den Schutzvertrag bis zum Oktober 1904, also zehn Jahre lang, gehalten. Leutwein richtete eine Militärstation in Gibeon ein, dem traditionellen Stammessitz der Witbooi. Von da aus konnte auch Gochas unter Aufsicht gehalten werden.

François und Leutwein vereinigten sich in Bethanien, wo François die Truppe an Leutwein übergab. Denn er hatte inzwischen beschlossen, auf Heimaturlaub zu gehen. Er hatte wohl inzwischen eingesehen, daß seine vierjährige Tätigkeit in SWA nicht sehr erfolgreich gewesen war. Das war freilich nicht nur seine Schuld, sondern auch die der Verhältnisse, unter denen er arbeiten mußte. Zu seinen Verdiensten muß man rechnen: Er hat ein gutes Verhältnis zu den Herero hergestellt, die Ansiedlung gefördert, die Anfänge zu einer Landesverwaltung gelegt. Er hat Windhoek gegründet. Nach seinem Abschied vom Heer als Major unternahm er verschiedene Reisen in Afrika und schrieb mehrere Bücher über SWA (54). Sein Bruder Hugo blieb im Land und war als Farmer im Bezirk Windhoek sehr erfolgreich. Er fiel am Anfang des großen Aufstandes im Gefecht von Owikokorero am 13.3.1904 als Hauptmann d. Res.

Nun machte Leutwein von seinen Instruktionen Gebrauch und übernahm die Geschäfte des Reichskommissars. François zog weiter nach dem Süden, um über Kapstadt nach Deutschland zurückzukehren. Auf Leutweins Bitte übernahm er es noch, in Warmbad eine Militärstation zu gründen. Dort wohnte der Nebenbuhler von Hendrik Witbooi, Wilhelm Christian, der auch bei den Kämpfen Hendriks gegen die Deutschen dem Schutzvertrag treu geblieben war. Durch diese Militärstationen war das Gebiet Hendriks nun eingekreist. Bisher hatte er Zuzug aus anderen Stämmen erhalten von Leuten, die hofften, bei Hendrik Witbooi durch Beute reich zu werden. Das hörte nun auf.

Aber noch blieb Hendrik Witbooi selbst übrig. Er hielt sich in der Naukluft auf, einer wilden Felslandschaft, etwa von der Größe des Harzes. Ihn dort einzuschließen, dazu war Leutwein nicht imstande. Nach Abzug der Stationsbesatzungen hatte er noch 100 Mann zur Verfügung. Er mußte deshalb das Eintreffen von Verstärkungen abwarten, die schon von François beantragt waren. Diese trafen auch am 18.7.1894 in Swakopmund ein und wurden gleich von der Küste direkt nach der Naukluft in Marsch gesetzt. Nun konnte der Kampf beginnen. Ich will ihn nicht in allen Einzelheiten schildern und verweise dafür auf Leutweins Buch, S. 31-65 (55). Der

Kampf war schwer. Hendrik wußte das Gelände gut auszunützen und war ein kühner, zäher und geschickter Gegner. Schließlich mußte er am 11.9.1894 doch um Frieden bitten, da sein Volk, das er bei sich hatte, zu sehr litt. Aber auch die deutschen Truppen waren nach den Strapazen ermattet und hatten empfindliche Verluste erlitten (27 v. H.). Die Gefechte hatten am 27. August begonnen; am 15. September unterzeichnete Hendrik Witbooi den Schutzvertrag, das heißt, er unterwarf sich den Bedingungen, die ihm auferlegt wurden. Sie waren sehr milde. Leutwein war mit seinen erschöpften und geschwächten Truppen (jede der drei Kompanien hatte noch je 40 Soldaten und 1 Offizier) zu einem Vernichtungsschlag nicht mehr imstande. Es bestand die Gefahr, daß Hendrik mit einer Bande nach Westen aus der Naukluft ausbrechen und seine Raubzüge wieder aufnehmen könnte. Es war auch ein Grundsatz Leutweins, beim Kampf gegen eingeborene Stämme diesen nicht bis zur Vernichtung des Gegners fortzusetzen, sondern ihn für den Frieden zu gewinnen. Angliederung, nicht Vernichtung war das Ziel, das er bei den Kämpfen zu erreichen suchte. So waren für ihn die Kämpfe nur Mittel seiner Politik, nicht Selbstzweck. Für die Entwicklung der Kolonie war die Mitwirkung der Stämme notwendig. So sind die Bedingungen, die Hendrik auferlegt wurden, zu verstehen: Dem Volk der Witbooi wurde Gibeon als Wohnsitz zugewiesen, wo es unter Aufsicht von Premierleutnant von Burgsdorff und einer kleinen deutschen Garnison stehen sollte. Die Gewehre, auch die, die die Witbooi von den Deutschen erbeutet hatten, wurden ihnen belassen. Fünf Monate später wurde in einem Zusatz die Rückgabe dieser Gewehre vereinbart und durchgeführt. Hendrik Witbooi behielt die Stellung als Häuptling, erhielt ein kleines Jahresgehalt von 2000 Mark und verpflichtete sich, sein Volk zu einem ruhigen Leben anzuhalten. Etwa ein Jahr später verpflichtete sich Hendrik zur Heeresfolge. Diesen Vertrag hat Hendrik bis Oktober 1904 eingehalten.

Leutwein wurde wegen dieser milden Friedensbedingungen in Deutschland und in der Kolonie heftig kritisiert. Wir haben schon gesehen, daß er für den Abschluß dieses Friedens seine besonderen Gründe hatte. Wir müssen ihm das heutzutage hoch anrechnen, daß er sich dieser Kritik aussetzte und an dem von ihm als recht erkannten Weg festhielt. Er hat auch später ähnlich gehandelt. Ob er sich letzten Endes damit hätte durchsetzen können, bleibt eine offene Frage; denn am Anfang des großen Aufstandes August 1904 wurde er seines Postens enthoben und ein ganz anderer Weg, der der Gewalt und Vernichtung, eingeschlagen. Daß dieser aber der Entwicklung der Kolonie nur geschadet hat, daran kann heute kein Zweifel mehr sein.

Von der Naukluft aus zog das Volk der Witbooi langsam zu dem ihm zugewiesenen Gebiet bei Gibeon, seinem alten Stammessitz. Die Witbooi wurden begleitet von Oberleutnant von Burgsdorff (55a), dem neuen Distriktschef von Gibeon, und 30 Reitern. Dort hat Hendrik mit seinem Stamm friedlich bis Oktober 1904 gewohnt, hat loyal mit von Burgsdorff zusammengearbeitet und ihn zuweilen durch Stellung von Hilfstruppen, die er manchmal selbst anführte, unterstützt. Das tat er wohl ganz gern, um eine Abwechslung in sein friedliches Leben zu bringen. Er hielt seinen Stamm in Zucht und Ordnung. Freilich war dieser arm. Er war nicht gewöhnt, produktiv zu arbeiten. Vor dem Krieg hatten die Witbooi ja von Raub gelebt. Arbeit fanden die Männer auf umliegenden Farmen oder bei öffentlichen Arbeiten (Wege- und Eisenbahnbauten). Auch die Jagd trug zur Ernährung bei, wozu ihnen die Regierung die Munition lieferte (55). So schien es, als ob Hendrik sich mit den veränderten Umständen abgefunden hätte. Für von Burgsdorff und Leutwein empfand er Hochachtung und Sympathie, und Leutwein schien Recht gehabt zu haben, daß er die Witbooi nach seinem Siege so milde behandelte. Um so merkwürdiger ist es, daß Hendrik sich im Oktober 1904 dem Aufstande anschloß (vgl. S. 151).

In SWA herrschte nach dem Witbooikrieg bis zum großen Aufstand 1904 im allgemeinen Ruhe. Von kleineren Aufständen, die das allgemeine Bild nicht störten, sehe ich ab. Leutwein hatte nun Zeit, sich der Organisation und Entwicklung der Kolonie zu widmen. Für diese Aufgabe hatte er Interesse und auch Anlage. Ihm kam dabei zustatten, daß er einmal zwei Semester Jura studiert hatte. Wenn er auch, wie er selbst betonte, auf der Universität nicht viel gearbeitet hatte, so war dieses Studium doch nicht spurlos an ihm vorübergegangen.

Im Süden war die deutsche Herrschaft durch Einrichtung von Militärstationen und Unterwerfung von Hendrik befestigt. Dasselbe mußte auch noch im Norden, im Hererolande, geschehen. Eine günstige Gelegenheit ergab sich 1894, in einer Pause des Witbooikrieges, als der Häuptling Maharero in Streit geriet mit seiner Gegenpartei, die von Riarua angeführt wurde. Maharero war von Deutschland als Häuptling der Herero anerkannt worden. Mit ihm hatten Göring und Büttner in Okahandja am 21.10.1885 einen Schutzvertrag abgeschlossen (vgl. S. 35). Die Stellung des Oberhäuptlings war aber nicht unbestritten. Er war zwar als Sohn seinem Vater in dieser Stellung gefolgt, aber seiner Erbfolge standen nach den Anschauungen der Herero gewisse Schwierigkeiten entgegen (56). Leutwein benutzte diesen Zwist, um sich ohne Blutvergießen im Hereroland festzusetzen. Riarua war Ratgeber und Feldhauptmann von Kamaherero (gestorben 1890), dem Vater von Samuel Maharero, gewesen. Er empfand es bitter, daß er unter dem jungen neuen Herrn keinen Einfluß mehr hatte, und machte Samuel solche Schwierigkeiten, daß dieser schließlich Okahandja verließ und sich in dem benachbarten Osona niederließ. Im Hause des Missionars Viehe in Okahandja fand eine Besprechung der beiden Gegner im Beisein von Leutwein und Viehe statt. Im Einverständnis mit Samuel nahm Leutwein Riarua Waffen und Munition ab, und Samuel erklärte sich mit einer deutschen Besatzung in Okahandja einverstanden. Die deutsche Garnison baute dort eine Feste. So hatte Leutwein ohne Blutvergießen der deutschen Herrschaft im Hereroland Geltung verschafft. Ein militärisches Eingreifen war dort bis 1904 kaum mehr nötig.

Ich erwähne nur kurz Leutweins Eingreifen im Osten in den Jahren 1895 und 1896.

1895 unternahm Leutwein eine Reise mit 60 Soldaten nach dem Osten, um die deutsche Herrschaft dort zur Geltung zu bringen. An diesem Zug (57) nahm auch Samuel Maharero mit einer Streitmacht von 50 Kriegern teil. Samuel suchte Anlehnung an Leutwein gegen die Häuptlinge, die ihn als Oberhäuptling nicht anerkennen wollten. Es waren dies vornehmlich Nikodemus und Kahimema, deren Stämme am oberen Nossob wohnten. Durch Verhandlungen gelang es Leutwein, die Anerkennung von Samuel als Oberhäuptling zu erreichen. Noch etwas anderes versuchte Leutwein zu erreichen: die Anerkennung einer festen Grenze zwischen Hererogebiet und weißem Siedlungsgebiet. Insbesondere waren die Ostherero unter dem Unterhäuptling Nikodemus nicht zufrieden mit der zwischen Leutwein und Maharero vereinbarten Südgrenze des Hererolandes, dem Weißen Nossob. 1895 war man den Herero insoweit entgegengekommen, daß die Mitte zwischen Nossob und Seeisfluß die Grenze bilden sollte, denn das Tränken des Viehs in demselben Fluß durch deutsche Farmer und Herero hatte zu Schwierigkeiten geführt. 1896 wurde in Okahandja zwischen Leutwein und den Herero nochmals über die Südgrenze verhandelt und der Seeisfluß als Grenze festgesetzt. Nach diesen Verhandlungen kehrte Leutwein nach Windhoek zurück, um bald wieder zu einem Zug durch das nördliche Hereroland aufzubrechen, dem wiederum Samuel sich anschloß. Das Ziel war dasselbe wie bei dem Zug nach dem Osten: Befestigung der deutschen Herrschaft auf friedliche Weise. Mit 100 Mann und einem Geschütz brach Leutwein auf, Samuel mit einer kleinen Streitmacht und der Häuptling Zacharias von Otjimbingwe schlossen sich an. Der Zug ging zunächst nach Omaruru, wo der reiche Häuptling Manasse residierte. Dessen Macht wurde geschwächt dadurch, daß er die Bergdamarasiedlung Okombahe abtreten mußte. Der dortige Kapitän der Bergdamara Cornelius hatte Leutwein um Befreiung von dem Hererojoch gebeten, und Leutwein ergriff gern die Gelegenheit, sich in dieser Gegend Einfluß zu verschaffen. Auch wurde eine Garnison von 20 Mann in Omaruru stationiert. Danach kehrte Leutwein über Okahandja nach Windhoek zurück.

Dort blieb Leutwein jedoch nicht lange, er wollte auch noch im westlichen Hererolande Einfluß gewinnen. Mit 250 Mann unternahm er den Zug. Samuel schloß sich wiederum an mit 50 Hererosoldaten. Der Zug führte über Omaruru nach Outjo und Franzfontein. Wieder wurden Stationen angelegt, und zwar in Outjo, Grootfontein und Franzfontein, und so Stützpunkte für die deutsche Herrschaft geschaffen.

Eine ernste Unterbrechung der Friedenszeit nach Hendrik Witboois Unterwerfung war der Aufstand der Khauashottentotten (58) im Jahre 1896. Der Anlaß zum Aufstand war anscheinend Unzufriedenheit damit, daß Samuel und nicht Nikodemus von den Deutschen als Oberhäuptling anerkannt worden war. Nikodemus, den wir bereits kennen, hatte seine Hand im Spiel. Es ist bemerkenswert, daß Herero und Hottentotten, die sonst Erzfeinde waren, sich gegen die deutsche Regierung verbanden. Mit den Khauashottentotten bestand schon seit 1893 ein gespanntes Verhältnis. Dort war der deutsche Händler Krebs ermordet worden (59). François hatte die Auslieferung der Mörder verlangt, aber ohne Erfolg. Seitdem war es hin und wieder zu Zusammenstößen zwischen Abteilungen der Truppe und Angehörigen des Stammes gekommen. Als in Windhoek gemeldet wurde, daß Gobabis von den Hottentotten belagert wurde, marschierten 50 Mann unter Hauptmann von Estorff nach Gobabis, Leutwein zog kurz darauf mit 60 Mann und einem Geschütz nach, danach folgte noch eine dritte Abteilung unter Oberleutnant von Perbandt. Auch Samuel stellte sich wieder ein mit einer kleinen Streitmacht. Es gab allerdings unter den Okahandjaherero eine Partei unter Führung von Riarua, die mit den Aufständischen sympathisierte.

Von Estorff schlug die Hottentotten bei Gobabis. Während des Gefechtes hatte sich Nikodemus mit seinem Stamm den Hottentotten angeschlossen und wurde in die Niederlage mit einbezogen. Nachdem noch Oberleutnant von Burgsdorff mit einigen Reitern und 70 Witbooi unter Hendrik Witbooi eingetroffen war, wurden in einem entscheidenden Gefecht am 6.5.1896 bei Otjunda-Sturmfeld die Khauashottentotten unter Kahimema und die Ostherero unter Kahiketa geschlagen. Gegen die Hauptschuldigen Kahimema und Nikodemus, die sich freiwillig in Okahandja stellten, wurde eine gerichtliche Untersuchung geführt. Sie wurden, nachdem ihre Schuld am Aufstand erwiesen war, zum Tode verurteilt und erschossen.

Der Aufstand war niedergeworfen durch die Schutztruppe, unterstützt von den Herero und Witbooi. Das Bestreben Leutweins, die Mitarbeit der Häuptlinge zu gewinnen und mit ihnen zusammenzuarbeiten, hatte sich bestens bewährt. Andernfalls hätte Deutschland ganz andere Machtmittel einsetzen müssen, um sich in SWA zu behaupten. Aber Kahimema und Nikodemus wurden erst dann hingerichtet, als ihre Schuld durch eine gerichtliche Untersuchung, durchgeführt von Assessor Köhler, erwiesen war, und auch in diesem Fall würde Leutwein wohl das Leben von Kahimema geschont haben, wenn nicht Samuel auf seiner Hinrichtung bestanden hätte; er wollte wohl den unbequemen Nebenbuhler beseitigen.

Nach diesem Zwischenspiel hatte SWA im allgemeinen Ruhe bis Ende Oktober 1903, als bei den Bondels der Aufstand ausbrach, der dann zu dem großen Aufstand weiterführte. Der Gouverneur konnte sich so der friedlichen Entwicklung des Landes zuwenden. Der Probleme gab es freilich genug. So erfolgte gleich im nächsten Jahr 1897 der Ausbruch der Rinderpest.

Im Jahre 1896 hörte man in SWA von der Rinderpest (60), die in Betschuanaland und Südafrika wütete, ohne daß man im Schutzgebiet eine rechte Vorstellung von der Krankheit und ihrer Bekämpfung hatte. Man verließ sich darauf, daß man die Kolonie von den verseuchten Gebieten würde absperren können. Als man jedoch am 6.4.1897 in Windhoek gerade versammelt war, um das Denkmal zur Ehre der im Witbooikriege Gefallenen zu enthüllen, das jetzt im Zoopark in Windhoek steht, traf die Nachricht von einer verdächtigen Krankheit unter den Rinderherden am Schaffluß ein. Es war die Rinderpest. Sie war von Betschuanaland eingeschleppt worden. Das Wild war wohl der Überträger gewesen. Besonders Kudus und Elands wurden befallen. Durch die im Felde liegenden Kadaver wurden die Herden des Hererohäuptlings Tjetjo nördlich von Gobabis angesteckt. Weiße Warenhändler, die bei Tjetjo gewesen waren, brachten mit ihren Ochsengespannen die Pest zum Schaffluß.

Schon bevor man den Ausbruch der Pest in der Kolonie festgestellt hatte, hatte das Gouvernement Gegenmaßnahmen gegen die Pest ergriffen, die sich immer mehr näherte. Eine viehfreie Zone von 20 km Breite war nach Norden und Osten, nach Ovambo- und Betschuanaland hin geschaffen worden. Sie wurde von Soldaten überwacht. Diese waren meist erst kürzlich ins Land gekommen und unerfahren in Afrika. Sie wußten sich in den abgelegenen Gebieten nicht zu helfen. Im Sommer 1896/97 regnete es sehr stark, besonders im Norden. Die Linie gegen das Ovamboland war 550 km lang und lief von Otjitua am Omuramba über Namutoni-Okaukuejo nach Okawa und endete in Tsawisis. Die Unterkunft der Soldaten war schlecht, sie konnten sich selbst nicht helfen und waren unerfahren im Hausbau. Dazu kamen Krankheiten, Malaria und Schwarzwasserfieber; Chinin und andere Medikamente standen nicht zur Verfügung. Die Verpflegung war mangelhaft, Salz fehlte. Die Soldaten wußten nicht, daß sie einige Wegstunden entfernt, am Rande der Etoschapfanne, genug Salz holen konnten. Als Hauptmann Kaiser in einer Ochsenkarre fahrend — Pferde waren wegen Pferdesterbe nicht verwendbar — die Linie inspizierte, fand er, daß viele Soldaten erkrankt waren, auch Todesfälle waren schon vorgekommen. Auf einigen Posten war der Zustand so schlimm, daß kein Soldat mehr fähig war, Essen zu kochen. Die Linie wurde auch bald eingezogen, teils wegen dieser Zustände, teils wegen der Tatsache, daß trotz Sperre die Pest in die Kolonie eingedrungen war.

Man versuchte nun, durch Impfen die Seuche zu bekämpfen. Die Rinderpest wird durch einen Virus verursacht. Die Erkrankung erfolgt 4-9 Tage nach der Ansteckung mit hohem Fieber, Ausfluß aus Nasenhöhle und Mund und Durchfall. Der Tod tritt nach 4-7 Tagen ein. Professor Koch hatte ein wirksames Impfverfahren entwickelt, das in Südafrika erprobt worden war.

Das war jedoch in der Kolonie bei Ausbruch der Seuche noch unbekannt. Inzwischen versuchten Unteroßarzt Rickmann in Windhoek und Stabsarzt Dr. Kuhn in Grootfontein mit selbsterfundenem Impfverfahren die Seuche einzudämmen. Das war jedoch nur teilweise wirksam. Im Juni 1897 traf Dr. Kohlstock, aus Südafrika kommend, ein. Als Assistent von Professor Koch kannte er dessen Impfverfahren und führte es in der Kolonie ein. Das Land wurde in Impfbezirke eingeteilt, Soldaten, Beamte und Farmer im Impfen unterwiesen — denn Tierärzte gab es zu wenig —, und ein allgemeines Impfen begann im Norden. Bei den Ansiedlern gab es im allgemeinen keine Schwierigkeiten; aber die Herero waren nicht so bereit, ihre Herden impfen zu lassen. Unter den heidnischen Herero wurde erzählt, die Weißen hätten die Rinderpest absichtlich eingeschleppt, und durch das Impfen wollten sie nun die letzten Rinderbestände der Herero vernichten.

Die Rinder wurden zunächst mit bakterienfreier Galle geimpft. So wurden sie bis zu einem gewissen Grad immunisiert und dann durch Einspritzen von Blut pestkranker Rinder angesteckt. Die Rinder wurden leicht pestkrank, erholten sich aber in der Regel schnell und galten dann als immunisiert. Es gab allerdings auch Mißerfolge, Rinder starben nach der Impfung.

Bei den riesigen Herden, die die Herero im Norden hatten, stellte es sich bald als zu zeitraubend heraus, jedes Rind einzeln zu impfen. Dr. Kuhn führte deshalb ein, die Herden nach der Gallenimpfung in verseuchte Viehkräle zu treiben. Man sparte dadurch die Einspritzung des Blutes pestkranker Tiere. Das war bei den großen Rinderherden, um die es sich handelte, ein praktisches Verfahren.

Bei diesem Impfen erwarb sich ein besonderes Verdienst Missionar Eich. Er wußte den Häuptling Kambazembi am Waterberg zu überzeugen, daß die Impfung zur Erhaltung der Rinderbestände der Herero beitragen würde, und gewann so seine Mitarbeit.

Trotz dieser Gegenmaßnahmen sind etwa 50 v. H. der Hererorinder zugrundegegangen; auch die Weißen erlitten große Verluste, je nachdem wie schnell es ihnen gelang, ihre Bestände zu impfen. Es wird geschätzt, daß 60-80 v. H. der Rinderherden, die im Besitz von Weißen waren, gerettet wurde. Der Süden blieb von der Seuche verschont. Der Bezirk Gibeon schützte sich durch eine 80 km breite viehfreie Zone gegen Norden. Auch gegen Betschuanaland ließ sich der Süden leichter absperren, als die Mitte und der Norden des Landes. Viele Rinder im Süden wurden geimpft und so die Bestände gerettet.

Die Versorgung von Windhoek mit Waren mußte von Lüderitzbucht aus durch den pestfreien Süden über den südlichen Baiweg erfolgen, da der nördliche Baiweg gesperrt werden mußte. Das gesamte Transportsystem war bei Ausbruch der Seuche zusammengebrochen. Viele Frachtwagen blieben auf der Strecke Swakopmund-Windhoek liegen, weil die Gespanne unterwegs erkrankten. Später wurde der Verkehr wieder freigegeben für Gespanne, 2 Monate, nachdem sie geimpft waren. Ein Nahrungsmittelmangel trat nicht ein, da die größeren Ortschaften schon 1896 verproviantiert worden waren — Keetmanshoop zum Beispiel für 2 Jahre. In der Seeluft schien die Rinderpest nicht zu gedeihen, denn in Swakopmund trat die Seuche unter den Zugochsen nicht auf.

So schnell wie die Seuche gekommen war, verschwand sie auch wieder bei Einsetzen trockenen Wetters. Ende 1897 war sie erloschen. Später trat sie sporadisch wieder auf, konnte aber durch Impfen leicht unterdrückt werden. Die geimpften Rinder und die Kälber geimpfter Kühe blieben immun.

Die durch die Rinderpest verursachte Verminderung des Rinderbestandes hatte zur Folge, daß die Rinderpreise in die Höhe schnellten. In den Jahren 1870-1880 konnte ein Ochse für Waren im Werte von 20 Mark eingetauscht werden, später kostete ein angelernter und ausgewachsener Zugochse 60 Mark, eine Kuh 40-45 Mark. Nach der Rinderpest waren die Preise auf das Dreifache gestiegen: für einen Zugochsen mußten 150-200 Mark, für eine Kuh 100-140 Mark bezahlt werden. So blieben die Preise bis zum Aufstand. Bei diesen Preisen war es für die weißen Ansiedler rentabel zu wirtschaften. Bei den alten Preisen war das nicht möglich gewesen.

Für die Herero war die Rinderpest ein schwerer Schlag. Ihr Rinderbestand war dahingeschmolzen. Krankheiten, eine Folge der Rinderpest, wüteten unter ihrem Volk und forderten viele Opfer. Viele Herero aßen das Fleisch der an der Pest eingegangenen Tiere, ja es wurden sogar die Kadaver bereits verscharrter Tiere ausgegraben und verzehrt. Auch das Wasser war verseucht. Es scheint eine Art Typhus gewesen zu sein. Auch einige Europäer erkrankten an dieser Seuche und starben (61). Die Rinderpest hatte so zur Folge, daß die Lösung der Landfrage, d.h. der Verteilung des Landes zwischen Schwarz und Weiß, die ja ein Anlaß zum Aufstand wurde, noch eine Weile hinausgeschoben wurde und nicht mehr so dringend war. Das Drängen der Herero nach mehr Land war nun nicht mehr so stark.

Die Rinderpest hatte den völligen Zusammenbruch des bisherigen Transportsystems mit Ochsenwagen mit sich gebracht und veranlaßte den Reichstag, die Mittel für den Bau einer Eisenbahn von Swakopmund nach Windhoek zu bewilligen. So hat die Pest, die große Verluste mit sich brachte, doch auch zur Entwicklung des Landes beigetragen.

Schon in normalen Zeiten war die Versorgung des Landes auf dem Baiwege Swakopmund—Otjimbingwe—Barmen—Windhoek schwierig gewesen. Denn am Ende des Winters war die Weide längs des Weges trotz der Verordnung von von François (vgl. S. 68) abgeweidet, und der Verkehr mußte in den Monaten Oktober bis Dezember, d. h. bis das neue Gras gewachsen war, eingestellt werden. Der Teil der Bevölkerung, der sich nicht in der Zeit des Verkehrs mit Vorräten eingedeckt hatte, war dann auf die

Versorgung durch die Regierung angewiesen. Leutwein benutzte nun einen Deutschland-Aufenthalt, sich um die Bewilligung einer Eisenbahn für SWA zu bemühen (62). Er wurde dabei unterstützt durch die Kolonialabteilung des Auswärtigen Amtes unter Freiherr von Richthofen. Leutwein legte selbst im Reichstag die Notwendigkeit des Eisenbahnbaus dar und fand dafür auch Verständnis. Leider beantragte er nur den Bau einer Schmalspurbahn von 60 cm, obwohl ihm der Reichstag damals wahrscheinlich auch mehr Mittel, also für den Bau einer Bahn in Kapspur (1 m), bewilligt hätte. Sie war 382 km lang, und wurde von der Eisenbahnbrigade in den Jahren 1897 bis 1902 für 4 Millionen Mark ausgeführt. Am 19.6.1902, dem Vortage der Eröffnung der zweiten landwirtschaftlichen Ausstellung in Windhoek, lief der erste Personenzug in Windhoek ein. Die Bahn entsprach jedoch nicht den Erwartungen: die Linienführung war unglücklich gewählt, die Strecke Swakopmund—Jakalswater—Karibib durch das Khantal wies zu starke Steigungen auf, die Schmalspur erwies sich als zu klein. So wurde im April 1910 mit dem Umbau der Strecke Karibib—Windhoek in Kapspur begonnen, und das Werk im August 1911 beendet. Es verkehrten zwei Personenzüge wöchentlich in beiden Richtungen, und ein Güterzug täglich. Die Strecke wurde in zwei Tagen mit Übernachtung in Karibib zurückgelegt.

Der Bau der Eisenbahn hatte den Ausbau der Landungsstelle Swakopmund zu einem Hafen zur Folge. Man wollte sich von dem englischen Hafen Walfischbucht unabhängig machen. Es sollte eine Mole (63) gebaut werden, die eine sichere Einfahrt gegen die Brandung gewähren sollte. Bisher entlud man die Woermann-Dampfer, die den Verkehr mit Deutschland vermittelten und die 500-1000 m vor der Küste ankerten, mit Leichtern, die 8 m lang und 2,3 m breit waren. Sie hatten eine Tragfähigkeit von 11,7 t. Sie wurden von einer Barkasse bis kurz vor die Brandung geschleppt und dann von den aus Togo stammenden Krunegern durch die Brandung gerudert. Verluste und Schäden blieben nicht aus. Die Dampfer brauchten bis zu zwei Wochen zum Löschen der Fracht. Der Grundstein zur Mole wurde am 2.9.1899 gelegt. Die Einweihung konnte am 12.2.1903 folgen. Schwerer Seegang hat die Bauarbeiten erheblich erschwert und verzögert. Das Baumaterial, Granit, gewann man aus einem 1,5 km entfernten Steinbruch, der mit der Baustelle durch eine Gleisanlage mit Lokomotivbetrieb verbunden war. Der Hafenbetrieb wurde von einer Dampfbarkasse mit 5 Leichtern von je 30 t Ladefähigkeit versehen. Der Betrieb konnte jedoch nur bis 1904 aufrechterhalten werden. In dem guten Regenjahr 1903/04 kam der Swakop wiederholt ab, und der Hafen versandete dadurch so, daß er nur noch bei Flut benutzt werden konnte. Deshalb wurde von einer Abteilung Pioniere unter Führung von Major Friedrich eine 370 m lange hölzerne Landungsbrücke gebaut, die im April 1905 vollendet war, gerade als der Hafen vollends versandete. 1912 begann man mit dem Bau einer eisernen Landungsbrücke, die bei dem Ausbruch des 1. Weltkrieges 1914 noch nicht vollendet war. Der Bau wurde eingestellt. Die Brücke sollte über die Brandung hinausführen und den Schiffen ein sicheres Anlegen ermöglichen. Heute dient der Torso den Swakopmunder Feriengästen zum Angeln und Spazierengehen.

Nächst der Rinderpest war Leutwein in den verhältnismäßig ruhigen Jahren vor dem Aufstand 1904 mit dem Problem der Besiedlung von SWA mit deutschen Siedlern beschäftigt. Wir besprechen hier die Besiedlung (64) von SWA im Zusammenhang und müssen da etwas zurückgreifen.

Als Lüderitz sich im Jahre 1882 entschloß, Gebiete im heutigen SWA zu erwerben, dachte er auch an eine Besiedlung („Germanisierung") des Landes, aber er hat nichts in dieser Beziehung getan. Der Besiedlung von SWA standen von vornherein erhebliche Schwierigkeiten im Wege. Im Westen hinderte die Namib mit ihren Dünen und ihrem Wassermangel den Zugang von der See zum Land, im Osten war die Kalahari vorgelagert, die aus den gleichen Gründen schwer zu durchqueren war. Der Süden von SWA ist trocken, unfruchtbar und deshalb dünn besiedelt. Im Norden, wo der Zugang möglich war, waren die Gebiete des Okavango und Kunene bis in späte Zeit noch unerforscht. Ein Anreiz, das Land zu betreten, bot der Rinderreichtum der Damaras, wovon die Kunde schon zur Zeit von Jan van Riebeeck nach Südafrika gedrungen war. Doch dem Handel standen die obengenannten geographischen Faktoren entgegen. Auch Jäger betraten das Land, denn neben dem Rinderreichtum des Landes hörte man auch von seinem Wildreichtum, und besonders der Elfenbeinhandel versprach reichen Gewinn. Die Jäger hielten sich jedoch nur vorübergehend hier auf. So dürfen wir uns nicht wundern, daß die Besiedlung von SWA nur langsam und erst spät in Gang kam, obwohl das Klima es erlaubt, daß Weiße dort wohnen und arbeiten.

Auch die politischen Zustände waren nicht einladend. Wegen des dauernden Krieges zwischen Herero und Witbooi war die Vorbedingung für eine Besiedlung, nämlich Frieden, keineswegs gegeben.

Lüderitz erwarb Land im Süden bei Lüderitzbucht und Bethanien, eröffnete Handelsgeschäfte in Lüderitzbucht, Bethanien und Aus und ließ nach Bodenschätzen, besonders Kupfer, suchen. Aber seine Bemühungen waren nicht sehr erfolgreich. Der Handel entwickelte sich nicht; denn die Hottentotten hatten nichts, womit man Tauschhandel treiben konnte. Auch die Suche nach Bodenschätzen war vergeblich, von den Diamanten ahnte man ja damals noch nichts.

Es hatten sich wohl schon einige Weiße im Süden von SWA angesiedelt, aber das war auf eigene Faust geschehen, nicht auf Veranlassung von Lüderitz. Von den Farmern nenne ich folgende:

Den Engländer Hill, der eine große Farm „Groendoorn" südlich der Karasberge besaß,

den Schweizer Walser in Ukamas. Dessen Farm galt als Musterfarm.

Er baute einen Damm und säte Weizen auf Bewässerung in ziemlichem Umfange. Im Jahre 1895/96 konnte er Keetmanshoop und einige Militärstationen im Süden mit Weizen beliefern, doch scheiterte das Geschäft später am Mahlprozeß. Es wurden teure Maschinen dafür nach Keetmanshoop gebracht, die aber nicht befriedigend arbeiteten, so daß man es später vorzog, Mehl über Lüderitzbucht aus Südafrika zu beziehen.

Weiter ist zu erwähnen der Deutsche Petersen in Außenkehr am Oranje. Diese Farm gehörte einem Syndikat in Berlin unter Führung von Dr. Bökemeyer. Auf dem Schwemmland des Oranje pflanzte Petersen Apfelsinen, Feigen und andere Südfrüchte an, die vorzüglich gediehen. Schwieriger war der Absatz: Petersen lieferte nach Keetmanshoop, ja sogar bis nach Kapstadt. Aber es stellten sich manche Schwierigkeiten ein: Der Transport verteuerte die Waren so, daß der Absatz sich nicht lohnte. Auch war es bei dem damaligen Zustand der Straßen schwer, die Waren in verkaufsfähigem Zustand dem Käufer zuzuführen. Eine weitere Schwierigkeit entstand bei der Bewässerung. Das Wasser wurde mit einer Dampfmaschine aus dem Oranje gepumpt. Nach einiger Zeit wurde das Holz dafür knapp. Schließlich wurde der Betrieb aus Kapitalmangel wieder eingestellt (1896). Petersen starb im August 1896 in Kapstadt.

In Heirachabis nördlich von Ukamas befand sich eine große katholische Missionsfarm, die von einem englischen Händler gekauft worden war.

Eine besondere Stellung nahm der Farmer Ferdinand Gessert ein (vgl. meinen Aufsatz über ihn im Heimatkalender 1972, S. 31 ff). Er hatte in der Umgebung von Sandverhaar von dem Kapitän von Bethanien ein Stück Land gekauft, ca 50 000 ha für 55 800 Mark. 1894 war er zum erstenmal ins Land gekommen, sein Aufenthalt in SWA wurde allerdings zeitweise unterbrochen durch einen Aufenthalt im Transvaal und im Oranjefreistaat. Er hat als einer der ersten gesehen, daß die Wasserfrage der Kernpunkt der Entwicklung von SWA sei. Auf seinen Farmen — genannt werden Inachab, Sandverhaar, Witputs, Feldschuhorn — baute er insgesamt 13 Dämme. Sie waren allerdings technisch noch unvollkommen. Man hatte damals ja noch keine technische Erfahrung im Dammbau. Ein verhältnismäßig geringer Regenfall schwemmte alle seine Dämme hinweg. Er war ein eigenwilliger Kopf. Verordnungen, die von oben kamen, lehnte er von vornherein ab. In den Akten des deutschen Gouvernements erscheint er als unternehmender und tatkräftiger, aber widerspenstiger Untertan. Man muß dabei bedenken, daß die Landesverwaltung damals ganz in den Händen von Offizieren lag; diese erwarteten unbedingten Gehorsam. Die Ansiedler waren aber selbständige Charaktere, denen die Verhältnisse zu Hause zu eng geworden waren, und diese ließen sich nicht gern in ihre Angelegenheiten hereinreden.

Große Landstrecken im Süden gehörten einer englischen Gesellschaft, der South African Territories Ltd., die große Gebiete von den Bondels erworben hatte. Die Bondels waren sich der Bedeutung dieser Abtretungen, nämlich daß sie damit das Land aus der Hand gaben, nicht bewußt gewesen. Die Besiedlung kam also im Süden von SWA nicht vorwärts wegen der Lage, der Unfruchtbarkeit und weil die South African Territories Ltd., die das Land zu einem großen Teil besaß, keinerlei Initiative in dieser Richtung entwickelte.

Sehen wir uns weiter in SWA um, so finden wir in Lüderitz' Zeit noch zwei Stellen, wo sich größere europäische Siedlungen befanden: in Otjimbingwe und bei Grootfontein. Hierüber bitte ich auf S. 26 und auf S. 36 nachzulesen.

Nachdem sich Deutschland in SWA festgesetzt hatte, machten die politischen Zustände eine Besiedlung zunächst unmöglich. Es gelang Göring und François nicht, Hendrik Witbooi zur Einstellung seiner Raubzüge, zur Unterwerfung oder zum Abschluß eines Schutzvertrages zu bewegen. Erst nach den Gefechten in der Naukluft erreichte Major Leutwein im September 1894, daß Hendrik sich unterwarf und sich zu einem seßhaften und friedlichen Leben verpflichtete. Von nun an war eine Besiedlung möglich. Diese sollte nach Absicht der deutschen Regierung von Konzessionsgesellschaften organisiert werden.

Für die Siedlungsgeschichte kommen hauptsächlich in Frage 1. die deutsche Kolonialgesellschaft für SWA (65) und 2. die Siedlungsgesellschaft für SWA.

1. Im Jahre 1885 waren Lüderitz' Mittel erschöpft und er übergab 1886 seine Landrechte der deutschen Kolonialgesellschaft in SWA. Die Gesellschaft erhielt von der Reichsregierung das Recht der Landeshoheit in der Kolonie und verpflichtete sich, das Land zu erschließen. Diese Gesellschaft (nicht zu verwechseln mit dem großen kolonialen Verein, der Kolonialgesellschaft in Deutschland) litt von Anfang an an Kapitalmangel. 1887 entsandte die Gesellschaft den Landwirt Hermann (früher Falkenburg, Kr. Köslin) als ihren Agenten und Vertreter in den südlichen Teil ihres Besitzes. Er bemühte sich, die Direktion in Berlin für die Gründung eines Wollschafunternehmens zu gewinnen. Aber erst 1892 kam es zur Gründung der landwirtschaftlichen Station Kubub bei Aus. Dieser Platz hatte damals schon eine gewisse Bedeutung. Er lag am südlichen Baiweg, der von Keetmanshoop nach Lüderitzbucht führte. Dort konnten die Ochsen zum letzten Mal weiden und ihren Durst löschen vor dem langen Zug durch die Namib, wo es weder Wasser noch Weide gab. Die Gesellschaft bewilligte 54 000 Mark für das Unternehmen, die Reichsregierung gab in den Jahren 1891 und 1892 je 25 000 Mark. Kubub war ein Gemeinschaftsunternehmen von Hermann und der Gesellschaft. Hermann besaß 53 v. H. der Anteile, die

Gesellschaft 47 v. H. Das Ende dieses aussichtsreichen Unternehmens ist auf S. 62 erzählt.

Hermann, der nach der Zerstörung von Kubub im November 1893 aus der Gesellschaft ausgeschieden war, wurde 1904 bei Ausbruch des Witbooi-Aufstandes von seinen eigenen Leuten in Nomtsas, wo er sich als selbständiger Farmer niedergelassen hatte, erschlagen. Er hatte nicht mehr rechtzeitig von der deutschen Polizei gewarnt werden können. Wenn nun auch das Unternehmen Kubub ein schnelles Ende gefunden hatte, so ist es doch für die Zukunft bedeutsam gewesen. Hermann hatte gezeigt, wie man unter Benutzung der natürlichen Gegebenheiten einen lohnenden Farmbetrieb im Süden von SWA aufbauen konnte, und zwar mit Wollschafen und Angoraziegen.

Größeren Erfolg hatten die Bestrebungen, die von der großen deutschen Kolonialgesellschaft ausgingen (66). Diese Deutsche Kolonialgesellschaft hatte sich zum Ziele gesetzt, den kolonialen Gedanken in Deutschland zu fördern, und hatte also nichts mit der eben erwähnten Kolonialgesellschaft zu tun, die die Besitzungen von Lüderitz übernommen hatte. Dort hatte man schon 1890 den Plan zu einer Siedlung gefaßt. Zunächst dachte man dabei an Windhoek, und ein anderer Ort konnte bei den unruhigen Verhältnissen damals auch gar nicht in Frage kommen. Die Gesellschaft steckte ihre Ziele jedoch bald weiter, wie sie in einer im Jahre 1891 gefaßten Resolution zum Ausdruck brachte: „Die Versammlung erachtet die Kolonie SWA für ein höchst wertvolles Glied der deutschen Schutzgebiete. Durch ihre Lage ist dieselbe berufen, dem deutschen Einfluß in Südafrika in der Zukunft eine maßgebende Stellung zu sichern. Das günstige Klima und die vorhandenen unbewohnten Gebiete ermöglichen in größerem Umfange die Ansiedlung deutscher Viehzüchter und Bauern." Ferner wird die deutsche Regierung aufgefordert, „durch Sicherung des Landfriedens und durch Errichtung einer geordneten Verwaltung dem deutschen Unternehmungsgeist zu Hilfe zu kommen."

Um die praktische Durchführung der Siedlung vorzubereiten, wurde aus den Kreisen der großen Deutschen Kolonialgesellschaft am 25. März 1892 das „Südwestafrikanische Siedlungssyndikat" als Vorstufe einer Siedlungsgesellschaft gegründet. Von Anfang an fehlte es an Kapital. Die leitenden Kreise hatten an 1 000 000 Mark gedacht; bei Gründung des Syndikats waren es noch 100 000 Mark, wovon 60 000 Mark nur gezeichnet wurden. Wie bei allen anderen Unternehmungen der Kolonie, so standen die deutschen Finanzkreise auch der Siedlung skeptisch gegenüber.

Nun mußte geeignetes Siedlungsland erworben werden. Die Kolonialabteilung des Auswärtigen Amtes teilte im März 1892 dem Vorsitzenden der Kolonialgesellschaft, dem Fürsten Hohenlohe, mit, daß der Reichskanzler Klein-Windhoek mit dem dazugehörigen Weideland der neu zu bildenden

Siedlungsgesellschaft unentgeltlich überlassen wollte. Das Syndikat erließ darauf am 25. April die „Bestimmungen für die Siedlung in Klein-Windhoek" (67). Die Heimstätten sollten 3-4 Morgen bewässerungsfähigen Landes enthalten, wozu noch das Recht der Weidebenutzung kam. Der Boden wurde unentgeltlich abgegeben, Eigentum nach 5 Jahren erworben. Für Wasser- und Weidebenutzung war eine kleine Abgabe zu zahlen. Der Siedler war verpflichtet, ein Haus zu bauen und Gartenbau zu treiben. — Geeignete Leute sollten in Deutschland geworben werden; ein Teil sollte jedoch von den Deutschen in Südafrika genommen werden, und Graf Pfeil, eine hohe, eindruckweckende Gestalt mit langem Bart, fuhr im Auftrage des Syndikats dorthin, um Siedler zu werben. Auch zur Entlassung kommende Soldaten konnten dafür in Frage kommen. Ferner sandte das Syndikat zwei Männer nach SWA, die dort die Verhältnisse erkunden sollten. Es waren dies Herr von Uechtritz, der das zur Besiedlung in Betracht kommende Land untersuchen, und der Berliner Privatdozent Dr. Dove (68), der Vermessungen durchführen und Berichte und Gutachten einsenden sollte. Die Untersuchungen sollten sich besonders auf das Khomashochland und die Gegend südöstlich von Windhoek erstrecken.

Obwohl die Verhältnisse in der Kolonie sich noch keineswegs gefestigt hatten, begann das Syndikat schon 1892 mit der Aussendung von Ansiedlern. Hier hat Caprivis Wort von dem „Probejahr" viel Unheil angerichtet. Die Aussendung von Ansiedlern erfolgte übereilt, weil man schnell den Wert der Kolonie erweisen wollte. Erst kamen wenige, doch später wurden es mehr. Sie sammelten sich in Windhoek, wo sie unter den noch ungeklärten Verhältnissen zu leiden hatten. Die Sorge für sie fiel der Landesverwaltung zur Last, sobald sie gelandet waren. Das Syndikat gewährte ihnen ein Darlehen von 3000 Mark zu einem Zinssatz von 5 v. H., rückzahlbar innerhalb von 33 Jahren, und regelte ihre Ausrüstung und Ausreise, überließ aber die Ansiedler, sobald sie einmal in SWA gelandet waren, ihrem Schicksal. Das war gewiß kein erfreulicher Zustand und versetzte Siedler und Landesverwaltung in eine unangenehme Lage.

Im Juni 1892 reisten die ersten Ansiedler für Klein-Windhoek aus, der Oberamtmann Nitze mit seinem Sohn und der Leutnant a. D. Stoss. In Windhoek kamen dazu noch 5 Siedler aus Südafrika, u.a. Nissen-Lass aus Griqualand, Höpfner aus dem Kapland und der Händler Ludwig aus Transvaal, der in Haris ein Geschäft gehabt hatte. Ludwig legte seinen Garten dort an, wo sich später die Gaststätte Ludwigslust, jetzt „Berghotel", befand. Neben dem Gartenbau betrieb er einen Bierausschank mit Kegelbahn, und im Garten befand sich ein Schwimmbad. Nitze kaufte das ehemalige Missionarshaus der Rheinischen Mission in Klein-Windhoek, dessen Garten schon von der Mission angelegt und in den letzten Jahren von der Truppe versorgt worden war. Stoss dagegen mußte mit Roden beginnen und wohnte ein Jahr lang im Zelt. Da er kein Geld hatte, einen Zaun zu bauen, erlitt er viel Schaden durch das Vieh seiner Nachbarn. Überhaupt war das Verhältnis der Ansiedler untereinander nicht immer gut. Wasser- und Weidefragen veranlaßten manchen Streit, der dann durch die Landesverwaltung geschlichtet werden mußte. Bevor man an die Errichtung von Heimstätten ging, hätte man prüfen müssen, ob die Siedler wirtschaftlich würden bestehen können. Vorläufig gab es keinen Absatzmarkt in Windhoek. Die Bevölkerung bestand hauptsächlich aus Beamten und Angehörigen der Truppe, und diese wurden aus den ertragreichen Truppengärten versorgt, die unter Leitung des Unteroffiziers Bohr standen. Kleinsiedlungen konnten nur dann bestehen, wenn die bürgerliche Bevölkerung anwuchs, und das war für die nächste Zukunft nicht zu erwarten. Deshalb schlug Dr. Dove vor, Handwerker in Klein-Windhoek anzusiedeln, die den Gartenbau nur als Nebenerwerb betrieben. Handwerker standen unter den zur Entlassung kommenden Soldaten hinreichend zur Verfügung. Von den am 1. April 1892 ausscheidenden Soldaten wollten 26 im Lande bleiben, davon 5 als Heimstättenbesitzer. Der ehemalige Reiter Meiburg z.B. erwarb eine Heimstätte, auf der er 70 Kühe hielt und drei Monate lang für 9 Mark Milch täglich verkaufte; dann kam die Lungenseuche und dezimierte seinen Bestand. Ähnlich erging es Fräulein von Hagen mit 100 Kühen. Nissen-Lass und Ludwig verlegten sich deshalb von Mai 1893 ab auf die Mast von Ochsen und hatten damit mehr Erfolg als mit Gartenbau und Milchwirtschaft. Nach den Untersuchungen von Dove erschien es auch zweifelhaft, ob in Klein-Windhoek genügend Wasser für eine größere Anzahl Gartenbaubetriebe vorhanden sein würde.

Diese Wechselfälle, von denen hier nur einige Beispiele genannt sind, ließen nun überhaupt Bedenken gegen das System von Kleinsiedlungen aufkommen. Diese Fragen wurden auf einer Versammlung in Windhoek erörtert, die Graf Pfeil auf den 20. Oktober 1892 einberufen hatte und die von etwa 30 Personen und von einigen der im nächsten Jahr zur Entlassung kommenden Soldaten besucht war. Graf Pfeil hatte die Aufgabe, deutsche Siedler aus Südafrika zu gewinnen, nur ungenügend erfüllen können. Die in Südafrika ansässigen Deutschen waren nicht bereit, Haus und Hof zu verlassen, um in den unsicheren Verhältnissen von Südwestafrika einer ungewissen Zukunft entgegenzugehen. Zu gleicher Zeit bot Cecil Rhodes günstige Siedlungsbedingungen in Mashonaland an. Dazu kam, daß das Siedlungssyndikat „ärmere" Siedler nicht haben wollte. Pfeil hatte jedoch unterwegs in Groß-Namaqualand Buren getroffen, die bereit waren, nach SWA zu ziehen, falls ihnen günstige Bedingungen geboten wurden. Sie hatten zwei der Ihrigen abgeordnet, die die Verhältnisse untersuchen sollten.

Graf Pfeil leitete die Versammlung (69) in seiner Eigenschaft als Vertreter des Siedlungssyndikates. Die Versammlung sprach sich unter Zustimmung des Grafen Pfeil gegen die Einrichtung von Kleinsiedlungen und für die Austeilung von größeren Farmen von ungefähr 10 000 Morgen aus. Dies wurde besonders von den zwei anwesenden Buren betont, die, falls ihre Bedingungen angenommen würden, eine Einwanderung von ungefähr 40 wohlhabenden Buren mit ihren Familien in Aussicht stellten.

So war der Plan der Besiedlung geändert: statt Kleinsiedlungen, woran François gedacht hatte, sollten nun größere Farmen unter Heranziehung der Buren vergeben werden. Die Austeilung größerer Farmen war jedoch nur möglich, wenn dem Siedlungssyndikat größere Länderstrecken überwiesen wurden. Das Syndikat beantragte deshalb bei der Regierung die Überlassung von Gebieten um Hoachanas, Gobabis und in dem Khomashochland, aber die Reichsregierung glaubte im Dezember 1892 das Gesuch ablehnen zu müssen, solange die deutsche Herrschaft nicht endgültig aufgerichtet sei. Nach diesem ablehnenden Bescheid unterblieb auch vorläufig die Gründung der Siedlungsgesellschaft, zu der das Syndikat ja nur die Vorstufe sein sollte.

War die Austeilung größerer Farmen nun unmöglich gemacht, so erhob sich auch gegen die Zuziehung der Buren Widerspruch. François, bei aller persönlichen Hochachtung vor ihnen, wollte sie auf das Namaland beschränkt wissen (70), sie aber in dem mittleren und nördlichen Teil der Kolonie nicht zulassen. Die Kolonie sollte einen deutschen Charakter tragen, deutsche Art und Sprache einst dort vorherrschend sein. Das war ein Ziel der Zukunft, das nach einer Einwanderung der Buren in größerer Zahl nicht mehr erreicht werden konnte. Die wirtschaftliche Entwicklung des Landes wäre durch die Buren zweifellos sehr gefördert worden. Denn die Buren besaßen das erforderliche Vieh, die nötige Erfahrung und waren nach dem Zeugnis von François angenehme Untertanen. Da sie aber mit großen Familien gekommen wären, so hätten sie gegenüber den vereinzelten deutschen Ansiedlern, die zumeist noch ohne Familien waren, sogleich das Übergewicht erlangt. So blieb die Ansiedlung bald stecken: Kleinsiedlungen hatten keinen genügenden Absatzmarkt, für Großfarmen fehlte es dem Syndikat an Land; auch waren die allgemeinen Verhältnisse noch nicht günstig dafür. Trotzdem sandte das Syndikat doch immer noch Siedler aus, denen es Farmen zuwies, die ihm gar nicht gehörten. Im Jahre 1893 wurden im Februar 9, im April 38, im November 5 Personen, meist in Familien, ausgesandt. Nach ihrer Ankunft in Swakopmund waren sie auf die Hilfe der Landesverwaltung angewiesen, die 1893 mit der Bekämpfung der Witbooi voll beschäftigt war. Der Verkehr auf dem Baiweg konnte kaum die Bedürfnisse der Truppe befriedigen. So mußten die Neuankömmlinge teilweise monatelang in dem damals unwirtlichen Swakopmund zubringen, bis sie eine Gelegenheit zur Weiterreise finden konnten. In Windhoek angekommen, konnten sie nicht, wie erwartet, sogleich mit der Arbeit auf „ihrer" Farm beginnen, sondern mußten den Ausgang des Krieges gegen die Witbooi abwarten. Ihre Ersparnisse, mit denen sie eine neue Existenz hatten aufbauen wollen, schrumpften während dieser Zeit zusammen. Viele suchten sich als Handwerker, Gelegenheitsarbeiter, Händler, usw. einen Zwischenverdienst. Es war auch schwer, die Neuankömmlinge unter Dach und Fach zu bringen, da es an Häusern fehlte. Man kann sich unschwer vorstellen, in welcher Lage und Stimmung sich die zukünftigen Ansiedler befanden.

Viele blieben dann auch bei diesem Zwischenverdienst und gaben den Plan, Kleinsiedler in Klein-Windhoek zu werden, ganz auf. So zum Beispiel der Ansiedler H. Heyn, der, als er sah, daß in Klein-Windhoek nichts zu machen war, kurz entschlossen zunächst eine sehr einfache Gastwirtschaft in Windhoek eröffnete. Diese erfreute sich bald großer Beliebtheit, besonders da Frau Heyn, ostelbischem Adelsgeschlecht entstammend, ebenso kurz entschlossen wie ihr Mann selbst zum Kochlöffel griff und ein schmackhaftes Essen bereitete, das sich die Soldaten gern schmecken ließen, wenn sie der etwas eintönigen Truppenverpflegung überdrüssig geworden waren. Daraus ist dann auf einigen Umwegen das heutige Hotel „Großherzog" entstanden.

Nach der Niederwerfung von Hendrik Witbooi im September 1894 durch Leutwein war Frieden in SWA eingekehrt; somit konnte nun an eine Besiedlung auch außerhalb Windhoeks gedacht werden. Die Landesregierung gedachte, in dem von den Witbooi eroberten Gebiete eine Versteigerung von Farmen durchzuführen. Soweit kam es aber nicht durch das Dazwischentreten des Siedlungssyndikats. Ihr rühriger Vertreter in SWA, Karl Weiss, verlangte von Leutwein die Zuweisung von Land im Umfang von 20 000 qkm = 20 Millionen ha in Richtung Gobabis — Hoachanas. Darüber hatte das Syndikat bereits mit der Kolonialabteilung verhandelt. Letztere hatte aber die Verleihung der Konzession abhängig gemacht von der Gründung einer Siedlungsgesellschaft mit einem Kapital von 300 000 Mark. Das Kapital war zwar voll gezeichnet, aber nur 160 000 Mark waren eingezahlt. Darum lehnte Leutwein die Zuweisung von Land ab, weil die Vorbedingung nicht erfüllt sei. Weiss wandte sich nun an die Kolonialabteilung, und diese wies Leutwein an, von sich aus auf dem Gebiete der Ansiedlung nichts zu unternehmen. Die Versteigerung mußte also unterbleiben, aber das Syndikat erhielt auch kein Land zugewiesen. Die Siedlung stockte somit völlig. Man kann heute diesen Vorgang schwer verstehen. Hinter dem Syndikat standen einflußreiche Kreise, die sich großen Gewinn aus einer Landzuweisung erhofften. Das Interesse in Deutschland an der Kolonie war gering. Bis jetzt (1895) war es also nur zur Gründung von Heimstätten in Klein-Windhoek gekommen, und der Erfolg war nicht sehr ermutigend, wie auf S. 84 ausgeführt ist. Das Syndikat löste sich Mitte 1895 auf, als es aussichtslos erschien, die erforderlichen 300 000 Mark für die Gründung der Siedlungsgesellschaft zusammenzubringen. Sie kam aber schließlich doch noch zustande durch die Bemühungen der großen Kolonialgesellschaft und einiger einflußreicher Herren. Die erforderlichen 300 000 Mark waren allerdings noch nicht ganz eingezahlt, sondern nur gezeichnet. Danach wurde die Landkonzession 1896 gewährt.

Wie stand es nun, mit den eben besprochenen Verhandlungen im Hintergrund, mit der Praxis der Besiedlung?

Auf dem Gebiet der Siedlung war die Kolonialgesellschaft nicht aktiv tätig, von der Gründung von Kubub abgesehen; sie verkaufte Land nur, wenn sich Interessenten meldeten. In den Jahren 1885 bis 1904 hat sie insgesamt etwa 175 000 ha Farmland verkauft und beinahe ebensoviel verpachtet, für die Erschließung des Landes durch Wegebau oder Wassererschließung jedoch nichts getan.

Die Siedlungsgesellschaft war ebenso untätig, was Siedlung betraf, abgesehen von der Gründung von Heimstätten in Klein-Windhoek. Sie besaß die Landkonzession östlich von Windhoek und gründete zwei Farmen bei Windhoek. Auf der Farm „Hoffnung" konnten junge Farmer zur Ausbildung unterkommen gegen ein Kostgeld von 130 Mark pro Monat. Dort lernten sie allerdings nur Viehwirtschaft, denn Ackerbau wurde dort nicht betrieben. Über diese Farm wurde in der Kolonie viel gespottet, weil sie angeblich schlecht bewirtschaftet wurde. Überhaupt war die Siedlungsgesellschaft nicht nur für das Gouvernement, sondern auch für die Kolonisten ein Stein des Anstoßes, weil sie durch ihre hohen Landpreise (2 Mark pro ha) die Siedlung hinderte und auch sonst nichts für die Erschließung des Landes tat. Von 1896 bis 1903 hat die Gesellschaft von ihrem ungeheuren Besitz nur etwa 80 000 ha verkauft und eine Anzahl Farmen verpachtet.

Die Landesregierung wollte wohl gern Ansiedler ins Land ziehen, es fehlte ihr aber an Land. Sie war von allen Seiten eingeengt. Im Westen besaß die Kolonialgesellschaft das Land, im Osten die Siedlungsgesellschaft; im Norden beanspruchten die Herero das Land, südlich der Auasberge begann das Land der Rehobother Bastards. Nur die Gebiete bei Windhoek standen der Landesregierung für Siedlungszwecke zur Verfügung. Leutwein verfolgte bei seiner sehr eingeengten Siedlungstätigkeit besonders zwei Ziele: er wollte Landspekulation ausschalten und möglichst viele wehrpflichtige Männer anziehen, um die militärische Macht der Kolonie zu verstärken. Daher die Bestimmung, daß ehemalige Schutztruppler bei ihrer Entlassung eine Farm von 5 000 ha kostenlos erhielten, wenn sie ein Kapital von 2 500 Mark nachweisen konnten, daß Wehrpflichtige, die aus Deutschland einwanderten, eine Farm bis zur Größe von 5 000 ha zum Preise von 30 Pf. pro ha kaufen konnten („Vorzugsbedingungen für den Verkauf von Regierungsfarmen an wehrpflichtige Reichsangehörige") (71), während der Mindestpreis für andere Käufer je nach der Gegend 0,50-1,00 Mark war. Den Käufern wurden leichte Anzahlungsbedingungen gewährt. So war es kein Wunder, daß die Landesregierung von dem wenigen ihr zur Verfügung stehenden Land viel verkaufte (1898-1902 beinahe 1 100 000 ha), während die Gesell-

Die deutschen Anfänge in Angra Pequena, später Fort Vogelsang und seit 1887 Lüderitzbucht. (Postkarte Franz Spenker Nr. 7006 – Fotosammlung W. Rusch)

Der Ausspannplatz in Windhoek. Im Hintergrund das Zehnmannhaus, erbaut 1906/07 von Adolf Matheis. (Foto R Wywias 1907 – Fotosammlung W. Rusch)

Militärstation Epukiro. Polizeidienst wurde von der Schutztruppe entrichtet bis im Jahre 1908 die Landespolizei dort stationiert wurde. Im weißen Anzug Polizeisergeant Kalkowski. (Fotosammlung Walter Rusch)

schaften von ihren großen Landstrecken in den Jahren 1898-1902 nur wenig verkauften (325 000 ha). Ihre Landpreise waren eben zu hoch (2 Mark pro ha). Außer den Verkäufen wurden von den Gesellschaften in der gleichen Zeit noch knapp 500 000 ha verpachtet. Durch die Verpachtung hatten die Gesellschaften bare Einnahmen und nahmen doch an der Wertsteigerung des Landes teil, die durch die Tätigkeit der Regierung herbeigeführt wurde: Befriedung des Landes, Herstellung geordneter Verhältnisse, Entwicklung des Verkehrsnetzes usw.

Der Käufer von Kronland mußte sich gewissen Bedingungen unterwerfen, die eine Landspekulation ausschlossen: das Land mußte binnen 6 Monaten bewirtschaftet werden, der Käufer durfte die Farm innerhalb der ersten 10 Jahre nicht verkaufen („Bedingungen für den öffentlichen Verkauf von Regierungsfarmen", 1.8.1899) (72). Außer bei den Gesellschaften und der Regierung konnten angehende Farmer auch bei den Eingeborenen, besonders bei den Herero, Land kaufen zu Preisen, die denen von Regierungsland entsprachen.

Es war also verhältnismäßig leicht, in SWA Land zu kaufen, auch für den weniger Begüterten, wenn es ihm glückte, von der Regierung oder den Eingeborenen zu kaufen. Mehr Geld war aber nötig, um die Wirtschaft in Gang zu bringen. Besonders schwierig war es, sich Vieh zu verschaffen. Die im Lande schon anwesenden Farmer waren alle noch im Aufbau begriffen und nicht bereit, Vieh zu verkaufen. Aus Südafrika Vieh zu bekommen war schwierig wegen der zu überwindenden Durststrecken, und die Herero konnten sich nur schwer entschließen, Vieh zu verkaufen, weil sie sich von ihrem Besitz nur schwer trennten. Immerhin war der Kauf von den Herero noch der einfachste Weg, Rinder zu bekommen. Und da Bargeld bei den angehenden Farmern gewöhnlich knapp war, wählten die meisten den Umweg über den Feldhandel. Oft taten sich zwei zusammen, meist waren es entlassene Schutztruppler, und kauften zusammen eine Farm. Während der eine auf der Farm wohnte, ein Haus baute, nach Wasser suchte und mit der Viehwirtschaft begann, betrieb der andere Feldhandel, um Bargeld in die Hände zu bekommen. Der Beruf des Feldhändlers war also nur ein Durchgangsstadium, die meisten versuchten, möglichst bald soviel Vieh zu bekommen, daß sie mit dem Farmbetrieb beginnen konnten.

Da der Feldhandel (73) bei dem Ausbruch des Aufstandes eine gewisse Rolle spielt, will ich etwas näher darauf eingehen. Der angehende Feldhändler, der kein Geld hatte, sich Zugochsen, Wagen und Waren aus eigenen Mitteln zu kaufen, ließ sich damit von einem städtischen Geschäft auf Kredit ausrüsten und zog damit ins Handelsfeld, nachdem er sich vorher einen Handelsschein beim Bezirksamt hatte ausstellen lassen. Das Bezirksamt Windhoek stellte im Jahre 1897 53 solche Handelsscheine aus, 1898 waren es 85, 1900 waren es gar 100. Ein Zugochse kostete vor 1897, dem Jahre der

Rinderpest, 60 Mark, danach aber 150-200 Mark. Die Kosten für Wagen und Zugochsen mit allem Zubehör betrugen insgesamt etwa 3000 Mark. Das Handelsfeld war gewöhnlich das Hereroland. Dort waren die großen Rinderherden. Nach dem Süden zu gehen, lohnte sich nicht, da die Hottentotten keine Güter für den Tauschhandel besaßen. Eine Damarakuh kostete vor 1897 etwa 40 bis 50 Mark, nach der Rinderpest 100-140 Mark. Der Händler zog in die Nähe einer größeren Hererowerft, breitete seine Waren aus, und die Kauflustigen erschienen, um sich die Waren anzusehen. Mehl, Reis, Tabak, Tee, Kaffee und Kleidung wurden gern gekauft. Der Verkauf von Alkohol, Waffen und Munition war von der Regierung verboten. Der Preis wurde in Rindern vereinbart und die Tiere herbeigebracht. Dabei ging es nicht ohne langes Handeln und Feilschen ab. Die Herero versuchten, ihre schlechtesten Tiere aus der Herde zu möglichst hohen Preisen loszuwerden. Der Händler mußte natürlich zusehen, daß er nicht übervorteilt wurde. Zuweilen hatte der Käufer sein Vieh entweder angeblich oder wirklich nicht bei der Hand, dann kaufte er auf Kredit, auf „Bankrott", wie man ihn damals bezeichnenderweise nannte. Einen Lieferschein erhielt der Käufer nicht, die Schuld wurde in den Büchern des Händlers aufgeschrieben. Bei der Eintreibung der Schulden, was häufig erst nach langer Zeit stattfand, kam es oft zu Streitigkeiten, wenn der Käufer den Eindruck hatte, vom Händler übervorteilt zu werden. Oder die Schulden waren so groß, daß der Schuldner zahlungsunfähig war. Dann wandte sich dieser oft an das Bezirksamt mit der Bitte, seine Schulden zu regeln. Dieser Aufgabe unterzogen sich die Ämter aber nur sehr ungern.

Die Warenpreise waren hoch, besonders wegen der hohen Transportkosten. Ein Sack Burmehl, der 1903 in Kapstadt 19 Mark kostete, wurde im gleichen Jahr im Felde für den Gegenwert von 150 Mark verkauft. Die Geschäfte vollzogen sich im Wege des Tauschhandels. Eine Jacke oder Hose wurde z. B. gegen einen 4 bis 5jährigen Ochsen getauscht. Der Wanderhändler wollte natürlich in kurzer Zeit möglichst viel verdienen. Er hatte die Waren auf Kredit erhalten und wollte seine Schulden möglichst schnell bezahlen; sein Ziel war ja, Farmer zu werden. Das Händlerdasein war nur ein Übergang und alles andere als ein Vergnügen.

Es gab auch noch andere Möglichkeiten für den angehenden Farmer, zu Bargeld zu kommen, das für den Aufbau der Farm nötig war. Er konnte als Handwerker arbeiten oder Fracht fahren. Letzteres war bis zu dem Bau der Eisenbahn Swakopmund—Windhoek (1902) und Swakopmund—Tsumeb (1906) ein lohnendes Geschäft. Es mußte ja vor dem Eisenbahnbau der gesamte Bedarf für die Truppe, die Verwaltung und die Farmer von der Küste mit Ochsenwagen heraufgebracht werden. Die Frachtraten waren hoch. Ein Ochsenwagen konnte 40-50 Zentner laden. Das Frachtgeld für den Zentner von Swakopmund nach Windhoek betrug 16 Mark. Der Verkehr stockte allerdings in den Monaten vor der Regenzeit, weil keine Weide mehr längs des Weges vorhanden war.

Die Kosten zum Aufbau einer Farm waren etwa die folgenden (1902):

1. Preis des Bodens (wechselnd je nach Stellung des Käufers und der Gegend) ?
2. 20 Kühe, 1 Bulle 4 000 M
3. 100 Schafe, 100 Ziegen 1 200 M
4. Material für den Hausbau (Wellblech, Fenster usw.) 5 000 M
5. 2 Pferde 800 M
6. Ochsenkarre, 12 Zugochsen 3 600 M
7. Werkzeug, Wirtschaftsgeräte 1 000 M

15 600 M
+ Kaufpreis der Farm

Mit Erträgnissen konnte der Farmer erst vom 3. Jahr an rechnen. Zu dem Betrag von 15 600 M muß noch der Lebensunterhalt für diese 2 Jahre hinzugerechnet werden. Bei den Ansiedlern, außer bei den entlassenen Schutztrupplern, kam zu dem obigen Betrag noch die Anzahlung für den Ankauf der Farm, der mindestens 10 v. H. betrug. Die Regierung verkaufte Regierungsland bis 1898 für mindestens 1,00 bis 1,50 Mark, später für 0,50 bis 1,00 Mark pro ha, für Wehrpflichtige betrug der Mindestpreis 0,30 Mark, entlassene Schutztruppler erhielten 5000 ha unentgeltlich. Wie obige Rechnung zeigt, benötigte auch der entlassene Schutztruppler ein erhebliches Kapital zum Aufbau der Farm. An Familiengründung konnte vorerst gar nicht gedacht werden. Daß dies sehr unerwünschte Folgen haben mußte, liegt auf der Hand. Die Besiedlung von SWA kam deshalb nicht recht in Gang. Kapitalkräftige Ansiedler fanden sich nur in geringer Zahl ein. Die meisten waren ehemalige Handwerker, die für den Hafen- oder Eisenbahnbau nach SWA gekommen waren, und Soldaten, die in der Heimat keine Aussicht hatten, selbständige Bauern zu werden. Die Gebiete, wo die Farmer sich ansiedelten, waren meist in der Nähe von Windhoek und der Bahn. Dort war ein gewisser Markt für landwirtschaftliche Produkte bei der sich allmählich bildenden Bevölkerung. Auch an die Truppe, wenn sie in Windhoek war, konnte verkauft werden.

1901 stellte die Kolonialverwaltung 100 000 Mark als Ansiedlungsbeihilfen zur Verfügung. Damit wurden 28 Soldaten angesiedelt, jeder mit einer Beihilfe von 3000—4000 Mark in Form von Vieh, Baumaterial und landwirtschaftlichen Geräten. Die Zahl der Siedler war allerdings angesichts der Größe des Landes sehr gering. 1903 wurden 300 000 Mark für die Ansiedlung zur Verfügung gestellt. Davon sollten 100 000 Mark für eine Ansiedlungskommission verwendet werden, die praktische Vorschläge für eine allgemeine Besiedlung des Landes ausarbeiten sollte. Die Kommission sollte bestehen aus einem Beamten als Vorsitzenden, der neu als Referent für Ansiedlungssachen ausgesandt werden sollte, einem weiteren Beamten als Sachverständigen und einigen Farmern. Weitere 100 000 Mark sollten verwendet werden als Beihilfen für bereits im Lande befindliche Ansiedler und für die Ansiedlung deutscher Bauernfamilien. Letzteres sollte unter Mitwirkung der Ansiedlungskommission geschehen. Als Ansiedlungskommissar wurde Dr. Paul Rohrbach 1903 ausgesandt.

Rohrbach (74), der aus dem Baltikum stammte, hatte zunächst in Dorpat und Berlin Theologie studiert, hatte in Straßburg das Lizentiatsexamen bestanden, war dann aber unter dem Einfluß von Prof. Richthofen mehr zur Geographie übergegangen. Er bereiste den nahen Osten ausführlich und berichtete darüber in mehreren Büchern, die viel Beachtung fanden. Diese Reisen und die sich daraus ergebende Kenntnis von Trockengebieten waren es, die die Kolonialabteilung im Jahre 1903 veranlaßten, an Rohrbach als Ansiedlungskommissar zu denken. Rohrbach nahm an. Er war nicht für eine rein akademische Tätigkeit geschaffen; er freute sich darauf, durch praktische Tätigkeit sein Wissen und seine Erfahrung erweitern zu können. Der Auftrag, den er von der Kolonialabteilung erhielt, lautete: „Auf Grund eingehender Studien und ausführlicher persönlicher Bereisung des Schutzgebiets und der benachbarten, ähnlich gearteten Teile Südafrikas sowohl in der Siedlungsfrage und den damit zusammenhängenden wirtschaftlichen Angelegenheiten positive Vorschläge auszuarbeiten, als auch nach Billigung dieser Vorschläge durch die Kolonialverwaltung als Beamter des Gouvernements von Südwestafrika die praktische Inangriffnahme der von ihm gemachten Vorschläge zu leiten. Weiter soll zur Förderung der Arbeit eine unter seiner Leitung stehende, aus noch einem Beamten des Gouvernements und aus einigen, tunlichst nach seinen Vorschlägen auszuwählenden, erfahrenen Ansiedlern zu bildende Ansiedlungskommission eingesetzt werden." (75)

Rohrbach wurde angestellt als wirtschaftlicher Sachverständiger und Kommissar für Siedlungsangelegenheiten des südwestafrikanischen Schutzgebietes. Er sollte einen eingehenden Ansiedlungsplan ausarbeiten und Vorsitzender einer zu bildenden Ansiedlungskommission werden. Zunächst sollte ein Ansiedlungsversuch in kleinem Maßstabe unter Staatsbeihilfe unternommen werden. Seine Berichte sollten nicht nur dem Gouvernement, sondern direkt auch der Kolonialabteilung zugehen. Das gab ihm dem Gouvernement gegenüber eine ziemlich unabhängige Stellung und erregte in Windhoek einigen Anstoß, wie Rohrbach noch merken sollte.

In Windhoek Ende September 1903 angekommen, begab er sich sogleich an die Arbeit, indem er mit den Mitgliedern der schon gebildeten vorläufigen Ansiedlungskommission in Verbindung trat. Die in Windhoek anwesenden Mitglieder waren Landrentmeister Junker und Baumeister Redecker. Zunächst handelte es sich darum, noch zwei nichtbeamtete Mitglieder hinzuzuziehen. Die Farmer Rusch (Lichtenstein) und Rust (Ondekaremba) wurden hierfür in Betracht gezogen.

Um diese Herren kennenzulernen und sich mit den Landesverhältnissen etwas vertraut zu machen, unternahm Rohrbach bald eine kurze Farmreise in die Umgebung von Windhoek. Er berichtet in seinem Buch „Aus Südwestafrikas schweren Tagen" (Berlin 1909 S. 2 ff) von den folgenden Farmen:

„Hoffnung", eine Farm, die der Siedlungsgesellschaft gehörte. Er fand sie, entgegen dem, was er in Windhoek darüber gehört hatte, gut bewirtschaftet.

„Abrahams Farm", einem ehemaligen Sanitätssergeanten gehörend. Hier erwähnte er als bemerkenswert, daß der Besitzer damit beschäftigt war, die Farm einzuzäunen.

Weiter nach Osten kam er auf die Rust'sche Farm „Ondekaremba". Hier fiel ihm das große Farmhaus mit seinen hohen Bäumen und dicken Quadermauern auf. Der Boden bestand aus glatten Steinfliesen, das Dach war noch nicht verschalt. Die Farmer begnügten sich anfangs mit einfachen Häusern und benutzten ihr Geld lieber zum Aufbau der Farm. Rohrbach besah sich den neuen Brunnen, die Dippanlage und das Vieh und ritt von dort aus weiter nach

„Ompembamewa" am Weißen Nossob, wo sich die zweite Farm der Siedlungsgesellschaft befand. Die Farm war jedoch nicht ausgebaut, sie war lediglich ein Viehposten mit einem Pontok für den Verwalter. Weiter ging der Ritt nach

„Omunjereke", einer Farm des Kaufmanns Schmerenbeck, am rechten Ufer des Nossob gelegen. Schmerenbeck hatte besonders schönes Vieh, eine Kreuzung zwischen importierten Simmentaler Bullen und Afrikanerrasse.

In Seeis bei dem Farmer Thalheim sah Rohrbach Versuche mit Gartenbau. In dem Schwemmland vom Seeisrivier baute Thalheim Kartoffeln und Gemüse an. Die Bewässerung geschah mittels Schöpfbrunnen. Die Schweinezucht hatte er als nicht lohnend wieder aufgegeben.

Von der Farm „Voigtland" erwähnte Rohrbach das schöne Kreuzungsvieh und die Straußenzucht, bezweifelte allerdings, ob sie ein wirtschaftlicher Erfolg sein wird.

Lange hielt sich Rohrbach auf der Schmerenbeck'schen Farm „Claratal" auf. Dort gab es viel zu sehen: Brunnen, Staudämme, Vieh aller Arten und Wirtschaftsanlagen. Schmerenbeck hatte schon früh mit Pferdezucht begonnen und bereits die Truppe von François 1894 mit Pferden beliefert.

Neben „Claratal" lag die Farm „Haris", dem Rechtsanwalt Erdmann in

Windhoek gehörend. Auch hier erwähnte Rohrbach die vortreffliche Pferdezucht.

Die größte Farm bei Windhoek war „Lichtenstein", 23 000 ha groß, dem Farmer Rusch gehörig. Hier bewunderte Rohrbach besonders die Rinderzucht, veredelt aus der einheimischen Rasse. Ein besonders großer Garten war im Entstehen.

Im Süden fanden sich Ansiedler, besonders Buren, nach der Niederwerfung von Hendrik Witbooi ein, vor allem bei Gibeon, da der dortige Bezirkshauptmann von Burgsdorff (1894 bis 1904) großes Vertrauen genoß. Eine Einwanderung der Buren erfolgte besonders während und nach dem Burenkrieg (1899-1902). Diese Einwanderer, es waren etwa 600, waren für das Land besonders wertvoll. Denn sie kamen mit ihren Familien, hatten die nötige Erfahrung und einen Viehstock. Viele Buren kamen auch während des großen Aufstandes ins Land, um als Frachtfahrer zu arbeiten.

Aber zu diesen Buren konnte Rohrbach jetzt nicht fahren. Er hat sie erst am Ende des Aufstandes besucht.

Ende Oktober von seiner Farmreise nach Windhoek zurückgekehrt, begab sich Rohrbach sogleich wieder auf die Reise (76). Diese sollte diesmal etwas länger dauern und nach dem Norden führen. Rohrbach wußte beim Aufbruch nicht, daß er erst nach 7 Monaten, nämlich Anfang Mai 1904, zurückkehren sollte. Inzwischen brach der Aufstand aus, und Rohrbach wurde eine Zeitlang in Grootfontein festgehalten. 4 Tage vor seiner Abreise, am 31.10.1903, rückte die Windhoeker Kompanie nach dem Süden ab, um den Aufstand der Bondels niederzukämpfen. Noch rechnete man nicht mit der Möglichkeit eines allgemeinen Aufstandes. Daß die Herero am Aufstand teilnehmen könnten, daran dachte man in Windhoek keineswegs. Rohrbach brach also am 3. November zu seiner Reise nach dem Norden auf. Der Zweck der Reise war, zu untersuchen, inwiefern sich der Norden, besonders die Umgebung von Grootfontein, für Farmwirtschaft und Ansiedlung eignete. Dort sollte der erste Ansiedlungsversuch unternommen werden, und zwar mit 12 Familien. Das war ja nicht viel im Verhältnis zur Größe des Landes, war aber nur ein erster Versuch gedacht. Auf Grund der dabei gemachten Erfahrungen sollte ein Plan für eine allgemeine Besiedlung ausgearbeitet werden. Soweit kam es aber nicht mehr wegen des inzwischen ausgebrochenen Aufstandes. Bis Okahandja fuhr Rohrbach mit der Bahn, von dort ging es weiter mit dem Ochsenwagen auf der Straße nach dem Waterberg. Auf dieser Reise suchte Rohrbach so viel wie möglich zu sehen und unterhielt sich mit den Farmern, bei deren Farmen er unterwegs vorbeikam. Hierbei machte er auch Bekanntschaft mit dem Wanderhandel. Von einem Wanderhändler erzählt er, daß er nach dem Norden aufbrach, um mit einer Farm zu beginnen, weil er glaubte, genug Vieh eingehandelt zu haben, um mit der Farmerei beginnen zu können. Das war damals die Art, wie die Farmwirtschaft gewöhnlich begann. Bei einem Besuche auf einer Impfstation fiel ihm auf, unter welch primitiven Verhältnissen der Tierarzt und seine Gehilfen arbeiten mußten. Rohrbach reiste durch Hereroland vor der Regenzeit. Das mahnte ihn zur Vorsicht bei seinem Ansiedlungsplan. Dabei müßten, so meinte er, die Zustände berücksichtigt werden, die vor der Regenzeit herrschen. Am 11. November kam er am Waterberg an. Dort befand sich ein Geschäft, eine Missionsstation der Rheinischen Mission (Missionar Eich) und eine größere Ansiedlung von Herero. Der Häuptling Kambazembi, der viele Rinder besaß und den Deutschen freundlich gesonnen war, wohl weil er den Oberhäuptling Samuel Maharero nicht leiden mochte, war vor kurzem gestorben, und seine beiden Söhne Salatiel, der beim Aufstand eine unheilvolle Rolle spielen sollte, und David stritten sich um die Nachfolge. Die hier wohnenden Kaufleute und der Missionar brachten ihre Klagen über den Feldhandel vor, freilich unter verschiedenen Gesichtspunkten. Ebenso wie Missionar Eich hatte sich schon der Distriktschef Zürn in Okahandja sehr scharf gegen die Wanderhändler ausgesprochen. Rohrbach fragte sich, wie man wohl unter Vermeidung von Mißständen die Rinder der Herero wirtschaftlich nutzbar machen könne. Unterhalb der Missionsstation wurde in kleinem Umfang auf Bewässerung Weizen gebaut und Gemüse gezogen. Weiter ging die Reise über Otavi nach Grootfontein, wo Rohrbach am 16. November eintraf. Dort befand sich eine Militärstation unter Oberleutnant Volkmann. Gleich darauf machte sich Rohrbach auf zu einer Reise in die Umgebung von Grootfontein. Hier wohnten vornehmlich Buren. Sie, beziehungsweise ihre Vorfahren waren unter Jordaan dorthin gekommen, der dort einen Burenfreistaat gegründet hatte (1884). Nach Jordaans Ermordung hatte sich die Niederlassung aufgelöst, aber nicht alle Buren hatten die Gegend verlassen. Eine neue Niederlassung von 25 Burenfamilien wurde 1895 durch Dr. Hartmann (77), den Vertreter der South-West-Africa Company, veranlaßt. Sie stand unter Befehl von Kommandant Lombard. Leutwein, der sie 1895 besuchte, berichtet über sie im Jahresbericht des Gouvernements 1895: „Die unter Kommandant Lombard eingewanderten Buren bestehen aus den wohlhabenden und tüchtigen Elementen der Trekker. Der Landeshauptmann (d. h. Leutwein) hat auf seiner Reise nach dem Norden im September 1895 in Grootfontein Gelegenheit gehabt, diese Familien kennenzulernen, und hat einen durchaus günstigen Eindruck von ihnen gewonnen. Sie haben sofort Acker- und Gartenbau energisch in Angriff genommen und bereits günstige Ergebnisse damit erzielt. Sie fügen sich den deutschen Gesetzen und den Anordnungen der Behörden. Die meisten haben sich auch freiwillig bereit erklärt, im Falle eines Krieges mit ins Feld zu ziehen."

Einen weniger günstigen Eindruck hatte Rohrbach 8 Jahre später. Er meinte, obwohl es da auch Ausnahmen gäbe, daß auf den den Buren gehörigen Farmen bei intensiverer Wirtschaft mehr herausgewirtschaftet werden könnte. Zu seinem Erstaunen stellte Rohrbach fest, daß hier im Norden Anbau von Mais auf Regenfall möglich sei und sah große Möglichkeiten für eine planmäßige Besiedlung durch deutsche Farmer voraus. Als Beispiel dafür, was durch intensive Wirtschaft erreicht werden könnte, nennt er die Farm Olifantsfontein von Farmer Schulz aus Bernau (Mark Brandenburg): dort befand sich ein großer reicher Garten, 30 ha gepflügtes Maisland und ein guter Viehbestand. In Windhoek war man sich 1903 dieser Möglichkeiten noch nicht bewußt. Schon Schinz hatte allerdings in seinem Buch: „Deutsch-Südwestafrika" (Oldenburg 1891) darauf hingewiesen, daß in Grootfontein der Sommerregen zum Feldbau ausreiche, aber das war zu wenig beachtet worden. Seiner Gewohnheit gemäß unternahm nun Rohrbach bald eine Rundreise in den Bezirk Grootfontein, um sich durch Augenschein von den Verhältnissen zu überzeugen. Von den Farmen, die er sah, erwähnt er die folgenden:

Farmname:	Besitzer:
Uitkomst	Joubert
Otjomikambo	Güth/Mittmer
Auuns	Frh. v. Spiegel-Desenburg
Neitsas	Dr. Kuhn
Okatjiwa	(Bur)
Okapukua	(Bur) Lusse
Auplats	(Bur)
Nagusib	Hartmann
Omambonde	Grünwald
Okatjongeama	Gebr. Steinfurth
Okamahundju	Du Toit/Van Rooy
Okatjeru	Ackermann/Deckert
Guigab	Merkel
Sandhoop	Becker/Basendowsky
Abahabib	Poolmann
Guntsas	(Viehzuchtsyndikat, das Rinder über Betschuanaland nach Mafeking exportieren wollte, Verwalter Lodes)
Gaub	(Missionsfarm), Missionar Kremer
Koantsas	Hartmann/Zipplitt

Nach dieser kleinen Rundreise hatte Rohrbach genügend gesehen, um urteilen zu können. Auf allen Farmen hatte er bemerkt, daß es hier möglich war, Mais, Getreide und Tabak zu bauen und Rinderzucht zu treiben. Wasser war genug vorhanden, es mußte für neue Farmen nur noch erschlossen werden. Der Kulturbeirat des Gouvernements, Watermeyer, war, wie er hörte, schon auf dem Wege von Windhoek nach dem Norden, um Bohrungen durchführen zu lassen. Rohrbachs Plan war, im Juli wieder in Grootfontein mit zehn deutschen Ansiedlerfamilien zu sein, um den ersten Siedlungsversuch zu machen. Er war hierin sehr optimistisch, obwohl er Rückschläge durch Dürre, Heuschrecken, Viehseuchen usw. voraussah.

Er sah in der Farmsiedlung die Gewähr für die Zukunft des Landes, nicht in den Bodenschätzen, wie z. B. Kupfer bei Tsumeb, die eines Tages erschöpft sein würden. SWA müßte einst zu den großen weltwirtschaftlichen Produktionsgebieten der südlichen Halbkugel gehören, ein Gedanke, den später Kolonialstaatssekretär Dernburg besonders betonte. Doch dazu gehörte Wassererschließung in großem Umfange, und dazu war damals noch kein Geld vorhanden. Aber alle diese Pläne mußten zurückgestellt werden, als der Aufstand ausbrach. Nach Beendigung des Aufstandes mußte mit der Besiedlung wieder ganz von vorn angefangen werden mit Ausnahme der Bezirke Outjo und Grootfontein, die vom Aufstand verschont geblieben waren. Auch in der Umgebung von Windhoek blieben einige Farmen bestehen.

7. Verschiedenes

a. Das Rechtswesen (78)

In den Schutzverträgen mit den einheimischen Häuptlingen, die die Periode der deutschen Verwaltung von SWA einleiteten und die 1885 und in den folgenden Jahren abgeschlossen wurden, waren auch die Justizverhältnisse geregelt, und zwar folgendermaßen (79):

1. Den Kapitänen verblieb die Gerichtsbarkeit über ihre eigenen Leute.
2. Die Weißen sollen die Gesetze, Sitten und Gebräuche der Eingeborenen achten.
3. Bei Rechtsstreitigkeiten zwischen Weißen und Eingeborenen gelten die folgenden Bestimmungen: Sie werden entschieden:
   a) durch den vom Kaiser berufenen Vertreter mit einem Beisitzer des betreffenden Kapitäns: In den Verträgen mit den Hottentotten von Bethanien und den Herero,
   b) desgleichen, aber ohne eingeborenen Beisitzer: In den Verträgen mit den Kapitänen von Warmbad, der Veldskoendraers und von Berseba,
   c) durch das kaiserliche Gericht mit Beisitzer des Kapitäns: In den Verträgen mit Hendrik Witbooi und den Bastards von Rehoboth,
   d) desgleichen, aber ohne eingeborenen Beisitzer: In dem Vertrage mit dem Kapitän von Gochas.

In dem Vertrage mit dem Kapitän von Hoachanas war festgesetzt, daß die Regelung der Sache später erfolgen sollte. Solange die deutsche Herrschaft nicht tatsächlich ausgeübt wurde — das geschah erst ab 1889, als Hauptmann von François eintraf — standen diese Bestimmungen nur auf dem Papier, und die Weißen mußten sich den Stammesgerichten unterwerfen. Im Jahre 1890 oder 1891 zum Beispiel tötete ein Weißer versehentlich einen Angehörigen des Stammes der Veldskoendraers. Das Stammesgericht verurteilte den Täter zu 800 Hieben, die durch Geld abgelöst werden konnten. Die zu zahlende Summe war derartig hoch, daß der Verurteilte dadurch verarmte. Als die deutsche Herrschaft tatsächlich ausgeübt wurde, kümmerte sich die Landesregierung wenig mehr um die Bestimmungen der Schutzverträge, sondern unterwarf alle Stämme gleichmäßig der Rechtsprechung der deutschen Gerichte und wandte die deutschen Gesetze an. Dabei sollten nach dem Ermessen des Richters den besonderen Verhältnissen der Kolonie Rechnung getragen werden. Es wurden auch eingeborene Beisitzer zugezogen, aber nicht um bei der Findung des Urteils mitzuwirken, sondern nur als Zuhörer. Der Grund für ihre Anwesenheit war, daß die Eingeborenen das Gefühl haben sollten, daß die deutsche Rechtsprechung unparteiisch sei und nicht einseitig die Weißen bevorzuge. Bei den Eingeborenen herrschte der Eindruck, daß die Gerichte über die Weißen milder urteilen als über sie selbst. In diesem Zusammenhange führe ich eine Übersicht an, die ich dem Buche von Leutwein (S. 431) entnehme. Während seiner Amtszeit (1894-1904) kamen zu Tode:

A) Weiße durch Handlungen Eingeborener:

1. 1894 Engländer Christi, 1 Todesurteil, 1 Freiheitsstrafe.
2. 1895 Schutztruppenreiter Wilke, 6 Todesurteile.
3. **1895 Bur Smith, 2 Todesurteile.**
4. 1896 Engländer Feyton, 1 Todesurteil.
5. 1899 Ansiedler Claasen und Dürr, 2 Todesurteile.
6. 1900 Ein weißer Polizist, 3 Todesurteile.

B) Eingeborene durch Handlungen Weißer:

1. 1896 Hottentotten Jantje und Kurieb, 1. Instanz: 5½ Jahre Zuchthaus; 2. Instanz: 3 Monate Gefängnis.
2. 1901 Herero Leonhard, 1 Jahr Gefängnis.
3. 1902 Herero Kamauru, 2 Jahre Gefängnis.
4. 1903 Tochter des Häuptlings Zacharias von Otjimbingwe, 1. Instanz: Freisprechung, 2. Instanz: 3 Jahre Gefängnis.

Es ist merkwürdig, daß Leutwein in dieser Übersicht den Fall Arenberg nicht berücksichtigt (vgl. S. 115).

Diese Aufstellung berücksichtigt nicht die Motive der Handlungen. Der oben erwähnte Eindruck, den die Eingeborenen von der deutschen Rechtsprechung hatten, wurde noch verstärkt durch die Art des Strafvollzuges. Der weiße Gefangene wurde innerhalb des Gefängnisses gehalten, während der schwarze Gefangene in Sträflingskleidung draußen arbeiten mußte. Langjährige Gefängnisstrafen wurden in Deutschland verbüßt, da es keine dafür geeigneten Gefängnisse in Deutsch-Südwestafrika gab. Was die Einheimischen davon dachten, zeigen die Worte des Häuptlings Kambazembi vom Waterberg, der an sich friedliebend und kein Feind der Deutschen war: „Ich soll wohl glauben, daß er (der Weiße, der verurteilt war) Strafe bekommt, aber ich weiß wohl, ihr (gemeint sind die Deutschen) habt ihn doch nur zu seiner Mutter (d. h. nach Deutschland) geschickt." Diese Unzufriedenheit äußerte sich auch in einem Briefe Mahareros an Leutwein vom 6.3.1904, in dem er dem Gouverneur die Gründe, die ihn zum Aufstand veranlaßt haben, auseinandersetzt. Dieser Brief ist auf S. 114 wiedergegeben und besprochen.

Anfänglich war der Kommissar der alleinige Richter über Europäer und Eingeborene. Der erste Kommissar war der Landgerichtsrat Dr. Göring. Er richtete sich bei seiner richterlichen Tätigkeit nach dem Schutzgebietsgesetz vom 17.4.1886 und nach den schon genannten Schutzverträgen. Sein Nachfolger war ein Offizier, von François. Nun machte sich die Aussendung eines Juristen nötig, der als Richter fungieren konnte. Im Jahre 1891 traf Assessor Köhler in Walfischbucht ein und wurde zunächst in Otjimbingwe stationiert. Er reiste viel im Land umher in der sogenannten „Reichskutsche", aber trotzdem war es ihm unmöglich, mehr als einmal jährlich in den Hauptorten Gerichtstage abzuhalten. Das bedingte Verzögerung in der Erledigung der Fälle. François bedauerte das sehr, es war ihm aber unmöglich, etwas daran zu ändern. Offizieren konnte er richterliche Befugnisse nicht geben, da es an einer einfachen und übersichtlichen Kolonialgesetzgebung fehlte. Es gab für Assessor Köhler wenig zu tun: 1891 waren es 13 Zivilsachen, 8 Strafsachen und 3 Privatklagen, 1892 neun Zivil- und eine Strafsache. In den folgenden Jahren stieg die Tätigkeit des Richters schnell an, und es zeigte sich bald, daß das Gebiet für einen Richter zu groß war. So wurden 1894 zwei Bezirke geschaffen. Der kaiserliche Richter Assessor von Lindequist, der in diesem Jahr als Nachfolger von Köhler ins Land gekommen war, übernahm den Nordbezirk, der Bezirksamtmann (Bergrat) Duft den Südbezirk als kaiserlicher Richter im Nebenamt. Die Landeshauptmannschaft in Windhoek fungierte als 2. Instanz, wurde aber kaum in Anspruch genommen. 1894 gab es drei Berufungen. Die Einrichtung von 2 Gerichtsbezirken hatte eine Beschleunigung des Verfahrens zur Folge, und dies wiederum, daß die Gerichte öfters in Anspruch genommen wurden. Dem Gericht des nördlichen Bezirks mit Sitz in Windhoek lagen im Berichtsjahr 1895/96 vor: 76 Zivilsachen, 32 Strafsachen, 8 Privatklagen. Die Gerichte entschieden zunächst auch über Zivilverfahren gegen Eingeborene. Dabei handelte es sich meist um Eintreibung von Schulden Eingeborener bei Wanderhändlern. Durch Verordnung vom 31.12.1898 wurden diese Verfahren den Verwaltungsbehörden überwiesen. Zur Begründung wurde angeführt, daß solche Prozesse oft einen politischen Beigeschmack hätten. Der Gerichtsvollzieher, der dem Schuldner Vieh pfändet, ist für den Neger ein viehraubender Feind. Die Verwaltungsbehörden hätten einen besseren Einblick in die Verhältnisse der Eingeborenen als die Gerichte. Sie hätten auch für die Folgen der Urteile einzustehen. Die Strafsachen gegen Eingeborene waren schon vorher den Gerichten genommen und den Bezirkshauptmannschaften überwiesen worden.

Infolge der zunehmenden Inanspruchnahme der Gerichte machte sich eine Vermehrung der Gerichte nötig. 1896 wurde von dem Nordenbezirk ein Westbezirk abgezweigt. Dieses Gericht hatte seinen Sitz in Otjimbingwe. Als die Bedeutung von Otjimbingwe abnahm und die von Swakopmund als Hafenstadt zunahm, wurde das Gericht nach Swakopmund verlegt.

Die erste Instanz war das Bezirksgericht. In ihm urteilte der Bezirksrichter je nach Lage des Falles als Einzelrichter oder zusammen mit Beisitzern, deren Zahl wieder je nach dem Falle wechselte. Bezirksrichter war der Bezirksamtmann, soweit er juristisch vorgebildet war. Diese Personalunion führte zu einem unhaltbaren Zustand, wenn es sich um Klagen gegen Verwaltungsmaßnahmen handelte. Der Bezirksrichter kam dann in die Lage, als Bezirksrichter über seine eigenen Maßnahmen als Bezirksamtmann entscheiden zu müssen. Leutwein strebte deshalb danach, das Gerichtswesen auf eigene Füße zu stellen. So finden wir 1903, vor Ausbruch des Aufstandes, das Schutzgebiet in drei Gerichtsbezirke geteilt: Keetmanshoop (Dr. Forkel), Windhoek (Dr. Schottelius), Swakopmund (Dr. Osswald). Berufungsinstanz war das Obergericht in Windhoek mit Oberrichter Richter (der sogenannte „Doppelrichter"). In der Kolonie wurde das deutsche Recht angewandt, soweit die Verhältnisse das gestatteten. In Verfahren gegen Eingeborene wurde das Eingeborenenrecht auch berücksichtigt. Daneben galt für das Militär die Militärgerichtsbarkeit. Die Richter der ersten Instanz beschwerten sich öfters über die Aufhebung ihrer Urteile durch das Obergericht, weil sie meinten, daß das Obergericht nicht genügend die kolonialen Verhältnisse berücksichtigte. Derselbe Tatbestand müsse in Deutschland und SWA verschieden beurteilt werden.

Wie sich das ganze Land noch in der Entwicklung befand, so trug auch das Rechtsleben die Spuren der Entwicklungsperiode an sich. Solche waren:

1. Seit 1898 bestand bei den Gerichten eine Staatsanwaltschaft. Der Staatsanwalt wurde vom Gouverneur angestellt aus der Zahl der Beamten. Falls kein geeigneter Beamter zur Verfügung stand, konnte eine andere geeignete Person angestellt werden. Eine juristische Vorbildung war dafür nicht vorgeschrieben.
2. Auch für den Richter war eine juristische Vorbildung nicht vorgeschrieben. Die richterlichen Beamten waren widerruflich angestellt und konnten nach Belieben versetzt, abberufen oder in den Verwaltungsdienst überwiesen werden. Sie waren also nicht unabhängig.
3. 1909 gab es zehn Rechtsanwälte in der Kolonie. Sie wurden vom Einzelrichter nach freiem Ermessen und auf Widerruf zugelassen. Es gab für ihre Zulassung keine Normen.

Trotz dieser offenbaren Mängel der Gerichtsverfassung hat die Rechtspflege gut funktioniert. Ernstliche Beschwerden sind dagegen nicht vorgebracht worden. Das beweist, wie gewissenhaft und unparteiisch die damit betrauten Personen gearbeitet haben, obwohl ihnen häufig die juristische Vorbildung fehlte. Daß die Eingeborenen mit dem deutschen Rechtswesen nicht zufrieden waren, habe ich schon erwähnt.

Unter welchen Umständen die Gerichte arbeiten mußten, sei durch zwei Beispiele erläutert:

Das Bezirksgericht Swakopmund beschwerte sich beim Gouverneur, daß es über keine eigenen Mittel verfügte. Wegen jeder zerbrochenen Lampe oder Fensterscheibe müsse an das Bezirksamt Swakopmund geschrieben werden. Die Bearbeitung eines solchen Gesuches nähme dann einige Zeit in Anspruch, und zuweilen erfolgte die Antwort, der Fonds für das laufende Finanzjahr sei erschöpft und ein Ersatz zur Zeit unmöglich.

Das Obergericht in Windhoek war in zwei Zimmern untergebracht. Bei Verhandlungen mußte ein Zimmer ausgeräumt und in einen Verhandlungssaal umgewandelt werden. Einen eigenen Verhandlungssaal hatte das Obergericht nicht.

b. Verwaltung

In der Zeit von François kann eigentlich von einer Verwaltung noch nicht die Rede sein, erst recht nicht in der Zeit von Göring. Letzterer hatte an seiner Seite nur den „Kanzler" Nels und den Polizeimeister von Goldammer. Während ersterer dem Büro vorstehen sollte, war letzterer Gerichtsvollzieher und Gefängnisaufseher und sollte Eingeborene als Hilfspolizisten ausbilden.

Als François das Kommissariat von Göring übernahm, standen ihm außer der Truppe (46 Mann, 2 Offiziere) zur Verfügung Assessor Köhler und Polizeimeister von Goldammer. Kanzler Nels war im Juni 1891 nach Deutschland zurückgekehrt. Mit diesen wenigen Kräften mußte François die Kommissariatsgeschäfte führen. Daneben war er noch Truppenführer. 1892 wurde der Beamtenstab verstärkt im Juli durch Sekretär Reichelt, im August durch Bergreferendar Duft. Die Reichsregierung war sehr zögernd in der Aussendung von Beamten. Man war sich ja in Berlin damals noch gar nicht sicher, ob man die Kolonie behalten würde. Dazu gehörte, daß von François zunächst nur der „Stellvertreter" des Kommissars war, den es gar nicht gab. So sparte die Regierung an den Ausgaben für die Kolonie. Die Personalunion von stellvertretendem Kommissar und Truppenführer war unter den obwaltenden Umständen ein Vorteil, weil es die Einheitlichkeit in der Führung der Kolonie gewährleistete. 1891 wurde von François zum Landeshauptmann ernannt. Die Befugnisse der Behörde waren durch das Schutzgebietsgesetz vom 17.4.1886 geregelt. Dies Gesetz wurde am 25.7.1900 durch ein neues Schutzgebietsgesetz ersetzt (80).

Die wenigen Beamten mußten unter den denkbar primitivsten Verhältnissen arbeiten. Es gab nur einen Geschäftsraum, Bücher und Akten lagen in unverschlossenen Kisten. Die Landeshauptmannschaft hatte keine Mittel, entsprechendes Mobiliar anzuschaffen. Zu Görings Zeiten befand sich das Verwaltungszentrum in einem Zimmer des Kommissariates in Otjimbingwe. Nach der Verlegung des Kommissariats nach Windhoek im Dezember 1891 befand sich das Geschäftszimmer im Hause des Kommissars von François in Windhoek. Die Verwaltungsaufgaben waren in seiner Zeit hauptsächlich militärischer Art und beschränkten sich auf die Ausweisung von Lewis und Genossen, die Überwachung des Waffen- und Alkoholhandels, auf Schutzmaßnahmen gegen Viehseuchen, die besonders im Norden der Kolonie verbreitet waren, und deren Übergreifen auf die Landesmitte verhütet werden sollte, auf Erteilung von Rat, Schlichtung von Differenzen. Die deutsche Einflußsphäre beschränkte sich auf das Gebiet der Herero und Bastards (81).

In Otjimbingwe und Swakopmund gab es Ortsvorsteher, in Windhoek sogar eine Ortspolizei. Alles andere wurde durch die Landeshauptmannschaft erledigt. Dann kam die Besiedlung von Klein-Windhoek und die Ausdehnung des deutschen Einflusses auf das Namaland: Gründung der Station Kubub, Überwachung des Handels in Lüderitzbucht durch einen Hafenmeister. Das hatte zur Folge eine Vermehrung der Geschäfte. Dazu trug auch bei, daß die weiße Bevölkerung anwuchs. Im Jahre 1894 wohnten etwa 1200 Weiße in der Kolonie. Leutwein, der 1894 von François die Landeshauptmannschaft übernahm, sah sich deshalb zu einer Dezentralisation der Verwaltung gezwungen. Es wurden drei Bezirksämter gebildet: Otjimbingwe, Windhoek, Keetmanshoop. Es standen aber dafür nur zwei Vorsteher zur Verfügung: Assessor von Lindequist in Windhoek und Bergreferendar Duft in Keetmanshoop. Für Assessor von Lindequist war das keine leichte Aufgabe, zwei Bezirksämtern vorzustehen. Denn eine Reise von Windhoek nach Otjimbingwe dauerte bei den damaligen Verhältnissen eine lange Zeit.

Bei den Bezirksämtern sollte der Schwerpunkt der Verwaltungstätigkeit liegen, in Wirklichkeit wurde aber doch das meiste von der Landeshauptmannschaft erledigt, was oft eine Verzögerung in der Erledigung der Geschäfte bedeutete. In den sich allmählich bildenden größeren Ansiedlungen wurden Ortspolizeibehörden geschaffen unter dem Befehl von Offizieren und Unteroffizieren, die den Bezirksämtern unterstanden. Diese Polizeibehörden waren in Polizei- und Verwaltungssachen die unterste Instanz; gegen ihre Entscheidungen war die Berufung an das Bezirksamt und weiter an Leutwein zulässig, der 1895 zum Landeshauptmann und 1898 zum Gouverneur ernannt wurde. Die unteren Instanzen, bisher Ortspolizeibehörden genannt, wurden bald in Distriktsämter umgewandelt mit einem Distriktschef an der Spitze. Wie die täglichen Pflichten eines solchen Distriktschefs beschaffen waren und wie sein tägliches Leben aussah, kann man bei Schwabe (82) nachlesen. Schwabe war Distriktschef 1894 in Otjimbingwe.

Wir können hier nicht den Ausbau der Verwaltung im Einzelnen verfolgen. Es muß Leutwein hoch angerechnet werden, daß er den Aufbau einer geordneten Zivilverwaltung energisch betrieben hat, die die anfängliche Militärverwaltung ersetzte. Vor Ausbruch des Aufstandes im Januar 1904 war die Verwaltung der Kolonie folgendermaßen gegliedert:

Bezirksamt Outjo: Hauptmann Kliefoth. Distriktsamt Sesfontein: Oberleutnant Frhr. v. Schönau-Wehr.

Bezirksamt Omaruru: Hauptmann Franke. Distriktsamt Karibib: Zivildistriktschef Kuhn.

Bezirksamt Swakopmund: Bezirksamtmann Dr. Fuchs.

Bezirksamt Windhoek: Bergrat Duft. Distriktsamt Okahandja: Zivildistriktschef Zürn; Distriktsamt Rehoboth: Oberleutnant Böttlin.

Bezirksamt Gibeon: Bezirksamtmann v. Burgsdorff. Distriktsamt Maltahöhe: Oberleutnant Graf v. Kageneck.

Bezirksamt Keetmanshoop: Bezirksamtmann Dr. v. Eschstruth. Distriktsamt Bethanien: Zivildistriktschef Wasserfall. Distriktsamt Warmbad: Stellvertretender Distriktschef Leutnant Jobst. (Zivildistriktschef Dr. Merensky war zur Vertretung des noch nicht eingetroffenen neuen Bezirksamtmanns in Keetmanshoop abkommandiert).

Militärdistrikt Gobabis: Oberleutnant Streitwolf.

Militärdistrikt Grootfontein: Oberleutnant Volkmann.

Die Militärdistrikte waren unmittelbar dem Gouverneur unterstellt. Sie blieben vorläufig Militärdistrikte, weil man sie für besonders gefährdet hielt. Die Distriktsämter waren vorwiegend noch in den Händen von Offizieren, denn die Aufgaben dieser Behörden waren überwiegend militärischer Art.

Zu den vielen außermilitärischen Verdiensten Leutweins muß auch gerechnet werden, daß er mit der Einführung einer Selbstverwaltung begonnen hat. Unter den aus Deutschland einwandernden Siedlern wurde bald der Wunsch laut, vor Einführung von Gesetzen usw. gehört zu werden. Leutwein kam diesem Wunsche entgegen durch die Gouvernementsverfügung vom 18.12.1899, in der es hieß (83):

„Es kann im Gegenteil den Verwaltungsbeamten nur von Wert sein, wenn sie ihre gesetzgeberischen Maßnahmen nicht lediglich vom grünen Tische beschließen, sondern vorher die Ansichten der Bevölkerung kennenlernen. Beim Gouvernement selbst ist diese Gepflogenheit bis jetzt im allgemeinen bereits eingehalten worden. Doch ist hierbei die Erfahrung gemacht, daß öffentliche Versammlungen, zu denen jeder Zutritt hat, sich weniger zu dem gedachten Zweck eignen, da in diesen die mit der besten Sprachgewandtheit begabten Elemente das größte Wort führen und die weniger gewandten und daher in der Regel auch bescheideneren Elemente zurückzudrängen pflegen. Infolgedessen ist es vorzuziehen, lediglich mit Vertrauenspersonen aus der Zivilbevölkerung zu verhandeln und diesen die weiteren Verhandlungen mit ihren Mitbürgern zu überlassen."

Die Zahl der Beiräte bei den Bezirksämtern sollte drei betragen, und zwar je ein Vertreter der Kaufmann- und Farmerschaft und ein Handwerker. Für die Auswahl der Beiräte wurde angeordnet:

„Ob der Bezirksamtmann sich diese Person selbst wählt oder sie sich durch die Bevölkerung präsentieren läßt, hängt von den örtlichen Verhältnissen ab. Im allgemeinen ist aus naheliegenden Gründen das letztere vorzuziehen, jedoch nicht immer durchführbar. Die Mandate sind alljährlich am 1. Januar zu erneuern. Einer Wiederernennung der bisherigen Mitglieder steht indessen nichts im Wege."

In der Praxis wurden die Beiräte ernannt. Die Verhältnisse der Kolonie waren für eine Wahl der Beiräte noch nicht fortgeschritten genug. Wenn es auch nicht ausdrücklich angeordnet war, so wurden doch nur Reichsdeutsche zu Beiräten ernannt. Der Gouverneur ließ sich von dem Beirat von Windhoek beraten, der bei solchen Gelegenheiten durch weitere drei Mitglieder verstärkt wurde. Der Bezirksamtmann war verpflichtet, den Beirat vor jeder gesetzgeberischen Maßnahme zu hören. Das war auch bei dem Gouverneur der Fall. Wegen der noch ziemlich primitiven Verkehrsverhältnisse spielte bei dem Beirat des Gouverneurs die Bevölkerung von Windhoek eine führende Rolle. Es erhob sich Kritik im Lande, wieso die Windhoeker dazu kämen, für das ganze Land zu sprechen. Der weitere Ausbau der Selbstverwaltung wurde durch den Aufstand aufgehalten.

c. Schulwesen (84)

Die Siedlungsgesellschaft hatte versprochen, den Siedlern von Klein-Windhoek einen Lehrer zu stellen. Wie so vieles andere, so hat auch die Gesellschaft dieses Versprechen nicht eingelöst. Da traf es sich gut, daß die älteste Tochter eines der ersten Siedler, Nitze, kurz vor der Ausreise ihr Lehrerexamen abgelegt hatte. Die Siedler, die Kinder hatten, baten Fräulein Helene, ihren Kindern Unterricht zu geben. Die Landeshauptmannschaft zeigte Interesse für den Plan, und der Stellvertreter des Landeshauptmanns von Lindequist bemühte sich persönlich um das Zustandekommen der Schule. Die „Schule für Weiße" wurde im Juni 1894 mit elf Kindern eröffnet (85). Schwierigkeiten gab es genug. Der Schulbesuch war unregelmäßig, da es keinen Schulzwang gab. Die Kinder waren im Alter sehr verschieden, ebenso verschieden waren ihre Vorkenntnisse. Unterrichtet wurde nach dem Lehrplan einer einklassigen deutschen Volksschule mit gewissen Anpassungen an die örtlichen Verhältnisse. Naturkunde fiel weg, denn was sollten die Kinder von SWA von Maiglöckchen und Kornblumen lernen? Dafür wurde Englisch in den oberen Klassen gelehrt. Die Schule bestand in dieser Form bis 1899, dem Jahr, in dem Fräulein Nitze Herrn von Falkenhausen heiratete. Kurz darauf wurde aber die Schule wieder eröffnet unter Leitung eines Regierungslehrers.

Aber in den übrigen Teilen des Landes fehlte es noch an Schulen. Das Gouvernement erstrebte jedoch deren Gründung, um die deutschen Kinder dem Einfluß der Eingeborenen zu entziehen und den heranwachsenden Burenkindern Kenntnis deutscher Sprache und Kultur zu vermitteln. Letzteres galt für den Süden und für Grootfontein im Norden. Nichtdeutsche Einwanderer erhielten die deutsche Staatsangehörigkeit und eine Regierungsfarm nur unter der Bedingung, daß sie sich verpflichteten, ihre Kinder für zwei Jahre in die deutsche Schule zu schicken. Bisher hatten die Buren, die das erschwingen konnten, ihre Kinder in die Kapkolonie, besonders nach Stellenbosch, zur Schule geschickt, oder die Kinder waren zu Hause durch einen Hauslehrer unterrichtet worden. Ein Schulzwang kam noch nicht in Frage im Hinblick auf die Verkehrsverhältnisse und die Kosten. Schulen wurden vor dem Aufstand außer in Windhoek noch in folgenden Orten gegründet: Gibeon (1900), Keetmanshoop (1901), Grootfontein (1901), Swakopmund (1901), Karibib (1903), an allen Orten außer Swakopmund mit Pensionaten. Um den bedürftigen Eltern es zu erleichtern, ihre Kinder zur Schule zu schicken, trug die Regierung in solchen Fällen 300 Mark jährlich je Kind zu den Pensionskosten bei. Die Bureneltern hatten aus verschiedenen Gründen Bedenken, ihre Kinder zur deutschen Regierungsschule zu schicken. Die Schulen waren keine Bekenntnisschulen, Schüler aller Konfessionen konnten sie besuchen, auch halbweiße Kinder wurden zugelassen, der Unterricht wurde in Deutsch gegeben.

Der Religionsunterricht wurde von den Pfarrern der entsprechenden Religionsgemeinschaften erteilt.

Die Schulen im Süden (Keetmanshoop, Gibeon) und in Grootfontein im Norden wurden vorwiegend von holländischsprechenden Kindern besucht, die in Windhoek bestehende Schule hatte vorwiegend deutschsprechende Schüler. Die Buren haben zweimal versucht, den Lehrplan in ihrem Sinne zu beeinflussen, einmal im Jahre 1900, als sie den Gesandten im Haag Dr. Hendrik Müller beauftragten, ihre Interessen gegenüber dem Gouvernement zu vertreten. Damals wurde festgestellt: „Was den Unterricht anlangt, so kann die Regierung grundsätzlich nur deutsche Schulen zulassen. Bestimmungen über den Lehrplan bestehen zur Zeit nicht. Sollten solche in Zukunft erlassen werden, so wird dabei den Wünschen der Einwanderer nach

Möglichkeit Rechnung getragen werden. Soweit der Besuch der Regierungsschulen durch die Kinder der Einwanderer ohne besondere Schwierigkeiten und Kosten möglich ist, muß derselbe regierungsseitig gefördert werden. Dagegen wird solchen Familien, bei denen dies nicht zutrifft, gestattet, einen Privatlehrer anzustellen. Doch unterstehen auch solche Lehrer der Aufsicht des Kaiserlichen Gouvernements."

Zwei Jahre später verhandelten die Buren erneut mit dem Gouvernement, und damals kam folgender Vertrag zwischen ihnen und dem stellvertretenden Gouverneur von Estorff (86) zustande:

Die Regierungsschulen und Pensionseinrichtungen.
1. Die holländisch-afrikanischen Eltern sind verpflichtet, ihre Kinder innerhalb ihres 10. und 15. Lebensjahres 2 Jahre lang in eine Regierungsschule zu schicken. Die Kinder müssen also frühestens in dem Jahre, in dem sie das 10. Lebensjahr vollenden und spätestens in dem Jahr, in dem sie das 13. Lebensjahr vollenden, den Schulbesuch beginnen.
2. Die Regierung behält sich vor, die Frist innerhalb der der zweijährige Schulbesuch abgeleistet werden muß, zu verkürzen.
3. Die Kinder dürfen während dieser Zeit nirgends anders als in der Regierungspension untergebracht werden, welche mit der Schule verbunden ist.
4. Die Regierung wird zu Leitern der Schule wie der Pension nur kirchlich gesinnte Personen evangelischer Konfession von einwandfreiem Lebenswandel ernennen.
5. In der Regierungsschule soll ausschließlich deutsch unterrichtet und in der Pension gesprochen werden. Auch der Religionsunterricht wird deutsch erteilt. Jedoch wird es den holländisch-afrikanischen Eltern freigestellt, ob sie ihre Kinder diesem Religionsunterricht beiwohnen lassen oder nicht.
6. Der Unterricht soll in der Regierungsschule kostenfrei sein.
7. Der Pensionssatz wird ungefähr 300 M. für das Kind betragen im Jahr. Falls die Eltern zwei oder mehr Kinder gleichzeitig zur Schule schicken, soll Ermäßigung stattfinden.
8. Für Kinder bedürftiger Eltern wird der Pensionssatz weiterhin ermäßigt, und wo nötig, ganz kostenfrei gegeben werden.
9. Die Eltern sind berechtigt, etwaige Beschwerden bei der Regierung anzubringen, die eine ordnungsmäßige Untersuchung verbürgt.

Von Estorff („Der alte Römer") war ein Burenfreund. Die oberen Behörden und die Kolonialabteilung des Auswärtigen Amtes waren das wohl auch, legten aber doch Wert darauf, daß SWA den Charakter einer deutschen Siedlungskolonie erhielt. Sie versagten daher diesem Vertrag die Genehmigung. Es ist aber bezeichnend für die Zustände in der Kolonie, daß dennoch das Unterrichtswesen nach diesem Vertrag geregelt wurde. Berlin war eben doch sehr weit von SWA entfernt. Ja, der Gouverneur versuchte sogar, für die betreffenden Schulen Lehrer zu gewinnen, die die holländische Sprache kannten.

Im Jahre 1903 erhielten die Buren die Erlaubnis, eigene holländisch reformierte Gemeinden und Privatschulen zu gründen, falls sie das mit eigenen Mitteln täten.

In den Berichten der Lehrer an das Gouvernement kehren immer dieselben Klagen wieder. Die Schüler sind dumm (darüber klagen ja alle Lehrer in der ganzen Welt heute noch), der Schulbesuch ist unregelmäßig (zuweilen fehlen 30% der Schüler). Um diesem Übelstand entgegenzuwirken, wurden in Windhoek den Eltern im Jahre 1903 allmonatlich Berichte über den Schulbesuch ihrer Kinder zugestellt. Ob das viel genützt hat, bezweifle ich, denn die Lehrer klagen auch darüber, daß die Kinder wegen „häuslicher Arbeit" zurückgehalten werden. Die Kinder sind oft zu alt, wenn sie in die Schule eintreten. Ein Lehrer berichtet aus dem Süden, daß in seiner Schule 16- bis 18jährige Kinder eintreten, die nur mit Mühe lesen und schreiben und bis 10 zählen können. Geklagt wird auch darüber, daß die Kinder nicht auf Bänken sitzen, sondern lieber hocken wollen, wie sie das bei den Eingeborenen gelernt haben.

Eine Sonderstellung nahm die Schule in Otjimbingwe ein, die Missionar Johannes Olpp 1895 für die Kinder der dort wohnenden Weißen eingerichtet hatte. Diese Schule bestand bis 1901. Sie wurde aufgelöst, einmal, weil die Zahl der Schüler zu sehr gesunken war, und weil Missionar Olpp neben seiner Missionsarbeit die Zeit nicht mehr erübrigen konnte.

Soweit die Schulen für Weiße. Die Schulen für Eingeborene waren in den Händen der Mission. Die Missionare hielten auf ihren Stationen Unterricht. Zunächst sahen die Schwarzen den Wert der Schule nicht ein. Der Schulbesuch war unregelmäßig. Bald änderte sich das jedoch. Kinder, die die Schule besuchten, genossen höheres Ansehen. Solche Mädchen ließen sich vorteilhafter verheiraten. Sehr fühlbar war der Mangel an eingeborenen Lehrern. Zwar wurden im Augustineum in Otjimbingwe (S. 32) Lehrer ausgebildet. Aber diese bewährten sich nicht immer. Sie genossen wenig Achtung bei ihren Volksgenossen. Die Schüler wollten nicht von einem Lehrer mit „Pfefferkörnern" unterrichtet werden, sondern von einem mit langen Haaren. Nach Missionar Büttner übernahm Missionar Brincker 1880 das Augustineum, ihm folgte 1890 Missionar Viehe nach, gleichzeitig verlegte man die Anstalt nach Okahandja. Viehe starb 1901. Nach seinem Tod wurde das Augustineum geschlossen (1901).

Die Unkosten der Schule fielen den Missionen zur Last, auch die katholische Mission betrieb Schularbeit. Jedoch zahlte das Gouvernement eine Beihilfe von 150-200 Mark je Schule gegen die Verpflichtung, Deutschunterricht zu erteilen. Die meisten Schulen wurden bei Ausbruch des Aufstandes geschlossen. Danach mußte von neuem begonnen werden.

d. Mission

Wir haben in Kapitel 2 (S. 8 ff.) schon besprochen, daß es deutsche Missionare vornehmlich der Rheinischen Mission waren, die die Christianisierung von SWA begannen. Wenn ihnen auch politische Ziele völlig fern lagen, sondern die Bekehrung der Heiden und deren Wohlfahrt ihr einziges Ziel war, so haben sie doch damit der Besitzergreifung durch Deutschland vorgearbeitet. Als Vogelsang, Büttner (der selbst ein Missionar der Rheinischen Mission im Hereroland gewesen war) und Göring die Kauf- und Schutzverträge abschlossen, bedienten sie sich als Dolmetscher der deutschen Missionare. Die Kapitäne kannten sie und hatten zu ihnen Vertrauen. Wenn eine nichtdeutsche Mission in SWA Fuß gefaßt hätte, hätten die Vertreter Deutschlands bei der deutschen Besitzergreifung viel mehr Schwierigkeiten gehabt. Für die Mission war das Auftreten von Deutschland in SWA ein großer Vorteil. Ergab sich doch dadurch die Aussicht auf ein Ende der dauernden Kriege und auf Frieden, was der Arbeit der Mission nur förderlich sein konnte. Als sich die deutsche Herrschaft in SWA weiter ausbreitete, ergaben sich gewisse Probleme und Schwierigkeiten, die Hugo von François so formuliert (87): „Ob die Missionare den Regierungsorganen noch etwas mehr in die Hände hätten arbeiten können, darüber kann man verschieden urteilen. Bei alledem aber darf man nicht vergessen, daß der Missionar, gleichviel welcher Nation und welcher Gesellschaft er angehört, unmöglich ein Regierungs- oder Parteiorgan sein kann, sondern vielmehr über den politischen Ideen und Parteiinteressen stehen muß, daß er in höherem Dienste steht als in dem der Menschen. Man versteht diesen Standpunkt nicht sogleich; ich bekenne offen, daß auch ich meine Zeit gebraucht habe, um ihn zu begreifen, und daß deshalb nicht immer vollste Harmonie zwischen den Missionaren und den Regierungsvertretern hat herrschen können. Das hindert mich indessen nicht, an dieser Stelle dem Wirken und Treiben der Missionare volle Achtung und eine über das Durchschnittsmaß der Phrase weit hinausgehende Anerkennung und Bewunderung zu zollen." Bei dem ersten Satz muß man bemerken, daß es bestimmt nicht Aufgabe der Mission, in diesem Falle der Rheinischen Mission, sein konnte, Regierungsorganen in die Hände zu arbeiten.

In dem Verhältnis zwischen der deutschen Verwaltung und der Rheinischen Mission gab es vor allem auf zwei Gebieten Berührungspunkte: auf dem Gebiete des Handels und des Überganges von Land in weiße Hände. In der Beurteilung des Handels, in diesem Falle handelte es sich um den Feld- oder Wanderhandel (S. 88 f.), waren sich die beiden Instanzen einig. Das Kaufen auf Kredit durch die Eingeborenen, wie es damals üblich war, mußte eingeschränkt oder möglichst ganz abgeschafft werden. Wir werden noch besprechen (S. 116 ff.), daß Leutwein leider vergeblich versucht hat, das durchzusetzen. Wenn Missionare bei dem Abschluß von Schutz- und Kaufverträgen halfen, so stellten sie die Bedingung, daß Alkohol von den neuen Unternehmungen nicht verkauft werden durfte.

Mehr Schwierigkeiten machte das Problem des Überganges des Landes in weiße Hände. Über dieses Problem mehr auf S. 117 ff. Hier genüge die Bemerkung, daß die Rheinische Mission schon 1895 die Lösung dieses Problems in der Einrichtung von Reservaten sah und deren Gründung beantragte. Die Missionsleitung warnte gegen die Verschleuderung des Landes durch die Herero in einem Hirtenbrief an ihre Gemeinden (88). Es bestand auch die Gefahr, daß die Stämme nach dem Verlust ihres Landes sich zerstreuten, was die Missionsarbeit erschweren würde. Die Bemühungen der Mission in dieser Beziehung waren aber erfolglos.

Neben der evangelischen Rheinischen Mission waren auch die Katholiken missionarisch in SWA tätig, und zwar waren es im Norden die Oblaten der unbefleckten Jungfrau Maria, im Süden die Oblaten des heiligen Franz von Sales. Sie kamen 1896 ins Land, also zu einer Zeit, als die Rheinische Mission schon im ganzen Lande arbeitete. Der Gouverneur gestattete diesen Gemeinschaften, in SWA zu arbeiten unter der Bedingung, daß nur deutsche oder deutschsprechende Brüder und Schwestern ausgesandt würden. Auch wollte Leutwein vermeiden, daß die beiden Missionen sich untereinander Konkurrenz machten. Denn welchen Eindruck mußte das Neben- oder Gegeneinanderarbeiten zweier christlicher Konfessionen auf die Eingeborenen machen? Die beiden Missionen sollten also die beiderseitigen Tätigkeitsfelder respektieren. Die katholische Mission war dabei insofern im Nachteil, als die Rheinische Mission 1896 SWA bereits mit einem Netz von Missionsstationen überzogen hatte. Die katholische Mission erwarb Farmen (Epukiro, Kaukurus im Norden, Heirachabis im Süden) und missionierte die Eingeborenen, die sich dort einfanden. Kaukurus mußte später aufgegeben werden, weil sich herausstellte, daß es zum Gebiet der Siedlungsgesellschaft gehörte und der dafür verlangte Preis zu hoch war. Die Missionsarbeit wurde nach Aminuis verlegt. Dort hatten sich Betschuanen niedergelassen, die aus Betschuanaland eingewandert waren und unter denen ursprünglich die Anglikaner missioniert hatten. Die Betschuanen hatten aber schon lange keinen Missionar mehr gehabt.

e. Farm- und Forstwirtschaft

Viehzucht

Wenn wir die Viehzucht in der Zeit vor dem Aufstand behandeln, müssen wir mit dem Landwirt und ehemaligen Premierleutnant E. Hermann beginnen (S. 62). Er wurde von der DKG im Jahre 1887 ausgesandt mit dem Auftrag, Anpflanzungsversuche zu machen und Beobachtungen über das Wetter anzustellen. Die DKG hatte damals erkannt, daß wenig Hoffnung auf Mineralfunde bestand und wollte untersuchen, inwiefern das Land landwirtschaftlich genutzt werden konnte. Das war ein Schritt in der richtigen Richtung. Denn auf lange Sicht gesehen beruhte der Reichtum von SWA auf seinen Weideflächen. In dem Bericht der DKG für das Geschäftsjahr 1890/91 heißt es vom Bergbau (89): „Der in unserem letzten Jahresbericht erwähnte Stillstand der bergbaulichen Unternehmungen hat fortgedauert und es ist, wie wir schon damals bemerkten, keine Aussicht vorhanden, daß hierin eine Wendung zum Bessern eintritt, solange nicht erhebliche Kapitalsummen zum Zwecke der weiteren Erforschung und Ausbeutung der Mineralschätze des Landes aufgebracht werden." Und von der Landwirtschaft wird gesagt: „Abgesehen von dem Mineralreichtum besteht der wirtschaftliche Wert des südafrikanischen Schutzgebietes hauptsächlich in den viele hundert Quadratmeilen umfassenden Weideflächen, welche bei überaus günstigen klimatischen Bedingungen eine sehr ergiebige Viehzucht gestatten."

Auch François hatte berichtet, daß die von ihm für die Truppe angeschaffte Herde gut gedieh. Hermann war 1890 in Berlin gewesen und hatte seinen persönlichen Einfluß geltend gemacht, um die DKG für landwirtschaftliche Betriebe in SWA zu interessieren. Das gelang ihm auch, sogar bei den amtlichen Stellen. Eine Beihilfe von 25 000 Mark, zahlbar am 1. April 1891, wurde in den Etat eingestellt und vom Reichstag bewilligt. Hermann dachte zunächst an die Farm Kubub, die allerdings Nachteile hatte. Ihre Wasservorräte waren beschränkt und durch den Verkehr auf dem Baiweg Keetmanshoop—Lüderitz, der über die Farm lief, sehr in Anspruch genommen. Dasselbe galt für die Weide. Der Boden war sehr steinig und für Garten- und Feldbau ungeeignet. Hermann dachte daher von vornherein an Nomtsas, das in jeder Beziehung geeigneter war. Auch von François, der Kubub besuchte, fand diese Farm nicht sehr geeignet, aber es war schon zu spät, daran etwas zu ändern. Das Unternehmen Kubub nahm seinen Lauf. Hermann kaufte im Bezirk Carnavon in der Kapkolonie Merinoschafe und Angoraziegen, insgesamt 1200 Tiere, die er über Land nach Kubub trieb, wo sie in ganz leidlichem Zustand ankamen. Er erzielte in der Zucht ganz schöne Erfolge und bewies damit, daß ein solches Unternehmen lohnend sein konnte. Leider fand sein Farmbetrieb ein jähes Ende (vgl. S. 62 ff.), aber Hermanns Bemühungen waren doch nicht vergeblich gewesen, denn er hatte den Weg gewiesen, wie der Süden der Kolonie wirtschaftlich genutzt werden konnte. Nach der Unterwerfung von Hendrik Witbooi wurde mit den Mitteln einer Wohlfahrtslotterie die gemeinnützige Deutsch-Südwestafrikanische Schäfereigesellschaft in Gibeon gegründet, die sich mit der Zucht von Wollschafen befaßte. Ihr gehörte die Farm Orab und Ländereien am Fischfluß, zusammen 110 000 ha. Ihre Zuchten fielen dem Aufstand zum Opfer.

Neben der Wollschafzucht betrieb man auch die Zucht von Fettschwanzschafen, d. h. von Fleischschafen. Das Fett des Schwanzes diente in den Gegenden, wo Rinderzucht unmöglich war, als Ersatz für Butter. Auch diese Herden gediehen gut. Man versuchte auch Merino- mit Fettschwanzschafen zu kreuzen, um ein Schaf zu züchten, das gleichzeitig Wolle und Fleisch lieferte.

Die Schafzucht wurde vornehmlich von den Buren betrieben, die zum Teil mit ihren Schafherden aus dem Oranjefreistaat und der Kapprovinz eingewandert waren. Der Süden, wo die Buren sich ansiedelten, war für Schafzucht geeignet. Sie besaßen besonders Fettschwanzschafe. Hermann in Kubub führte Merino-, also Wollschafe, aus der Kapprovinz ein, aber die Buren waren der Wollschafzucht gegenüber zurückhaltend, weil Wollschafzucht, wie es in einem Regierungsbericht heißt, „mehr Aufsicht erfordert". Dazu kam, daß nach der Rinderpest in SWA starke Nachfrage nach Schaffleisch bestand und der Absatz keine Schwierigkeiten bereitete. Aber auch die Wolle verkaufte sich in Kapstadt gut. Freilich waren die Unkosten durch den Transport groß. Da lohnte sich die Zucht der Angoraziegen mehr. Mohair erzielte auf dem Markt von Kapstadt den doppelten Preis von dem der Schafwolle. In den Jahren nach 1900 wurde in Kapstadt für ein lbs. Wolle 5¾d bezahlt, für ein lbs. Mohair aber 1s. 1d. Das Gouvernement war besonders an der Zucht von Angoraziegen interessiert, weil es meinte, daß Mohair einst eine erhebliche Rolle bei der Ausfuhr spielen könnte.

1902 wurden vom Gouvernement 181 Angoraziegen und 3 Ramme eingeführt. Herden von von 40-50 Stück wurden den Farmern leihweise abgegeben. Diese waren zur Reinzucht verpflichtet und mußten nach 3 Jahren die gleiche Zahl Angoras aus der Nachzucht abgeben. Mit dem Überschuß konnte der Farmer weiterarbeiten, während die junge Herde an einen anderen Züchter weiterging. Dieser schöne Plan kam wegen des Aufstandes nicht zur Ausführung.

Neben der Angoraziege war auch die Ziege weit verbreitet, besonders bei den Eingeborenen. Diese gedieh auch noch gut trotz der mageren Weide im Süden. In der Zeit um 1900 wurde in SWA viel Ziegenfleisch gegessen. In Reiseberichten heißt es, daß das Ziegenfleisch recht wohlschmeckend sei. Mit der Schaf- und Angorazucht hatte man zunächst noch wenig Erfahrung. So kam es, daß man es damit auch in Grootfontein und an der Etoschapfanne versuchte, der Erfolg blieb natürlich aus.

Bald erkannte man aber, daß der Norden von SWA für Schaf- und Angorazucht nicht geeignet war. Die Wolle der Tiere blieb an den Dornbüschen hängen. Wohl war der Norden für Rinderzucht geeignet. Es waren besonders die deutschen Ansiedler, die sich dieser Zucht zuwandten. Ausgangspunkte waren die Rinder der Herero. Diese betrieben keine Zucht. Sie sahen die Rinder als ihren Reichtum an, nicht als eine Quelle des Reichtums. Rinder wurden selten verkauft oder geschlachtet. Die meisten Herero-Rinder starben eines natürlichen Todes. Das Gouvernement versuchte, die Rinderzucht zu heben durch Einfuhr von Bullen aus Europa, und zwar von folgenden Rassen: Simmentaler, Pinzgauer, Vogelsberger, Shorthorns, Herefords. Von privater Seite wurden auch noch Holsteiner und Oldenburger Bullen eingeführt. Von diesen bewährte sich das Höhenvieh, also die Simmentaler und Pinzgauer, am besten. Die anderen Rassen bewährten sich nicht so gut, und so wurde deren Einfuhr nicht fortgesetzt.

Wie bei der Schaf- und Angorazucht, so gab es auch bei der Rinderzucht Rückschläge, weil man nicht über die nötigen Erfahrungen verfügte. Die aus Deutschland eingeführten Bullen waren Stallhaltung und Kraftfutter gewöhnt. Auf die Weide als einzige Nahrung angewiesen, magerten sie bald ab. Manche fielen nachts den Hyänen zum Opfer, da sie den freien Weidegang nicht gewöhnt waren und sich gegen Raubtiere nicht zu wehren wußten. Auch waren ihre Hufe zu weich für den steinigen Boden. Die Regierung verteilte die eingeführten Bullen auf Stationen im Lande, wohin die Farmer ihre Kühe bringen konnten. Wer privat Bullen einführen wollte, erhielt vom Gouvernement eine Unterstützung. Zuchtziel war die Züchtung von Halbbluttieren, die die guten Eigenschaften der reinblütigen Tiere besaßen und andererseits genügend akklimatisiert waren. Für Fleisch war in der Kapkolonie und bei den Minen in Transvaal genügend Absatz. Schwierigkeiten bereitete nur die Überwindung der Durststrecke durch die Kalahari. Im übrigen spielte die Ausfuhr keine große Rolle. Denn die Farmen waren noch im Aufbau begriffen und noch nicht voll bestockt. Milchwirtschaft lohnte sich nur in der Nähe der Ortschaften, besonders bei Windhoek.

Die Truppe brauchte Pferde, und damit war es in SWA schlecht bestellt wegen der sogenannten Pferdesterbe, die die Pferde im mittleren und nördlichen Teil der Kolonie während der Regenzeit im Sommer befällt und die meist mit dem Tode endet. Der Süden, hochgelegene Stellen in der Mitte und im Norden des Landes und das Küstengebiet sind davon frei. Zur Versorgung der Truppe mit Pferden wurde das Gestüt Nauchas eingerichtet im westlichen Teil des Bezirks Rehoboth. Dieses Gebiet ist von der Pferdesterbe frei. Es wurden Pferde aus der Kapkolonie eingeführt, die sich gut eingewöhnten. Dasselbe war mit den Pferden der Fall, die aus Argentinien eingeführt wurden. Am schlechtesten gewöhnten sich die aus Ostpreußen eingeführten Pferde ein. Für sie waren die Verhältnisse zu ungewohnt. Die Regierung verteilte Beschäler über das Land. Doch hat die Pferdezucht in der Wirtschaft von SWA keine besondere Rolle gespielt. Dafür waren die Verhältnisse zu ungünstig.

Dasselbe gilt von der Schweinezucht. Auch dafür waren die Vorbedingungen nicht gegeben. Das Schwein liebt Sümpfe, Pfützen und Wälder, die es in SWA nicht gibt. So wurde Schweinefleisch nur vereinzelt für den lokalen Markt produziert.

Große Hoffnungen setzte man eine Zeitlang auf die Straußenzucht. Doch ergaben sich auch da bald Schwierigkeiten. Als Material kamen nur die einheimischen wilden Strauße in Frage. Zuchtstrauße aus der Kapkolonie einzuführen, verbot sich von selbst wegen des prohibitiven Ausfuhrzolles, den die Kapregierung auf die Ausfuhr von Zuchtstraußen und Straußeneiern erhob. Zur Anlage einer Straußenfarm gehört auch Kapital. Eine Einzäunung muß hergestellt, ein Luzernefeld angelegt werden, und dazu gehört wieder eine Bewässerungsanlage. Auch fehlten genügend Kenntnisse und Erfahrungen. So kam die Straußenzucht über Anfänge zunächst nicht hinaus.

Acker- und Gartenbau

Die Rheinische Mission hat sich viel Mühe gegeben, die Eingeborenen Acker- und Gartenbau zu lehren. Im Süden bei den Nama waren die Bedingungen dafür besonders ungünstig. Denn dort ist der Regenfall spärlich, der Boden meist steinig, und kostspielige Bewässerungsanlagen waren dafür nötig. In SWA fällt der Regen nur im Sommer und dann oft in Form von Wolkenbrüchen. Auch das ist ungünstig. Gerühmt wird in den Berichten oft der Garten der Rheinischen Mission in Bethanien, wo es eine ergiebige Quelle gab.

Im Norden waren die Bedingungen wohl günstiger, aber die Herero, viehzüchtende Nomaden, hatten wenig Interesse dafür. Weiße Ansiedler wollten sich auch nicht damit befassen, da es außer in Windhoek keinen Absatzmarkt gab. Es wurde also auf den Farmen nur für den eigenen Bedarf produziert. Eine Ausnahme bildete der Anbau von Tabak, für dessen Behandlung die Erfahrungen indessen fehlten. Tabak wurde angebaut besonders bei Okahandja und Grootfontein. Die Entsendung eines deutschen Fachmannes für Tabakbau war in Aussicht genommen, war aber bis zum Ausbruch des Aufstandes noch nicht erfolgt. Das Gouvernement war an der Förderung des Tabakbaus interessiert, denn Tabak wurde von den Eingeborenen viel gekauft. Deshalb wurde viel amerikanischer Plattentabak nach SWA eingeführt. Der Bedarf an Tabak sollte nun im eigenen Land produziert werden.

Eine Ausnahme bildete auf dem Gebiet des Landbaus die Gegend von Grootfontein. Hier war Ackerbau auf Regenfall möglich. Das interessierte besonders Dr. Paul Rohrbach (90), der 1903 als Ansiedlungskommissar ausgesandt wurde und Grootfontein kurz vor dem Aufstand besuchte. Dort wurde er mehrere Monate durch den Aufstand festgehalten. Er hielt es auch für möglich nach dem, was er sah, dort deutsche Bauernfamilien anzusiedeln. Eine gute Maisernte stand 1904 auf den Feldern, konnte aber wegen des ausbrechenden Aufstandes nur teilweise eingebracht werden. Zur Ansiedlung der Bauernfamilien kam es nicht mehr, denn Rohrbachs Tätigkeit als Ansiedlungskommissar fand nach dem Aufstand sein Ende.

Forstwirtschaft

SWA ist ein baumarmes Land. Der geringe Regenfall, die zahlreichen Grasbrände in der Trockenzeit lassen einen reichen Baumwuchs nicht aufkommen. Dazu kam, daß in der deutschen Zeit Holz das einzige Brennmaterial für die Bevölkerung war. Auch die Lokomotiven wurden meist mit Holz geheizt. In den Anfängen der deutschen Verwaltung dachte man an eine Aufforstung der Berge, auch Leutwein hat daran gedacht. Aber man mußte bald einsehen, daß das unmöglich war. Das Gouvernement erkannte bald, daß dem Rückgang des Baumbestandes Einhalt geboten werden müßte. Und so kam es schon 1895 zur Anpflanzung von Akazien und Kiefern im Bezirk Otjimbingwe. Der Botaniker Dinter legte 1900 die Forststation Brakwater bei Windhoek an. Der Forstgarten hatte eine Größe von 4 ha. Angepflanzt wurden Zypressen, Eukalypten und Kameldornbäume. Nach einem Jahr mußte die Station jedoch wieder aufgelöst werden. Der Boden und das Wasser von Brakwater waren ungeeignet, sie waren zu salzhaltig. Die 20 000 Pflanzen wurden größtenteils nach Okahandja überführt. Im Jahre 1901 traf ein höherer Forstbeamter, Dr. Gerber, ein, er legte in Okahandja eine Saat- und Pflanzschule an. Ihre Größe betrug 21 ha. Die aus Saat gezogenen Pflänzchen wurden in Konservendosen unentgeltlich an Farmer abgegeben. Das Ziel war die Versorgung von SWA mit Brennund Nutzholz. Die Gegend von Okahandja erschien für Versuche mit Aufforstung besonders geeignet, da das Grundwasser dort flach ist und einige Flüsse die Gegend durchqueren. Gerber unternahm auch Versuche mit Dattelpalmen, die er aus Kernen in Saatbeeten zog. Er führte auch Pflanzen aus Algier ein. Er gründete in Ukuib am Swakop eine Forststation, wo er 6000 Palmbäume pflanzte. Ehe es zur Ernte kam, brach der Aufstand aus, und die Station verfiel.

8. Die Aufstände der Herero und Hottentotten

Die Ursachen des Hereroaufstandes
Der Aufstand der Herero und Hottentotten ist für die ehemalige deutsche Kolonie Deutsch-Südwestafrika von einschneidender Bedeutung gewesen. Nach der Besiegung von Hendrik Witbooi im Jahre 1894 und einigen anderen kleinen Unruhen war Frieden in das Land eingekehrt. Die Besiedlung des Landes konnte endlich in Angriff genommen werden und machte von Jahr zu Jahr größere Fortschritte, der Viehbestand vermehrte und verbesserte sich, Bahnbauten waren geplant oder ausgeführt, im Bergbau eröffneten sich gute Aussichten. Da brachte der große Aufstand diese hoffnungsvolle Entwicklung plötzlich zum Stillstand. Was bisher geschaffen

war, ging zum größten Teil wieder verloren, ein Teil der weißen Ansiedler wurde erschlagen, die Eingeborenenbevölkerung dezimiert, die Farmwirtschaft mit Ausnahme der Bezirke Grootfontein und Outjo vernichtet.

Samuel Maharero schrieb zwei Monate nach Ausbruch des Aufstandes, am 6. März 1904, an Leutwein auf dessen Frage, was ihn eigentlich zu dem Aufstand veranlaßt habe (91):

„Otjisonjati, den 6. März (1904)

An den großen Gesandten des Kaiser, Gouverneur Leutwein.

Deinen Brief habe ich erhalten, und ich habe gut verstanden, was Du mir und meinen Großleuten geschrieben hast. Ich und meine Großleute antworten folgendermaßen: Der Anfang des Krieges ist nicht jetzt in diesem Jahr durch mich begonnen worden, sondern er ist begonnen worden von den Weißen; wie Du weißt, wie viele Herero durch die weißen Leute, besonders Händler mit Gewehren und in Gefängnissen getötet sind. Und immer, wenn ich diese Sache nach Windhoek brachte, kostete das Blut meiner Leute (nicht mehr, als) einige (Stück) Kleinvieh, nämlich fünfzig oder fünfzehn. Die Händler vermehrten die Not noch in der Weise, daß sie aus sich selbst meinen Leuten auf Borg gaben. Nachdem sie so getan, raubten sie sie aus, bis sie soweit gingen, sich bezahlen zu lassen, indem sie für 1 Pfund (Sterling) Schuld zwei oder drei Rinder gewaltsam wegnahmen. Diese Dinge sind es, die den Krieg in diesem Lande erweckt haben.

Und jetzt in diesen Tagen, da die Weißen sahen, daß Du, der Du Frieden mit uns und Liebe zu uns hast, (nicht da warst), da begannen sie uns zu sagen: Der Gouverneur, der euch lieb hat, ist in einen schweren Krieg gezogen, er ist tot, und weil er tot ist, werdet ihr auch sterben. Sie gingen soweit, daß sie zwei Herero des Häuptlings Tjetjo töteten, bis Leutnant N. anfing, meine Leute im Gefängnis zu töten. Es starben zehn, und es hieß, sie seien an Krankheit gestorben, aber sie starben durch die Arbeitsaufseher und durch die Knüttel. Zuletzt fing Leutnant N. an, auch mich schlecht zu behandeln und eine Ursache zu suchen, wegen deren er mich töten könne, indem er sagte: die Leute von Kambasembi und Uanja machen Krieg. Da rief er mich, mich zu befragen. Ich antwortete wahrheitsgemäß, nämlich „nein". Aber er glaubte nicht. Zuletzt setzte und verbarg er in der Schanze Soldaten in Kisten. Und er rief mich, damit wenn ich käme, er mich erschieße. Ich ging nicht hin; ich merkte (die Absicht), und deshalb entfloh ich. Darauf schickte Leutnant N. Leute mit Gewehren, mich zu erschießen. Darüber wurde ich zornig und sagte: „Jetzt muß ich die Weißen töten, (sei es selbst, daß) ich sterbe." Denn daß ich sterben sollte, habe ich gehört von einem Weißen mit Namen X...

Ich bin der Häuptling Samuel Maharero!"

Samuel beginnt damit, daß er den Weißen die Schuld am Kriege gibt, und mit der Behauptung, daß die Gründe in der Vergangenheit liegen. In erster Linie beschuldigt er die Händler, Herero getötet zu haben. „Händler" ist hier jeder Weiße, denn die Herero hatten es hauptsächlich mit den Händlern zu tun. Darum gebraucht er hier diesen Ausdruck. Es traf sich unglücklich, daß in den letzten Jahren vor dem Aufstand Tötungen von Herero durch Weiße vorgekommen waren. Davon erregte besonderes Aufsehen die Tötung der Tochter des Häuptlings von Otjimbingwe durch einen deutschen Händler. Das Motiv dieser Handlung ist nicht deutlich. Die Herero behaupteten, der Händler habe sich der Frau mit unlauteren Absichten genähert, und als sie sich weigerte, sie erschossen. Es kam zu einem Prozeß. In der 1. Instanz wurde der Täter freigesprochen. Als Leutwein, der auf Urlaub gewesen war, davon hörte, veranlaßte er eine Revisionsverhandlung in Windhoek vor dem Obergericht, das den Angeklagten zu 3 Jahren Gefängnis verurteilte.

Ferner erregte der Fall des Leutnants Prinz von Arenberg die Herero gewaltig. Dieser war 1899 Chef der Grenzstation Epukiro gewesen. Er hatte den Hererobastard Willi Kain im Verdacht des Munitionsschmuggels und ließ ihn verhaften. Im Laufe des Verhörs wurde Kain erschossen. Von dem Kriegsgericht in Windhoek wurde der Prinz zu 10 Monaten Gefängnis verurteilt. Die linksgerichteten Zeitungen in Deutschland empörten sich über dieses Urteil. Es wurde aufgehoben, und der Prinz in Deutschland zum Tode verurteilt. Der Kaiser begnadigte ihn zu 15 Jahren Zuchthaus. Später wurde der Fall nochmals aufgerollt und der Angeklagte freigesprochen, weil er zur Zeit der Handlung geisteskrank gewesen sei. Als das geschah, war aber der Aufstand schon ausgebrochen. Es kann kein Zweifel sein, daß die deutschen Gerichte über Straftaten Weißer milder urteilten als über die der Eingeborenen. Das gibt auch Leutwein zu (92).

Wenn Samuel sich beklagte, daß das Leben seiner Leute nur einige Stück Kleinvieh gekostet hat, so beruht das auf einem Mißverständnis. In zwei Fällen war weißen Verurteilten außer einer Gefängnisstrafe noch eine Entschädigung in Kleinvieh an die Hinterbliebenen der Getöteten auferlegt worden. Wir haben schon gesehen (S. 97), daß die Herero eine Gefängnisstrafe, die Weiße zu verbüßen hatten, nicht als Strafe ansahen, und daher war in ihren Augen die Entschädigung in Kleinvieh die einzige Strafe. Neben dem seiner Meinung nach ungerechten Gerichtsurteil schiebt Samuel dem Kreditsystem der Händler die Schuld zu. In dem Jahresbericht des Gouvernements 1901/02 wird auf die dem Feldhandel verbundenen Gefahren hingewiesen. Darin heißt es u.a.: „Die Vermittlung des Handels zwischen den festen Handelsgeschäften und den im Lande zerstreuten Eingeborenenwerften betreiben die sogenannten Wanderhändler. Diese pflegen ihre Waren nicht selbst aus dem Ausland einzuführen, sondern sie gegen Bezahlung oder in Kommission von den festen Kaufgeschäften zu beziehen und vertreiben dieselben mittels Ochsenwagen oder Karren von Werft zu Werft. Der Verkauf geschieht entweder gegen Barzahlung oder gegen Eintausch von Vieh. Die Zahl der Wanderhändler hat im Hererogebiet in letzter Zeit weit über den Bedarf zugenommen. Die Folge davon ist eine ungesunde Konkurrenz und die Zunahme eines das wirtschaftliche Interesse der Händler wie der Eingeborenen direkt schädigenden, ungesunden Kreditgebens, so daß die Behörden zur Zeit mit Schuldenregulierungen überhäuft sind."

Leutwein hatte schon lange die Gefahr, die sich hier erhob, kommen sehen und versucht, ihr zu begegnen. Er wollte den Feldhandel nicht abschaffen, aber zum Bargeschäft machen. Damit wäre der Umfang des Geschäftes erheblich zurückgegangen, aber die unliebsamen Vorgänge beim Eintreiben der Schulden wären verschwunden. Leutwein empfand es als besonders unangenehm, daß die Behörden oft von den Händlern in Anspruch genommen wurden, um die Schulden einzutreiben. So erließ er die Verordnung vom 1. Januar 1899 (93), in der er in der einfachen und klaren Sprache, die alle seine Verordnungen auszeichnet, bestimmt, daß Forderungen gegen die Eingeborenen, die durch Verkauf von Waren auf Kredit entstanden seien, nicht mehr eingeklagt werden können. Das bedeutete das Ende des Kreditgeschäftes und eine gewaltige Schrumpfung des Umsatzes. In der Kolonie und in Deutschland erhob sich seitens der interessierten Kreise — das waren nicht nur die Warenhändler selbst — ein Sturm der Entrüstung, und Leutwein war genötigt, schon am 22. Februar 1899 die Verordnung vorläufig außer Kraft zu setzen. Es hatten sich auch Zweifel erhoben, ob der Gouverneur zum Erlaß einer solchen Verordnung berechtigt sei und ob eine solche nicht vielmehr vom Reichskanzler ausgehen müsse. Am 4. Februar 1901 (94) beantragte Leutwein erneut das Inkraftsetzen seiner Verordnung, da die Gefahren, die ihn zum Erlaß der Verordnung geführt hätten, wieder zunähmen. Die Kolonialabteilung des Auswärtigen Amtes setzte sich energisch für diesen Antrag ein, doch im „Kolonialrat", in dem auch Vertreter der am Handel mit SWA interessierten Gesellschaften saßen, gab es lebhaften Widerspruch.

Der Kolonialrat bestand aus 19 ernannten Mitgliedern und wurde 1891 auf Grund eines kaiserlichen Erlasses geschaffen. Er hatte sein Gutachten über alle Angelegenheiten abzugeben, die ihm vom Kolonialamt überwiesen wurden. Doch konnte er auch über selbständige Anträge seiner Mitglieder beschließen. Man wollte eine Schrumpfung des Handels nicht zulassen. Das Geld siegte über die Vernunft. Das Ergebnis der Verhandlungen war die sogenannte Kreditverordnung vom 23. Juli 1903 (95), die festsetzte, daß Schuldforderungen gegen Eingeborene nach einem Jahr verjähren. Die Absicht der Verordnung war gewesen, die Eingeborenen gegen übertriebene Forderungen zu schützen; denn wenn Forderungen nach längerer Zeit eingetrieben wurden, konnte der Händler unter den Umständen, wie sie nun einmal waren, die Schuldsumme gewöhnlich beliebig festsetzen. Der Erfolg der Verordnung war also umgekehrt: Der Händler versuchte nun, binnen eines Jahres alle Schulden einzutreiben, und die Mißstände, die sich nun entwickelten, waren viel ärger als bisher. Diese Vorgänge spielten sich ab, während Leutwein und ein großer Teil der Truppe im Süden mit dem Aufstande der Bondelswarts, der im Oktober 1903 ausbrach, zu tun hatten. Das war ein unglückliches Zusammentreffen.

Und dann kam unglücklicherweise das Gerücht auf, der Gouverneur, der bei den Herero sehr beliebt war, sei tot. Samuel gibt dieses Gerücht ausdrücklich als einen Grund für den Aufstand an. Nach dem angeblichen Tode von Leutwein fühlten sich die Herero nicht mehr sicher. Samuel erwähnt weiter die Tötung von zwei Herero aus dem Stamme des Häuptlings Tjetjo. Ein Farmer hatte im Osten zwei viehstehlende Herero aus Tjetjos Stamme getötet. Dann beklagte sich Samuel, daß seine Leute im Gefängnis getötet würden. Und wirklich hatte ein eingeborener Polizist einen Strafgefangenen im Gefängnis von Okahandja getötet. Dort waren auch mehrere Krankheitsfälle mit tödlichem Ausgang vorgekommen.

Samuel erwähnt in seinem Brief nicht zwei Punkte, die damals die Herero stark bewegten, die Land- und die damit zusammenhängende Reservatsfrage. Der Übergang von Hereroland in weiße Hände erfüllte weiterblickende Herero mit großer Sorge. Sie sahen den Tag kommen, an dem ihr Volk nicht mehr genügend Land haben würde. Dieser Tag lag allerdings noch in weiter Ferne. Der einzige Weiße, der sich über die moralische Berechtigung des Überganges von Hereroland in den Besitz Weißer Gedanken machte, ist meines Wissens Rohrbach gewesen, der sich folgendermaßen darüber äußert (96):

„Für die Völker gilt es, so gut wie für die Individuen, daß eine Existenz erst in dem Maße berechtigt erscheint, in dem sie nützlich für den Gang der allgemeinen Entwicklung ist. Man kann mit keinem Argument der Welt beweisen, daß die Aufrechterhaltung irgend eines Maßes von nationaler Selbständigkeit, nationalem Besitz und politischer Organisation unter den Stämmen Südwestafrikas einen größeren oder auch nur einen ähnlichen Gewinn für die Entwicklung der Menschheit im allgemeinen, oder des deutschen Volkes im besonderen, bedeutet hätte, wie ihre Dienstbarmachung zur Ausnutzung ihres einstigen Herrschaftsgebietes durch die weiße Rasse. Wenn jemand sich allein auf den Standpunkt stellen will, daß auch die Herero und Hottentotten ihr unveräußerbares Menschenrecht haben, so kann dieses Recht doch auf keinen Fall in einem anderen Sinne verstanden werden, als in dem eines Anspruchs auf den Erwerb der größtmöglichen arbeitenden Tüchtigkeit. Diese aber ist für jedes unbefangene Urteil am ehesten durch die Zusammenfassung der Eingeborenen als einheitliche soziale Klasse unter einer human und gerecht durchgeführten Arbeitsorganisation gegeben."

Leutwein begrüßte den Übergang von Hereroland in weißen Besitz, wollte aber den Stämmen ihre Existenzgrundlage, das heißt genügend Land, nicht nehmen und eine gewaltsame Auseinandersetzung vermeiden. Er sah die Lösung des Problems in der Schaffung von Reservaten. Der Gedanke, in SWA Reservate für Eingeborene einzurichten, ging, wie schon erwähnt (S. 107 ff.), von der Rheinischen Mission aus; sie hatte schon seit 1895 auf ihre Notwendigkeit hingewiesen, als sie sah, daß das Land immer dichter von Weißen besiedelt wurde und den Stämmen der Eingeborenen der Lebensraum eingeengt zu werden drohte, bevor sich ihre Umstellung auf die neuen Lebensbedingungen vollzogen hatte.

In erster Linie war dies im Norden des Landes bei den Herero der Fall. Sie waren nomadisierende Viehzüchter, brauchten also viel Land als Weide und zahlreiche Wasserstellen. Andererseits war der Norden, weil regenreicher, auch für angehende Farmer verlockender als der Süden. Samuel Maharero war gern bereit, den Siedlern Land zu verkaufen, um seine Schulden zu bezahlen, die ihm sein liederliches Leben einbrachten. Aber auch die Stammesangehörigen machten Schulden. Der angehende Farmer, der Land kaufen wollte, betätigte sich oft zunächst als Händler. Hatten die Schulden, die der Stamm bei ihm durch Warenkauf gemacht hatte, den Wert einer Farm erreicht, so ging diese in den Besitz des Händlers über. Das Land war Stammeseigentum und Verkauf desselben Sache des Häuptlings. Dieser Vorgang war durchaus korrekt. Da aber die Eingeborenen häufig den Wert der ihnen verkauften Waren nicht kannten, konnte ein geschickter Farmer-Händler eine Farm durch Wanderhandel billig erwerben.

Diese Entwicklung wurde von vielen Großleuten der Herero mit Sorge beobachtet. Zeugnis dafür ist der Brief, den die Herero-Großleute bei der Missionsstation Otjihaenena durch den Missionar Lang an den Gouverneur schreiben ließen und der folgendermaßen lautet (97):

„Otjihaenena, d. 19. August 1901
Sehr geehrter Herr Gouverneur!
Soeben kommen die unterzeichneten Herero-Großleute zu mir und bitten mich, Euer Hochwohlgeboren folgendes mitzuteilen: Kayata von Okatumba erzählt, daß um Ostern 1900 ein Ansiedler, Herr Westphal, nach Okatumba gekommen sei und habe sich dort ein kleines Pfahlhaus gebaut und darin einen kleinen Store eröffnet. Jetzt habe er vor etwa fünf Wochen angefangen, ein Haus aus Lehmsteinen zu bauen. Er wie auch Nuambo hätten ihm dieses verboten, weil er kein Eigentum habe; aber Herr Westphal habe sich gar nicht daran gekehrt. Sie könnten Herrn Westphal in Okatumba keine Heimstätte geben, da der Platz ihnen und ihren Kindern bleiben solle, da sie denselben seit 1893 bewohnten, auch seien sie in dieser Zeit nicht nach anderen Plätzen gezogen. Die Handlungsweise hätte ihn mit veranlaßt, die andern Großleute zu einer Beratung zusammenzurufen. Da sie nun niemand hätten, der die deutsche Sprache gut verstände und schrei-

ben könnte, so seien sie zu ihrem Missionar gekommen, damit derselbe Euer Hochwohlgeboren obiges und noch folgendes schreibe:

Vorige Woche ist ein Herr Stöpke hier angekommen und dieser hat uns gesagt, er habe den Platz zwischen der Farm des Herrn Conrad in Orumbo und der Farm des Herrn Schmerenbeck in Ommadjereke von der Bezirkshauptmannschaft in Windhoek gekauft und verlange daher, daß Mbaratjo mit seinen Leuten, welche auf demselben wohnen, von dort wegziehen sollen. In Otjivero wohnt Herr Heldt, welcher nun schon drei Jahre dort wohnt und sucht den Platz auf allerlei Art und Weise zu kaufen. In Okamaraere gegenüber von Orumbo wohnt Herr Wosidlo, in Omitara wohnt Herr Eilers und in Okahua hat sich in diesen Tagen Herr v. Falkenhausen niedergelassen. Orumbo ist dahin, Ommadjereke und Otjipaue ist an Herrn Schmerenbeck übergegangen und Otjituesu an die Herren Voigts. Dieses ist aber nicht von uns geschehen, sondern von Samuel Maharero.

Aber nun geehrter Herr Gouverneur, wo sollen wir bleiben, wenn unser ganzer Fluß und alles Land uns abgenommen wird? Anbei legen wir ein Verzeichnis aller Werften, welche im Gebiete von Otjituesu bis Omitara liegen. Diese alle tränken ihr Vieh im Weißen Nossob. Und so fragen wir nochmals, wo sollen alle diese Leute hin?

Wir sehen mit Entsetzen, wie ein Platz nach dem andern in die Hände der Weißen übergeht, und wir bitten daher unsern geehrten Herrn Gouverneur, doch keinen weiteren Verkauf hier im Gebiete des Weißen Nossob zu genehmigen und alles Land, welches noch nicht verkauft ist, zu einem großen Hereroreservat zu machen, denn dann sind wir und unsere Kinder geborgen, d.h. wir haben einen Platz, wo wir wohnen können und Gärten machen. Alle auf dem Verzeichnis verzeichneten Werften haben sich an dem Aufstande in Gobabis nicht beteiligt, ja viele von uns haben sogar gegen unsere Landsleute Kahimema und Nikodemus mitgefochten. So haben wir auch treu bis heute auf Seiten der Regierung gestanden und werden auch noch ferner dasselbe tun. So dürfen wir auch hoffen, daß Sie, geehrter Herr, unsere Bitte erfüllen werden."

Die Bitte um Einrichtung eines Reservates ist den Häuptlingen wohl durch ihren Missionar Lang nahegelegt worden. Möglicherweise ist sie auch durch den Unterhäuptling der Ostherero Kajata veranlaßt worden. Er gehörte zu einer Partei im Herervolk, die die Schaffung von Reservaten begrüßte und sie möglichst groß bemessen haben wollte. Zu dieser Richtung gehörte auch der Feldhauptmann Riarua in Okahandja.

Nach Leutweins Plänen sollte für jeden einzelnen Stamm ein Reservat geschaffen werden, in dem Land an Weiße nicht verkauft werden durfte. Diese Reservate waren aber nur als letzte Festung der Eingeborenen gegen die Kolonisation gedacht. Die Herero konnten ihr Land behalten, das sie besaßen, und waren keineswegs gezwungen, das Land außerhalb der Reservate zu veräußern.

Obwohl die Errichtung von Reservaten im Hererogebiet am dringlichsten war, standen hier aber auch ihrer Einrichtung die größten Schwierigkeiten entgegen. Die ersten Reservate wurden deshalb im Süden, im Namaland, errichtet:

1) Das Witbooireservat Rietmond-Kalkfontein (Distrikt Gibeon).
2) Das Reservat für die „Rote Nation" Hoachanas (südöstl. Rehoboth).

Die Gründe, daß die Reservate zuerst im Süden zustandekamen, waren, daß der Witbooi-Kapitän, Hendrik Witbooi, gern zur Mitarbeit bereit war, daß genug Land zur Verfügung stand und daß weniger weiße Siedler sich dort ansiedeln wollten. So kam es im Juli 1898 zur Errichtung des Witbooireservates Rietmond-Kalkfontein. Seine Ausdehnung betrug ca. 120 000 ha. Es war zum Eigentum des Stammes erklärt und durfte nicht verkauft werden. Besonders darin sah Hendrik Witbooi einen Vorteil: Denn trotz persönlich bescheidener Lebensweise konnte er nicht verhindern, daß er für seinen Stamm Schulden machen und Land verkaufen mußte. Denn die Witbooi produzierten nichts. Sie besaßen etwas Kleinvieh. Garten- und Ackerbau waren ihnen unbekannt. Der Stamm hatte ja früher von Raubzügen gelebt. Durch das Reservat war ihnen der Lebensraum gesichert. Aber dort mußte nun auch produziert werden, um der Bevölkerung den Lebensunterhalt zu sichern. Darum bemühte sich nun die Rheinische Missionsgesellschaft.

Ihr sollte in den Reservaten ein großer Einfluß eingeräumt werden. Die Stämme, denen die Reservate gehörten, konnten mit der Mission Verträge abschließen. So schloß z. B. Hendrik Witbooi mit der Rheinischen Mission einen Vertrag, worin er ihr das Recht einräumte, sich im Reservat niederzulassen, d.h. eine Station zu gründen, Häuser und Anlagen für Seelsorge und die wirtschaftliche Entwicklung zu bauen, z.B. Werkstätten, Wasseranlagen. Die Mission konnte Land unter Kultur nehmen. Diese Rechte galten für 70 Jahre. Der Gouverneur gab seine Zustimmung zu diesem Vertrage am 25.7.1898. Im Januar 1900 begann der eigentliche Ausbau des Reservates durch die Mission. In Rietmond wurden Missionar Berger und der Bautechniker Holzapfel, der beim Aufstand 1904 in Mariental ermordet wurde, stationiert. Um den Lebensunterhalt des Stammes zu sichern und Einnahmen zu schaffen, unterhielt die Mission Viehherden von etwa 1000 Stück Kleinvieh und 100 Rindern, die von 4 Hirten gehütet wurden. Im Garten wurden 1000 Obstbäume gepflanzt. Leider wurde die Entwicklung durch Dürre gehemmt. Im Garten gab es gute Ernte, doch bei dem Vieh gab es viel Verluste wegen der Trockenheit. 1903 zählte man 133 Rinder — das war ein Zuwachs — aber nur 680 Stück Kleinvieh. Die Quelle ließ nach. Es wurden nur 250 Bewohner gezählt. Die Bevölkerung ernährte sich z. T. durch die

Jagd; die dafür notwendige Munition wurde von der Regierung zur Verfügung gestellt. Das Reservat wurde nach dem großen Aufstand, an dem sich ja auch die Witbooi beteiligten, aufgehoben. Anders als bei den Herero scheint die Reservatsfrage bei den Witbooi kein Anlaß zum Aufstand gewesen zu sein. Die Witbooi waren mit ihrem Reservat zufrieden. Auf alle Fälle kann das von ihrem Häuptling Hendrik gesagt werden. Er hielt sich den größten Teil des Jahres dort auf.

Im Jahre 1903 wurde für die Rote Nation das Reservat Hoachanas in einer Größe von 50 000 ha vom Reichskanzler proklamiert und die Grenze vom zuständigen Distriktschef festgelegt. Über seine Einrichtung und Entwicklung ist wenig bekannt; denn bald danach brach der Aufstand aus. Ein Damm war gebaut worden, unterhalb dessen Weizen angebaut und Obstbäume gepflanzt wurden; eine gute Ernte wurde erzielt. Infolge der zweideutigen Haltung der Roten Nation bei dem Aufstand der Bondels wurde die Bevölkerung zunächst entwaffnet, später gefangen weggeführt, und nur wenige Leute blieben in Hoachanas zurück. Damit war die Entwicklung auch dieses Reservates zu Ende.

Die Rheinische Mission brachte auch ein Reservat bei Bethanien in Vorschlag, doch das wurde abgelehnt. Leutwein meinte 1899, daß vorläufig dazu kein Bedürfnis bestände; die Rheinische Mission solle später ihren Antrag wiederholen.

Erst nach den Reservatsgründungen im Süden wandte sich Leutwein den schwierigeren Problemen im Norden zu. Hier hatte die Zivilisation besonders durch den Eisenbahnbau bedeutende Fortschritte gemacht und einen Raum, reich an Weide und Wasser, erschlossen; ein Straßennetz war im Ausbau und ein größeres Absatzgebiet mit Ortschaften wie Okahandja, Omaruru, Karibib usw. im Entstehen. Auch Windhoek war nicht zu weit entfernt. Über das, was nun geschehen sollte, waren die Ansichten sehr geteilt. Der extreme Standpunkt der Siedler war, „daß das Land aber überhaupt aus den Händen der Eingeborenen in die der Weißen übergeht" (98). Die Einrichtung der Reservate stieß bei der europäischen Bevölkerung nicht auf allgemeines Verständnis: man befürchtete eine Konkurrenz durch die billigere Viehzucht, die die Herero trieben, und eine Einengung des Siedlungsgebietes. Dieses Mißverstehen des Reservatsgedankens durch die Weißen erschwerte es der Regierung, das Verständnis der Herero für den Reservatsplan zu gewinnen. Sie waren mißtrauisch und meinten, sie sollten in abgelegene, unfruchtbare Gebiete eingepfercht werden. Es war für die Mission und die Landesverwaltung schwer, den Herero klar zu machen, daß die Reservate ihnen den Bestand ihres Volkes sichern sollten. Hinzu kam, daß unter den Häuptlingen keineswegs Übereinstimmung über die Durchführung herrschte. Leutwein hatte es zunächst mit den Leuten von Okahandja zu tun. Dort wollte Samuel möglichst viel Land verkaufen und die

Reservate möglichst klein halten, um seine Schulden bezahlen und sein Wohlleben fortsetzen zu können. Die Gegenpartei unter seinen Großleuten unter Führung von Riarua wollte dagegen die Reservate möglichst groß bemessen haben, um den Fortbestand des Volkes zu sichern. Es ist zu verstehen, daß unter diesen Umständen die Reservatsfrage nicht recht vom Fleck kam. Der Ausbruch des Aufstandes von 1904 führte zur Aufgabe aller Reservatspläne für die Herero.

Bis zu diesem Zeitpunkt war aber Gouverneur Leutwein nicht untätig gewesen, eine Lösung der Reservatsfrage im Norden zu suchen. Auf Grund der Vorgänge im Süden ersuchte er durch Rundschreiben vom 31. Januar 1902 (99) die Lokalverwaltungsbehörden in den Nordgebieten um Berichterstattung und Vorschläge für die Einrichtung von Reservaten. Aber nur ein Reservat wurde vor dem Aufstand proklamiert, und zwar am 8. Dezember 1903, das von Otjimbingwe. In dieser Gegend war die Besiedlung schon weit fortgeschritten. Es war bereits festgelegt, daß die Eisenbahn von Swakopmund nach Windhoek nicht über Otjimbingwe, sondern über Karibib gehen sollte. Daher verlor Otjimbingwe seine bisherige Verkehrsbedeutung. Bei der Festlegung der Reservatsgrenzen sollten die bereits von Weißen gekauften Farmen außerhalb bleiben, ebenso Farmen, die voraussichtlich noch von Weißen gekauft werden würden. Das Reservat umfaßte 131 500 ha.

In den anderen Stammesgebieten bei Okahandja, Omaruru, Gobabis und am Waterberg kam es aber nicht mehr zu Reservatsgründungen; nur für Okahandja und Gobabis wurden sogenannte papierne Reservate abgegrenzt. Die Gesichtspunkte für die Auswahl dieser Reservate sollten sein:

1) Die Gebiete dürfen nicht zu ausgedehnt sein.
2) Sie dürfen nicht in verkehrsreichen Gebieten liegen, deren Besiedlung durch Weiße bereits begonnen ist (Verfügung vom 31.1.1902).

Es sollte also verhindert werden, daß alles Land in die Hände von Europäern überging, so daß dann zu gegebener Zeit kein Land mehr zur Errichtung von Reservaten zur Verfügung wäre; es sollten Gebiete abgegrenzt werden, in denen die Eingeborenen, in diesem Falle besonders die Herero, kein Land an Weiße verkaufen durften. Dort sollten dann zu gelegener Zeit die Reservate eingerichtet werden. Das gab Anlaß zu folgenreichen Mißverständnissen. Die Herero verstanden das so, daß sie alles Land außerhalb der Papier-Reservate verkaufen müßten, was aber keineswegs der Fall war. Regierung und Mission bemühten sich, dieses Mißverständnis aufzuklären. Es war vergeblich. Missionar Diehl in Okahandja meinte, die Herero seien so mißtrauisch gewesen, daß sie einfach nicht hätten verstehen wollen. So hat ein Großer der Herero einige Tage nach der Katastrophe am Waterberg zu Missionar Eich gesagt, man hätte die Herero über den Omuramba zurücktreiben und ihnen jenseits ein wertloses Stück Land geben wollen. Davon war jedoch nie die Rede gewesen.

Die Regierung hielt es vielmehr für wichtig, daß die eingeborenen Stämme lebenskräftig und arbeitswillig blieben. Die junge Mannschaft sollte in den Kultivierungsprozeß des Landes einbezogen und für die Weißen als Farm- oder Minenarbeiter gewonnen werden.

Der allgemeine Aufstand, der durch die Erhebung der Bondelswarts Ende Oktober 1903 eingeleitet wurde, setzte dieser Entwicklung ein Ende. Wir können uns kein Urteil darüber bilden, ob Leutwein mit seinen Reservatsplänen auf dem rechten Wege war oder nicht. Nirgends ist davon die Rede, daß die Stämme ihre Eigenart und eigene Kultur entwickeln sollten. Es war wohl daran gedacht, den Bewohnern der Reservate eine gewisse Selbstverwaltung zu geben, wie sie in Rietmond-Kalkfontein durch Hendrik Witbooi schon ausgeübt wurde. Aber das Hauptziel war, den Stämmen einen Schutz vor der weißen Einwanderung zu geben und ihnen die wirtschaftliche Existenz unter den sich ändernden Verhältnissen zu ermöglichen.

Ob die Stämme von SWA, besonders die Herero, sich freiwillig mit den Reservaten zufrieden gegeben hätten, bleibt eine offene Frage. Deutschland wollte SWA besiedeln, und zum Siedeln gehört Land. Farmfähiges herrenloses Land gab es nicht mehr in SWA. Das war im Besitz der Herero. Das stolze Volk der Herero hätte sich sicher nicht ohne weiteres auf die Reservate beschränken lassen. Eine kriegerische Auseinandersetzung scheint also unvermeidlich gewesen zu sein. Daß der Aufstand gerade im Januar 1904 ausbrach, ist einem Zusammentreffen unglücklicher Umstände zuzuschreiben. Wäre das Gerücht von dem Tode Leutweins nicht unter den Herero verbreitet worden, wäre der Aufstand wohl später ausgebrochen. Als in dem Hererolager von Otjisonjati die Nachricht eintraf „der Gouverneur ist in Okahandja", waren die Herero sehr erschrocken, und es bemächtigte sich ihrer eine große Erregung. Wäre das Gerücht nicht verbreitet worden, so hätte das eine Verzögerung des Aufstandes bewirkt, aber früher oder später wäre es wohl doch dazu gekommen.

b) Der Verlauf des Aufstandes der Herero.

Der Aufstand nahm seinen Anfang bei den Bondelswarts. Diese wohnten im Süden der Kolonie. Ihr Hauptort war Warmbad, das schon früh durch seine warmen Quellen bekannt war. Die Gebrüder Albrecht kamen im Jahre 1805 im Auftrage der Londoner Mission dorthin, um mit der Missionsarbeit zu beginnen (S. 9). Trotz dieser Missionsarbeit behielten die Bondels ihren wilden und trotzigen Charakter bei. Ihr Land war trocken, felsig und bot seinen Bewohnern nur ein kärgliches Auskommen. Von ihrem Land hatten die Bondels 1890 durch ihren Kapitän Wilhelm Christian weitgehende Land-

und Minenrechte an das englische Kharraskoma-Syndikat, den Rechtsvorgänger der South African Territories Company, verliehen.

1897 hielt es Leutwein für nötig, eine Kontrolle der in DSWA vorhandenen Waffen durchzuführen. Alle Gewehre mußten abgestempelt werden, Besitzer von Waffen mußten einen Waffenschein haben. Die Bondels setzten der Durchführung dieser Maßnahme passiven Widerstand entgegen. 1901 war Kapitän Wilhelm Christian gestorben, und sein Sohn Albrecht folgte ihm nach. Dieser geriet 1903 in Streit mit einem seiner Untertanen wegen eines Hammels. Der letztere beschwerte sich bei dem Distriktschef Leutnant Jobst, und dieser nahm die Klage an, obwohl er an sich nichts damit zu tun hatte. Denn der Schutzvertrag mit Wilhelm Christian besagte in Art. 4, daß Streitfälle innerhalb des Stammes durch den Kapitän entschieden werden sollen. Jobst lud den Kapitän zwecks „Belehrung" vor, obwohl der Kapitän dem Geschädigten bereits 20 Mark Schadenersatz bezahlt hatte. Als der Kapitän nicht erschien, rückte Jobst gegen die Werft der Bondels vor, um den Kapitän zu holen. Ihm standen nur geringe Kräfte zur Verfügung, nämlich 5 Polizeisoldaten und 2 Ansiedler, die sich freiwillig angeschlossen hatten. 2 Polizeisoldaten verhafteten den sich sträubenden Kapitän und zogen ihn hinter sich her, als die Bondels das Feuer eröffneten. Der Kapitän, 2 Polizeisoldaten und Leutnant Jobst fielen, 2 Soldaten wurden verwundet. Die Deutschen zogen sich in die Feste zurück.

Zweifellos hatte Jobst seine Befugnisse überschritten. Doch das half nun nichts, der Aufstand mußte niedergeworfen werden. Der Vorfall hatte sich am 25. Oktober 1903 ereignet. Der Hererodiener von Leutnant Jobst schlich sich zwei Tage später durch die Reihen der Bondels und brachte die Nachricht nach Keetmanshoop, wo er am 29. Oktober eintraf. Durch den Heliographen gelangte die Nachricht noch am gleichen Tage nach Windhoek, wo die erste Feldkompagnie schon am 29. 10. mittags alamiert werden konnte und nach Süden abrückte. Die in Keetmanshoop stationierte dritte Feldkompanie war gerade unter Leutnant d.R. Merensky nach den Karasbergen abgerückt, wo kleinere Unruhen ausgebrochen waren. Sie wurde sofort zurückgerufen. Noch bevor die Kompagnie zurückgekehrt war, marschierte der in Keetmanshoop zurückgebliebene Kompagnieführer Hauptmann von Koppy mit dem Rest der Kompagnie (18 Mann) nach Warmbad, um die in der Feste eingeschlossenen Deutschen zu befreien. Das gelang auch. Beim Erscheinen der kleinen Truppe zogen sich die Bondels nach Süden, nach Sandfontein zurück. Nachdem inzwischen Witbooi-Hilfstruppen eingetroffen waren, wurde das Bondelslager bei Sandfontein gestürmt. Die Schwierigkeiten des nun beginnenden Feldzuges waren in der unfruchtbaren und wasserarmen Natur des Landes begründet. Es war schwierig, eine große Truppenabteilung zu verpflegen und mit Wasser zu versorgen, zumal die Verkehrswege schlecht und die Entfernungen groß waren.

Aus Windhoek eilte die 1. Feldkompagnie herbei. Leutwein hielt die Lage für so bedrohlich, daß er sich entschloß, noch die 2. Feldkompagnie aus Omaruru unter Hauptmann Franke herbeizurufen. Denn er hielt es für notwendig, den Aufstand so schnell wie möglich niederzuwerfen, um seine weitere Ausdehnung zu verhindern. Er selbst begab sich auch nach Süden. Inzwischen verliefen die Operationen im Süden nicht ganz nach Wunsch. Oberleutnant Böttlin, mehrfach verwundet, wurde von einer zahlenmäßig überlegenen Schar Bondels mit seiner Abteilung Witbooi nach Süden über den Oranje gedrängt und dort von der englischen Polizei entwaffnet. Die Bondels gaben aber den Kampf bald auf angesichts der deutschen Verstärkung, da sie die Aussichtslosigkeit des Kampfes einsahen, und so kam es zu dem Frieden von Kalkfontein (jetzt Karasburg genannt) am 27. Januar 1904, in dem folgendes vereinbart wurde:

1. Abgabe aller Waffen und Munition durch die Bondels.
2. Beschränkung der Bondels auf ein Reservat, das bei Warmbad gegründet werden sollte. Das übrige Gebiet, die Karasberge und Keetmanshoop mit Umgebung, sollte Kronland werden.
3. Auslieferung der Personen, die des Mordes verdächtig waren.

Von diesen Friedensbedingungen wurde nur die erste durchgeführt, und auch diese nur unvollkommen. Es wurden nur 289 Gewehre abgeliefert. Denn inzwischen war der Hereroaufstand ausgebrochen.

Leutwein wurden im Zusammenhang mit diesem Aufstand verschiedene Vorwürfe gemacht. Der Friedensschluß von Kalkfontein sollte übereilt gewesen sein. Dem ist entgegenzuhalten, daß Leutwein sich in einer Zwangslage befand. Inzwischen war ja der Hereroaufstand ausgebrochen, und die im Süden stehenden Truppen wurden dringend im Norden gebraucht. Zu einem Zweifrontenkrieg war die Schutztruppe zu schwach. Auch wurde im Frieden von Ukamas am 23. Dezember 1906 auch nicht mehr erreicht, als doch die deutsche Macht ganz anders dastand unter Oberst von Deimling (S. 167).

Der Aufstand der Herero wurde eingeleitet durch einen Befehl Samuel Mahareros, der wie folgt lautet (100):

„Ich bin der Oberhäuptling der Herero, Samuel Maharero. Ich habe ein Gesetz erlassen und ein rechtes Wort, und bestimme es für alle meine Leute, daß sie nicht weiter ihre Hände legen an folgende: nämlich Engländer, Bastards, Bergdamaras, Namas, Buren. An diese alle legen wir unsere Hände nicht. Ich habe einen Eid dazu getan, daß diese Sache nicht offenbar werde, auch nicht den Missionaren. Genug."

Aus diesem Befehl geht hervor, daß sich der Aufstand ausschließlich gegen Deutschland richtete. Bemerkenswert ist auch, daß Samuel den Plan den Missionaren nicht verraten will. Er erwartete wohl, und zwar mit Recht, Widerstand dagegen von ihrer Seite. Weiter ist bemerkenswert, daß trotz der großen Anzahl der Personen, die eingeweiht waren, der Aufstandsplan nicht verraten worden ist. Der Ausgabe des Befehls sind sicher eingehende Beratungen vorausgegangen, obwohl darüber wenig bekannt ist. In dem „Report on the Natives of South West Africa and their treatment by Germany" heißt es auf S. 57 (London 1918): In his affidavit Under-Chief Daniel Kariko says: „ ... We met at secret councils and there our chiefs decided that we should spare the lives of all women and children. The missionaries too, were to be spared ... Only German males were regarded as our enemies..." Obwohl der Report, der als Blaubuch dem englischen Parlament vorgelegt wurde, vom Südwester Landesrat am 21. Juli 1926 durch einstimmigen Beschluß als unwahres Erzeugnis der Kriegspropaganda erklärt und annulliert wurde, mag doch die zitierte Aussage zutreffen: denn sie stimmt mit den Ereignissen überein. Über die Aussichten des Aufstandes scheint S. Maharero sich keinen Illusionen hingegeben zu haben. Zeugnis dafür sind die undatierten Briefe, die er an Hendrik Witbooi und den Bastardkapitän schrieb. In dem Brief an Hendrik Witbooi heißt es u.a. (101) „Laß uns lieber zusammen sterben und nicht sterben durch Mißhandlung, Gefängnis oder auf allerlei andere Weise." Und in dem Brief an den Bastardkapitän: „Weiter will ich Dich, Kapitän, benachrichtigen, daß mein Wunsch der ist, daß wir schwache Nationen aufstehen gegen die Deutschen, laß uns lieber aufreiben und laß sie alle in unserem Lande wohnen. Alles andere wird uns nichts helfen." Diese Briefe wurden von dem Bastardkapitän den deutschen Behörden übergeben.

Ein fester Plan für den Aufstand scheint bei den Vorbesprechungen von den Herero-Kapitänen nicht aufgestellt worden zu sein. Denn im Anfang handelten die einzelnen Stämme selbständig. Auch brach der Aufstand im Hererogebiet zu verschiedenen Zeiten aus.

In Okahandja am 12.1.1904,
in Omaruru am 16.1.1904,
in Otjimbingwe am 22.1.1904.

Zunächst waren die Herero überlegen. Es gelang ihnen, die deutschen Streitkräfte in ihren Befestigungen, die mit Proviant und Munition wohl versehen waren, einzuschließen, aber dieselben zu nehmen, waren sie nicht imstande. Als Leutwein sich entschloß, die 1. und 2. Feldkompagnie (Windhoek bezw. Omaruru) nach dem Süden zur Niederwerfung des Aufstandes der Bondels zu schicken, befahl er gleichzeitig die Einziehung sämtlicher Mannschaften des Beurlaubtenstandes im Norden und der Mitte des Landes. Als unabkömmlich wurden nur die Eisenbahner erklärt. Aus den so Eingezogenen wurden zwei allerdings schwache Ersatzkompagnien gebildet, die erste in Windhoek, die zweite in Omaruru.

Auf die Operationen während des Aufstandes soll hier nicht im einzelnen eingegangen werden. Dafür verweise ich auf die einschlägigen Werke (102): sie sollen nur in Hauptzügen skizziert und es sollen besonders solche Punkte behandelt werden, die für die spätere Entwicklung des Landes von Bedeutung waren.

Eingeschlossen wurden die Festen Okahandja, Omaruru und das Gehöft der Witwe Hälbich in Otjimbingwe, wohin sich die Besatzung und die Weißen, die sich dorthin geflüchtet hatten, zurückgezogen hatten.

In Okahandja brach der Aufstand am 12. Januar 1904 aus. Schon vorher hatte man Verdächtiges wahrgenommen. Am 10. Januar traf dort eine Meldung des Stationsältesten vom Waterberg, Rademacher, ein, daß die Herero vom Waterberg die Geschäfte umlagerten (103) und in sinnloser Weise Waren, natürlich auf Kredit, aufkauften, vornehmlich Sättel, Zaumzeug u.dgl., aber auch teure Kleider. Am 11. Januar hörte man, daß mehrere Hundert bewaffnete Herero nach Okahandja marschierten, daß 200 Herero bei Osona lagerten und daß die Häuptlinge von Okahandja verschwunden seien. Am 11. Januar erkannte man in Windhoek aus den aus Okahandja und Gobabis eingehenden Meldungen, daß die Lage im Hereroland bedrohlich war. Der Bezirksamtmann von Windhoek, Bergrat Duft, begab sich am 11. Januar vormittags nach Okahandja, um zu versuchen, die Hererohäuptlinge von Okahandja von weitergehenden Schritten abzuhalten. Er traf aber Maharero nicht an, dieser blieb verschwunden. Als Duft sich am 12. Januar zu einer Besprechung in die Werft begeben wollte, wurde er unterwegs von einem christlichen Herero namens Johannes gewarnt, weiterzugehen. Duft kehrte sofort um und begab sich in die Feste, wo sich die Besatzung von Okahandja befand und wohin sich die in Okahandja wohnenden Weißen begeben hatten. Nun fielen die ersten Schüsse. Die Häuser der Weißen wurden geplündert und zerstört und die Bewohner, die die Herero in den Häusern fanden, ermordet. Von den Weißen hatten sich einige am Morgen in ihre Häuser begeben, weil die Nacht ruhig verlaufen war.

Im Bezirk Okahandja kamen die meisten Morde vor, weil der Aufstand unerwartet kam und in Okahandja seinen Anfang nahm. Die in diesem Bezirk wohnenden Ansiedler konnten deshalb nicht mehr rechtzeitig gewarnt werden. Ermordet wurden nur deutsche Männer (außer den Missionaren). Frauen und Kinder und nichtdeutsche Männer wurden verschont. Die Herero richteten sich nach Mahareros Befehl (S. 125). Wie es dabei zuging, schildert anschaulich Frau von Falkenhausen (104). Am Waterberg waren die Verluste besonders schwer. Der Stationälteste Sergeant Rademacher hatte scheinbar mit dem Ausbruch des Aufstandes nicht gerechnet, und so wurde dort die gesamte Stationsbesatzung und alle dort wohnenden

Männer außer dem Missionar Eich ermordet, zusammen 12 Personen. In dem neugebauten Stationsgebäude hätten sich die 13 Ansiedler und Soldaten einige Tage verteidigen können. Aber der Aufstand kam so unerwartet, daß sogar der erfahrene Stationsälteste Vorsichtsmaßnahmen für unnötig hielt.

Bei Ausbruch der Feindseligkeiten war es noch gelungen, dies nach Windhoek und Swakopmund mitzuteilen. Danach wurden die Telefon- und Telegrafendrähte von den Herero durchgeschnitten. Von beiden Seiten, Windhoek und Swakopmund, versuchte man Hilfe zu bringen, denn man hielt Okahandja für besonders gefährdet. In der Feste befand sich eine Besatzung von 71 Mann, meist Reservisten, unter Befehl von Leutnant d.R. Zürn. Von Windhoek aus versuchte am 12. Januar eine Abteilung vergeblich, Okahandja zu erreichen. Obwohl die deutsche Besatzung von Okahandja einen Ausfall machte, als sie das Nahen der Abteilung aus Windhoek bemerkte, gelang eine Vereinigung der beiden Abteilungen nicht. Die Herero waren zahlenmäßig zu sehr überlegen. Die Windhoeker Abteilung mußte sich unter Verlusten zurückziehen, und die Besatzung kehrte in die Feste von Okahandja zurück.

Mehr Erfolg hatte der Entsatzversuch von Swakopmund aus. In Swakopmund stellte Oberleutnant von Zülow eine Abteilung von 60 Mann zusammen und versuchte, in einem gepanzerten Zug Okahandja zu erreichen. Er hatte viele Schwierigkeiten zu überwinden. Die Herero hatten östlich von Karibib die Eisenbahnlinie an verschiedenen Stellen unterbrochen, Schienen ausgebaut, Brücken zerstört u.dgl., auch setzte starker Regen ein und unterspülte die Strecke. Im feindlichen Feuer mußten die Geleise dann wiederhergestellt werden. Am 12. Januar vormittags hatte der Zug Swakopmund verlassen. Endlich am 15. Januar mittags erreichte er Okahandja und befreite die Besatzung von der Belagerung. Feste und Bahnhof blieben besetzt. Die Herero zogen sich auf den Kaiser-Wilhelm-Berg zurück. Okahandja war nicht mehr gefährdet.

Dasselbe galt von Windhoek. Im Bezirk hatten freilich die Herero die Oberhand, zerstörten Farmen und raubten Vieh. In der Stadt selbst befand sich eine Besatzung von 230 Mann, bestehend aus Reservisten unter Führung von Hauptmann a.D. von François, dem Bruder des 1. Landeshauptmanns, der als Farmer im Bezirk Windhoek lebte. Die Besatzung unternahm am 12. Januar einen allerdings vergeblichen Entsatzversuch von Okahandja unter Führung von Leutnant d.R. Georg Voigts. Verschiedene Patrouillenritte wurden unternommen, erwähnenswert ist besonders der unter Führung des Oberfeuerwerkers von Niewitecki zu den Polizeistationen Hohewarte, Seeis und Hatsamas, die dadurch von der Belagerung der Herero befreit wurden.

Eine entscheidende Wendung in der Situation brachte das Erscheinen der Kompagnie Franke. Sie hatte am 30. Dezember Omaruru verlassen und war nach Süden zur Niederwerfung des Aufstandes der Bondels geeilt. Diese Maßnahme von Leutwein wurde lebhaft kritisiert. Es wurde gesagt, der Aufstand wäre nicht ausgebrochen, wenn die Kompagnie in Omaruru geblieben wäre. Dem ist zu entgegnen, daß damals, im Dezember 1903, niemand an den Ausbruch eines Aufstandes dachte. Auch Franke hielt die Lage in Omaruru für ganz sicher. Die Kompagnie war am 15. Januar bis Gibeon gelangt, als die Nachricht von dem Hereroaufstand eintraf. Hauptmann Franke erbat und erhielt auf heliographischem Wege vom Gouverneur die Erlaubnis zur Umkehr und marschierte mit seiner Kompagnie in 4½ Tagen nach Windhoek (336 km). Die ersten zwei Tage herrschte eine unerträgliche Hitze, danach setzte starker Regen ein. Dieser Marsch war eine große Leistung, besonders wenn man bedenkt, daß die Truppe in gutem Zustand in Windhoek eintraf. Dort wurde ein Ruhetag eingelegt und dann der Marsch in Richtung Okahandja fortgesetzt. Der Marsch wurde kurz vor Okahandja aufgehalten durch den Swakop, der stark floß. Die über ihn führende Eisenbahnbrücke war von den Herero zerstört worden. Versuche, den Fluß zu überschreiten, mußten als aussichtslos aufgegeben werden. Erst am 27. Januar war der Wasserstand soweit zurückgegangen, daß der Fluß überschritten werden konnte. Die Kompagnie erreichte dann ohne Widerstand die Feste in Okahandja.

Am 28. Januar bemerkte Major Franke, daß die Herero noch den Okahandja beherrschenden Kaiser-Wilhelm-Berg besetzt hielten und erstürmte ihn. Die Herero hatten starke Verluste und zogen sich aus der Gegend von Okahandja nach dem Norden zurück.

Weiter ging der Marsch in Richtung Omaruru. Am 2. Februar wurde Karibib erreicht, am 4. die Gegend von Omaruru. Franke, der bei den Herero sehr beliebt gewesen war, hatte gehofft, sein Erscheinen werde die Herero veranlassen, die Feindseligkeiten einzustellen. Darin täuschte er sich. Als er in seiner weißen Uniform auf seinem Schimmel „Blessbock" vor den Reihen der Herero erschien, wurde er besonders heftig beschossen, aber glücklicherweise nicht getroffen. Es bedurfte mehrerer Angriffe seiner Kompagnie, bis die Herero die Belagerung von Omaruru aufgaben und sich nach Norden zurückzogen. Unterstützt wurde die Kompagnie durch die Besatzung von Omaruru, die aus 39 gedienten Reservisten bestand unter Befehl von Oberstabsarzt Kuhn.

Der Aufstand war in Omaruru erst am 16. Januar ausgebrochen. Es war dem Missionar Dannert solange gelungen, den Kapitän Michael vom Anschluß an den Aufstand abzuhalten. Dieser Aufschub gab dem Befehlshaber die Gelegenheit, die Ansiedler des Bezirks nach Omaruru zu rufen, die Truppenpferde von der Weide zu holen und Omaruru zu verstärken. Die ungünstig gelegene Militärstation wurde aufgegeben, und alle Weißen zogen sich in die drei in einer Reihe liegenden Kasernen der Kompagnie zurück. Eine Patrouille wurde nach Okombahe entsandt, um den dortigen deutschfreundlichen Bergdamarakapitän Cornelius zu unterstützen und die dort wohnenden Deutschen zu schützen, was auch gelang (105). In dem Gefecht bei Omaruru hatten die Herero eine bisher unbekannte Hartnäckigkeit und Tapferkeit gezeigt, und auch hier hatte man auf deutscher Seite ihre Kampfkraft sehr unterschätzt.

Der Zug der Kompagnie Franke von Gibeon nach Omaruru hatte eine Wendung der Lage gebracht. Die Übermacht der Herero war gebrochen. Sie mußten die Belagerung der Hauptorte aufgeben. Die Bahn Swakopmund-Windhoek war vor ihren Angriffen gesichert. Das war ein wichtiger Erfolg. Denn nun konnten Nachschub und Verstärkungen die Truppen auf der Bahn ungefährdet und schnell erreichen. Sehr bewährt hatten sich die festen Stationen in Okahandja, Omaruru und Grootfontein, wohin sich die Ansiedler flüchten konnten und die der Schutztruppe einen Rückhalt gewährten.

In Grootfontein, der am weitesten vorgeschobenen Station, befand sich eine Besatzung von 120 Mann, teils deutsche Reservisten, teils Buren, unter Befehl von Oberleutnant Volkmann. Außerdem befanden sich in der Feste 130 Frauen und Kinder. Es war gelungen, rechtzeitig die Ansiedler zu warnen, sodaß nur wenige Morde vorkamen. Zu einer förmlichen Belagerung der Station Grootfontein kam es nicht, nachdem die Herero in dem Gefecht von Uitkomst am 18. Januar eine Niederlage erlitten hatten (106). Die Ovambo beteiligten sich nicht am Aufstand, obwohl sie von den Herero dazu aufgefordert wurden, nachdem sie bei dem Sturm auf Namutoni starke Verluste erlitten hatten (107). Namutoni war eine Polizeistation, zum Distrikt Grootfontein gehörig, die den Verkehr zwischen Ovamboland und der Kolonie kontrollierte. Zwischen den Ovambo und dem deutschen Gouvernement bestanden keine Beziehungen. Der Häuptling Nechale von Ondongua sandte einen seiner Großleute mit etwa 500 Bewaffneten gegen Namutoni, das am 28. Januar 1904 überfallen wurde. Die Waffen der Ovambo bestanden nur zum Teil aus Gewehren, manche waren nur mit Kiries bewaffnet. Die Besatzung der Feste bestand aus 4 Soldaten und 3 Ansiedlern, die sich dorthin geflüchtet hatten. Sie verteidigten sich vom Turm aus und zwangen die Ovambo zum Rückzug. Da die Munition beinahe verschossen war, benutzte die Besatzung eine günstige Gelegenheit, vom Turme herabzusteigen und sich auf den Marsch nach Grootfontein zu begeben. Unterwegs wurden sie bei Nagusib von einer Patrouille aufgenommen, die Oberleutnant Volkmann von Grootfontein ausgesandt hatte.

Wenn das Erscheinen der Kompagnie Franke eine Wendung der Lage herbeiführte, so hatte schon kurz vorher das Landungskorps des Kanonenbootes „Habicht" Hilfe gebracht. Die „Habicht" war von Kapstadt herbeigeeilt, aus allen entbehrlichen Mitgliedern der Besatzung wurde ein Landungskorps gebildet unter Führung von Kapitänleutnant Gygas, das in einem Zug nach Karibib fuhr, wo es am 18. Januar eintraf. Dort blieb das Korps stehen und reparierte die Strecke Karibib-Swakopmund gründlich. Zerstörungen waren nicht nur durch die Herero angerichtet, sondern auch durch starke Regenfälle. Ende Februar war die Strecke von Swakopmund bis Karibib wieder voll betriebsfähig. Zusammenstöße mit den Herero fanden nicht mehr statt. Nunmehr ging das Korps an die Arbeit, die Eisenbahnstrecke bis Okahandja wieder betriebsfähig zu machen. Dabei kam es nur einmal zu einem Zusammenstoß mit den Herero. Inzwischen, am 2. Februar, war auch die Kompanie Franke eingetroffen. Am 3. Februar traf der normale Ablösungstransport der Schutztruppe, der Hamburg noch vor Ausbruch des Aufstandes verlassen hatte, in Swakopmund ein. Er wurde sofort nach der Landung auf der Bahn verladen und erreichte in 26 Stunden Windhoek. Das war wieder ein Beweis für den Wert der Eisenbahn.

Beim Ausbruch des Aufstandes befand sich der Gouverneur im Süden. Er eilte auf dem Seewege über Port Nolloth-Swakopmund auf den Kriegsschauplatz. Der deutsche Kaiser war damit nicht einverstanden, daß Leutwein auf diesem Wege zurückkehrte. Er soll gesagt haben: Leutwein hätte an der Spitze der Schutztruppe zurückmarschieren und Windhoek entsetzen sollen. Er verkannte dabei, daß Windhoek nicht bedroht, und daß es notwendig war, daß Leutwein so schnell wie möglich sich in das Aufstandsgebiet begab. Zunächst war Leutwein der Meinung gewesen, daß die Schutztruppe stark genug sei, den Aufstand niederzuwerfen. Später aber erkannte er seinen Irrtum und bat um Verstärkung, und zwar um 1000 Jäger. Gleichzeitig bat er um Entsendung von Major von Estorff. Dieser bewährte Offizier war 1894 nach SWA gekommen. Während eines Heimaturlaubs des Gouverneurs hatte er als dessen Stellvertreter Maßnahmen getroffen, mit denen dieser nicht einverstanden war. So war von Estorff 1903 in die Heimat zurückgekehrt. Statt der erbetenen Jäger entstandte das Oberkommando der Schutztruppe in Berlin ein Bataillon Seesoldaten in Stärke von 699 Mann und 39 Offizieren unter Führung von Major von Glasenapp. In SWA war man sich darüber einig, daß ein Bataillon Jäger geeigneter gewesen wäre für die Kriegsführung in SWA, obwohl sich die Seesoldaten in dem Chinafeldzug zur Niederwerfung des Boxeraufstandes 1900-1902 gut bewährt hatten. Sie waren nicht beritten und waren das Höhenklima nicht gewöhnt.

Der Gouverneur traf am 12. Februar auf dem Kriegsschauplatz ein und übernahm die Leitung der Operationen. Er bildete eine Westabteilung unter Führung von Major von Estorff und eine Ostabteilung unter Führung von Major von Glasenapp im Bezirk Gobabis. Eine Hauptabteilung sollte bei Okahandja gebildet werden und aus den Verstärkungen bestehen, deren Eintreffen man Ende Februar erwartete.

Wir verfolgen zunächst die Tätigkeit der Westabteilung. Diese stand bei Omaruru und erhielt den Befehl, Verbindung mit der in Outjo stehenden 4.

Feldkompagnie herzustellen, von der Nachrichten fehlten. Als die Abteilung von Omaruru aus in Richtung Outjo marschierte, traf sie unterwegs auf die 4. Feldkompagnie, die in Richtung Omaruru marschierte. Major von Estorff beschloß, mit seiner so verstärkten Abteilung die Herero anzugreifen, die er bei der ergiebigen Wasserstelle Otjihaenamaparero vermutete. Diese lag nördlich vom Omatako. Die Abteilung begann den Vormarsch am 24. Februar. Sie bestand aus der 2. und 4. Feldkompagnie und einigen Seesoldaten, die beritten waren, insgesamt 164 Mann, 12 Offizieren und 5 Geschützen. Am nächsten Vormittag um 8 Uhr stieß man auf die Herero an der Wasserstelle. Sie hatten eine günstige Stellung in und hinter einer Felswand eingenommen, die die Wasserstelle umgab, und waren zahlenmäßig weit überlegen; man schätzte ihre Zahl auf 1000.

Der Kampf währte bis zum Abend. Die Entscheidung fiel durch einen Angriff der 2. Kompagnie mit dem Bajonett, als die Herero eine Umgehung versuchten. Ein zweiter Angriff brachte die Wasserstelle in deutschen Besitz. Inzwischen war es 6 Uhr abends geworden, und auch die deutschen Soldaten hatten schwer unter Hitze und Durst gelitten. Die Herero flohen nach Osten. Die Dunkelheit machte der Verfolgung ein Ende. Viel Vieh wurde erbeutet.

Die Abteilung blieb zunächst bei der Wasserstelle stehen, bis ein Befehl von Leutwein sie nach Okahandja rief, wo sie am 20. März eintraf. Dort wurde sie mit der Hauptabteilung vereinigt.

Die Hauptaufgabe der Ostabteilung sollte sein, ein Entweichen der Ostherero nach Osten, nach Britisch-Betschuanaland, zu verhindern. Sie bestand aus einer Schutztruppenkompagnie unter Oberleutnant von Winkler und 2 Kompagnien Seesoldaten. Führer war Major von Glasenapp. Die Stärke der Abteilung betrug ca. 400 Gewehre. Die Schwäche der Abteilung war zweifach: Sie hatte nur wenige Berittene. Ihre Pferde waren minderwertig. Es waren hauptsächlich solche, die andere Abteilungen als unbrauchbar in Windhoek zurückgelassen hatten. Zudem bestand das Seebataillon, da man in Deutschland nicht genug altgediente Mannschaften finden konnte, zu 40 v.H. aus Rekruten.

Zunächst handelte es sich bei der Ostabteilung um Marschleistungen. Der Weg führte von Windhoek nach Gobabis 230 km, von dort weiter nach Kehoro om oberen schwarzen Nossob, wo die Hauptmacht der Ostherero unter Tjetjo lagern sollte. Als man jedoch Kehoro erreichte, waren die Herero bereits abgezogen, und zwar, wie man zum allgemeinen Erstaunen feststellte, nach Westen, nach den Onjatibergen, und nicht nach Osten, nach Betschuanaland, wie man zuerst vermutet hatte. Die Ostherero zeigten aber nicht dieselbe Kampfeslust, wie ihre Brüder in Omaruru und Okahandja. Tjetjo und die Ostherero hatten sich auch schon früher immer etwas abseits gehalten. Die Marschleistungen der Ostabteilung sind zu bewundern, besonders wenn man bedenkt, daß sie während einer Hitzeperiode stattfanden. In Kehoro war aber der Marsch noch nicht zu Ende. Der nach Westen entweichende Feind wurde weiter verfolgt. Seine Spuren verloren sich jenseits Onjati, das die Abteilung am 13. März erreichte.

Um festzustellen, wo die Herero sich befanden, wurde eine stärkere Erkundungsabteilung zusammengestellt. Da die Zahl der berittenen Mannschaften beschränkt war (ihre Zahl betrug 35), nahmen alle in Onjati entbehrlichen Offiziere und auch der Stab an der Erkundung teil. Diese führte zu dem Gefecht von Owikokorero am 13. März 1904. Ein Maschinengewehr und eine Ochsenkarre zum Transport der Verwundeten, gedeckt durch 7 Seesoldaten, wurden der Abteilung zugeteilt. Ziel der Erkundung war es festzustellen, ob die Wasserstelle von Owikokorero noch besetzt sei. Während des Vormarsches von Onjati aus wurde am 13. März nachmittags ein Hereroweib am Wege aufgegriffen, die aussagte, Tjetjo befände sich noch in Owikokorero, aber der größte Teil des Stammes habe die Wasserstelle bereits verlassen, eine Viehherde befände sich noch in der Nähe. Da während des Verhöres durch den sprachkundigen Leutnant Eggers eine Viehherde südlich des Weges gemeldet wurde, schenkte man dem Weib auch im übrigen Glauben. Durch immer dichter werdenden Busch folgte die Patrouille in etwa 300 m breiter Front Pfaden, die nach Owikokorero zu führen schienen. Einzelne Herero, die im Busch lagen, flohen. Gegen 4 Uhr nachmittags fielen auf dem deutschen rechten Flügel die ersten Schüsse. Die Abteilung saß ab und nahm den Kampf auf. Die Herero waren aber so gut gedeckt, daß das deutsche Feuer wirkungslos war. Selbst das Maschinengewehr konnte nichts ausrichten. Mehrere Leute von seiner Bedienung fielen. Ein deutscher Umfassungsversuch vom linken Flügel aus mißglückte, da die Herero ihrerseits zu umfassen versuchten. Nun erkannte Major von Glasenapp, daß die Herero noch an der Wasserstelle säßen und daß ihm mehrere hundert Gegner gegenüberständen. Damit war der Zweck der Erkundung erreicht. Glasenapp befahl den Rückzug, doch konnte die Patrouille sich nicht ohne Verluste vom Feinde lösen. Ja, sogar das Maschinengewehr mußte zurückgelassen werden, nachdem es unbrauchbar gemacht worden war. Auf dem Rückzug wurde zweimal Front gemacht; die Herero drängten heftig nach und versuchten zu überflügeln. Die Pferde der Patrouille waren zum großen Teil erschossen, sie mußte deshalb zu Fuß kämpfen. Auf den Gefechtslärm hin war die Ochsenkarre mit den 7 Seesoldaten vorgegangen und hatte eine Aufnahmestellung eingenommen, wohin sich die Patrouille zurückzog. Dem Gefecht, das um 4 Uhr nachmittags begonnen hatte, machte die Dunkelheit gegen 6 Uhr nachmittags ein Ende. Es hatte also nur etwas über 2 Stunden gedauert, aber schwere Verluste für die Deutschen gebracht. Von 11 Offizieren und 38 Reitern waren gefallen: 7 Offiziere und 19 Mann, verwundet 3 Offiziere und 3 Mann. Die Verluste betrugen also fast 70 Prozent.

Wie konnte es dazu kommen? Wie damals allgemein auf deutscher Seite, so unterschätzte man auch bei der Ostabteilung die Kampfkraft der Herero. Landeskundige Berater von Major von Glasenapp waren Leutnant Eggers und Hauptmann von François gewesen, beide erfahren in afrikanischen Kriegen. Dieser Unterschätzung war auch Gouverneur Leutwein unterlegen, der im Anfang des Aufstandes nach Berlin gemeldet hatte, die Schutztruppe genüge zur Niederwerfung des Aufstandes. Nach dem Gefecht von Owikokorero war man auf deutscher Seite vorsichtiger.

Die Abteilung von Glasenapp blieb zunächst bei Onjati stehen, von wo der Erkundungsritt ausgegangen war, da die Abteilung zu schwach war, um gegen die starke bei Owikokorero stehende Streitmacht der Herero etwas auszurichten. Da es stark regnete, wurden besondere Maßnahmen getroffen, um dem Ausbruch von Seuchen vorzubeugen. Die Abteilung wartete die Bildung der Hauptabteilung bei Okahandja ab, um dann mit ihr zusammenzuwirken und die in den Onjatibergen vermuteten Herero von zwei Seiten anzugreifen. Ein Zusammenwirken der beiden Abteilungen war dadurch erschwert, daß es 5 bis 8 Tage dauerte, bis ein Befehl oder eine Nachricht von Onjati nach Okahandja oder umgekehrt gelangte. Leutwein hatte mitgeteilt, daß die Hauptabteilung, die in Okahandja gebildet wurde, am 1. April operationsfähig sein würde. So brach Major von Glasenapp mit seiner Abteilung am 1. April von Onjati aus nach Osten auf, um Verbindung mit der Hauptabteilung aufzunehmen. Deren Bildung hatte sich jedoch bis zum 7. April verzögert, wovon Glasenapp aber erst am 3. April erfuhr. Als die Abteilung auch am 2. April noch nichts von der Hauptabteilung bemerkt hatte und abgeschossene Leuchtraketen nicht erwidert wurden, entschloß sich Glasenapp, wieder nach Onjati zurückzugehen, da seine Abteilung allein dem Gegner gegenüber zu schwach war. Am 3. April vormittags befand sich die Abteilung auf dem Rückmarsch bei Okaharui in weit auseinandergezogener Kolonne, die 2½ km lang war. 22 Ochsenwagen befanden sich in ihr. Der Marsch führte durch dichten Busch. Plötzlich wurde die Kolonne vorn und hinten gleichzeitig von dichten Massen berittener Herero angegriffen. Unter der Abteilung von Glasenapp waren nur wenige Reiter, da die berittene Abteilung nach Onjati vorausgesandt worden war. Wenn das Gefecht auch mit einem Sieg der Abteilung endete, indem die Herero das Gefecht abbrachen und sich zurückzogen, so hatte sie doch erhebliche Verluste erlitten, besonders bei der Nachhut: 1 Offizier und 31 Mannschaften waren gefallen, 2 Offiziere und 15 Mann waren verwundet.

Glasenapp beschloß nunmehr abzuwarten, bis die Hauptabteilung vorrückte, und solange bei Onjati zu bleiben. Es regnete in dieser Zeit viel, und Anfang April kamen bei der Abteilung die ersten Typhusfälle vor. Die Krankheit verbeitete sich so schnell, daß die Abteilung nicht mehr zu irgendwelchen Aktionen fähig war. Der Befehlshaber sah sich deshalb genötigt, die verseuchte Gegend von Onjati zu verlassen, und marschierte nach Otjihaenena, wo in der Missionskirche und dem Missionshaus ein festes Lazarett eingerichtet werden konnte. Die Abteilung wurde in Otjihaenena in Quarantäne gelegt und fiel somit für den weiteren Verlauf des Aufstandes aus. Am 6. Mai wurde sie aufgelöst. Sie hatte mit vielen Schwierigkeiten zu kämpfen gehabt: ihre Zusammensetzung — zum großen Teil Rekruten — war für ihre Aufgabe ungeeignet, es fehlte an Pferden, die Verbindung mit dem Hauptquartier in Okahandja war schlecht. Zu einem Zusammenwirken der Ost- und Hauptabteilung kam es nicht. Das hatte zur Folge, daß manche ihrer Operationen ein Mißerfolg waren. Dazu kam noch der Typhus, der viele Todesopfer forderte. Die berittene Abteilung unter Oberleutnant von Winkler hatte die Ostabteilung bereits verlassen, als der Typhus ausbrach, und war somit auch weiterhin verwendungsfähig.

Die Westabteilung war mit ihrem Einrücken in Okahandja aufgelöst worden (S. 132), die Ostabteilung wurde am 6. Mai aufgelöst. Wir verfolgen nunmehr die Ereignisse bei der

Hauptabteilung in Okahandja. Die Aufgabe der Ostabteilung war Sperrung der Ostgrenze gewesen. Es gab für grössere Massen nur zwei Stellen, wo ein Übergang aus der Kolonie nach Betschuanaland möglich war. Diese beiden Stellen wurden gesperrt durch die Besetzung von Koblenz am Omuramba von Grootfontein aus und die von Epukiro durch eine Abteilung von 100 Reitern unter Oberleutnant von Winkler. Die Hauptabteilung mußte zunächst in Okahandja überhaupt erst gebildet werden. Sie sollte bestehen aus der Schutztruppe, die aus dem Süden zurückkehrte, einer Marinekompagnie und den anderen aus Deutschland erwarteten Verstärkungen, ca. 500 Mann. Ihr Führer sollte Oberst Dürr sein. Dieser mußte jedoch 4 Wochen nach seinem Eintreffen in DSWA das Land wieder verlassen, da er das Klima nicht vertrug. Die Verstärkungen trafen Ende Februar ein in Stärke von 570 Mann, 27 Offizieren. Die Schutztruppe (1. Kompagnie) traf Mitte März aus dem Süden ein. Die Zeit in Okahandja bis zur Formation der Hauptabteilung sollte dazu benutzt werden, die Gegend zwischen Okahandja und Otjimbingwe von den Herero zu säubern und deren Vereinigung mit den Okahandja-Herero zu verhindern. Es kam auch zu Gefechten, die für die Deutschen erfolgreich verliefen, aber die Vereinigung konnte nicht verhindert werden. In der Nacht vom 28. zum 29. März überschritten ca. 1000 bewaffnete Herero die Bahnlinie Okahandja-Windhoek bei Teufelsbach und vereinigten sich mit den am oberen Swakop stehenden Okahandja-Herero, ein Vorgang, der für die Deutschen sehr ungünstig war.

Die Hauptabteilung, die in Okahandja gebildet wurde, war zunächst nicht aktionsfähig, da ein Transport von Pferden und Maultieren aus Argentinien noch nicht eingetroffen war. Es dauerte noch bis zum 7. April, bis die Hauptabteilung marschfähig war. Die aus Argentinien eingeführten

Tiere mußten erst eingefahren werden. Die Hauptabteilung bestand aus 800 Gewehren, 12 Geschützen und 160 eingeborenen Hilfstruppen — Witbooi und Bastards. Angesichts der Massen des Hererokriegsvolkes war das nur eine kleine Truppe, aber Leutwein glaubte, mit dem Angriff nicht länger warten zu dürfen. Das Eintreffen von Verstärkungen wollte er nicht abwarten, da die Herero das als Schwäche ausgelegt haben würden. Ihre Kampfeslust wäre dann natürlich gestiegen. Der Häuptling Kajata hatte Missionar Kuhlmann schon gefragt: „Kämpfen deine Leute nur hinter Häusern (= Festungen)?"

Man vermutete die Herero in den Onjatibergen. Es wurde jedoch bald festgestellt, daß das nicht der Fall war. Sie befanden sich, unter ihnen auch Samuel Maharero, nördlich von den Bergen, bei Onganjira, und zwar in großen Massen. Nicht weit davon, bei Okatumba, standen weitere große Heerhaufen von ihnen. Beide Gruppen gleichzeitig anzugreifen, dazu war die Schutztruppe zu schwach. Leutwein entschied sich also, die Gruppe, bei der sich Samuel Maharero befand, zuerst anzugreifen und sich gegen die andere Gruppe durch eine schwache Abteilung zu schützen. Am 7. April verließ die Hauptabteilung Okahandja und erreichte am 8. April Otjosasu, unweit Onganjira. Dort fand das Gefecht am 9. April statt.

Das Ziel des Angriffs war die Wasserstelle Onganjira. Der Weg dahin führte an Höhen entlang, die die Herero besetzt hatten. Sie hatten offenbar gehofft, den Deutschen so eine Falle stellen und sie von den Höhen aus überfallen zu können. Leutwein erkannte das rechtzeitig, wich vom Wege ab, griff zunächst die umgebenden Höhen an und nahm sie. Dann erst richtete er den Angriff auf die Wasserstelle. Es war inzwischen Abend geworden. Die Hauptabteilung der Herero lag auf einer Höhe oberhalb der Wasserstelle. Ihre Stellung war durch ein Dornverhau geschützt und wurde durch einen Angriff mit dem Bajonett gestürmt. Solche Angriffe fürchteten die Herero besonders. Das Gefecht war gekennzeichnet durch eine große zahlenmäßige Überlegenheit der Herero, ihre große Angriffslust, die die Angriffe der deutschen Truppen häufig mit Gegenangriffen beantworteten. Auf deutscher Seite spielte die Artillerie eine große Rolle. Die Wasserstelle wurde erst am Abend von der Schutztruppe genommen. Eine Verfolgung der Herero kam deshalb nicht mehr in Frage, auch schon nicht wegen der bei Okatumba stehenden Hererokrieger. Diese griffen auch am Ende des Gefechtes von Onganjira durch einen Flankenangriff unter der Führung von Kajata ein. Der Angriff wurde aber schwächlich ausgeführt und leicht abgewiesen. Die Flucht der Herero ging nach Nordosten. Samuel und seine Unterführer begaben sich nach Oviumbo. Der Sieg war erfochten mit einem Verlust auf deutscher Seite von 2 Offizieren und 2 Reitern. Unter ersteren befand sich der jüngere Bruder von Major von Estorff, Leutnant von Estorff. Im Hererolager wurde viel Vieh erbeutet. Unter der Beute befanden sich auch zahlreiche aus Farmhäusern geraubte Gegenstände. Die von

Leutwein erhoffte Mitwirkung der Ostabteilung war ausgeblieben. Er entschloß sich nun, die bei Okatumba stehenden Herero anzugreifen. Das führte zu dem Gefecht von Oviumbo am 13. April.

Von Onganjira marschierte die Schutztruppe nach Okatumba, das vom Feinde frei gefunden wurde. Die Witbooi, die mit der Aufklärung beauftragt waren, meldeten auch die Werften von Oviumbo frei. Leutwein setzte deshalb den Vormarsch in Richtung Oviumbo fort. Um 10 Uhr vormittags wurde dort gehalten, um die Pferde zu tränken. Während die Spitze damit beschäftigt war, wurde sie plötzlich beschossen. Die Aufklärung im dichten Dornbusch war sehr schwierig. So wußte Leutwein zunächst nicht, daß die Herero in großer Übermacht vor ihm standen. Die deutschen Truppen zogen sich auf dem Nordufer des Swakopflusses, der kein Wasser führte, zu einem Karree zusammen, das von den Herero von drei Seiten eingeschlossen wurde. Auf der vierten Seite war das Swakoptal, das den Deutschen freies Schußfeld bot. Infolge der dichten Bewachsung des Geländes konnten Artillerie und Maschinengewehre nicht zur Wirkung kommen. Den ganzen Tag über griffen die Herero in großer Übermacht in dem dichten Dornbusch die deutschen Linien an, konnten aber abgewiesen werden. Als es etwa 6 Uhr abends geworden war, unternahmen die deutschen Truppen einen Angriff nach allen Seiten und gewannen etwa 1 km im Umkreis Gelände. Andererseits wurde ihre Lage kritisch. Bei den den ganzen Tag währenden Angriffen der Herero hatten sich Infanterie und Artillerie nahezu verschossen. Munitionsersatz von den bei Otjosasu stehenden Kolonnen heranzuführen, schien unmöglich, da sich auf dem dorthin führenden Wege Hererobanden gezeigt hatten. Leutwein faßte deshalb nach Beratung mit seinen Offizieren den Entschluß, nach Otjosasu zurückzugehen. Der Rückmarsch wurde ohne Schwierigkeiten durchgeführt. Leutwein wurde später viel wegen des Abbruchs des Gefechtes und des Rückzuges kritisiert. Um zu einem gerechten Urteil zu kommen, muß man wissen, wie die Beratung verlief, und ich lasse deshalb hier den Bericht eines Ohrenzeugen folgen, den ich dem Buch von Paul Leutwein, dem Sohn von Gouverneur Leutwein, „Afrikanerschicksal" S. 136 entnehme und führe den Bericht des Sergeanten Fuchs an:

„Ich war, wie Sie wissen, rechter Flügelunteroffizier des dritten Zuges der Kompagnie Franke. Dicht dabei stand Ihr Herr Vater als Oberst und Kommandeur. Etwas weiter rechts saß der Major von Estorff auf einem Baumstumpf und zeichnete Figuren im Sande. Dicht neben dem Major von Estorff lag Hauptmann Franke unter einem hochästigen Busch und hatte wieder einen seiner vielen Malariaanfälle. Auch Oberleutnant Ritter stand in der Nähe.

Von allen Seiten stürmten die Herero auf das geschlossene Karree. Unser Zug wurde öfter nach der linken oder vorderen Seite eingesetzt und dann wieder zur Verwendung des Stabes zurückgenommen. Oberleutnant

Böttlin, der Bastardführer, kam von seiner Rekognoszierung mit der Bastardabteilung fast allein zurück. Er wurde im dichten Busch überfallen. Seine Abteilung stob auseinander. Mit seinem Revolver erledigte er die Angreifer seines Pferdes, kam durch und erstattete diese Meldung. Ich sehe noch heute Ihren Vater, wie er dastand und bei dieser Meldung mit keiner Wimper zuckte. Sein Gedanke war: Stürmen und die Ehre des Tages zu retten.

‚Herr Major von Estorff, wie denken Sie über die Lage? Bleiben Sie sitzen' sagte der Oberst.

‚Herr Oberst, meine Stellung hier behaupte ich.'

‚Nun, Herr Hauptmann Franke, wie denken Sie? Ich meine, wenn wir die zweite und fünfte Kompagnie, die beide noch ziemlich frisch sind, zum Sturm ansetzen, so muß es doch gehen?'

Franke antwortete: ‚Herr Oberst, wir stürmen durch, der Feind schießt uns nachher in den Rücken, und wir kommen kaum mehr zurück.'

‚Na,' sagte der Oberst, ‚ich sehe, die tapferen Kämpfer sind auf einmal vorsichtige alte Afrikaner geworden.'

Es wurde also nicht gestürmt. Wir Soldaten brannten alle darauf, denn wir dachten, es müsse gehen, aber Ihr Vater fand keine Unterstützung bei denen, von denen er es verlangen konnte. Es war schrecklich. Wir alten Soldaten, die wir so oft gestürmt und die Entscheidung in letzter Stunde herbeigeführt hatten, wir konnten oder durften nicht stürmen. Wir lagen auf dem Bauche, während die Kugeln mehrere Stunden um uns zischten, ohne daß wir Verluste hatten.

Franke sollte eigentlich zurückbleiben und als Fieberkranker ins Lazarett gehen. Ritter führte schon von Otjosasu an die Kompagnie. Auf einmal kam Franke angesprengt. Er wolle die Kompanie noch führen, meldete er dem Oberst. Die Avantgarde führte er noch, auch beim Zurückweichen ins Karree war er noch frisch. Dann, in kritischer Stunde, bekam er einen Schüttelfrost bei seiner Kompanie, die auch unter Oberleutnant Ritter stürmen will, aber nicht darf. Warum nicht?

Den Befehl zum Sturm unter allen Umständen hat Ihr Vater an dem Tage nicht ausgesprochen. Das war sein Verhängnis. Aber getragen hat er sich mit dem Gedanken. Er scheiterte an den Anfragen und Antworten, die er bekam.

Jedenfalls, das ist sicher, Ritter hätte gestürmt und hätte die Antwort der andern nicht gegeben. Wir gingen also nachts zurück, ohne weitere Verluste zu bekommen. Am anderen Morgen zeigte sich, daß die Herero auch des Nachts zurückgegangen waren. Nur um den Abzug ihres Viehs zu decken, hatten sie den Tag so angriffslustig — im dichten Busch zum ersten Male — und so tapfer gefochten. Abends war es nur noch Demonstration. Wir alle hatten das Gefühl, daß es ginge. Aber was war die Ursache, daß wir nicht stürmen durften? Durfte, wenn Franke krank dalag und Estorff nur stehen bleiben wollte, ein anderer den Ruhm nicht bekommen?

Sie werden mich verstehen, Herr Dr. Leutwein. Ich habe Ihren Herrn Vater sehr verehrt und Sie verehre ich nicht minder. Sie können mit diesen Zeilen machen, was Sie wollen, wahr sind sie."

Der Entschluß zum Abbruch des Gefechtes und zum Rückmarsch nach Otjosasu ist Leutwein also nicht leicht gefallen. Er hat ihn widerstrebend und unter dem Eindruck der Beratung mit seinen Offizieren gefaßt. Bei der Einstellung des sonst so aktiven Hauptmanns Franke muß man bedenken, daß er zur Zeit der Beratung schwer unter Malaria litt.

Wir haben schon gesehen (S. 134), daß die Ostabteilung in der Annahme, daß die Hauptabteilung am 1. April vorrücken würde, an diesem Tage vergeblich versucht hatte, Verbindung mit der Hauptabteilung aufzunehmen, und danach nach Onjati zurückgegangen war. Eine Zusammenwirkung der beiden Abteilungen bei Oviumbo, wie Leutwein erhofft hatte, kam also nicht zustande. Während man auf deutscher Seite das Gefecht von Oviumbo als Niederlage ansah, war dasselbe bei den Herero der Fall. Auch sie empfanden ihrerseits das Gefecht als eine Niederlage, da die Deutschen alle ihre mit großer Übermacht ausgeführten Angriffe abgeschlagen hatten, wobei sie selbst große Verluste erlitten. Die deutschen Verluste bei Oviumbo waren gering: 2 Offiziere, 7 Reiter gefallen, 1 Offizier, 14 Reiter verwundet. Als die Herero hörten, daß die deutschen Truppen bei Otjosasu stehengeblieben waren, begannen sie, ihre Stellung am oberen Swakop zu räumen und nach Norden zu ziehen. Ihr Ziel war der Waterberg.

Unter dem Eindruck des Gefechtes von Oviumbo schrieb Leutwein (108): „Die öffentliche Meinung in Deutschland, einschließlich zahlreicher Afrikakenner, hat die Herero weit unterschätzt. Auch wir hier haben einen solchen Widerstand nicht erwartet. Die Herero sagen sich anscheinend, daß sie doch keine Gnade zu erwarten hätten, und sind zum äußersten entschlossen. Sie lassen sich mit Gleichmut totschießen, wo auch das Schicksal es mit sich bringt. Der Krieg wird daher erst aufhören, wenn der Feind seine letzte Patrone verschossen hat. Das Gefecht von Oviumbo hat klar bewiesen, daß die Truppe in ihrer gegenwärtigen Stärke in der Tat nicht ausreicht, um den Aufstand niederzuwerfen."

Auch in Deutschland hielt man nun Verstärkungen für nötig. Leutwein bat um 1500 Mann. Es mußte noch einige Zeit vergehen, bis die Verstärkungen eintrafen. Leutweins Plan war, mit den Verstärkungen eine entscheidende Niederlage den Herero beizubringen. Die 1400 Mann, die er zur Verfügung hatte, hielt er dafür nicht ausreichend.

Die Herero begannen sich am Waterberg zu sammeln. Es scheint, daß das auf Befehl von Samuel Maharero geschehen ist. Immer mehr trat er als Führer hervor, dessen Befehlen gehorcht wurde. Die im Osten stehenden Hererobanden zogen von der Ostabteilung weg nach dem Waterberg. Auch die im Westen stehenden Herero, die von der Kompagnie Franke bei Omaruru geschlagen worden waren (S. 129), hatten sich zum Waterberg zurückgezogen. Es wurde gemeldet, daß vom Ovamboland Munition nach dem Waterberg gebracht worden sei. Es schien also sicher, daß die Herero sich am Waterberg zum Kampf stellen würden. Sie wollten in ihrem eigenen Land um ihr Land kämpfen. Beiden Parteien, den Deutschen sowohl wie den Herero, war es klar, daß sie um ein wertvolles Land kämpften. Zur Zeit der Kämpfe regnete es stark, und das Land zeigte sich von seiner besten Seite.

Samuel Maharero hatte den Kampfplatz für die Herero gut gewählt. Seine Streitmacht stand südlich vom Berge und war so gegen Angriffe von Norden her geschützt. Denn ein Überschreiten des Berges durch größere Abteilungen konnte nicht in Frage kommen. Am südlichen Abhang des Berges entspringen starke Quellen. Es war also genügend Wasser für das Hererovieh vorhanden. Dem Berge ist ein weites Weideland vorgelagert. Andererseits war der Kampf für die Deutschen ungünstig; denn er bedingte eine lange Etappenlinie. Der nächste Bahnhof Okahandja war vom Waterberg 190 km entfernt. Die auf diesem Wege vorhandenen 14 Wasserstellen waren zum Teil unzuverlässig und reichten nicht entfernt aus für das Tränken einer großen Anzahl von Ochsen. Der gesamte Bedarf der Truppe an Proviant, Munition usw. mußte durch Ochsenwagen von Okahandja zum Waterberg befördert werden.

Leutwein benutzte die Zeit bis zum Eintreffen der Verstärkungen zum Ausbau der Etappenlinie von Okahandja zum Waterberg. Unterstützt wurde er dabei von dem Major im Generalstab Quade, der die Leitung der Organisation der Etappenlinie übernahm. Da erhebliche Verstärkungen erwartet wurden, mußten die Landungsverhältnisse in Swakopmund verbessert werden. Der Leichterhafen versandete immer mehr und war nur noch bei Flut zu gebrauchen. Pioniere unter Major Friedrich bauten eine hölzerne Landungsbrücke, die im April 1905 fertig wurde, gerade als der Leichterhafen völlig versandete. In dem guten Regenjahr 1904/05 war der Swakop besonders stark abgekommen und hatte viel Sand und Schlick vor die Küste von Swakopmund abgelagert (109). In der Etappe wurden Sammelstellen für Zugtiere und Wagen eingerichtet, ebenso Wagenwerkstätten, Depots für Bekleidung und Munition, Lazarette usw. Eine Feldtelegraphenlinie wurde von Okahandja nach Otjosasu gelegt und später bis Owikokorero verlängert. Glücklicherweise hatte die Postverwaltung noch einen Vorrat an Draht, der dafür verwendet werden konnte. Zugtiere wurden gekauft und eingeborene Treiber angeworben.

Schon vor dem Gefecht von Oviumbo wurde in Deutschland die Entsendung von Verstärkungen vorbereitet. Diese bestanden aus tropenfähigen Freiwilligen des Landheeres. Sie wurden vom Oberkommando der Schutztruppe in Berlin zusammengestellt, bekleidet und ausgerüstet. Mit der Verwendung der Marine-Infanterie in DSWA hatte man nicht so gute Erfahrungen gemacht. Auch hatte Leutwein gebeten, daß zugleich die nötigen Pferde ausgeschickt würden, um die Verstärkungen beritten zu machen. Als Pferde nahm man die ostpreussischen „Klepper", die sich bei ihrer Anspruchslosigkeit und Zähigkeit gut bewährten. Eile war geboten, und es blieb keine Zeit, die neu zu bildenden Formationen vorher zusammenzuziehen und zusammenzuschweissen. Die ersten Verstärkungen, noch ohne Pferde, kamen Ende Februar-Anfang März an, etwa 1000 Mann. Weitere Transporte erreichten Swakopmund Ende April. Das Ausladen der Truppen und des Materials war schwierig wegen der schon geschilderten schlechten Landungsverhältnisse. Weiter war es unmöglich, die Truppen an einem Ort zusammenzuziehen wegen Mangels an Weide, Wasser und Verpflegung. Die Verstärkungen mußten deshalb auf mehrere Orte längs der Bahnlinie Swakopmund-Okahandja verteilt werden. An den Mobilmachungsorten wurden die Verstärkungen in Kompagnien und Batterien eingeteilt und an die Landesverhältnisse gewöhnt. Das bedingte für die Infanteristen Ausbildung im Reiten, für die Reiter Ausbildung im Schießen, für alle Neulinge Ausbildung zu selbständigem Handeln in der neuen Umgebung. Es machte sich hier fühlbar, daß es in Deutschland keine Kolonialarmee gab, die im Bedarfsfalle sofort eingesetzt werden konnte, und so mußten die Verstärkungen in unfertigem Zustande nach Südwestafrika gebracht werden. Auch den Herero fiel der Unterschied zwischen den alten und den neuen Schutztrupplern auf. Einer der Hererogroßleute soll gesagt haben: „Die alten deutschen Soldaten fürchten wir, die neuen aber nicht, die kommen direkt von der Mutter."

Zu kriegerischem Vorgehen bestand für Leutwein zunächst kein Anlaß. Die Truppe, die ihm zur Verfügung stand, war für den entscheidenden Sieg noch zu schwach; alle einlaufenden Nachrichten deuteten darauf hin, daß die Herero am Waterberg stehen blieben und dort die Entscheidung suchen wollten. Es schien ihm deshalb richtiger, die Verstärkungen abzuwarten. Leutwein war nach dem Gefecht von Oviumbo mit dem Ausbau der Etappe und der Mobilmachung der Verstärkungen, also mit der Vorbereitung der Entscheidung beschäftigt. Er ließ die Herero durch eine Abteilung unter dem Befehl von von Estorff beobachten. Diese zogen sich langsam nach Norden, zum Waterberg, zurück und es kam noch zu einigen Rückzugsgefechten. Während Leutwein so beschäftigt war, wurde er Anfang Mai benachrichtigt, daß „im Hinblick auf die beschlossenen weiteren Verstärkungen S.M. der Kaiser zum Führer der in DSWA sich sammelnden Truppenabteilungen den Generalleutnant von Trotha in Aussicht zu nehmen geruht habe." Entscheidende Operationen sollten bis zu Trothas Eintreffen nicht mehr stattfinden, Leutwein sollte nur ein Entweichen der Herero vom Waterberg verhindern.

Trotha, der bei seinem Eintreffen in DSWA 56 Jahre alt war, war zuletzt Kommandeur der 16. Division gewesen. Für seine Aufgabe brachte er schon einige Erfahrungen mit. Er war Kommandeur der Schutztruppe in Deutsch-Ostafrika während des Waheheaufstandes 1896 gewesen und dann Brigadekommandeur während der Chinawirren 1900. Als Trotha in DSWA am 11. Juni 1904 ankam, übernahm er am gleichen Tage den Oberbefehl von Leutwein. Am 13. Juni traf er in Okahandja ein, wo er sein Hauptquartier einrichtete. Die ersten Tage widmete er der Orientierung und hatte eine Besprechung mit Leutwein, der ihm klarzumachen versuchte, daß er den Krieg im Hinblick auf die Zukunft der Kolonie führen müsse. Dazu sei nötig die Erhaltung des Hererovolkes, da man Arbeitskräfte brauchen würde, und seines Viehbestandes, den man zum Wiederaufbau der Wirtschaft nach dem Aufstande benötigen würde. Trotha hörte aufmerksam zu, ließ aber am Schluß der Unterredung erkennen, daß er den Feldzug nach anderen Grundsätzen führen würde. Denn der Kommandowechsel hatte andere Gründe als die offiziell angegebenen. Man war allgemein der Meinung, Leutwein habe versagt, vor allem in dem Gefecht von Oviumbo. Seine Leitung des Gefechtes hatte scharfe Kritik hervorgerufen. Der deutsche Militärschriftsteller von Engelbrechten schrieb (110), daß das Gefecht von Oviumbo einer Katastrophe nahekam. Auch der deutsche Generalstab war unzufrieden, wie aus einem Telegramm Leutweins an diesen hervorgeht (111): „Vorwurf des Mißerfolges trifft mich hart. Glaube bei Oviumbo Truppe mittelst Nachtmarsches vor Katastrophe gerettet zu haben. Bitte um Ersatz durch höheren Offizier, welcher volles Vertrauen des Generalstabes besitzt, da nur dann gedeihliches Zusammenwirken möglich. Werde bis dessen Eintreffen Geschäfte als Kommandant pflichtmäßig weiterführen und dann als Gouverneur mit Rat zur Seite stehen." Weiter verurteilte man auch sein Regierungssystem, das man den Eingeborenen gegenüber für zu weich hielt. Ende Januar 1904 gab der Vorstand des Kolonialbundes in Berlin ein Flugblatt heraus, in dem es unter anderem hieß (112): „Die Ergebnisse der Politik des Schönfärbens, des Zauderns und der weichen Hand des Gouverneurs Leutwein treten nunmehr zu Tage. Im ganzen Lande ist unter den Eingeborenen, welche seit Jahren im Gegensatz zu den europäischen Privatleuten durch die Liebenswürdigkeiten des Gouverneurs verwöhnt und künstlich übermütig gemacht worden sind, eine Gärung eingetreten, die bedenklich zu werden droht. Jeder Kenner afrikanischer wie überhaupt wenig zivilisierter farbiger Völker weiß, daß der Europäer nur durch unbedingtes Aufrechterhalten der Suprematie seiner Rasse seiner Herrschaft Geltung verschaffen kann; jeder Kenner weiß ferner, daß je rascher und energischer im Falle der Widersetzlichkeit eingeschritten und Vergeltung geübt wird, um so eindrucksvoller und leichter die Autorität wiederhergestellt werden kann. Gegen beide Fundamental-Grundsätze kolonialer Eingeborenenpolitik hat das Gouvernement von Deutsch-Südwestafrika auf das gröbste verstoßen!" Zum Schluß heißt es: „daß nach erfolgreicher Durchführung der militärischen Tätigkeit mit dem bisherigen Verwaltungssystem der Kolonie gebrochen werde und eine Änderung der bisherigen Eingeborenenpolitik zugunsten unserer eigenen Rasse einzutreten habe."

In der Kolonie verurteilte man vor allem Leutweins Reservatplan. Man meinte, die Schaffung von Reservaten beschränke unnötig das für Weiße in Frage kommende Siedlungsgebiet. Ferner erregte Anstoß, daß Leutwein den Eingeborenen, nachdem sie einmal besiegt waren, die Hand zur Versöhnung gab und die Feindseligkeiten nicht bis zur Vernichtung des betreffenden Stammes fortsetzte. Leutwein hätte sicher dieses Prinzip auch bei den Herero angewandt. Weiterhin war seine Methode, Eingeborene durch Eingeborene zu bekämpfen, verpönt. Auch jetzt befand sich bei der Schutztruppe je 1 Abteilung Witbooi und Bastards. Leutwein sollte weiterhin Gouverneur bleiben. In Wirklichkeit kümmerte sich jedoch Trotha nicht um den Gouverneur, sondern handelte ohne Rücksicht auf diesen. Leutwein begab sich nach dem Eintreffen von Trotha in Okahandja alsbald nach Windhoek und richtete seine Aufmerksamkeit besonders auf den Süden der Kolonie.

Trotha blieb in Okahandja und versuchte, sich einen Überblick über die Lage zu verschaffen. Er kam ebenso wie Leutwein zu der Überzeugung, daß die Herero nunmehr entscheidend geschlagen werden müßten, und daß die vorhandenen Truppen dazu nicht ausreichten. Er beschloß daher, das Eintreffen der Verstärkungen abzuwarten, deren Aussendung bereits beschlossen worden war, und die Zwischenzeit zur Vorbereitung des entscheidenden Schlages zu benutzen. Sein Plan war, die Herero am Waterberg zu umzingeln. Alle Nachrichten deuteten darauf hin, daß die Herero am Waterberg stehen bleiben und dort die Entscheidung suchen würden. In der Heimat wurde das 2. Feldregiment (3 Bataillone zu je 3 Kompagnien) aufgestellt, das mit allem ausgerüstet wurde, so daß es vollständig verwendungsbereit in DSWA ankam. Die in DSWA vorhandenen Truppen sollten das 1. Feldregiment bilden. Das 2. Feldregiment wurde auf dem Truppenübungsplatz Munster zusammengezogen, formiert, ausgerüstet und ausgebildet, wozu auch die nötigen Pferde zur Verfügung standen. Munition und verschiedenes Kriegsmaterial standen zur Verschiffung bereit. Trotz des großen Bedarfs hat es an Freiwilligen niemals gefehlt. Viele sich Meldende mußten zurückgewiesen werden, weil sie nicht tropendienstfähig waren. Die Offiziere mußten mindestens eine 3-jährige Dienstzeit hinter sich haben. Bei den Mannschaften wurde darauf gesehen, daß möglichst alle Handwerkszweige vertreten waren. Auch für Handwerkszeug wurde gesorgt. Während dies in Deutschland vor sich ging, wurden im Aufstands-

Felsenkeller Brauerei in Omaruru 1919. Geschäftsführer war Konrad Piehl. Später gab es hier eine Gerberei und die Repp-Schlosserei. (Foto Piehl – Walter Rusch Sammlung)

Dampfbrennerei 1913 auf Osona bei Okahandja. Geschäftsführer war Herr Karl Heck. (Postkarte Schulze Serie No. 119. Karte Nr. 3663 – W. Rusch Sammlung)

Brauerei und Hotel von Karl Knatz in Otavi 1914. (Postkarte Schulze Nr. 3159 – W. Rusch Sammlung)

gebiet die Herero durch Patrouillen beobachtet. Sie meldeten, daß die Herero keine Anstalten träfen, abzuziehen.

Die Verstärkungen, d.h. das 2. Feldregiment, erreichten DSWA zwischen dem 11. Juni und 10. Juli. Die Landung in Swakopmund wurde, abgesehen von der Versandung des Hafens, noch besonders verzögert durch nebliges Wetter. Das 2. Feldregiment wurde in Richtung auf Omaruru in Marsch gesetzt. Es war dadurch beweglicher, daß es von den schwerfälligen Ochsenwagen unabhängig war. Munition und Proviant wurden auf Packpferden mitgeführt. Ursprünglich wollte Trotha das 2. Feldregiment nach Norden, nach Outjo-Otavi, marschieren lassen, um einen Abzug der Herero nach Norden zu verhindern. Es erschien nunmehr unwahrscheinlich, daß die Herero dorthin abziehen würden; deshalb änderte Trotha seinen Plan und ließ das 2. Feldregiment von Omaruru über Osombutu nach Omusema-Uarei, also näher an den Waterberg marschieren, um so für den Entscheidungskampf verfügbar zu sein. Das Marschziel wurde am 5. August erreicht.

Anfang August hatten die deutschen Truppen am Waterberg folgende Aufstellung:

Abteilung von Estorff bei Otjahewita;
Abteilung von der Heyde, bei Omutjatjewa;
Abteilung Mueller bei Erindi Ongoahere;
Abteilung Deimling (2. Feldregiment) bei Okateitei;
Abteilung von Fiedler bei Orupemparora;
Abteilung Volkmann bei Otjenga.

Die Stärke der deutschen Truppen betrug etwa 1500 Gewehre, 30 Geschütze und 12 Maschinengewehre. Die Stärke der mit modernen Waffen ausgerüsteten Hererokämpfer wurde auf 6 000 geschätzt. Eine vollständige Einkreisung des Hererovolkes am Waterberg war für die deutschen Truppen unmöglich. Es wurden, wie obige Aufstellung zeigt, einzelne Abteilungen gebildet, und die Schlacht am Waterberg bestand denn auch aus Einzelgefechten dieser Abteilungen mit den Herero.

Schwierig war es, Verbindungen zwischen den einzelnen Abteilungen aufrechtzuerhalten. Das war aber nötig, um ein Entweichen der Herero zwischen den Abteilungen zu verhindern. Die Verbindung wurde hergestellt durch Patrouillen, durch Helio- und Funkentelegraphie. Die Heliographenabteilungen fanden es oft schwierig, in dem ebenen Gelände erhöhte Stellen für die Aufstellung ihrer Apparate zu finden. Oft mußten solche Stellen künstlich geschaffen werden. Mit Sand gefüllte Säcke und Kisten wurden aufeinander gestapelt, Plattformen in hohen Bäumen errichtet usw.

Trotha war etwas besorgt wegen der langen Etappenlinie. Die Strecke Okahandja-Waterberg konnte von einem guten Reiter auf gutem Pferd in

24 Stunden zurückgelegt werden. Während der Kämpfe am Waterberg wurden die Zugtiere der Nachschubtransporte überanstrengt, so daß sie nicht mehr so leistungsfähig waren. Es ist vorgekommen, daß ein solcher Transport 36 Tage für diese Strecke brauchte. Im Frieden benötigte man dafür mit ausgeruhten Tieren 7-9 Tage. Während der Waterbergkämpfe rechnete man dafür gewöhnlich 14-15 Tage.

Auf Veranlassung von Trotha verhandelte deshalb die Reichsregierung mit der Otavi Minen- und Eisenbahngesellschaft wegen der Beschleunigung des Baues der Otavibahn. Die obengenannte Gesellschaft war eine Tochtergesellschaft der South West Africa Company Ltd. und besaß die Kupferminen von Otavi. War die Otavibahn gebaut, konnte man Vorräte mit der Bahn näher an den Waterberg heranbringen. Um die Kupferminen besser ausbeuten zu können, wollte die Gesellschaft eine Eisenbahn von Swakopmund nach Otavi durch die Baufirma Arthur Koppel bauen lassen. Bei Ausbruch des Aufstandes waren nur die ersten Kilometer fertiggestellt. Der Weiterbau stockte dann; denn aus Sicherheitsgründen hielt man es für geraten, beim Ausbruch des Aufstandes die 600 Hereroarbeiter zu entlassen. Die deutsche Regierung schloß nun mit der Otavigesellschaft den sog. Baubeschleunigungsvertrag vom 4. August 1904. Die Regierung gab der Gesellschaft einen Zuschuß von 1 750 000 Mark gegen die Verpflichtung, die Bahn bis 31.12.1904 nach Omaruru fertigzustellen. Für den Bau wurden italienische Bauarbeiter angeworben. Schon bei der Überfahrt mit der „Helene Woermann" wurden angeese aufsässig. Die deutschen Passagiere des Schiffes wurden mit Gewehren bewaffnet, um der Revolte der Italiener entgegentreten zu können. Bei dem Bahnbau fingen sie bald an zu streiken wegen angeblicher Unterbezahlung, schlechter Behandlung und Verpflegung. Die Bahnstrecke wurde deshalb nicht, wie vorgesehen, am 31.12.1904, sondern erst am 24.8.1905 fertig, also nachdem die Entscheidung am Waterberg bereits gefallen war. Die deutschen Truppen waren daher weiterhin auf die Ochsenwagen angewiesen.

Am 4. August gab Trotha die „Direktiven für den Angriff gegen die Herero" (113) aus:

„1. Der Feind steht heute mit seinen vorgeschobenen Postierungen in der Linie Westrand des Sandsteinplateaus nordwestlich Omuweroumue — längs des Hamakari-Riviers von Omuweroumue bis Hamakari-Okambukonde und bei Station Waterberg; er hat sich im dichten Dornbusch verschanzt. Seine Hauptkräfte sollen bei Hamakari versammelt sein.

Es ist keineswegs ausgeschlossen, daß der Feind jeden Augenblick seine Aufstellung ändert oder Durchbruchsversuche macht; aufmerksamste, dauernde Beobachtung des Feindes durch alle am Feind befindlichen Abteilungen, regste Verbindung der Abteilungen untereinander und sofortige Meldung an mich vorkommendenfalls ist daher geboten.

2. Ich werde den Feind, sobald die Abteilung Deimling ohne 5. Kompagnie versammelt ist, gleichzeitig mit allen Abteilungen angreifen, um ihn zu vernichten.

Den Tag des Angriffes selbst werde ich noch durch Funken oder Blitzen bestimmen.

3. Am Nachmittag des Tages vor dem Angriff haben alle Abteilungen bis auf einen kurzen Marsch an die feindliche Stellung heranzurücken, vorsichtig vortastend und ohne Beunruhigung des Feindes unter sorgsamster Sicherung gegen den Feind und unter fortgesetzter Erkundung seiner Stellung. Feuer anmachen ist untersagt.

4. Am Tage des Angriffes marschieren sämtliche Abteilungen nachstehenden Angriffszielen entsprechend so vor, daß um 6.00 morgens der Angriff beginnen kann, und zwar, wo angängig, zunächst mit der Artillerie.

7. Enges Zusammenhalten aller Abteilungen in sich ist dauernd geboten, vor allem Wahrung des zusammenhängenden, ununterbochenen Vorgehens, und Verhütung gegenseitigen Beschiessens. An die Erbeutung von Vieh darf während des Gefechtes nicht gedacht werden; alle Kräfte sind zur Vernichtung des kämpfenden Feindes einzusetzen."

Bemerkenswert ist bei diesen Direktiven, daß Trotha als sein Ziel die Vernichtung des Feindes angibt und die Erbeutung von Vieh ausdrücklich als nebensächlich bezeichnet.

Als Tag des Angriffes wurde der 11. August bestimmt durch den folgenden Befehl:

„Das Vorrücken aller Abteilungen an die feindliche Stellung erfolgt am 10. August nachmittags, der allgemeine Angriff am 11. 6.00 morgens.
von Trotha."

Trotha mit seinem Stabe befand sich bei der Hauptabteilung Müller, die bei Ombutjipiro in der Nähe von Hamakari stand. Am Vortage des Angriffs wollte Trotha das Gelände von Hamakari, den voraussichtlichen Brennpunkt des Kampfes, kennenlernen. Er unternahm mit seinem Stabe einen Erkundungsritt. Dabei geriet er in eine recht gefährliche Lage, da die Herero ihn überfielen (114). Durch die Erkundung wurde festgestellt, daß die Wasserstelle von Hamakari durch die Herero stark besetzt war.

Am 10. August vormittags waren die deutschen Truppen wie folgt verteilt:

Abteilung von Estorff bei Okomiparum;
Abteilung von der Heyde 15 km nordöstlich Hamakari;
Abteilung Mueller bei Ombuatjipiro;

Abteilung Deimling bei Okateitei;
Abteilung von Fiedler bei dem Osondjacheberge;
Abteilung Volkmann bei Otjenga.

Am Vorabend des Angriffstages um 10.00 abends leuchtete plötzlich auf dem Waterberg oberhalb der Station Waterberg eine Signallampe auf. Es war die Signalabteilung des Leutnants von Auer, der von Oberleutnant Volkmann von Otjenga nordwestlich des Waterberges ausgesandt war. Auer sollte versuchen, am Südrande des Waterberges eine Signalstation zu errichten. Am 9. August nachmittags verließ die Abteilung Auer Otjenga in Stärke von 30 Reitern. Um 10 Uhr abends wurde der Nordrand des Waterberges erreicht. Von dort aus wurden die Pferde nach Otjenga zurückgeschickt. Der Aufstieg auf das Plateau des Berges war für die Pferde unmöglich. Wasser, Proviant und Munition mußten getragen werden. Über das ebene Plateau hinweg erreichte die Abteilung am 10. August morgens den Südrand des Berges oberhalb der Station Waterberg. Posten wurden ausgestellt und eine günstige Stelle für die Signallampe ausgesucht. Am Nachmittag kam eine zweite Abteilung in Stärke von 10 Mann und 1 Offizier an, auch ausgesandt von Volkmann. Sie brachte die Lampenausrüstung. Der Apparat wurde sofort aufgebaut, um bei Einbruch der Dunkelheit gebrauchsfertig zu sein. Das war 10 Uhr abends der Fall. Auer konnte von seinem Posten aus das Lager der Herero einsehen und auch die Bewegungen der einzelnen deutschen Abteilungen verfolgen. Er war somit für das deutsche Hauptquartier von großem Werte. Am Abend des 10. August, also am Abend vor dem Angriff, konnte man sehen, daß im Hererolager eine Beratung der Hererogroßen stattfand. Die Herero erwarteten also scheinbar in Bälde einen Angriff. Am folgenden Tage wurde die Signalabteilung von den Herero angegriffen, konnte aber den Angriff abweisen.

In der Nacht zum 11. August begannen die deutschen Truppen, näher an die Stellungen der Herero heranzumarschieren, so wie es Trotha befohlen hatte. Die Abteilung Müller mit dem Hauptquartier setzte sich am 11. August vormittags 2.30 Uhr in Marsch. Es war stockdunkel und bitterkalt. Wo der Feind sich befand, wußte man nicht genau. Das Ziel waren die Wasserstellen von Hamakari. Bei Anbruch des Tages, gegen 6 Uhr vormittags, stürzte der Führer, Oberstleutnant Müller, schwer mit dem Pferde, sodaß Major von Mühlenfels das Kommando übernehmen mußte. Die Abteilung setzte den Vormarsch durch den Busch auf Hamakari fort, wo man die Hauptmacht der Herero vermutete.

Gegen 9 Uhr vormittags trafen die deutschen Truppen auf die Herero. Die 11. Kompagnie hatte den schwersten Kampf zu bestehen. Die Herero lagen in großer Übermacht unsichtbar in dichtem Busch und kämpften mit großem Mut und großer Hartnäckigkeit. Sie griffen die Kompagnie von allen Seiten an. Bald waren alle Offiziere gefallen, die Führung der Kompagnie übernahm ein Unteroffizier. Die ganze Abteilung Mühlenfels entwickelte sich und griff in den Kampf ein, der den ganzen Vormittag über währte, ohne daß es gelungen wäre, Hamakari zu nehmen. Kurz vor 4 Uhr nachmittags trat die Abteilung Mühlenfels zum entscheidenden Angriff auf Hamakari an. Alle verfügbaren Truppen der Abteilung wurden in den Kampf geworfen, auch alle Maschinengewehre und Geschütze. Die Herero leisteten hartnäckigen Widerstand. Die Deutschen mußten die Wasserstellen noch vor Einbruch der Dunkelheit nehmen, d.h. vor 6 Uhr abends, da sie unter schwerem Wassermangel litten. Der Angriff gelang auch, die Herero unternahmen sofort heftige Gegenangriffe, die aber abgeschlagen wurden. Diese Angriffe erfolgten auch im Rücken der deutschen Linien. Das Hauptquartier geriet zweimal in große Gefahr, und alle verfügbaren Kräfte, auch Schreiber usw., mußten zu den Waffen zur Verteidigung greifen. Während der Nacht blieb die Abteilung Mühlenfels bei Hamakari stehen.

Trotha wartete nun auf Nachrichten von den anderen Abteilungen:

Abteilung von Estorff hatte am 11.8. Otjosongombe genommen und wollte die Station Waterberg angreifen.

Abteilung von der Heyde befand sich am gleichen Tage mittags 15 km nördlich von Hamakari und wollte dorthin vorgehen. Dabei wurde sie jedoch von überlegenen Kräften angegriffen und mußte zurückgehen. Infolge ausgedehnter Märsche verbunden mit dauernden Kämpfen war diese Abteilung sehr geschwächt.

Abteilung Deimling hatte den Paß von Omuweroumue, zwischen dem großen und dem kleinen Waterberg, genommen und beobachtete, daß die Herero ihr Vieh nach Osten abtrieben.

Abteilung Volkmann stand am Nordrande des Waterberges und sperrte den Herero den Fluchtweg nach Westen. Eine Berührung fand nicht statt.

Auer beobachtete, daß am Morgen des 11.8. das Leben in den Hererowerften noch normal war. Als sich aber der Gefechtslärm näherte, entstand eine große Aufregung. Ochsen wurden eingespannt und die Wagen beladen, die in großer Hast in östlicher und südöstlicher Richtung abfuhren.

Trotha beschloß am 11.8. mittags, den entscheidenden Angriff auf den 12.8. zu verschieben. Er wollte das Eintreffen der Abteilung von der Heyde abwarten. Er übermittelte deshalb dem Oberst Deimling und dem Major von Estorff funkentelegraphisch den Befehl, die Station Waterberg heute noch nicht anzugreifen. Von Estorff erhielt den Befehl rechtzeitig und blieb mit seiner Abteilung auf dem Gefechtsfeld von Otjosongombe stehen, während Deimling den Befehl erst 5 Uhr nachmittags erhielt, als er die Station Waterberg bereits besetzt hatte. Für Trothas Entscheidung war maßgebend gewesen, daß er die Herero am Waterberg nicht vorzeitig aufscheuchen und zur Flucht veranlassen wollte. Seine Absicht war ja, das

Hererovolk zu vernichten, und das ließ sich nur durchführen, wenn die Herero völlig eingeschlossen waren. Dazu war das Erscheinen aller Abteilungen auf dem Gefechtsfelde nötig. In der Nacht zum 12.8. erteilte Trotha der Abteilung von der Heyde den Befehl, am Morgen des 12.8. sich mit der Abteilung Mühlenfels bei Hamakari zu vereinigen. Von der Heyde mußte antworten, daß ihm das unmöglich sei. Seine Abteilung war stark erschöpft und in ihrer Bewegung behindert, da die Zugtiere am Ende ihrer Kräfte waren. Außerdem standen ihr die Hererokrieger in großer Zahl entgegen. Die Erstürmung der Station Waterberg veranlaßte die dort stehende große Streitmacht der Herero zur Flucht, und zwar nach Osten und Südosten, und damit der Abteilung von der Heyde entgegen. Dadurch wurde sie auf ihrem Marsche nach Hamakari aufgehalten.

Am 12.8. vormittags erschien die Abteilung Deimling bei Hamakari. Eine Besatzung war bei der Station Waterberg und bei dem Omuwerumuepaß zurückgelassen worden. An eine Verfolgung der Herero, die in großer Hast unter Zurücklassung ihres Viehs und der Alten und Kranken flohen, konnte Trotha am 12.8. nicht mehr denken. Alle Abteilungen waren durch die Anstrengungen stark ermattet. Nennenswerte Marschleistungen konnten von ihnen nicht mehr erwartet werden. Wasser und Weide waren knapp und die Reit- und Zugtiere in kümmerlicher Verfassung. So entschloß sich Trotha, die Verfolgung der nach Osten fliehenden Herero am 13.8. aufzunehmen. Die einzelnen Abteilungen erhielten dafür die folgenden Weisungen:

Die Abteilung Deimling sollte mit der ihr unterstellten Abteilung Mühlenfels von Hamakari in der Richtung auf Omutjatjewa vorgehen;

die Abteilung von Estorff hatte mit der ihr unterstellten Abteilung von der Heyde dem Feind in östlicher Richtung gegen den Omuramba zu folgen und möglichst seine nördliche Flanke zu gewinnen;

die Abteilung Volkmann sollte ebenfalls an dem Omuramba heranrücken, um ein Ausweichen der Herero nach Norden zu verhindern;

die Abteilung von Fiedler hatte bei Omuwerumue zu verbleiben.

Zu nennenswerten Gefechten kam es nur noch bei der Abteilung von Estorff, die sich mit der Abteilung von der Heyde vereinigt hatte, und zwar bei Omatupa am 15.8., wo starke Hererogruppen nach Nordosten durchzubrechen versuchten. Sie wurden zersprengt und flohen nach Südosten, wobei sie viel Vieh zurückließen.

Auf dem Gefechtsfeld unterhalb des Waterberges sah es wüst aus. Die zahlreichen Hererowerften waren zerstört und ausgebrannt, Kranke, Alte, Weiber und Kinder irrten ziellos umher. Zahlreiches Vieh drängte sich an den Wasserstellen, ohne das Wasser erreichen zu können, und brüllte vor Durst. Leider kümmerte sich das Hauptquartier nicht um die Rettung des Viehes, das man doch später bei dem Wiederaufbau dringend brauchte, und das so verloren ging. Auf der Verfolgung hatten die deutschen Truppen große Schwierigkeiten. Die vor ihnen fliehenden Herero hatten das Wasser in den Wasserstellen erschöpft. In den Wasserstellen lag verendetes Vieh. Das noch vorhandene Wasser war also nicht trinkbar. Die Weide war abgeweidet. Wegen dieser Schwierigkeiten mußte die Verfolgung am 14.8. früh abgebrochen werden. Bei einer weiteren Verfolgung nach Osten, in die Omaheke (Sandfeld), schien es zweifelhaft, ob die Truppen ohne Verluste wieder zurückkehren könnten. Auch glaubte Trotha, daß die Herero in der wasserlosen und trockenen Omaheke ohnehin umkommen würden. Die Herero setzten ihre Flucht, die zum Teil in ziellosem Hin- und Herziehen bestand, im allgemeinen nach Osten und Südosten weiter fort, und zwar am Eiseb- und Epukirofluß abwärts entlang. Eine Berührung mit den deutschen Truppen fand nur noch selten und in kleinem Maßstabe statt. Im Oktober 1904 meldete Trotha nach Deutschland:

„... Alle Zusammenstöße mit dem Feinde seit dem Gefecht am Waterberg haben gezeigt, daß den Herero jede Willenskraft, jede Einheit der Führung und der letzte Rest von Widerstandfähigkeit abhanden gekommen ist. Diese halb verhungerten und verdursteten Banden, die ich noch bei Osombo-Windimbe im Sandfelde traf und mit denen Oberst Deimling östlich Ganas zu tun hatte, sind die letzter Trümmer einer Nation, die aufgehört hat, auf eine Rettung und Wiederherstellung zu hoffen."

Weitere Operationen der deutschen Truppen waren vor Einsetzen der Regenzeit unmöglich. Trotha beschloß deshalb, eine Absperrung der Omaheke durchzuführen, um eine Rückkehr der Herero nach DSWA zu verhindern. Die Absperrungslinie erstreckte sich von Otjimanamgombe über Epata-Otjosondu-Osondema bis Otjituo. Sie stand unter Befehl des Majors von Mühlenfels. Inzwischen (Anfang Oktober) brach der Aufstand der Witbooi aus, der Schwerpunkt der militärischen Unternehmungen verschob sich vom Norden nach dem Süden.

(c) Der Aufstand der Hottentotten.

Nach dem Kommandowechsel wollte Leutwein möglichst bald nach dem Süden marschieren, um besonders Hendrik Witbooi einen Besuch abzustatten und die zwischen ihm und dem deutschen Gouvernement bestehenden Bande zu festigen. Er bat Trotha, ihm zu diesem Zweck eine Kompagnie beizugeben; denn ohne die Entfaltung einer gewissen militärischen Macht war ein solcher Besuch zwecklos. Trotha konnte sich aber nicht entschließen, Leutweins Bitte vor Ende September zu entsprechen. Ich kann nicht beurteilen, ob es wirklich nicht für Trotha möglich war, eine Kompagnie früher abzugeben. Nach der Entscheidung am Waterberg, also Mitte August, wäre das vielleicht doch möglich gewesen. Diese Ablehnung des

Gesuches von Leutwein ist wohl eine der zahlreichen Unfreundlichkeiten Trothas gegenüber Leutwein. Jedenfalls konnte Leutwein den geplanten Besuch nicht rechtzeitig ausführen, und so keinen Einfluß auf die Ereignisse ausüben.

Beim Ausbruch des Hereroaufstandes im Januar 1904 unterstützte Hendrik die Deutschen durch Entsendung einer Hilfstruppe. Leutwein und Bezirksamtmann von Burgsdorff in Gibeon waren deshalb völlig davon überzeugt, daß Hendrik den Herero nicht helfen würde. Um so überraschter war Burgsdorff, als er am 3. Oktober 1904 von Hendrik einen Brief empfing, worin er ihm die Treue aufsagte. Dabei war bei der deutschen Truppe im Hereroland noch die Hilfstruppe der Witbooi. Hendrik aber sagte: „Das Schicksal meiner Leute ist mir ganz gleich. Ich habe von Gott einen anderen Auftrag empfangen." Von Burgsdorff machte noch einen letzten Versuch. Mit den zwei Witbooi, die den Brief Hendriks überbracht hatten, ritt er unbewaffnet nach Rietmond. Er kam bis Mariental. Dort hielt ihn eine Schar Witbooi an. Sie fragten ihn, ob er Hendriks Brief erhalten habe. Als er bejahend antwortete, erschoß ihn einer der Umstehenden, Salomon Sahl. Hendrik soll später zu diesem gesagt haben: „Ich danke dir, daß du den Hauptmann erschossen hast. Ich hätte das nicht tun können und hätte auch den Befehl dazu nicht geben können. Und was hätte ich sagen sollen, wenn der Hauptmann hierher (nach Rietmond) gekommen wäre und mich gefragt hätte, warum ich den Krieg angefangen habe?"

Es wird sich wohl nie eindeutig klären lassen, warum Hendrik den Aufstand unternahm. Er war nun beinahe 80 Jahre alt und liebte scheinbar sein ruhiges Leben im Reservat. Es gab jedoch einiges, was ihn mißtrauisch machen konnte: Leutwein hatte den Oberbefehl an Trotha abgeben müssen, der gegenüber den Stämmen eine viel schärfere Tonart anschlug. Offen wurde in der Kolonie davon gesprochen, daß nach der Niederwerfung der Herero auch die Stämme im Süden ihre Unabhängigkeit verlieren sollten. Die Versöhnungspolitik Leutweins und von Burgsdorffs wurde kritisiert. Es wurde davon gesprochen, daß Leutwein nach Deutschland zurückkehren und von Burgsdorff durch einen stärkeren Mann ersetzt werden sollte.

Der Unterkapitän Samuel Isaak führte später als Grund für den Aufstand auch das Auftreten des „Propheten" Stuermann an. Dieser war „Priester" der äthiopischen Kirche, die völlig frei von europäischem Einfluß sein wollte und sich auch auf politischem Gebiet dem europäischen Einfluß widersetzte. Dies waren die gleichen Ideen, die Hendrik im Gespräch mit von François (S. 51) vertreten hatte. Die Furcht vor den Veränderungen, die 1904 der Kolonie bevorstanden, und Stuermanns Einfluß haben Hendrik wohl bewogen, den Aufstand zu beginnen. Es war ein plötzlicher Entschluß, sonst hätte Hendrik bei Beginn des Hereroaufstandes den Deutschen keine Hilfstruppen geschickt. Es waren 80 Mann, die später auf

100 Mann verstärkt wurden. Die Hilfstruppe wurde vor allem zur Aufklärung verwendet.

Bezeichnend für die Einstellung dieser Leute ist folgender Vorfall: Als sie die Nachricht von dem Kommandowechsel erhielten, befanden sie sich im Feldlager von Owikokorero, wo sich auch Leutwein befand. Sie sandten eine Abordnung zu Leutwein und fragten, ob sie nun nach Hause gehen könnten. Sie hätten sich ihm, Leutwein, aber nicht dem neuen Kommandeur verpflichtet. Leutwein gab ihnen nicht die Erlaubnis, sondern sagte, er würde bald wiederkommen. Ähnlich wird wohl auch Hendrik Witbooi gedacht haben. Er fühlte sich Leutwein persönlich verpflichtet, aber nicht dem neuen Kommandeur, und das wird ihm den Entschluß zum Aufstand erleichtert haben. Nach Hendriks Abfall geriet die Hilfstruppe in eine schwierige Lage. Wir haben schon gehört, wie Hendrik selbst darüber dachte. Die Hilfstruppe wurde entwaffnet und nach Togo gebracht.

Dem von Hendrik Witbooi begonnenen Aufstand schlossen sich nicht alle Hottentottenkapitäne an. Hendrik schrieb an alle Kapitäne Briefe und forderte sie zur Teilnahme am Aufstande auf. Ein Beispiel möge hier folgen. (115)

„Rietmond, 1. Oktober 1904.

„An meine lieben Söhne und meine Brüder und Kapitäne Christian Goliath von Berseba und Paul Frederiks auf Bethanien.

Da ich nicht genügend Papier habe, so schreibe ich Euch beiden diesen Brief zusammen. So mußt Du, edler Christian, den Brief erst lesen und schnell an Paul schicken. Meine Söhne! Wie Ihr alle wißt, bin ich seit geraumer Zeit unter dem Gesetz, in dem Gesetz und hinter dem Gesetz (der Deutschen) gelaufen, und zwar wir alle mit aller Gehorsamkeit, doch in der Hoffnung und mit der Erwartung, daß Gott der Vater die Zeit kommen lassen möchte, wo er uns erlösen würde aus dieser zeitlichen Mühsal.

So weit habe ich in Frieden und mit Geduld getragen, und alles, was auf mein Herz drückte, habe ich an mir vorbeigehen lassen, weil ich die Hilfe des Herrn erwartete. Doch ich will nicht viele Worte an Euch schreiben, nur auf zwei Punkte will ich kommen, und ich hoffe, daß ihr mich verstehen werdet.

Erstens: Meine Arme und Schultern sind müde geworden, und ich habe gesehen und glaube, daß die Zeit nun erfüllt ist, daß Gott der Vater die Welt nun erlösen wird, darum sende ich diesen Brief und bitte, ihn auch eilig an Paul zu senden, daß er ihn lese.

Zweitens: Dieser Punkt betrifft, daß ich nun aufgehört habe, noch weiter hinterherzulaufen, und ich werde auch demgemäß an den Hauptmann (von Burgsdorff) einen solchen Brief schreiben und ihm sagen, daß ich nun müde geworden sei und die Zeit vorbei sei, wo ich hinter ihm herlief. Die Zeit ist vorbei, und der Heiland will nun selber wirken und uns erlösen durch seine große Gnade und Barmherzigkeit. Ich wünsche, daß Ihr diesen Brief an Kapitän Paul bald senden werdet, denn wenn ich an den Hauptmann schreibe, dann wißt Ihr, was und wie er die Sache wird angreifen.

Das alles habe ich auch an alle anderen Kapitäne geschrieben.
Ich schließe mit herzlichen Grüßen und bin Euer Vater
Kapitän Hendrik Witbooi"

Hendrik hat mit diesem Brief nichts erreicht. Der Kapitän von Berseba, Christian Goliath, und Paul Frederiks von Bethanien schlossen sich nicht an; allerdings wurde der größere Teil des Bethanierstammes unter dem Unterkapitän Cornelius aufständisch. Dasselbe taten die Kapitäne der Veldskoendraers, Simon Kopper von Gochas und Manasse, Kapitän von Hoachanas, auch sie beteiligten sich am Aufstand.

In den ersten Tagen des Aufstandes wurden einige Farmer und Mitglieder von kleinen Polizeistationen im Bezirk Gibeon ermordet, zusammen 35. In diesem Bezirk war eine rechtzeitige Warnung der Weißen unmöglich gewesen, da der Aufstand so unerwartet kam. Im Süden standen nur die 3. Feldkompagnie unter Hauptmann von Koppy in Keetmanshoop und einige wenige Polizeimannschaften. Man war aber schon während des Hereroaufstandes auf deutscher Seite in Sorge um den Zustand im Süden. Morenga, einer der Großleute der Bondels, der 1903 nach Niederschlagung des Aufstandes in Warmbad über den Oranje nach Süden geflohen war, war anscheinend im Mai 1904 zurückgekehrt und hatte sich in den Karasbergen mit einer Bande festgesetzt, mit der er die umwohnenden Farmer belästigte. Es kam zu Kämpfen mit Teilen der 3. Kompagnie, es waren jedoch nur kleinere Kämpfe. Der allgemeine Hottentottenaufstand begann erst mit Hendrik Witboois Abfall am 3. Oktober 1904.

Wenn auch Gouverneur Leutwein den Ausbruch des Aufstandes im Süden nicht für unmittelbar bevorstehend hielt, beantragte er doch angesichts der Unruhe im Süden eine Verstärkung für den Süden im April, und zwar in Stärke von 150 Reitern mit einer Batterie. Der deutsche Generalstab erhöhte jedoch diese Zahl auf 300 Reiter. Die Verstärkung kam am 2. Juli in Lüderitzbucht an. Die Landungseinrichtungen in Lüderitzbucht waren noch primitiver als die in Swakopmund, obwohl an der Landungsbrücke in der Bucht ruhiges Wasser war. Die Ausschiffung der Mannschaften dauerte 4 Tage, die der Pferde 5 Tage. Futter und Wasser waren an Land bereit gehalten, Zelte für die Reiter aufgeschlagen. Nach beschwerlichem Marsch durch den Wüstengürtel der Namib erreichte die Abteilung am 29. Juli Keetmanshoop, wo sie bewegungsunfähig liegen blieb, da die Pferde durch den anstrengenden Marsch so heruntergekommen waren. In der erzwungenen Ruhezeit gewöhnten sich die Mannschaften an die Zustände in Südwestafrika.

Die Ankunft der Truppe verursachte Aufregung bei den Eingeborenen im Süden. Die Aufregung wurde noch erhöht durch das Auftreten von Morenga. Morengas Vater war Hottentot, seine Mutter Herero. Er wurde geboren und wuchs auf an den Karasbergen und arbeitete später in den Kupferminen von Ookiep. Dort erlernte er Englisch und Afrikaans, beide Sprachen sprach er fließend. Auch von Deutsch hatte er hinreichende Kenntnis. 1903 war er nach Südwestafrika zurückgekehrt und hatte sich an dem Aufstand der Bondels an führender Stelle beteiligt. Bei Gelegenheit des Friedens von Kalkfontein am 27. Januar 1904 (S. 125) wurde er vom Häuptlingsgericht in Kalkfontein schuldig befunden, einen Witbooi, einen Neffen von Hendrik Witbooi, erschossen zu haben, als dieser sich verwundet Morenga näherte, um sich zu ergeben. Morenga sollte sich dafür vor Gericht verantworten, entzog sich dem aber durch die Flucht über den Oranje. Nun war er wieder nach Südwestafrika zurückgekehrt und begab sich in die Karasberge, eine Gegend, die er seit seiner Jugend gut kannte. Er sammelte um sich eine Bande, die bald Zulauf erhielt durch Eingeborene verschiedener Stämme in der Hoffnung auf Beute. Nun erfolgte der Abfall Hendrik Witboois am 3. Oktober 1904 und damit der Beginn des allgemeinen Aufstandes.

Schon vorher hatte Hendrik Witbooi seine Leute in Rietmond zusammengezogen. Es befanden sich dort 800 bis 900 Krieger mit etwa 300 Gewehren.

Nach Burgsdorffs Abreiten von Gibeon war Feldwebel Beck Befehlshaber der Station Gibeon. Sobald er von dem Aufstande erfuhr, entsandte er Boten in seinen Bezirk, um die Weißen zu warnen und nach Gibeon zu rufen. In manchen Fällen kam allerdings die Warnung zu spät, und es geschahen Morde. 75 Männer und 178 Frauen und Kinder sammelten sich in Gibeon.

Der nun beginnende Feldzug im Süden von Südwestafrika, der von deutscher Seite die Niederwerfung des Aufstandes der Hottentotten zum Ziele hatte, hatte einen ganz anderen Charakter als der Feldzug im Norden. Dieser bestand aus einigen größeren Gefechten gegen stärkere Herero-streitkräfte, bis schließlich das Hererovolk sich am Waterberg zum entscheidenden Gefecht stellte. Das Hereroland war den Deutschen einigermaßen bekannt durch die Züge der Wanderhändler und durch die Besiedlung. Eine Eisenbahnlinie führte von der Küste (Swakopmund) zum Hauptplatz der Herero (Okahandja). Wasserstellen und Vieh waren im Lande vorhanden. Das war im Süden anders. Hier stellten sich die Eingeborenen nicht zu einem entscheidenden Gefecht, sondern verlegten sich auf den Kleinkrieg. In Hunderten von kleinen Gefechten (man rechnet etwa 200) überfielen sie kleine Stationen, Patrouillen, Munitions- und Proviantkolonnen, kleine Truppenabteilungen, und verschwanden wieder in den Höhlen und Schluchten des zerklüfteten Landes. Der Süden der Kolonie war den Deutschen ziemlich unbekannt. Wegen des Wassermangels war die Besiedlung noch nicht weit gekommen, wegen der Armut der Eingeborenen an Vieh waren selten Wanderhändler dahin gezogen. Eine Eisenbahnlinie von der Küste ins Inland gab es nicht. Der Nachschub mußte in dem einsamen wasserlosen Lüderitzbucht gelandet, und durch den Sandgürtel der Namib ins Inland gebracht werden. Ein Ochsenwagen brauchte etwa 25 Tage für die Strecke Lüderitzbucht-Keetmanshoop. Seine Nutzlast war gering, denn der Bedarf für die Begleiter — 3 Treiber und 3 Soldaten zum Schutz gegen Überfälle — mußte auch mit befördert werden, auch für die Rückfahrt. Die Entfernung Lüderitzbucht-Kubub, der ersten Wasserstelle im Hochland, beträgt 140 km, und auch zwischen Kubub und Keetmanshoop sind die Wasserstellen nur spärlich vorhanden. Auch die Weide war knapp. Diese Zustände hatten zur Folge, daß täglich nur 5 Wagen von Lüderitzbucht abgesandt werden konnten, während an sich 10 Wagen nötig gewesen wären. Vieh gab es nur wenig im Lande. Diese Schwierigkeiten verursachten, daß die Truppenmengen, die die Deutschen im Süden halten konnten, begrenzt waren, und daß der Krieg im Süden sich viel länger hinzog als im Norden. Dazu hatten die Hottentotten in Hendrik Witbooi, Morenga und Cornelius geschickte und im Kleinkrieg erfahrene Führer.

Trotha bestimmte den Oberst Deimling zum Führer der im Süden operierenden Truppen. Bis zu dessen Eintreffen im Süden — er befand sich noch im Hereroland — sollte Leutwein seine Vertretung übernehmen. Ihm stand nur eine Ersatzkompagnie zur Verfügung. Er beschränkte sich deshalb auf die Sicherung des Bastardlandes, dessen Volk sich am Aufstand nicht beteiligt hatte, obwohl Hendrik Witbooi es dazu aufgefordert hatte. Um das Bastardland zu sichern, besetzte Leutwein Hoachanas, Kub und Nomtsas. Nomtsas war von den Witbooi genommen worden, bevor die von Leutwein gesandte Truppe die Farm erreicht hatte. Dort wurde mit 4 anderen Deutschen auch der Farmer Hermann (S. 108) ermordet. Die im Hereroland entbehrlichen deutschen Truppen wurden nach Süden entsandt, denen sich der Befehlshaber für den Süden, Oberst Deimling, anschloß. Leutwein stand mit seiner Ersatzkompagnie bei Kub. Dort lagerten Vorräte für die Truppe und befand sich das Vieh von geflüchteten Buren. Leutwein verhielt sich abwartend, da seine schwachen Kräfte für einen Angriff nicht ausreichten. Die Witbooi wurden dadurch zu einem Angriff auf Kub veranlaßt. In der Nacht zum 21. November 1904 erschienen die Witbooi mit 200-300 Kriegern vor Kub, um es anzugreifen. Zunächst trieben die Witbooi die Pferde der deutschen Truppe ab. Danach erfolgte der Angriff auf Kub von zwei Seiten. Die schwache Ersatzkompagnie geriet in eine schwierige Lage. Während des Gefechtes erschien aber Oberst Deimling mit der 11. Kompagnie. Nun gelang es nach heftigem Feuergefecht, die

Witbooi zu verjagen, die sich nach Süden zurückzogen. Deimling entschloß sich, die Witbooi, deren Hauptmacht bei Rietmond vermutet wurde, so schnell wie möglich anzugreifen, bevor sie abziehen konnten. Patrouillen wurden zur Erkundung auf Rietmond vorgeschickt. Diese erlitten aber große Verluste, da die Witbooi in dem ihnen wohlbekannten Gelände ihnen auflauerten. Nun wußte Deimling, daß die Witbooi sich bei Rietmond zum Kampf stellen wollten. Auf dem Marsch dorthin kam es zu mehreren Gefechten, ohne daß die Witbooi den Vormarsch der Deutschen aufhalten konnten. Am 5. Dezember 1904 vormittags standen diese vor Rietmond. Nun brach unter den Witbooi eine Panik aus. Sie flohen in aller Eile, wobei sie etwa 1500 Stück Vieh zurückließen. Auch vieles andere blieb zurück, Waffen, Munition usw., ja sogar das Sparkassenbuch Hendrik Witboois. Die deutschen Truppen rückten in Rietmond ein, ohne Widerstand zu finden (116). Die Witbooi flohen nach Nordosten in Richtung Kalkfontein am Auob, wohin ihnen die deutsche Abteilung folgte. Darauf entwichen die Witbooi nach Osten und Südosten und zogen das Auobtal abwärts in Richtung auf Gochas, dessen Bewohner, die Franzmannhottentotten unter Simon Kopper, sich am Aufstand beteiligten. Simon Kopper hatte am 17. März 1894 die deutsche Schutzherrschaft angenommen und mit Leutwein einen Vertrag geschlossen (S. 70 ff.). Die Gochasleute hatten also 10 Jahre lang den Vertrag gehalten. Die Operationen gegen die Witbooi, die zunächst verschwunden waren, ruhten nun eine Zeitlang. Inzwischen kam es zu Gefechten mit Morenga, der aus den Karasbergen hervorbrach, und bei Warmbad kam es zu hartnäckigen Gefechten, die mit dem Rückzug Morengas in die Karasberge endeten. Weitere Gefechte fanden mit dem Teil der Bethanier statt, die aufständisch geworden waren, bis diese bei Uibis am Hutup am 21. Dezember geschlagen wurden. Gefechte fanden auch bei Koës statt, östlich von Keetmanshoop, wo die Veldskoendraers geschlagen wurden.

Deimling mußte sich nun entscheiden, gegen wen er zuerst vorgehen wollte, Morenga in den Karasbergen oder Hendrik Witbooi im Auobtal. Morenga war bei Warmbad mit etwa 300 Kämpfern erschienen und hatte sich seitdem in den Karasbergen ruhig verhalten. Er litt unter Munitionsmangel. Hendrik Witboois Streitmacht wurde auf etwa 600 Kämpfer geschätzt. Diese Schätzung war jedoch zu niedrig, wie man später erkannte; vergl. S. 157. Die Zusammenstöße mit den Witbooi hatten gezeigt, daß die Witbooi sehr streitlustig waren. Deimling entschloß sich deshalb, zunächst die Witbooi anzugreifen. Er hatte sich nach Gibeon begeben, weil er glaubte, von dort aus die Operationen im Süden am besten leiten zu können. Er wollte Hendrik Witbooi durch 3 Abteilungen angreifen lassen, um ein Entkommen zu verhindern:

1. Abteilung Meister mit 223 Mann den Auob abwärts marschierend, also von Norden angreifend,

2. Abteilung Ritter mit 110 Mann von Aukam marschierend, also von Westen angreifend,

3. Abteilung Lengerke mit 300 Mann von Koës-Persip marschierend, also von Süd-Westen angreifend.

Hendrik Witbooi sollte sich mit seinen Leuten mit denen von Simon Kopper vereinigt haben und bei Gochas stehen. Deimling bestimmte deshalb, daß sich die 3 Abteilungen bei Gochas vereinigen sollten, und zwar am 3. Januar 1905. Die Schwierigkeiten für die deutschen Truppen waren groß. Die Entfernungen zwischen den 3 Abteilungen waren sehr weit, die Verbindungsmittel ungenügend, ein Zusammenwirken der 3 Abteilungen also nicht sichergestellt.

Abteilung Meister (117) hatte am 31.12.1904 ein heftiges Gefecht vor Stamprietfontein, das von den Witbooi besetzt war und hartnäckig verteidigt wurde. Das Gefecht fand in heftigem Gewitter und bei starkem Regen statt. Ein Blitz traf dabei Salomon Sahl, der den Bezirksamtmann von Burgsdorff in Mariental erschossen hatte (S. 151); er ist später verdurstet. Das Gefecht endete mit der Einnahme von Stamprietfontein durch die deutschen Truppen und dem Rückzug der Witbooi nach Süden das Auobtal abwärts. Eine Verfolgung war nicht möglich wegen der hereinbrechenden Dunkelheit, und weil die Tiere vor dem Weitermarsch erst getränkt werden mußten. Am nächsten Morgen, dem Neujahrstag 1905, marschierte die Abteilung Meister das Auobtal abwärts. Man vermutete die Witbooi bei der nächsten größeren Wasserstelle Groß-Nabas. Am 2. Januar stieß die Abteilung auf ihrem Weitermarsch das Auobtal abwärts vor Groß-Nabas (117a) auf die Witbooi, die viel stärker waren, als man vermutet hatte. In Wirklichkeit waren es nicht 600, sondern 1200 Streiter unter Führung von Hendrik Witbooi und dem „Propheten" Stuermann. Ihnen konnte die deutsche Abteilung nur 200 Gewehre entgegen stellen. Bald entstand für die deutsche Truppe eine schwierige Lage. Dauernd versuchten die Witbooi zu umfassen, wozu sie durch ihre Anzahl in der Lage waren. Sie waren in einer günstigen Stellung auf einer felsigen Höhe, die in das Tal quer hineinragte, und im Besitz der Wasserstelle. Es war an diesem Tage, dem 2. Januar, unerträglich heiß. Um 5 Uhr nachmittags wurde an die deutschen Soldaten das letzte Wasser ausgeteilt. Der Kampf währte den ganzen Tag, ohne daß die Deutschen vorwärtsgekommen wären. Die Munition begann knapp zu werden, sie konnte nicht ersetzt werden. Besonders war das bei der Artillerie der Fall, deren Bedienungsmannschaften zum großen Teil durch Tod oder Verwundung ausgefallen waren.

Am 3. Januar begann der Kampf von neuem. Die Kampffähigkeit der deutschen Soldaten begann mit der Wirkung der Hitze und des Durstes abzunehmen. Es kamen Hitzeschläge vor, einige Soldaten, auch Offiziere, wurden vor Durst wahnsinnig und stürzten allein vor, um die Wasserstelle zu nehmen. Am Nachmittag gelang es einigen eingeborenen Treibern, ein

Loch, gefüllt mit Regenwasser, etwas weiter talaufwärts zu finden. So konnten die Soldaten etwas Wasser erhalten. Mit Sehnsucht erwartete die Abteilung das Erscheinen der beiden anderen Abteilungen, die von Süden das Auobtal aufwärts kommen mußten. Abends vernahm man fernen Kanonendonner. Die Hoffnung belebte sich. Während der Nacht wurde hinter der deutschen Stellung wieder ein Regenloch entdeckt.

Am 4. Januar beschloß Major Meister, zu versuchen, die Wasserstelle zu erstürmen. Das Unternehmen war gewagt, mußte aber unternommen werden — und es gelang. Als die schwache Abteilung Meister, nachdem die Geschütze ihre letzte Munition verschossen hatten, den Sturm begann, wurde sie zwar heftig beschossen, aber die Witbooi warteten den Angriff mit dem Bajonett nicht ab, sondern verliessen ihre Stellung, und die Wasserstelle war in deutschem Besitz. Die Abteilung Meister hatte allerdings schwere Verluste erlitten: 32 v.H. der Abteilung war gefechtsunfähig, viele Pferde und Maultiere tot. An eine Verfolgung der Witbooi, die nach Süden flohen, war nicht zu denken. Die Abteilung blieb bis zum 5. Januar an der Wasserstelle und versuchte, mit den von Süden heranrückenden Abteilungen die Verbindung aufzunehmen, aber vergebens. Danach ging die Abteilung nach Stamprietfontein zurück, wo es reichlich Wasser gab und wo die Munition ergänzt werden sollte.

Die Abteilungen Ritter und Lengerke waren inzwischen nicht müßig gewesen. Abteilung Ritter hatte Gibeon am 1. Januar 1905 verlassen. Bei ihr befand sich Oberst Deimling. Sie traf am 3. Januar im Auobtal bei Haruchas ein. Am gleichen Tage kam es dort zu einem heftigen Gefecht mit etwa 400 Hottentotten, die am Abend in Richtung Gochas flohen. Den Kanonendonner von diesem Gefecht hatte die Abteilung Meister bei Groß-Nabas gehört. Abteilung Lengerke vereinigte sich von Koës kommend mit der Abteilung Ritter am 4. Januar bei Haruchas. Oberst Deimling war in Sorge um die Abteilung Meister, die am 3. Januar in Gochas erwartet worden war, von der jedoch noch keine Nachricht eingetroffen war. Oberst Deimling erreichte am 6. Januar mit den Abteilungen Ritter und Lengerke Gochas. Obwohl es furchtbar heiß war, wurde der Marsch das Auobtal aufwärts fortgesetzt, um der Abteilung Meister Hilfe zu bringen, falls nötig. Bei Swartfontein wurden starke Hottentottenbanden festgestellt. Oberst Deimling rückte mit seinen Truppen bis Swartfontein vor, wo die Nacht verbracht wurde. Am nächsten Tage, dem 7. Januar, entwickelte sich ein heftiges Gefecht nördlich von Swartfontein. Die Hottentotten, Leute von Hendrik Witbooi und die Fransmannhottentotten unter Simon Kopper, wurden geschlagen und zogen sich nach Osten in die Dünen der Kalahari zurück. Nach dem Gefecht wurde eine Wagenkolonne der Hottentotten, bestehend aus 22 Wagen und beladen mit Wasser, Lebensmitteln und Munition, von den Deutschen bemerkt und genommen. Diese Vorräte sollten wohl den Hottentotten den Zug durch die Kalahari ermöglichen. Die Witbooi verschwanden im Osten, wohin ihnen die Abteilung noch eine Strecke weit folgte. Deimling war besorgt um die Abteilung Meister, von der man noch immer nichts gehört und bemerkt hatte. Er blieb bei Swartfontein stehen und entsandte eine Patrouille talaufwärts nach Norden, um nach der Abteilung Meister zu suchen, die, wie wir schon wissen, nach dem Gefecht von Groß-Nabas nach Stamprietfontein zurückgegangen war. Die Patrouille erreichte die Abteilung Meister am 8. Januar in Stamprietfontein, und damit war die Verbindung hergestellt. Das Zusammenwirken der 3 Abteilungen (S. 157), wie Oberst Deimling es beabsichtigt hatte, war doch noch zustande gekommen; denn die Hottentotten wurden von der von Norden kommenden Abteilung Meister und den von Süden kommenden beiden Abteilungen in die Mitte genommen und mußten nach Osten entweichen, an den Nossob, wohin ihnen die deutschen Truppen wegen Wasserknappheit nicht folgten. Es war festgestellt worden, daß im Tal des Nossob und des Elefantenflusses nur wenig Wasser zu finden war.

In den folgenden Wochen trat eine Pause in den Operationen ein. Es herrschte bei den deutschen Truppen Mangel an Proviant und Munition. Zufuhren mußten von Keetmanshoop und Windhoek auf Ochsenwagen nach Stamprietfontein und in das Auobtal gebracht werden. Das war wegen der schlechten Wege und des tiefen Sandes schwierig und zeitraubend. Es gab wohl Patrouillengefechte, Überfälle auf Wagenkolonnen usw., aber zu größeren Aktionen kam es zunächst nicht. Die Witbooi sammelten sich am Nossob, waren aber unfähig zu kämpfen. Ihre Zahl hatte sich vermindert, nachdem eine Hereroabteilung unter Frederik, einem Sohn von Samuel Maharero, die sich den Witbooi angeschlossen hatte, diese nach dem Gefecht von Groß-Nabas verlassen hatte. Bemerkenswert ist, daß sich die Witbooi und Herero im Kampf gegen den gemeinsamen Feind, Deutschland, zusammenfanden, obwohl sie noch kurz vorher Todfeinde gewesen waren. Frederik ging nach dem Ngamisee, wo er im Mai 1905 gesehen wurde, und wo sich auch sein Vater befand (118).

Oberst Deimling ließ die Witbooi am Nossob stehen. Er nahm an, daß sie sich nicht so bald wieder zum Kampf stellen würden. Sein stärkster Gegner war jetzt Morenga, der sich nach den Gefechten bei Warmbad (S. 156) ziemlich ruhig in den Karasbergen verhalten hatte. Es fehlte ihm an Munition, die er aus den englischen Kolonien, der Kapkolonie und dem Betschuanaland, beziehen wollte. Die Zufuhr erfolgte aber sehr langsam und wurde von den englischen Behörden behindert. Deimling bildete nun wie im Auobtal so auch hier wieder 3 Abteilungen, durch deren Zusammenwirkung er ein Entkommen von Morenga und seinen Leuten verhindern wollte.

Die Karasberge sind ein Gebirgsstock etwa in der Größe des Harzes. Die Berge erheben sich bis zu einer Höhe von 2000 m, das Gelände ist unwegsam, unfruchtbar, trocken, voller Schluchten, und war den Deutschen ziemlich unbekannt. Die 3 Abteilungen waren:

Abteilung Kirchner von Norden kommend, 65 Mann;
Abteilung von Koppy von Süden kommend, 220 Mann;
Abteilung von Kamptz von Westen kommend, 295 Mann.

Morenga war über den deutschen Aufmarsch gut unterrichtet und wandte sich zunächst gegen die schwächste Abteilung, die Abt. Kirchner. Mit ihr kam es bei Aob, einer Wasserstelle nördlich der Karasberge, zum Kampf. Morengas Streitkräfte waren den Deutschen an Zahl weit überlegen und verteidigten mit Erfolg die Wasserstelle. Die Nacht machte dem Gefecht ein Ende. Beide Gegner verließen während der Nacht das Gefechtsfeld, die Deutschen, weil sie nicht genug Wasser fanden, Morenga, weil er hörte, daß die Abteilung von Koppy sich näherte. Diese hatte eine Abteilung Hottentotten bei Garup geschlagen. Auch die Abteilung von Kamptz war gegen die Hottentotten bei Narudas erfolgreich gewesen. Dort war Stuermann der Führer. Oberst Deimling hatte als Vereinigungspunkt für die 3 Abteilungen die Narudasschlucht angegeben, wo sie sich am 11. März einfinden sollten. Der Feldzug gegen Morenga hatte Anfang März 1905 begonnen. Die Hottentotten zogen sich in die Narudasschlucht zurück. Beim Nahen der 3 deutschen Abteilungen flohen sie nach allen Seiten, und zwar hauptsächlich nach Osten. Ihre Weiber und Kinder, dazu viel Vieh, mußten sie zurücklassen. Später wurde festgestellt, daß Morenga und seine Leute sich weit im Osten an der Grenze von Betschuanaland an den wenigen Wasserstellen versteckt hielten. Oberst Deimling hielt sie deshalb für ungefährlich und wandte sich nun der Sicherung des südlichen Teiles der Kolonie zu. Besatzungen wurden in die größeren Orte, wie Kub, Nomtsas, Gibeon, Keetmanshoop, Warmbad usw. gelegt, und die Etappenstraßen zur Kapkolonie und nach Lüderitzbucht gesichert. Im April 1905 reiste Oberst Deimling nach Deutschland zurück, weil er ärztliche Behandlung brauchte, die er in der Kolonie nicht erhalten konnte. Trotha begab sich im März aus dem Norden nach Kub, im April nach Berseba, um die Führung des Feldzuges selbst zu übernehmen. Von dort aus erließ er die folgende Proklamation an die Hottentotten (119):

„Proklamation
des Generals von Trotha an das Volk der Hottentotten
vom 22. April 1905.

„An die aufständischen Hottentotten.

Der mächtige, große deutsche Kaiser will dem Volk der Hottentotten Gnade gewähren, daß denen, die sich freiwillig ergeben, das Leben geschenkt werde. Nur solche, welche bei Beginn des Aufstandes Weiße ermordet oder befohlen haben, daß sie ermordet werden, haben nach dem

Gesetz ihr Leben verwirkt. Dies tue ich Euch kund und sage ferner, daß es den wenigen, welche sich nicht unterwerfen, ebenso ergehen wird, wie es dem Volk der Herero ergangen ist, daß in seiner Verblendung auch geglaubt hat, es könne mit dem mächtigen deutschen Kaiser und dem großen deutschen Volk erfolgreich Krieg haben. Ich frage Euch, wo ist heute das Volk der Herero, wo sind heute seine Häuptlinge? Samuel Maharero, der einst Tausende von Rindern sein eigen nannte, ist, gehetzt wie ein wildes Tier, über die englische Grenze gelaufen; er ist so arm geworden wie der ärmste der Feldherero und besitzt nichts mehr. Ebenso ist es den anderen Großleuten, von denen die meisten das Leben verloren haben, und dem ganzen Volk der Herero ergangen, das teils im Sandfeld verhungert und verdurstet, teils von deutschen Reitern getötet, teils von den Owambo gemordet ist. Nicht anders wird es dem Volk der Hottentotten ergehen, wenn es sich nicht freiwillig stellt und seine Waffen abgibt. Ihr sollt kommen mit einem weißen Tuch an einem Stock mit Euren ganzen Waffen, und es soll Euch nichts geschehen. Ihr werdet Arbeit bekommen und Kost erhalten, bis nach Beendigung des Krieges der große deutsche Kaiser die Verhältnisse für das Gebiet neu regeln wird. Wer hiernach glaubt, daß auf ihn keine Gnade Anwendung findet, der soll auswandern, denn wo er sich auf deutschem Gebiet blicken läßt, da wird auf ihn geschossen werden, bis alle vernichtet sind. Für die Auslieferung an Ermordung Schuldiger, ob tot oder lebendig, setze ich folgende Belohnung: Für Hendrik Witbooi 5000 Mark, Stürmann 3000 Mark, Cornelius 3000 Mark, für die übrigen schuldigen Führer je 1000 Mark.'

gez. Trotha."

Diese Proklamation machte keinerlei Eindruck auf die Hottentotten und löste bei ihnen keine Reaktion aus.

Oberst Deimling hatte noch vor seiner Abreise Vorbereitungen zu einer Aktion gegen die Bethanier unter Cornelius getroffen. Diese bedrohten den Verkehr auf der wichtigsten Etappenstraße, den Baiweg Lüderitzbucht-Keetmanshoop. Es waren schon mehrere Überfälle auf Patrouillen, Munitions- und Proviantkolonnen und Pferdeposten vorgekommen. Aber die ortskundigen und gewandten Bethanier wußten in dem ihnen bekannten Gelände sich immer wieder den sie verfolgenden deutschen Truppen zu entziehen. Diese wurden durch das dauernde Hin- und Hermaschieren stark ermüdet. Lange Zeit wußte man überhaupt nicht, wo Cornelius sich eigentlich befände. Endlich konnte Leutnant von Trotha, der Sohn des Generals, ihn westlich des Fischflusses feststellen. Leutnant von Trotha suchte Cornelius mit einem Brief seines Vaters auf, in dem Cornelius zur Unterwerfung aufgefordert wurde. Cornelius und Leutnant von Trotha kannten sich aus der Zeit des Hereroaufstandes, als Cornelius mit einer Hilfstruppe der Bethanier den Deutschen beigestanden hatte. Die Verhandlungen nahmen einen guten Verlauf, als plötzlich eine deutsche Kompagnie, deren Führer von den Verhandlungen nichts wußte, das Lager des Cornelius angriff. In der nun folgenden Verwirrung wurde Leutnant von Trotha getötet. Cornelius berichtete selber später folgendes: (120) „Als ich nach dem Gefecht fragte, ob Trotha von einer deutschen Kugel oder von uns erschossen sei, meldete sich der Bethanier Christoph Lambert und sagte, er habe den Leutnant erschossen. Er habe geglaubt, dieser sei nur gekommen, um uns in Sicherheit zu wiegen und uns dann überfallen zu lassen. Die Leiche habe ich am anderen Morgen begraben lassen. Ich bin überzeugt, daß es ohne den Tod von Trothas zum Frieden gekommen wäre, denn Johannes Christian hatte auch Vertrauen zu dem Leutnant." Cornelius setzte nun den Kampf fort. In Aiais wurde er am 3. September geschlagen und zog den Fischfluß zum Oranje abwärts. Dort wandte er sich nach Osten und vereinigte sich mit Morenga in den Karasbergen. Morenga war wohl bei Narudas geschlagen worden (S. 160) und war ab Mitte April zwar wieder kampffähig, wollte aber doch zum Frieden mit den Deutschen kommen. Dabei bediente er sich der Vermittlung des Paters Malinowsky, des katholischen Missionars in Heirachabis. Ein viertägiger Waffenstillstand wurde am 21. April vereinbart. Die weiteren Verhandlungen verliefen aber ergebnislos, und der Kampf wurde fortgesetzt. Morenga und seine Leute verließen die Karasberge und wandten sich nach Osten. Dicht bei der englischen Grenze blieben sie stehen, um Proviant und Munition zu ergänzen. Später zog Morenga wieder in die Karasberge und bezog ein befestigtes Lager bei Aob. Ihn dort anzugreifen, dafür hatte Trotha nicht die nötigen Truppen. Morenga trat in Friedensverhandlungen mit den Deutschen ein, und Operationen gegen ihn unterblieben deshalb bis September.

Wo aber war Hendrik Witbooi nach den Gefechten im Auobtal? Im Januar 1905 war er nach Osten in die Kalahari abgezogen, und danach blieb er verschwunden. Ende Juli überfielen die Witbooi eine Wagenkolonne bei Gibeon. Sie waren also wieder nach Westen in ihr altes Stammesgebiet gezogen. General Trotha, der sich mit seinem Stab in Berseba befand, zog Truppen gegen die Witbooi zusammen. Das war am 20. August beendet. Die Witbooi zogen daraufhin ins Auobtal zurück. Von Estorff ging mit 6 Kompagnien gegen sie vor und ließ alle bekannten Wasserstellen besetzen. Das geschah im August, also kurz vor der Regenzeit. Wasser war überall knapp. Halb verhungerte und verdurstete Witbooiweiber und Kinder kamen zu den deutschen Posten an den Wasserstellen und baten um Wasser und Lebensmittel. Die Witbooikämpfer zogen ziellos im Namalande hin und her. Am 29. Oktober 1905 überfiel Hendrik Witbooi mit seinen Leuten einen deutschen Proviantwagen bei Vaalgras. Der Überfall wurde abgewiesen und die Witbooi eine Strecke lang verfolgt. Dabei erlitt der 80-jährige Hendrik, was die Deutschen erst zwei Wochen später erfuhren, eine Oberschenkelwunde, an der er verblutete. Wie der Unterkapitän Samuel Isaak später berichtete, sagte er kurz vor seinem Tode: „Es ist jetzt genug. Mit mir ist es vorbei. Die Kinder sollen jetzt Ruhe haben."

Nachdem der Kampf im Norden beendet war, und da nach Hendriks Tod ein Ende der Kämpfe im Süden in Sicht war, hielt Trotha seine Aufgabe in DSWA für beendet und bat um seine Abberufung. Diese wurde ihm vom Kaiser gewährt, und Trotha verließ am 19. November 1905 in Lüderitzbucht das Land. 17 Monate waren vergangen, seit er am 11. Juni 1904 in Swakopmund das Land betreten hatte. In der Zwischenzeit hatte er seine Frau verloren, die in Deutschland gestorben war, und seinen Sohn, der im Lager des Cornelius erschossen worden war (S. 162). Man war höheren Ortes in Deutschland mit ihm nicht recht zufrieden. Er hatte wohl mit großer Übermacht die Herero am Waterberg umzingelt und besiegt, aber der Feldzug im Süden war nach dieser Meinung schlecht geplant und durchgeführt. Deimling hatte die Situation gerettet. Er wurde auch der Nachfolger Trothas, als er nach seiner Genesung im Juli 1906 nach DSWA zurückkehrte. In der Zwischenzeit hatte Oberst Dame den Oberbefehl inne. Trotha hat den Feldzug in DSWA nach rein militärischen Gesichtspunkten geführt. Sein einziges Ziel war die Unterwerfung und Vernichtung der aufständischen Stämme gewesen; was nach dem Aufstand geschehen würde, war ihm nicht wichtig. Er war persönlich tapfer und unterzog sich den Strapazen des Feldzuges wie jeder Soldat. Wenn ich auch der Meinung bin, daß seine Tätigkeit den wahren Interessen der Kolonie nicht gedient hat, so kann man ihm doch persönliche Achtung nicht versagen. In Deutschland fiel Trotha in Ungnade. Er wurde vom Kaiser nicht empfangen. Er wollte auch gar nicht empfangen werden. Als er in den Ruhestand getreten war, erschien er bei öffentlichen Gelegenheiten stets demonstrativ in Zivil, ohne Orden. Er ist 1920 in Bonn verstorben.

Hendriks Soldatentod ersparte dem deutschen Gouvernement eine schwere Entscheidung. Wäre er gefangen genommen worden, hätte er als Rebell hingerichtet werden müssen. Er fühlte sich jedoch nicht als Rebell, wie er einmal an Leutwein im Oktober 1904 schrieb: „Ferner bitte ich Ew. Hochwohlgeboren, nennen Sie mich doch nicht Rebell." Der Vertrag, den er mit Leutwein im Jahre 1894 mit einem Zusatz 1895 (S. 71 ff.) geschlossen hatte, hatte er seines Erachtens mit Leutwein als Person geschlossen. Der war nun entmachtet, seit Trotha im Lande war. So fühlte sich Hendrik ganz im Recht, wenn er den Aufstand begann. Er wußte, daß nach Beendigung des Hereroaufstandes der Süden an die Reihe kommen würde, daß die Stämme enteignet und die Kapitäne abgesetzt werden würden. Das hatte er oft genug von den Weißen gehört und in Zeitungen gelesen. Er hat sich im Krieg als tapferer Soldat gezeigt, trotz seiner 80 Lebensjahre, und ist als solcher tapfer kämpfend gefallen.

Nach dem Tode Hendriks wählten die Witbooikrieger Hendriks Sohn Isaak zum Führer. Dieser hatte jedoch nicht das Ansehen und Format seines Vaters. Der Unterführer Samuel Isaak trennte sich von dem neu gewählten Führer und trat in Friedensverhandlungen mit den Deutschen ein, die am

20. November in Berseba begannen. 74 Männer und 65 Frauen und Kinder stellten sich den deutschen Behörden. Der Rest des Stammes unter Hendriks Sohn Isaak ergab sich am 3. Februar 1906. Ihre Lage beleuchtete eine Ansprache, die Gouverneur Lindequist an sie hielt. Darüber berichtet die „Südwestafrikanische Zeitung":

„Am 13. März hat der Gouverneur von Deutsch-Südwestafrika in Windhuk eine Ansprache an die Witbooi gerichtet, die vor einigen Wochen freiwillig die Waffen abgeliefert haben. Er wies darauf hin, daß von allen Eingeborenen, die die Waffen gegen die deutsche Regierung erhoben haben, die Witbooi am meisten zu verurteilen seien, weil sie seit längeren Jahren vom Deutschen Reich nur Wohltaten empfangen hätten. Besonders verwerflich sei ihr heimtückischer Überfall auf ihren Wohltäter von Burgsdorff. Die gebührende Strafe für ihre Verbrechen sei der Tod. Wenn indessen der Gerechtigkeit nicht in vollem Umfange freier Lauf gelassen werde, so geschehe dies in der Annahme, daß sie sich der Tragweite ihrer Handlung nicht völlig bewußt gewesen wären.

„Kapitäne gibt es selbstverständlich nicht mehr bei euch. Ich habe aber das Vertrauen, daß du, Samuel Isaak, und du, Hans Hendrik, soviel Einfluß auf eure Volksgenossen habt, um sie an ferneren unvernünftigen Handlungen zu verhindern. Ihr werdet zur Arbeit herangezogen werden; ich rate euch: seid fleißig und folgt den Anweisungen derer, welche in meinem Namen euch dazu anhalten. Wer den Versuch macht davonzulaufen, ist dem Tode verfallen. In Gibeon ist dies bereits vorgekommen; einige Witboois sind entflohen und mit der Waffe in der Hand wieder ergriffen, sie wurden vom Bezirksamtmann in Gibeon zum Tode verurteilt, ich habe das Urteil bestätigt und sie sind bereits hingerichtet. Laßt euch dies zur Warnung dienen! Wer sich gut beträgt, wird gut behandelt werden. Habt ihr das verstanden und wollt ihr danach handeln? — Antwort: Ja!"

Eine der Kapitulationsbedingungen war, daß die Witbooi in Gibeon angesiedelt werden sollten. Im Juni finden wir sie jedoch gefangen auf der Haifischinsel bei Lüderitzbucht. Dort befand sich Samuel Isaak mit 1700 Hottentotten, Witbooi und Bethaniern. Das feuchte, kühle Seeklima bekam den Gefangenen nicht, die an trockenes, heißes Höhenklima gewöhnt waren. Auch war die Unterbringung ungenügend. Später verlangte Oberstleutnant von Estorff, der seit 1. April 1907 das Oberkommando führte als Nachfolger des Generals von Deimling, die Verlegung des Lagers ins Inland, da er glaubte, die Zustände im Lager nicht mehr verantworten zu können. Die Angelegenheit wurde der deutschen Reichsregierung zur Entscheidung vorgelegt, und diese entschied, daß die Sicherheit der Weißen der Gesundheit der Hottentotten vorzugehen habe. Das Gouvernement war nämlich der Meinung gewesen, daß die Verbringung der Gefangenen ins Inland die Sicherheit der weißen Bevölkerung gefährden könne, da man ein Entweichen der Gefangenen nicht verhindern könnte (121).

Der Kampf gegen Cornelius zog sich noch lange hin. Er zog mit seinen Leuten im Namalande zwischen den Karasbergen und dem Tirasgebirge hin und her und wußte sich den ihn verfolgenden deutschen Truppen immer wieder zu entziehen. Zeitweise hatte er sich mit Morenga vereinigt, aber die beiden gerieten in Streit, und Cornelius verließ die Karasberge, um wieder umherzuschweifen. Daß der Kampf sich solange hinzog, lag an der Schwierigkeit der Versorgung der deutschen Truppen. Trotha hatte mehrfach nachdrücklich versucht, bei den deutschen Behörden in Berlin die Bewilligung des Bahnbaus Lüderitzbucht-Kubub zu erreichen (122). Die deutsche Regierung wollte jedoch den Bahnbau nicht gestatten, bevor der Reichstag die nötigen Mittel bewilligt hätte. Die Versorgung der deutschen Truppen mit Proviant und Munition bereitete die größten Schwierigkeiten, und oft trat fühlbarer Mangel ein. Das Land selbst bot nichts zur Versorgung der Truppen; die Wege waren schlecht, besonders in der Namib. Weide und Wasser waren knapp, oft gar nicht vorhanden. Dazu kam noch der Ausbruch der Rinderpest im November 1905, der den Ochsenwagenverkehr vollkommen lahmlegte. In dieser Verlegenheit kaufte Trotha soviele Kamele, wie er erhalten konnte, um den Nachschub aufrecht zu erhalten. Infolge unsachgemäßer Behandlung entwickelten sich bei einer Anzahl von Kamelen Druckstellen auf den Rücken, so daß sie keine Lasten mehr tragen konnten. Da man aber ihre Dienste brauchte, spannte man sie als Zugtiere vor Wagen. Trotha versuchte auch Zufuhren aus Betschuanaland und von der Kapkolonie zu erhalten. Dabei war er aber abhängig von dem Wohlwollen der englischen Kolonialbehörden. Nun endlich, im Dezember 1905, bewilligte der Reichstag die für den Bahnbau Lüderitzbucht-Kubub (140 km) notwendigen Mittel. Später bemühte sich das deutsche Oberkommando um eine Verlängerung der Bahn bis Keetmanshoop. Als dieser Antrag am 26. Mai 1906 im Reichstag zur Debatte stand, war Oberst Deimling selbst zugegen, um die nötigen Auskünfte zu geben. Ihm riß schließlich die Geduld, als die Abgeordneten mit immer neuen Einwänden kamen. Er stellte den Abgeordneten ironisch die Frage, ob er erst einige Hungerleichen deutscher Soldaten auf den Tisch des Hauses legen müßte, um sie zur Bewilligung der Mittel zu veranlassen. Es kam zu einem erregten Auftritt, und das Projekt wurde zunächst abgelehnt (123). Der Weiterbau erfolgte erst später, und im Juli 1908 konnte endlich die Strecke Lüderitzbucht-Keetmanshoop in ihrer vollen Länge eröffnet werden (S. 201). Die Verzögerung des Bahnbaus war sehr kurzsichtig; denn die Beförderung im Ochsenwagen war viel teurer als die Beförderung mit der Bahn. Der Frachtsatz für einen Zentner von Lüderitzbucht nach Keetmanshoop im Ochsenwagen betrug 30 Mark, von Windhoek nach Keetmanshoop 45 Mark. Die Bahnfracht von Lüderitzbucht nach Keetmanshoop wurde auf 9 Mark veranschlagt. Im Dezember 1905 waren auf den Etappenstraßen Windhoek-Keetmanshoop und Lüderitzbucht-Keetmanshoop beschäftigt 610 Offiziere, 1360 Mannschaften, 2535 Treiber, 5700 Maultiere, 3740 Ochsen, dazu noch 430 gemietete Privatwagen mit 9600 Zugtieren. Die Zufuhren, die man damit den

Ackerbau zur Pionierszeit. Ochsen wurden zum Pflügen und Säen benutzt, vermutlich im Grootfontein-Bezirk. (Foto – Fotosammlung Walter Rusch)

Das erste vorgefertigte Bahnhofsgebäude in Windhoek (1902–1911). (Foto R. Wywias 1907 – Fotosammlung Walter Rusch)

Warmbad, die älteste Missionsstation in unserem Lande, wurde von den Brüdern Abraham und Christian Albrecht im Mai 1805 gegründet. (Fotosammlung W. Rusch)

Auf der Missionsfarm Heirachabis trat Pater Malinowski im November 1906 als Vertrauensmann, Gewährsmann und Dolmetscher zwischen dem Bondels-Kapitän Johann Christian und deutschen Offizieren auf; dieses führte zur Lösung des Konfliktes. (Fotosammlung Walter Rusch)

Truppen bringen konnte, reichten nur für 3000 Mann und 3000 Tiere aus. Das war viel zu wenig (124). Am 1. Januar 1906 hatte das deutsche Oberkommando genug Proviant und Munition aufgestapelt, um eine größere Truppenmenge gegen Cornelius ansetzen zu können. Dessen Leute waren durch das dauernde Hin- und Herziehen ermattet und erkannten das Aussichtslose ihrer Lage. Auch Cornelius war dem Frieden geneigt. Der Häuptling der Berseba-Hottentotten, Christian Goliath, übernahm die Vermittlung, und im Januar 1906 ergaben sich 160 Krieger des Cornelius bei Chamasis, westlich von Berseba. Cornelius schloß sich zunächst dieser Gruppe an, änderte aber unterwegs seinen Beschluß und kehrte wieder um. Anfang März war er jedoch zur Übergabe bereit, die bei Kanis südlich von Bethanien stattfand. Cornelius und seine Leute wurden zunächst zur Haifischinsel und später nach Omaruru gebracht, wo sie gefangen gehalten wurden.

Nachdem Cornelius ausgeschaltet war, blieb für die Deutschen nur noch Morenga übrig als ernst zu nehmender Gegner. Die bisherigen Versuche, mit ihm zum Frieden zu kommen, waren gescheitert. Wie schon erwähnt (S. 162), waren mit Morenga Verhandlungen im Gange gewesen, die sich bis September 1905 hinzogen. Während dieser Zeit fanden keine Kampfhandlungen statt. Inzwischen versorgte sich Morenga mit Munition und Proviant. Anfang September begannen die Kämpfe wieder, und zwar im Warmbadbezirk. Die Hottentotten zogen nach dem Süden, nach dem Oranje. Dort kam es bei Hartebeestmond am 24. Oktober 1905 zu einem heftigen Gefecht, dem letzten größeren im Aufstand. Die Hottentotten unter Morenga hatten auf einer Höhe, die eine Ebene umgab, ihre Stellung bezogen, von denen aus sie die deutsche Abteilung, die in der Ebene marschierte, mit Feuer überschütteten. Es gelang den Deutschen nicht, die Hottentotten von der Höhe zu vertreiben; am Abend mußte sich die deutsche Abteilung nach Osten zurückziehen. Sie hatte erhebliche Verluste erlitten: 3 Offiziere und 14 Mannschaften waren gefallen, 3 Offiziere und 35 Mannschaften waren verwundet. Auch die Hottentotten räumten während der Nacht ihre Stellungen, konnten aber wegen Erschöpfung von den Deutschen nicht verfolgt werden. Die deutsche Abteilung marschierte nach Warmbad zurück.

Anfang 1906 befanden sich die Bondels unter Morenga am Oranje. Die Hauptschwierigkeit für die Deutschen war nicht der Gegner, sondern die Natur des Landes. Die Schwierigkeiten des Nachschubs ließen sich nicht beheben und wurden dadurch vergrößert, daß man für die Zufuhren auf das Wohlwollen der Kapkolonie angewiesen war. Zudem kam es wiederholt zu Überfällen durch umherschweifende Hottentottenbanden, besonders an der Straße Warmbad-Ramansdrift. Es wurden deutsche Proviantkolonnen, Pferdeposten usw. überfallen. Von Estorff, der den Oberbefehl im Süden im Dezember 1905 übernommen hatte, beschloß, die Hottentotten, die unter Morenga östlich Hartebeestmond standen, anzugreifen. In mehreren Gefechten wurden die Hottentotten geworfen, diese zogen sich nach Osten zurück. Morenga selbst trat auf englisches Gebiet über, wohin er nicht verfolgt werden konnte. Er wurde von der englischen Polizei festgenommen und nach Prieska gebracht. Damit war Morenga vorläufig ausgeschaltet (Mai 1906). Aber noch war der Kampf nicht zu Ende. Am Oranje saßen Hottentottenbanden, denen in dem unzugänglichen Gelände schwer beizukommen war. Aber bei ihnen machten sich Erschöpfungen bemerkbar. Sie waren nun zwei Jahre im Aufstand; das dauernde Umherziehen bei kümmerlicher Ernährung verursachte, daß sie nicht mehr leistungsfähig waren. Nach dem Tode oder der Gefangennahme ihrer Führer (Hendrik Witbooi, Morenga und Cornelius) hielten sie weiteren Widerstand für aussichtslos. Ihre Reit- und Tragtiere waren abgetrieben, ihre Wohnsitze verwüstet, ihr Viehbesitz war dahin. Ihre Munition wurde knapp; sie hatten nichts mehr, womit sie Munition und Proviant kaufen konnten. Immer mehr machte sich die Übermacht der deutschen Truppen bemerkbar, besonders seitdem Deimling eine Anzahl von gut ausgerüsteten Verfolgungsabteilungen im Süden verteilt hatte, die Tag und Nacht bereit sein mußten, bei plötzlichen Überfällen sofort zur Verfolgung auszurücken. Solche Abteilungen standen in Warmbad, Ukamas, an den großen und kleinen Karasbergen usw.

Der Kapitän der Bondels, Johan Christian, der bei Heirachabis saß, leitete durch Pater Malinowsky Friedensverhandlungen ein. Diese zogen sich lange hin, da die Bondels sehr mißtrauisch waren. Oberst Deimling beauftragte den Oberbefehlshaber im Süden, von Estorff, der die Verhandlungen führte, Abgabe von Waffen und Munition zu verlangen. Dafür sollte ihnen Leben und Freiheit zugesichert werden. Am 21. Dezember 1906 kam Johan Christian nach Heirachabis. Nur ein Punkt bereitete noch Schwierigkeiten: der Wohnsitz des Stammes. Oberst Deimling wollte sie in Keetmanshoop ansiedeln, die Bondels weigerten sich aber, ihre Heimat Warmbad zu verlassen. Hier gab von Estorff auf Veranlassung von Deimling nach, weil dieser Punkt nicht so wichtig war. Am 23. Dezember 1906 wurde der Frieden geschlossen, der als der Frieden von Ukamas bekannt ist, und noch spät abends wurden Waffen und Munition abgegeben. Die Bedingungen waren also etwa dieselben wie die des Friedens von Kalkfontein zur Zeit Leutweins (S. 115) im Januar 1904.

Noch hielten sich Hottentottenbanden im Süden versteckt, aber diese stellten sich im Laufe der Zeit freiwillig den deutschen Behörden und gaben ihre Waffen ab. Viele Bondels, die über den Oranje in die Kapkolonie gegangen waren, kehrten zurück. Im Juni 1907 befanden sich etwa 1200 Bondels wieder im Bezirk Warmbad; der Kaiser erklärte den Kriegszustand in DSWA am 31. März 1907 für beendet. Am gleichen Tage übernahm von Estorff, wie schon erwähnt, den Oberbefehl von General Deimling. Noch stand Simon Kopper, Kapitän der Franzmannhottentotten von Gochas im Felde. Er befand sich im Osten in der Kalahari. Er wurde ausgeschaltet durch ein Expeditionskorps unter Hauptmann von Erckert (124a). Die Expedition wurde sehr sorgfältig vorbereitet: In wochenlangen Übungen wurden die Soldaten an die Zustände in der Kalahari gewöhnt. Wasser- und Proviantdepots wurden auf dem Marschwege angelegt, ebenso eine 200 km lange Telegraphenlinie, 700 Kamele wurden bereitgestellt zur Überwindung der Durststrecken usw. Anfang März 1908 erfolgte der Aufbruch in zwei Kolonnen von Gochas und Aroab aus. Diese vereinigten sich am 11. März bei Geinab, die Abteilung war nun 430 Mann stark. Am 16. März erfolgte der Angriff auf Simon Koppers Lager. Dort befanden sich 200 bis 300 Hottentotten, die hartnäckig Widerstand leisteten. Hauptmann von Erckert fiel gleich zu Beginn des Gefechtes und Hauptmann Grüner übernahm das Kommando. Die Hottentotten flohen nach Süden und Südosten und hatten starke Verluste. Simon Kopper selbst flüchtete nach Betschuanaland, wo er bis an sein Lebensende am 31. Januar 1913 blieb.

Morenga war Anfang Juni 1907 aus der Überwachung in Prieska entlassen worden und begab sich nach Upington in der Kapkolonie, wo er unter Polizeiaufsicht stehen sollte. Er entzog sich jedoch dieser Aufsicht und begab sich nach Norden näher an die Grenze von DSWA. Sein Wiederauftauchen verursachte große Aufregung unter den Hottentotten im Süden von DSWA. Die Rücksendung deutscher Truppen nach Deutschland wurde sofort eingestellt. Die englische Polizei verfolgte Morenga, erreichte ihn am 17. September 1907 bei Langklip, 100 km nördlich von Upington, und tötete ihn. Damit fand Morenga sein Ende. Er hatte sich als Führer im Aufstand durch Umsicht und Tatkraft ausgezeichnet, führte den Krieg menschlich und zeigte sich bei Verhandlungen zuverlässig.

Der Kriegszustand in DSWA war nun endgültig zu Ende. Über drei Jahre hatte er gedauert; 1659 Schutztruppenangehörige waren gefallen, 689 an Krankheiten, besonders Typhus, gestorben. Zahlreiche Farmer waren ermordet worden, 405 Millionen Mark hatte Deutschland zur Niederwerfung des Aufstandes aufbringen müssen. Der Schaden, den die Kolonie erlitten hatte, ließ sich nicht berechnen.

(d) Die Beendigung des Hereroaufstandes.

Während der Aufstand im Süden dadurch beendet wurde, daß sich die Kapitäne mit ihren Stämmen ergaben, bezw. daß Deutschland mit ihnen Verträge abschloß, war das im Norden nicht mehr möglich, weil sich das Volk der Herero völlig aufgelöst hatte. Hier ergriff nun die Rheinische Mission die Initiative. Sie hatte im Mai 1904 einen Hirtenbrief an die Hererochristen gesandt, in dem sie sie aufforderte, die Waffen niederzulegen, sich zu unterwerfen und Buße zu tun. Trotha verbot die Weiterleitung dieses Briefes an die Herero. Nach den Gefechten am Waterberg richtete die Rheinische Mission eine Eingabe an das Militärkommando und bot ihre Dienste zur Beruhigung der geschlagenen Herero an (125). Sie erhielt keine Antwort. Nun wandte sich die Rheinische Missionsgesellschaft am 25. November 1904 direkt an den Reichskanzler von Bülow und erklärte sich zur Friedensvermittlung bereit. Am 8. Dezember 1904 erhielt sie vom Reichskanzler eine zustimmende Antwort (126). Trotha wurde durch ein Telegramm des Reichskanzlers im Dezember 1904 angewiesen, die Dienste der Rheinischen Mission anzunehmen. Es kam zu einer Aussprache zwischen Trotha und den Missionaren ohne ein rechtes Ergebnis. Die Meinungen gingen zu weit auseinander. Trotha ging von seiner schroffen Haltung gegenüber den Herero nicht ab. Diese Haltung fand ihren Ausdruck in seiner Proklamation vom 2. Oktober 1904, die folgendermaßen lautete: (127)

„Otjisombongwe, den 2. Oktober 1904

Ich, der große General der deutschen Soldaten, sende diesen Brief an das Volk der Herero. Herero sind nicht mehr deutsche Untertanen. Sie haben gemordet, gestohlen, haben verwundeten Soldaten Ohren und Nasen und andere Körperteile abgeschnitten und wollen jetzt aus Feigheit nicht mehr kämpfen. Ich sage dem Volke, jeder, der einen der Kapitäne an einer meiner Stationen als Gefangenen abliefert, erhält 1000 Mark, wer Samuel Maharero bringt, 5000 Mark. Das Volk der Herero muß jetzt das Land verlassen. Wenn das Volk dies nicht tut, so werde ich mit dem großen Rohr es dazu zwingen. Innerhalb der deutschen Grenze wird jeder Herero, mit oder ohne Gewehr, mit oder ohne Vieh, erschossen.

Ich nehme keine Weiber und keine Kinder mehr auf, treibe sie zu ihrem Volk zurück oder lasse auf sie schießen. Das sind meine Worte an das Volk der Herero.

von Trotha."

Trotha ließ diese Proklamation seinen Truppen bekanntgeben und erließ dazu die folgende Verfügung:

„Dieser Erlaß ist bei den Appells den Truppen mitzuteilen mit dem Hinzufügen, daß auch der Truppe, die einen Kapitän fängt, die entsprechende Belohnung zuteil wird, und das Schießen auf Weiber und Kinder so zu verstehen ist, daß über sie hinweggeschossen wird, um sie zum Laufen zu zwingen.

Ich nehme mit Bestimmheit an, daß dieser Erlaß dazu führen wird, keine männlichen Gefangenen mehr zu machen, aber nicht zu Greueltaten gegen Weiber und Kinder ausartet. Diese werden schon fortlaufen, wenn zweimal über sie hinweggeschossen wird. Die Truppe wird sich des guten Rufes der deutschen Soldaten bewußt bleiben.

Das Kommando.
gez. von Trotha, Generalleutnant."

Es sind kürzlich (1969) in einer Windhoeker Zeitung Zweifel geäußert worden, ob Trotha wirklich diese Proklamation erlassen hat. Daran kann jedoch nicht gezweifelt werden. Der sozialdemokratische Abgeordnete Bebel hat sie in der 131. Reichstagssitzung am 1. Dezember 1906 vorgelesen, der Kolonialdirektor Dernburg, der Leiter der Kolonialabteilung des Auswärtigen Amtes, war anwesend und hat nicht widersprochen. Paul Rohrbach, der als Ansiedlungs- und Entschädigungskommissar zur fraglichen Zeit sich in DSWA befand, erwähnt sie mehrfach mißbilligend (128). Das oben erwähnte Schreiben der Rheinischen Mission an den Reichskanzler hatte zur Folge, daß Trotha nicht nur angewiesen wurde, von den Diensten der Rheinischen Mission Gebrauch zu machen, sondern auch seine Proklamation vom 2. Oktober aufzuheben, da man in Berlin der Meinung war, daß dadurch der Kriegszustand in absehbarer Zeit kein Ende finden würde. Trotha mußte also nun zulassen, daß Gefangene gemacht wurden. Diese wurden zu Arbeiten in Swakopmund und beim Bahnbau verwendet. Die Sterblichkeit unter ihnen war groß, besonders in Swakopmund. Diese Tatsache hatte ihren Grund nicht nur in dem den Herero ungewohnten feuchten kühlen Seeklima, sondern auch darin, daß die Herero durch die Entbehrungen des Aufstandes in schlechter körperlicher Verfassung waren. Eine entscheidende Wendung in der Politik gegen die Herero trat ein mit dem Eintreffen des neuen Gouverneurs von Lindequist am 19. November 1905.

Gouverneur Leutwein hatte sich im Juni 1904, nachdem er im militärischen Kommando durch Generalleutnant von Trotha ersetzt worden war, nach Windhoek begeben. Er befand sich, wie wir schon wissen, im Gegensatz zu dem von Trotha eingeschlagenen Wege, konnte aber nichts daran ändern. Trotha war der Meinung, daß militärische und politische Aufgaben in der gegenwärtigen Lage in DSWA nicht getrennt werden könnten, und daß der Gouverneur sich auf reine Verwaltungsaufgaben beschränken solle. Die Kolonialabteilung in Berlin trat seiner Meinung bei. Leutweins Freunde rieten ihm, sich aus dieser für ihn unmöglichen Lage dadurch zu befreien, daß er um Urlaub bäte. Leutwein meinte jedoch, er als Offizier müsse auf seinem Posten solange wie möglich ausharren. Im November 1904 sah er jedoch ein, daß seine Lage unhaltbar war, und begab sich, nachdem ihm Urlaub gewährt worden war, Ende November auf die Heimreise. In Deutschland angekommen, ließ er sich pensionieren. Er verlebte seinen Ruhestand in Überlingen am Bodensee und in Freiburg, wo er im Jahre 1921 starb. Er erlebte noch den Umschwung der öffentlichen Meinung zu seinen Gunsten, hat allerdings darunter gelitten, daß der Kaiser ihm seine Gunst nicht mehr zuwandte. Der Kaiser weigerte sich, ihn zu empfangen, und bei einem Zusammentreffen in Überlingen gelegentlich eines Kaiserbesuches zeigte ihm der Kaiser deutlich, daß er in Ungnade gefallen war.

Es ist zu bedauern, daß die Tätigkeit Leutweins zu einem so jähen Ende kam und daß er nicht in der Lage war, seine Pläne durchzuführen. Ich erwähne hier besonders seine Versuche, eine Existenzgrundlage für die Stämme durch die Bildung von Reservaten zu schaffen, und sein Bestreben, den Übergang des Landes in weiße Hände auf friedliche Weise zu bewirken. Er hat nicht die Gelegenheit gehabt, zu zeigen, daß er auf dem richtigen Wege war, aber er war in seinem Bestreben, die Probleme von Südwestafrika gerecht und friedlich zu lösen, ehrlich, und darum verdient er, daß wir auch heute noch seiner gedenken.

Die Anstellung von Lindequist als Gouverneur entsprach den Wünschen der weißen Bevölkerung von DSWA. Er kannte das Land gut, war er doch 1894-99 unter Leutwein in DSWA, 1900-03 als Generalkonsul in Kapstadt tätig gewesen. Hinsichtlich der Politik gegenüber den Herero lenkte er in die Bahnen Leutweins ein und erließ kurz nach seinem Amtsantritt, der im November 1905 erfolgte, die folgende Proklamation an die Herero: (129)

„Windhuk, den 1. Dezember 1905.

„Hereros! Seine Majestät der Kaiser von Deutschland, der hohe Schutzherr dieses Landes, hat die Gnade gehabt, mich zum Nachfolger des Gouverneurs Leutwein zu ernennen und als Gouverneur über dieses Land zu setzen, nachdem General von Trotha vor einigen Tagen nach Deutschland zurückgekehrt ist, der die deutschen Truppen gegen Euch geführt hat. Seine Abreise bedeutet, daß der Krieg jetzt aufhören soll.

Hereros, Ihr kennt mich! Fünf Jahre bin ich früher in diesem Lande gewesen als Kaiserlicher Richter und als Stellvertreter des Gouverneurs Leutwein — als Assessor und als Regierungsrat — zur Zeit, da Manasse von Omaruru und Kambazembi von Waterberg noch lebten, die mir stets treu gesinnt untergeben waren. Es ist jetzt mein Wunsch, daß der Aufstand, den Eure Häuptlinge und Großleute und die Kinder, die ihnen gefolgt sind, frevelhafterweise begonnen haben und der das Land verwüstet hat, nunmehr sein Ende erreicht, auf daß wieder Ruhe und Ordnung herrscht. Ich rufe daher alle Hereros, die sich jetzt noch im Felde und in den Bergen herumtreiben und sich von ärmlicher Feldkost und Diebstählen ernähren: Kommt und legt die Waffen nieder. Hereros! Tausende Eurer Stammesgenossen haben sich bereits ergeben und werden von der Regierung ernährt und gekleidet. Es ist jede Vorsorge von mir getroffen, daß sie gerecht behandelt werden. Dasselbe sichere ich auch Euch zu.

Es ist ferner angeordnet worden, daß vom 20. Dezember ab, also drei Wochen nach dem heutigen Tage, im Damaralande keine Hererowerften aufgesucht und aufgehoben werden sollen, da ich Euch Zeit geben will, selbst in Frieden zu mir zu kommen und Euch zu unterwerfen. Kommt nach Omburo und Otjihaenena! Dort werden Eure Missionare von mir hingeschickt werden. Sie werden auch Proviant mitnehmen, damit Ihr Euren ersten und großen Hunger stillen könnt. Es soll Euch auch etwas Kleinvieh für die Unterhaltung Eurer Weiber und Kinder zur vorläufigen Benutzung gelassen werden, sofern Ihr noch solches habt. Diejenigen, die kräftig sind und arbeiten können, sollen, wenn sie besonders tüchtig arbeiten, eine kleine

Belohnung erhalten. Es werden in Omburo und Otjihaenena keine weißen Soldaten stationiert werden, damit Ihr nicht Angst habt und denkt, es soll noch weiter geschossen werden. Je schneller Ihr kommt und die Waffen niederlegt, desto eher kann daran gedacht werden, Euren Stammesgenossen, die jetzt gefangen sind, Erleichterungen in ihrer jetzigen Lage zu gewähren und ihnen später die Freiheit wiederzugeben. Wem von Euch Omburo oder Otjihaenena zu weit ist, der kann seine Waffen auch bei irgend einer Militärstation abgeben und sich dort stellen. Auch die Soldaten, die auf diesen Stationen sind, werden nicht schießen. Ebenso sind die Soldaten, die Wagentransporte begleiten und deshalb im Lande herumziehen, angewiesen, nicht auf Euch zu schießen, solange Ihr nichts Feindliches gegen sie unternehmt. Fürchtet Euch also nicht, wenn Ihr sie seht.

So kommt denn schnell, Hereros, ehe es zu spät ist.

Auch im Namalande wird es bald wieder ruhig sein, denn Hendrik Witbooi ist durch eine deutsche Kugel getötet worden, und sein Unterkapitän Samuel Isaak hat sich ergeben und ist in unseren Händen."

Zu vorstehender Proklamation sei noch Folgendes kurz bemerkt: Lindequist bezeichnete sich als Nachfolger von Gouverneur Leutwein, obwohl dieser schon im November 1904 das Land verlassen hatte. In der Zwischenzeit war kein Zivilgouverneur vorhanden, Trotha hatte allein die Gewalt inne. Bei dessen Abreise im November 1905 wurde jedoch mit Lindequist wieder ein Zivilgouverneur in DSWA eingesetzt. Das Aufheben von Hererowerften bezieht sich auf Folgendes: Viele Herero hatten sich, wie noch dargelegt werden wird, wieder in ihr Land begeben, wo sie sich an abgelegenen Stellen, in Gebirgen, Tälern usw., verborgen hielten. Diese wurden, wenn sie von den Deutschen bemerkt wurden, überfallen und gefangen genommen.

In Omburo (Missionar Kuhlmann) und Otjihaenena (Missionar Diehl) wurden Aufnahmelager für die Herero, die sich auf Grund der Proklamation ergeben wollten, eingerichtet. Zwischen Weihnachten 1905 und Mitte Januar 1906 fanden sich 3000 Herero ein (130), bis April 1906 6500. In den Lagern wurden die Herero, die in jämmerlichstem Zustande ankamen, ordentlich verpflegt und gekleidet. Wer dazu imstande war, mußte arbeiten, für die Kinder wurde Schule gehalten, Sonntags fand Gottesdienst statt. Im September 1906 wurden Omburo und Otjihaenena geschlossen, da sich dort keine Herero mehr einfanden, und dafür die Lager Otjosomgombe am Waterberg (Missionar Olpp) und Okomitombe bei Gobabis (Missionar Diehl) eingerichtet. Dieses Lager wurde als letztes im September 1906 geschlossen, da nicht mehr zu erwarten war, daß sich noch mehr Herero in den Sammelstellen einfinden würden. Insgesamt wurden in den Lagern 12 288 Herero gesammelt. Hatten sich die männlichen Herero einigermaßen erholt, wurden sie in die Internierungslager überwiesen, von wo aus sie beim Bahnbau und anderen öffentlichen Arbeiten beschäftigt wurden. Die Herero, von denen hier die Rede ist, waren diejenigen, denen es gelungen war, trotz der Absperrungslinie, die Trotha gegen das Sandfeld eingerichtet hatte (S. 149), wieder in ihr Land zurückzukehren, und die sich dort verborgen hielten. Ein anderer Teil der Herero, besonders die vom Waterberg, war nach dem Norden geflohen, wo sie von dem deutschfeindlichen Ovambohäuptling Mechale freundlich empfangen wurden. Der größte Teil hatte, wie auf S. 149 schon erwähnt, versucht, durch das Sandfeld nach Betschuanaland zu gelangen. Dabei kamen viele durch Hunger und Durst um. Die Überlebenden lösten sich in kleine Gruppen auf und siedelten sich schließlich am Ngamisee an. Wie groß ihre Zahl war, ist nicht bekannt. Die englischen Behörden siedelten eine Anzahl Herero bei Nuchei in Betschuanaland an. Deren Zahl wird mit 210 Männern, 251 Frauen und 246 Kindern angegeben. Der Stamm der Herero hatte sich völlig aufgelöst. Samuel Maharero lebte am Ngamisee als einfacher Herero, nicht als Häuptling. Er starb dort am 14. März 1923. Seine Leiche wurde 1923 in einem Metallsarg nach Okahandja überführt und dort am 23. August 1923 beigesetzt. Noch jetzt kommen alljährlich am ersten Sonntag nach dem 23. August zahlreiche Herero in Okahandja zusammen, um ihren letzten Häuptling und die beiden anderen Häuptlinge, die dort begraben sind (Tjamuaha und Maharero, den Vater Samuels), zu ehren.

9. Die Zeit nach den Aufständen bis zum Ausbruch des Ersten Weltkrieges

(a) Der Wiederaufbau nach dem Aufstand.

Der neu ernannte Gouverneur von Lindequist (vgl. S. 171) fand bei seinem Eintreffen in der Kolonie am 19. November 1905 eine schwierige Lage vor: Im Süden war der Frieden noch nicht hergestellt, im Norden war viel zerstört: Dort mußte die Farmwirtschaft ganz neu aufgebaut werden. Ihre Grundlage, das Vieh, war dem Krieg zum Opfer gefallen. Trotz der Warnungen alter Afrikaner, an ihrer Spitze Leutwein, hatte das Militär unter der Führung von General von Trotha auf die Erhaltung des Viehes keine Rücksicht genommen. Es wurde wohl Beutevieh (etwa 3000 Stück) an die Farmer verteilt, aber von dem Vieh, das den Farmern gehört hatte, hatte nur ein kleiner Teil den Krieg überlebt. Ein großer Teil war den Kriegshandlungen zum Opfer gefallen, auch hatten die Herero ihr eigenes für Zuchtzwecke ungeeignetes Vieh geschont und lieber das von den Farmern erbeutete wertvolle Zuchtvieh geschlachtet. Ein großer Teil war verdurstet.

Unter den alten Farmern, deren Besitz nun zerstört war, bestand wenig Neigung, noch einmal von vorn anzufangen. Diese Neigung verstärkte sich besonders, als die Entschädigungsfrage durch den Reichstag so schleppend behandelt wurde. Ohne Entschädigung kam für die durch den Aufstand geschädigten Farmer, und das war der größte Teil der Farmer im Norden und in der Mitte des Landes, ein Weiterarbeiten gar nicht in Frage, und das Gefühl dieser Unsicherheit war sehr quälend.

Rohrbach berichtete (131), daß die in Grootfontein versammelten Farmer, die sich teils als Reservisten, teils als Flüchtlinge dort befanden, schon im Januar 1904, als der Aufstand ausbrach, lebhaft die Frage einer Entschädigung besprachen. In DSWA gab es damals zwei Gesprächsthemen: die Entschädigungsfrage und die Lage des Aufstandes. In Windhoek bildete sich aus den dorthin geflüchteten Farmern eine Abordnung der Ansiedler unter der Führung von F. Erdmann, Rechtsanwalt in Windhoek und Farmer auf Haris. Ihr gehörten noch an O. Erhard, M. Kirsten, Carl Schlettwein, Albert Voigts. Diese Abordnung reiste im April 1904 nach Berlin, um dort die Ansprüche der Ansiedler auf Entschädigung zu vertreten. Ihren Anspruch darauf erläuterte sie in einer Schrift: „Die Ursachen des Hereroaufstandes und die Entschädigungsansprüche der Ansiedler, dargestellt von der Ansiedlerabordnung, Berlin 1904. Darin gaben sie als Ursache des Aufstandes an die Anerkennung von Maharero statt Nikodemus als Oberhäuptling der Herero durch Leutwein (S. 94), die Schaffung von Eingeborenenreservaten (vgl. S. 118), die Kreditverordnung vom 23.7.1903 (S. 116). Sie bestreitet, daß das Verhalten der Wanderhändler ein entscheidender Anstoß zum Ausbruch des Aufstandes war. Der Aufstand hätte sich gegen die Deutschen als die neuen Herren gerichtet. Es wird also, wenn auch in vorsichtiger Form, dem Gouvernement die Schuld am Aufstand gegeben. Auch die Entsendung der Kompagnie Franke im Januar 1904 nach dem Süden wird als eine der Ursachen dabei genannt (S. 125). Einen rechtlichen Anspruch auf Entschädigung hätten die Ansiedler nicht, wohl aber einen moralischen. Denn sie hätten annehmen dürfen, daß die Verhältnisse in SWA gesichert wären. Als Beweis wird ein Satz aus dem Bescheid des Gouvernements an einen Deutschen aus Südafrika angeführt, der auf seine Anfrage vom Gouvernement die Antwort erhielt: „Wir garantieren Ihnen Leben und Eigentum im Schutzgebiet mit Ausnahme des Ovambolandes." Die Regierung hatte nämlich angedeutet, die Ansiedler hätten doch wissen müssen, daß eine Ansiedlung in SWA größere Möglichkeiten, aber auch größere Gefahren als in Deutschland bedeutete (132). Die Ansiedler hätten, so heißt es weiter in der Schrift, sich als Reservisten der Schutztruppe angeschlossen, ihre Farmen verlassen, und hätten so ihr Eigentum und ihre Familien nicht schützen und in Sicherheit bringen können. Die Regierung hätte das Land der Eingeborenen beschlagnahmt und so einen Besitzzuwachs erhalten, der viel größer sei, als die Ausgaben für Entschädigung je sein könnten.

Der Reichstag bewilligte zunächst im Juni 1904 zwei Millionen, später nochmals 5 Millionen M zur Entschädigung für die durch den Aufstand Geschädigten. Dieser Betrag sollte durch eine Entschädigungskommission verteilt werden, die am 14. Juli 1904 in Windhuk gebildet wurde. Ihr Vorsitzender war zunächst Oberrichter Richter. Nach dessen Erkrankung übernahm Dr. Rohrbach den Vorsitz, und Landrentmeister Junker trat als zweites beamtetes Mitglied in die Kommission ein. Nichtbeamtete Mitglieder waren die Farmer Rust (Ondekaremba) und Mittelstädt (Elisenheim), ferner Kaufmann Nitzsche (Windhoek). Letztere hatten also gegenüber den Beamten die Mehrheit. Rohrbach ist immer dafür eingetreten, schon bei der Bildung der Ansiedlungskommission, daß die Bevölkerung des Gebietes maßgebend an der Verwaltung beteiligt würde, um so eine Selbstverwaltung vorzubereiten. Seine Arbeit fand jedoch bald ein Ende; denn es entstanden Differenzen zwischen Rohrbach und dem inzwischen eingetroffenen neu ernannten Gouverneur von Lindequist. Dennoch blieb Rohrbach noch bis Ende Dezember 1906 im Lande, weil er die Arbeiten der Entschädigungskommission zum Abschluß bringen wollte. Das wollte er so schnell wie möglich tun, um den Geschädigten möglichst bald etwas auszahlen zu können. Diese waren enttäuscht und mutlos, die meisten wollten dieses Affenland mit seiner unsympathischen autokratischen Verwaltung möglichst bald verlassen. (Für die damalige Stimmung unter den geschädigten Farmern vgl. H. von Falkenhausen, „Ansiedlerschicksale", Berlin 1906, S. 254).

Es bestand die Gefahr, daß erfahrene Farmer der Kolonie verloren gingen, und daß ein allgemeiner wirtschaftlicher Zusammenbruch in der Kolonie erfolgte. Denn die gesamte Wirtschaft in DSWA beruhte auf einem komplizierten Kreditsystem. Die Farmer (und die Herero) hatten Schulden bei den Geschäften, diese wiederum bei den Großhändlern und diese wieder bei den Fabriken. Wenn das letzte Glied in diesem System versagte, war ein allgemeiner Zusammenbruch unvermeidlich. Darum beeilte Rohrbach sich bei der Arbeit. Er und seine Mitarbeiter gingen dabei so vor: Sie besuchten selbst die Farmen, auch wenn sie abseits lagen, und auch wenn das Gebiet noch nicht sicher war, besichtigten die Schäden, besprachen sie mit den betreffenden Farmern, vernahmen Zeugen und legten dann nach ihrer Rückkehr nach Windhoek das Material der Kommission zur Beschlußfassung vor. Nach der Beschlußfassung erhielten die Geschädigten Vorschüsse.

Diese sollten benutzt werden:
1. für die Wiederanschaffung der geraubten und zerstörten Betriebsmittel,
2. für die Gründung eines neuen vorübergehenden Erwerbes, solange die Unsicherheit im Lande eine Rückkehr zum alten Wirtschaftsbetrieb, vor allen Dingen der Farmerei, nicht zuließ,
3. zur Schuldentilgung,
4. zur Fristung des Lebensunterhaltes (133).

Obwohl die Kommission nicht immer die Ansprüche der Geschädigten voll befriedigte, erkannte man doch allgemein an, daß die Kommission gerecht urteilte und ohne Bürokratismus arbeitete. Rohrbach und seine Mitarbeiter genossen allgemeines Vertrauen.

Zum Abschluß der Arbeiten gehörte noch die Feststellung der Schäden im Süden. Dieser war durch den im Oktober 1904 ausgebrochenen Witbooi-Aufstand noch unsicher (S. 149 ff.). Rohrbach bereiste trotzdem die Bezirke Gibeon und Keetmanshoop und stellte die Schäden fest. Die Beschlußfassung erfolgte durch eine Unterkommission der Entschädigungskommission, die in Gibeon gebildet worden war, und die mit den Verhältnissen im Süden besser vertraut war, als die in Windhoek tagende.

Nach Abschluß dieser Arbeiten verließ Rohrbach schweren Herzens Ende Dezember 1906 das Land, das ihm lieb geworden war, und auch ein großer Teil der Bevölkerung sah ihn ungern scheiden.

Rohrbach verließ das Land, weil zwischen ihm und Gouverneur von Lindequist Meinungsverschiedenheiten bestanden: Lindequist sah in der Kleinsiedlung die Zukunft des Landes, Rohrbach in Großfarmen. Weiter wollte Rohrbach die Selbstverwaltung der Kolonie gefördert wissen, was von Lindequist nicht guthieß. Das führte dazu, daß Rohrbach kurz nach Ablauf seines Vertrages im Dezember 1906 in die Heimat zurückkehrte.

Von Lindequist, der von 1905-07 als Gouverneur tätig war, nachdem General von Trotha das Land am 19. November 1905 verlassen hatte, entfaltete eine lebhafte Tätigkeit. Ihm waren die Verhältnisse in der Kolonie nicht unbekannt (vgl. S. 171). Seine Hauptaufgabe war die Befriedung des Landes, die Neuordnung der Verhältnisse der Eingeborenen und der Wiederaufbau nach den Verwüstungen des Aufstandes. Das war zunächst nur im Norden und in der Mitte des Landes möglich, im Süden war noch kein Frieden eingekehrt (S. 160 ff.). Gouverneur von Lindequist arbeitete in der Richtung, die von Leutwein angewiesen war, und wich ab von der unversöhnlichen Haltung von Trotha. Lindequist verließ das Land schon 1907, weil er Ende Mai 1907 zum Unterstaatssekretär im Reichskolonialamt ernannt worden war. Ihm hatte das Land den ziemlich reibungslosen Übergang vom Kriegs- in den Friedenszustand zu verdanken. Er ordnete die Verhältnisse der Eingeborenen neu nach dem Aufstand, setzte sich für die Entschädigung der im Aufstand geschädigten Farmer ein und bereitete die Besiedlung vor, indem er die Zahl der Landmesser vermehrte. Ohne Vermessung des Landes war eine Vergebung von Hypotheken nicht möglich. Die Anlage von Kleinsiedlungen war ihm ein besonderes Anliegen. Auch von Berlin aus hat Lindequist das Interesse am Lande nicht verloren. Besonders setzte er sich von dort aus ein für die Einfuhr von Karakulschafen nach SWA (S. 181 ff.).

Es war eine glückliche Fügung, daß dieser vortreffliche Gouverneur einen ebenso vortrefflichen Nachfolger fand, nämlich den Geheimen Legationsrat von Schuckmann (der 1907 bis 1910 im Amte war). Er war 1891 stellvertretender Gouverneur von Kamerun gewesen, nachdem er 1888-1890 als deutscher Konsul in Chicago die Besiedlung des mittleren Westens von Nordamerika kennengelernt hatte. Er besaß das Rittergut Rohrbeck in der Neumark und hatte so selbst praktische Erfahrungen als Landwirt. Dadurch, und durch seine wohlwollende Art und Kunst der Menschenbehandlung, machte er sich bald bei der Bevölkerung von SWA beliebt.

Gleich nach seiner Ankunft in SWA erließ von Lindequist den auf S. 171 erwähnten Aufruf an die Herero, der eine große Auswirkung hatte, so daß nun Ruhe und Frieden eintrat. Danach konnte an den Wiederaufbau der Farmarbeit im Norden und in der Mitte des Landes gedacht werden. Eine große Anzahl der Soldaten beabsichtigte, im Lande zu bleiben. Ihnen wurden unter günstigen Bedingungen Farmen angeboten (134). Beinahe 1000 Schutztruppler wollten sich ansiedeln. Auch kamen zahlreiche Einwanderer aus Deutschland in die Kolonie, um von den günstigen Ansiedlungsbedingungen Gebrauch zu machen (135). Diese zusammen mit der an die alten, durch den Aufstand geschädigten Farmer verteilten Entschädigung bewirkten, daß die Farmwirtschaft überraschend schnell wieder in Gang kam.

Durch den Aufstand war SWA bekannt geworden. Viele Soldaten hatten das Land liebgewonnen und wollten die günstigen Ansiedlungsbedingungen dazu benutzen, sich selbständig zu machen, was ihnen in Deutschland nicht möglich war. Unter Gouverneur von Lindequist wurden alle, die sich in SWA ansiedeln wollten, ohne besondere Bedingungen angenommen. Land stand dem Gouvernement genug zur Verfügung, nachdem das Land der Stämme, die sich am Aufstand beteiligt hatten, beschlagnahmt worden war. Nur die Bastards von Rehoboth, die Hottentotten von Berseba und die Bergdamaras von Okombahe hatten sich nicht beteiligt. Die Zeit nach dem Aufstand war jedoch für den Neuaufbau von Farmen nicht günstig. Die Viehpreise waren doppelt und dreifach so hoch wie vor dem Aufstand. Das Gouvernement half durch Ansiedlungsbeihilfen bis 6000 Mark. Doch war dieses Geld für die Neusiedler kein Segen. Ihnen fehlte die Landeserfahrung, und das Geld war bald aufgebraucht. Leutwein hatte wohl auch Beihilfen gegeben, aber von Bedingungen abhängig gemacht (S. 88). Schuckmann beendete sogleich nach seinem Amtsantritt als Gouverneur die bedingungslose Hergabe von Beihilfe. Er schrieb den Nachweis eines Kapitals von 10 000 Mark vor und gewährte die Beihilfe erst dann, wenn auf der Farm wirtschaftliche Werte geschaffen waren. Weitere Bestimmungen versicherten, daß der Käufer selbst sein Land bewirtschaftete. In Paragraph 2 der Verfügung des Reichskolonialamtes, betr. die Verwertung fiskalischen Farmlandes in DSWA vom 28. Mai 1907 heißt es: „Fiskalisches Farmland darf nur an solche Personen verkauft oder verpachtet werden, die sich verpflichten, auf dem verkauften oder verpachteten Grundstück ihren Wohnsitz zu nehmen und dasselbe zu bewirtschaften. Die Erfüllung dieser Verpflichtung ist im Vertrage sicherzustellen."

Man wollte auch nur mittlere Farmen — nicht Großfarmen — haben, deshalb heißt es in Paragraph 3:

„Das einzelne zum Verkauf oder zur Verpachtung gelangende Farmgrundstück darf den Flächeninhalt von 20 000 ha nicht übersteigen."

In den Ausführungsbestimmungen zur Verfügung des Reichskolonialamtes, betr. die Verwertung fiskalischen Farmlandes in DSWA vom 12. November 1908 wird in Paragraph 2 der Preis festgelegt: „Der Preis wird je nach Lage und Güte des Grundstücks festgesetzt. Der Mindestsatz beträgt: Im Norden 1,50 Mark mit Ausnahme der Bezirke Outjo und Gobabis, für die der Preis von 1,20 Mark für 1 ha bestehen bleibt; in den Bezirken Rehoboth, Gibeon und Maltahöhe 1,20 Mark für 1 ha; in den Südbezirken 0,75 Mark für 1 ha."

Der Kaufvertrag sieht für den willkommenen Käufer durchführbare Kaufbedingungen vor:

„Paragraph 4. Ein Zehntel des Kaufpreises mit ……… Mark ist alsbald nach der Genehmigung des Kaufvertrages an die Bezirks-(Distrikts-) Amtskasse zu ……… zu entrichten.

Paragraph 5. Während der auf den Tag der Genehmigung des Kaufvertrages folgenden 5 Jahre ist der Käufer von weiteren Zahlungen auf den Kaufpreis befreit.

Paragraph 6. Vom 6. Jahre an sind die verbleibenden neun Zehntel des Kaufpreises in neun gleichen, ……… zu entrichten."

Die Paragraphen 8 bis 10 sollen den Mißbrauch des Landes zu Spekulationszwecken verhindern:

„Paragraph 8. Der Käufer ist verpflichtet, auf der Farm seinen Wohnsitz zu nehmen und dieselbe zu bewirtschaften.

Mit der Bewirtschaftung hat er spätestens sechs Monate nach der Genehmigung zu beginnen.

Paragraph 9. Vor Ablauf von zehn Jahren, gerechnet vom Tage der Vertragsgenehmigung, und vor völliger Zahlung des Kaufpreises, darf der Käufer die Farm ohne Genehmigung des Gouvernements nicht veräußern.

Paragraph 10. Der Käufer räumt dem Landesfiskus von Deutsch-Südwestafrika für den Fall, daß er die in Paragraphen 8 und 9 übernommenen

Verpflichtungen nicht erfüllt, das Recht ein, die lastenfreie Rückübertragung des Eigentums an der Farm zu verlangen und bewilligt und beantragt die Eintragung einer Vormerkung zur Erhaltung dieses Rechts im Grundbuch.

Die bereits geleisteten Zahlungen werden in diesem Falle unter Anrechnung eines angemessenen Pachtgeldes zurückerstattet. Die Höhe des Pachtgeldes bestimmt das Kaiserliche Gouvernement."

Ähnliche Bedingungen galten für den Verkauf von Kleinsiedlungen. Das Gouvernement gab hierzu bekannt:

„Von den zur ‚Kleinsiedlung' ausgewählten Ländereien bei Okahandja, Omaruru, Waterberg, Gobabis, Gibeon und Keetmanshoop werden vom Gouvernement sogenannte ‚Heimstätten' (Größe etwa bis zu 10 ha) zum Preise von $\frac{1}{2}$ bis 1 Pfennig für den Quadratmeter verkauft. Das Land eignet sich für Garten- und Ackerbau; jedes Kleinsiedlungsgebiet verfügt über eine Weidefläche von 20 000 bis 30 000 ha, deren Ausnutzung den Siedlern gemeinsam zusteht."

Durch diese Bestimmungen sollte Landspekulation ausgeschlossen werden. War das vielleicht, abgesehen von den schlechten Erfahrungen, die man bisher in SWA gemacht hatte, der Einfluß des Bodenreformers Damaschke, dessen Buch „Die Bodenreform" 1902 erschienen war und einen großen Eindruck machte? Dabei vertrat er den Grundsatz, daß der Boden allgemeiner Besitz wäre, dessen Wertsteigerung der Allgemeinheit zugute kommen müßte.

Eine Schwierigkeit beim Wiederaufbau der Farmwirtschaft entstand dadurch, daß es schwer war, Vieh zu erwerben. Wie schon erwähnt (S. 173), konnte nur wenig Beutevieh unter die geschädigten Farmer verteilt werden. Wer im Lande noch Zuchtvieh besaß, war nicht geneigt, etwas davon zu verkaufen, sondern behielt es selbst zum Wiederaufbau der eigenen Farmwirtschaft. Somit blieb nur die Einfuhr an Vieh aus Deutschland oder dem Ausland übrig. Der Farmer Gustav Voigts zum Beispiel führte auf eigene Rechnung im Februar und August 1907 insgesamt 970 Rinder und etwa 6700 Afrikanerschafe aus der Kapkolonie ein, die er zum Teil an Farmer verkaufte. Einen Teil behielt er für seine eigene Farmwirtschaft (136). Auch das Gouvernement half den Farmern durch Einrichtung einer Versuchsfarm bei Neudamm und durch Einfuhr von Zuchtvieh vornehmlich aus Deutschland. Wenn jemand auf private Rechnung Vieh einführen wollte, so war das natürlich besonders willkommen und wurde gefördert. Zunächst glaubte man auf Regierungsseite, sich bei der Einfuhr auf Rassen von Höhenvieh wie Simmentaler, Pinzgauer und Vogelsberger usw. beschränken zu sollen, weil deutsches Tieflandvieh wie Holsteiner, Oldenburger und Friesen in SWA zu ungewohnte Verhältnisse vorfänden. Der Farmer Richard Voigts jedoch führte auch Tieflandvieh ein, das auf seiner Farm Krumhoek (südlich Windhoek) sich gut akklimatisierte. Die Zahl der Rinder nahm in SWA von 1907-12 erstaunlich schnell zu, von 50 000 (1907) bis über 205 000 (1913). Das Gouvernement hat wesentlich zu dieser Vermehrung beigetragen, indem es selbst Vieh einführte und zu billigen Preisen an die Farmer verkaufte. Es trat nach einigen Jahren der Fall der Überproduktion ein, als die Stärke der Schutztruppe herabgesetzt wurde, und so der Fleischbedarf sich verminderte. Man dachte nun an die Herstellung von Fleischkonserven, doch war die Zahl der verfügbaren Schlachtrinder vorläufig noch nicht genügend, um solch ein großes Unternehmen lohnend zu gestalten. Wegen des verminderten Bedarfes sanken auch die Preise. Eine Zuchtkuh kostete 1907 250-300 Mark, 1909 150-225 Mark, 1911 100-150 Mark. Dementsprechend sanken auch die Fleischpreise, und die Farmer, die kurz nach dem Aufstand für hohe Preise Rinder gekauft hatten, gerieten in finanzielle Schwierigkeiten.

Von besonderer Bedeutung war die Einführung von Karakulschafen (137). Sie sollte in SWA eine ganz besondere Bedeutung einnehmen; deshalb soll hier etwas näher darauf eingegangen werden.

Deren Einfuhr ist in besonderem Maße verbunden mit der Pelzfirma Thorer in Leipzig. Ihr Leiter, der sächsische Kommerzienrat Thorer, wies nach einer Reise in die Buchara im Jahre 1902 auf die wirtschaftliche Bedeutung des Karakulschafes für die deutschen Kolonialgebiete hin. SWA sei dafür besonders geeignet, da das Klima dieser Kolonie dem von Buchara ähnlich sei. Wenige Jahre danach stand die deutsche Regierung vor der Aufgabe, die durch den Aufstand verwüstete Farmwirtschaft Südwests neu aufbauen zu müssen. Die Schafzucht war im Süden der Kolonie das Gegebene. Bisher hatte man dort vornehmlich Schafzucht zur Erzeugung von Fleisch und Wolle betrieben (S. 109 ff.). Gouverneur von Lindequist begünstigte Thorers Pläne der Einführung von Karakulschafen nach SWA. Dasselbe tat er, als er von 1907 an Unterstaatssekretär im Reichskolonialamt war. Das Produkt des Karakulschafes, das Fell, ließ sich trotz der damaligen noch ungünstigen Verkehrsverhältnisse in SWA leichter zum Markte bringen als die Wolle und das Fleisch der anderen Schafrassen. Durch das Zusammenwirken der Firma Thorer und des Gouverneurs von SWA kam es dann soweit, daß am 24.9.1907 die ersten Karakulschafe — 2 Böcke und 10 Mutterschafe — in Swakopmund eintrafen. Der Farmer Albert Voigts in Voigtsgrund übernahm 2 Böcke und 8 Schafe. Sie bildeten die Grundlage der Voigtsgrunder Zucht. Die Schafe gewöhnten sich gut ein, was die Einfuhr weiterer Tiere veranlaßte. Am 13.2.1909 trafen 22 Böcke und 252 Mutterschafe in SWA ein. Diese Tiere wurden auf die Regierungsfarm Fürstenwalde bei Windhoek gebracht. Von dort aus wurden Zuchttiere an Farmer verkauft. Die Nachfrage war groß. Das veranlaßte weitere Einfuhren. Von September 1907 bis Mai 1914 wurden in SWA insgesamt eingeführt durch das Gouvernement und von privater Seite etwa 100 Ramme, 580 Schafe und 140 Lämmer. Auf der Regierungsfarm Fürstenwalde zählte man am 1.4.1910 389 Vollblut-Tiere und 40 Böcke (138). Von dort aus gab man Zuchtmaterial an die Farmer ab, und zwar geschah das bereits ab 1910 zu einem Preis von durchschnittlich 100 Mark je Tier. Von 1911-12 mußte die Einfuhr von Karakulschafen aus Deutschland unterbleiben wegen der dort herrschenden Maul- und Klauenseuche und konnte erst 1913 wiederaufgenommen werden. In diesem Jahr wurden 76 Böcke, 214 Mutterschafe und 117 Lämmer eingeführt. Von August 1914 an, der Zeit des Ausbruches des 1. Weltkrieges, war eine Einfuhr nicht mehr möglich. Es waren nach der letzten Vorkriegszählung 1913 in der Kolonie vorhanden: 335 Reinblutramme, 830 Reinblutschafe und 21 000 Kreuzungsschafe. Die Kreuzungen wurden von den Farmern vorgenommen. In der Regierungsherde gab es nur Reinblut. Die Tiere wurden mit Somali- und Afrikanerschafen gekreuzt. Während des Feldzuges 1914-15 war die ordnungsgemäße Weiterführung der Zuchten erschwert durch die Abwesenheit der Farmer im Wehrdienst und durch die Kriegshandlungen. Die Regierungsherde Fürstenwalde, 80 Ramme und 360 Mutterschafe, fiel 1915 in die Hände der südafrikanischen Truppen. Ein Teil der Herde wurde 1916/17 an die Landbauschule Grootfontein (K.P.) verkauft, ein großer Teil der Nachzucht wurde im Jahre 1924 von Grootfontein zurückgekauft und der Stammherde der Regierung, die sich nun in Neudamm befand, zugefügt. Zum Schluß dieses Abschnittes sei noch hinzugefügt, was Gouverneur von Lindequist über die Einführung des Karakulschafes in SWA selbst berichtet (139):

„Ich hatte mit Sorge gesehen, daß in Südwestafrika die Wollschafzucht weniger gut gedieh als in der benachbarten Kapkolonie. Als ich nun während meiner Anwesenheit in Deutschland im Winter 1906/07 hörte, daß die wertvollen Persianerpelze liefernde Karakulschaf in Buchara auf Trokkenland unter ähnlichen Bedingungen gedeihe, wie sie Südwestafrika hat, und daß Professor Kühn in Halle eine Anzahl dieser Tiere besitze, setzte ich mich mit diesem in Verbindung. Auf Anfrage bestätigte er mir die Möglichkeit eines Erfolgs der Karakulzucht in Südwestafrika und machte mich darauf aufmerksam, daß kürzlich ein größerer Transport dieser Schafe von Professor Adametz in Wien aus Buchara eingeführt worden sei. Meine sofortige Reise nach Wien hatte das Ergebnis, daß ich von dem bereits aufgeteilten Transport aus einem rückgängig gemachten Verkauf wenigstens noch zwei Ramme und zehn Muttertiere erhielt und nach Südwestafrika verschiffen ließ. Dort bestimmte ich vor Übergabe der Gouverneursgeschäfte an meinen Nachfolger, daß die eine Hälfte der Schafe auf der Regierungsstation Fürstenwalde verbleiben, die andere einem Mann der Praxis, und zwar dem als tüchtigen Wollschafzüchter bekannten Albert Voigts auf Voigtsgrund überwiesen werden solle, den ich überredete, die Tiere zu nehmen. Heute ist er Besitzer einer Eliteherde von mehreren tausend Stück und einer bekannten Reinblutzucht. Als mein Nachfolger berichtete, daß die

Schafe sich bewährten und Nachschub beantragte, veranlaßte ich vom Reichskolonialamt aus mit Unterstützung der im Pelzhandel bewanderten Firma Thorer in Leipzig mehrere weitere größere Transporte aus Buchara. Die systematische und sorgfältige Züchtung und Aufkreuzung mit dem in der Kolonie einheimischen Eingeborenenschaf, sehr gefördert durch den Karakulzuchtverein in Windhoek, hat den Erfolg gezeitigt, daß im Jahre 1936 rund eine Million Fellchen zu sehr guten Preisen auf den Markt gebracht worden sind."

Neben der Rinder- und Karakulzucht trat nun die Zucht anderer Viehgruppen in den Hintergrund. Das Gouvernement verwandte das für die Vieheinfuhr verfügbare Geld hauptsächlich für die Einfuhr von Karakulschafen. Das traf besonders auf die Straußenzucht zu. Damit hatte man schon seit 1897 Versuche gemacht (S. 112). Doch waren die Ergebnisse der Straußenzucht nicht befriedigend. Das war merkwürdig, denn in SWA gab es ja viele wilde Strauße. Doch waren die Kosten der Zucht sehr hoch. Eine Umzäunung mußte geschaffen werden, es mußte Zufutter in Form von Luzerne und Mais angebaut werden. Dafür war wieder Wassererschließung nötig. Die Farmer benutzten ihre geringen Geldmittel lieber für die Rinderzucht. Im Beginn des Jahres 1912 richtete das Gouvernement eine Versuchsfarm für Straußenzucht in Otjituesu ein unter Leitung des in der Straußenzucht erfahrenen Buren Klopper. 27 Zuchtstrauße und 100 junge Strauße wurden aus Südafrika eingeführt. 1914 konnte die erste Nachzucht an die Farmer zum Preise von 600-800 Mark je Tier verkauft werden. Der Krieg machte diesen Zuchtversuchen ein Ende.

Bevor die Karakulzucht in SWA ihren Einzug hielt, hatte die Wollschafzucht im Vordergrund gestanden (S. 109 ff.). Das Gouvernement förderte die Zucht von Wollschafen auch weiterhin durch Einfuhr. 1911 wurden vom Gouvernement über Lüderitzbucht 2000 Merinoschafe aus Australien eingeführt, im Jahre 1912 wurden 4000 Wollschafe aus Südafrika eingeführt. Am 1.4.1913 wurden beinahe 50 000 Wollschafe in SWA gezählt.

Das Fleisch der Fleischschafe kam nur für den Verbrauch im Lande selbst in Frage. Als nach Beendigung des Aufstandes die Stärke der Schutztruppe stark vermindert wurde, nahm auch der Bedarf an Fleisch erheblich ab, und die Schafhaltung war seitdem, seit 1907, weniger lohnend. Die nun aufkommende Karakulzucht bot dafür einen lohnenden Ersatz.

Wer vor dem Ausbau der Eisenbahn in SWA schnell reisen wollte, benutzte das Pferd (S. 111). Hier hatte man es vornehmlich mit der Pferdesterbe zu tun, gegen die man ein wirksames Mittel noch nicht gefunden hatte. Die Krankheit trat nur in der Regenzeit auf und erschwerte militärische Unternehmungen in dieser Zeit. Die Krankheit trat nicht auf in großer Höhe, an der Küste und im Süden des Landes. Deshalb brachte man die Militärpferde in der Regenzeit an die sogenannten „Sterbeplätze", d.h.

an Stellen, wo die Krankheit nicht auftrat. Im Sommer wurden deshalb Unternehmungen mit berittenen Truppen möglichst vermieden. Da die gesamte Schutztruppe aus Reitern bestand, war das natürlich eine große Schwierigkeit. In Nauchas (Bezirk Rehoboth) befand sich ein Pferdegestüt des Gouvernements (S.112). Zur Verbesserung des Pferdebestandes wurden Deckhengste von außerhalb eingeführt. Am besten bewährten sich die aus der Kapkolonie und Argentinien eingeführten Pferde, da sie keine Mühe hatten, sich an das Klima von SWA zu gewöhnen. In dieser Hinsicht hatten die aus Deutschland eingeführten Pferde, besonders die der ostpreussischen Rasse, Schwierigkeiten zu überwinden.

Neben dem Hauptgestüt Nauchas wurde noch ein Pferdedepot in Areb eingerichtet, das in der Nähe von Nauchas gelegen war. Dorthin wurden die entwöhnten Fohlen gebracht und gehalten, bis sie gebrauchsfähig waren.

Am 31.3.1903 befanden sich in Nauchas 11 Landbeschäler, 188 Zuchtpferde, dazu noch 160 Fohlen in Areb. Im September 1911 und Juli 1912 wurden zur Verbesserung der Pferdezucht weitere Verordnungen des Gouvernements erlassen. Hengste wurden von Nauchas aus auf Beschälstationen in der Kolonie geschickt. Beschälzeit war vom 1.9. bis 15.2. Dorthin konnten Stuten von den Farmern gegen eine festgesetzte Gebühr gebracht werden. Die Körordnung sollte verhüten, daß ungeeignete Hengste sich fortpflanzten.

Die Pferde der Schutztruppe wurden mit Hafer gefüttert, der aus Deutschland eingeführt wurde. Dieses Verfahren konnte sich schlecht im Kriegsfalle auswirken, wenn die Verbindung mit der Heimat abgeschnitten wurde. Von Seiten der Schutztruppe hatte man schon vor dem 1. Weltkrieg auf diese Gefahr hingewiesen und den Übergang auf Maisfütterung empfohlen. Das Oberkommando in Berlin entschied jedoch, daß es bei der Haferfütterung bleiben solle. Das wirkte sich bei dem Feldzug 1914/15 verhängnisvoll aus, als die Verbindung mit Deutschland abgeschnitten war, und Gouverneur Seitz führte in seinem Telegramm an die Reichsregierung, in dem er die Gründe für die Übergabe von Khorab angab, unter anderem den schlechten Zustand der Pferde an infolge der ihnen ungewohnten Maisfütterung (140).

In den Anfangsjahren der Kolonie hatte man große Hoffnung auf die Zucht von Angoraziegen gesetzt (S. 110). Deren Zucht war nur für den Süden geeignet. Die Tiere waren im Futter anspruchslos und kamen mit wenig Wasser aus. Für den Norden, wo so viele Dornbüsche wuchsen, war ihre Zucht wegen des langhaarigen Fells nicht geeignet. Das Gouvernement war an der Angorazucht interessiert und hatte Tiere aus Südafrika eingeführt. Nach der Beendigung des Aufstandes wurde die Einfuhr von Angoras aus Südafrika vermehrt. Die Ausfuhr von Tieren aus SWA wurde durch die Kaiserliche Verordnung vom 15.2.1909 verboten.

Die Ausfuhr von Mohair bot auch bei den damaligen Verkehrsverhältnissen keine allzu großen Schwierigkeiten. Eine kleine Reinzuchtherde wurde von 1903 an in Gammams gehalten, um einheimische Reinzuchttiere an Farmer abgeben zu können. In den Eingeborenenaufständen wurde der größte Teil der Herde vernichtet, und der Bestand mußte ganz neu aufgebaut werden. Nachdem schon 1906 250 Angoras eingeführt worden waren, wurden später 1000 Angoras aus Südafrika eingeführt. Gute Angoraherden befanden sich in Voigtland und Heusis, auf der Farm der Kolonialgesellschaft. Die Angoras waren teuer. Man bezahlte 1906 für ein Tier etwa 2000 Mark.

(b) Selbstverwaltung

Im Unterschied zu den anderen deutschen Kolonien war SWA ein Land, wo deutsche Familien sich ansiedeln konnten. Daran hatte schon Lüderitz gedacht, als er mit Vogelsang und Timpe den Plan besprach, in SWA eine Niederlassung zu gründen (S. 12 f.). Als sich in SWA eine deutsche Bevölkerung bildete, entstand bald der Wunsch in ihr, an der Verwaltung des Landes tätig teilzunehmen, und nicht nur von Militär und Beamten, die vorübergehend im Lande waren, regiert zu werden. Solche selbständigen Männer wie der Farmer Ferdinand Gessert und der Kaufmann und Farmer Gustav Voigts wollten vor wichtigen Entscheidungen gehört werden. Solange Leutwein Gouverneur war, war ein solches Verlangen nicht so laut geworden. Dank seiner langjährigen Erfahrung genoß er ein großes Ansehen bei der weißen Bevölkerung wie auch bei den Schwarzen. Nach seinem Abgang kamen nun viele Beamte und Offiziere in das Land, die sich nur vorübergehend dort aufhielten, es aber nicht liebten, wenn die Einwohner sich in ihre Angelegenheiten mischen wollten. Nun nahm die weiße Bevölkerung schnell zu. Die Einführung einer Selbstverwaltung konnte nicht länger aufgeschoben werden. Anstatt einer Regierung von Berlin aus verlangten die Einwohner von SWA eine Selbstregierung. Diese wurde eingeleitet durch eine Rede des Staatssekretärs im Reichskolonialamt Dr. Dernburg im Reichstag am 17.3.1908, in der er u.a. sagte:

„Angestrebt wird eine deutsche Regierung, welche sich das Vertrauen aller in den Kolonien vertretenen Stände und Berufsarten und Rassen zu erwerben hat, die sich den großen Aufgaben vorwiegend wirtschaftlicher Natur, die die Entwicklung der Kolonien mit sich bringt, gewachsen zeigt, die sich auch das Ansehen bewahrt, daß ihren Anforderungen unweigerlich Folge geleistet wird, und die die Kraft hat, sie durchzusetzen. Daraus folgt, daß es eine Regierung der Gerechtigkeit und des Wohlwollens gegen Weiße und Farbige sein muß, getragen von Personen, welche die notwendige wirtschaftliche Vorbildung besitzen, die sich die notwendige Kenntnis des Landes und der Leute, die sie regieren sollen, und der wirtschaftlichen Zustände, die dort herrschen, angeeignet haben und eine ruhige und sparsame Verwaltungspraxis durchführen, und die von der Größe und Wichtigkeit der

Aufgabe überzeugt sind, die darin liegt, große volkreiche Länder materiell zu entwickeln und ihre Bewohner auf dem Wege der materiellen Hebung ihres Wohlstandes und ihrer körperlichen Wohlfahrt einer höheren Gesittung zuzuführen. Und das alles ohne Hast und ohne Eifer, langsam, aber zielbewußt und in der Erkenntnis, daß eine Kolonisation großen Stils nicht in einer Generation, nicht in mehreren zu Ende gebracht werden kann."

Hiermit spricht sich der Staatssekretär des Reichskolonialamtes dahin aus, daß in Zukunft der Schwerpunkt der verwaltungsmäßigen Entwicklung in den Schutzgebieten selbst liegen solle. Dernburg spricht hier von den Kolonien im allgemeinen, seine Ausführungen trafen jedoch speziell auf SWA zu, wo sich nach Beendigung des Aufstandes eine zahlreiche deutsche Bevölkerung gebildet hatte. Die Rede, von der hier ein Teil wiedergegeben ist, ist gehalten durch Staatssekretär Dernburg, der gewöhnt war, nicht nur zu reden, sondern auch zu handeln. Am 28.1.1909 wurde die Verordnung des Reichskanzlers betr. die Selbstverwaltung von DSWA erlassen, die die Bildung von Gemeinde- und Bezirksverbänden und eines Landesrates regelte.

Die örtliche Selbstverwaltung wurde verkörpert in den Gemeindeverbänden. Die deutsche Bevölkerung ist die Trägerin des aktiven und passiven Gemeindewahlrechts für diese Verbände. In Ausnahmefällen konnten auch nichtdeutsche Einwohner das aktive und passive Wahlrecht erhalten. Die Interessen der Eingeborenen sollten durch weiße Eingeborenenkommissare wahrgenommen werden. Die Gemeindeverwaltung sorgt für die örtlichen Aufgaben mit Ausnahme von Schule und Polizei. Jede Gemeinde wählt einen Gemeinderat. Die Mindestzahl der Ratsmitglieder wurde durch das Gouvernement vorgeschrieben. Sie betrug je nach Größe der Gemeinde 4 bis 8 Mitglieder. Gemeindeverwaltungen wurden vorgesehen für Windhoek, Swakopmund, Lüderitzbucht, Keetmanshoop, Karibib, Klein-Windhoek, Okahandja, Omaruru, Tsumeb, Usakos, Aus, Warmbad.

Teil B dieser Verordnung regelt die Bildung von Bezirksverbänden, in denen die außerhalb der Gemeinden befindlichen Bewohner, vornehmlich Farmer, vertreten waren. Deren Aufgabenkreis war jedoch ziemlich eng gezogen. Der Bezirksamtmann oder Distriktschef war der 1. Vorsitzende. Die Aufgaben des Verbandes waren Instandhaltung der Wege, der Wasserversorgungsanlagen und ähnliche Aufgaben. Der Bezirksrat beschließt über diese Aufgaben; seine Mitglieder (4-6) werden durch die Bewohner des Bezirkes gewählt. Waren die Rechte des Bezirksverbandes auch sehr beschränkt, so war doch ein Organ geschaffen, wo sich die Bevölkerung hören lassen konnte. Ein sehr wichtiges Recht des Bezirksverbandes war es, daß er als Wahlorgan des Landesrates diente (141). Jeder Bezirksverband wählte ein Mitglied für den Landesrat. Neben diesen gewählten Mitgliedern ernannte der Gouverneur eine gleiche Anzahl Mitglieder, d.h. 15. Der Landesrat hatte zunächst nur eine beratende Funktion über Gegenstände, die ihm vom Gouverneur vorgelegt wurden, der auch den Vorsitz führte. Der

Landesrat mußte einmal jährlich zusammentreten. Er konnte auch eigene Vorschläge dem Gouverneur vorlegen. Die Befugnisse des Landesrates waren also anfänglich sehr begrenzt; denn er hatte ja nur eine beratende Funktion. Durch die Verfügung des Reichskanzlers vom 26.6.1913 wurden seine Befugnisse erweitert:

Verordnungen des Gouverneurs, die sich bezogen auf:
1. die Bekämpfung von Seuchen unter Menschen und Tieren,
2. das Wege- und Wasserrecht,
3. das Jagdrecht,
4. die Land- und Forstwirtschaft und die Viehzucht,
5. die Anwerbung und die Dienst- und Arbeitsverhältnisse der Eingeborenen; sie bedurften vor ihrer Veröffentlichung der Zustimmung des Landesrates.

Der Landesrat trat zum erstenmal auf noch in der Amtszeit von Gouverneur Schuckmann. Von den ernannten Mitgliedern waren drei Beamte. Die Mitglieder des 1. Landesrates, der im April 1910 zusammentrat, waren: Justizrat Dr. Fritzsche, Kaufmann und Farmer Gustav Voigts, Farmer Erich Rust, Bürgermeister Peter Müller aus Windhoek, Bürgermeister Arnold Schad, Kaufmann Eduard Wardesky, Direktor Mansfeld (Kolonialgesellschaft) und Direktor August Götz (Otavibahn) aus Swakopmund, August Stauch, Karl Weiss und Bürgermeister Emil Kreplin aus Lüderitzbucht, Rechtsanwalt Dr. Forkel, Farmer Johannes Wittmann und Rechtsanwalt Dr. A. Merensky aus Keetmanshoop, die Farmer Carl Schlettwein, Outjo, Gustav Prion, Grootfontein, Rudolf Kindt, Omaruru, Otto Bohnstedt, Karibib, Axel Zillmann, Okahandja, Hugo Abraham, Gobabis, Max Sievers, Rehoboth, Albert Voigts, Gibeon, Heinrich Brandt, Mariental, Karl Wehle, Gibeon, Ferdinand Gessert, Bethanien, Gustav Papke, Warmbad. Die drei beamteten Mitglieder waren Oberstleutnant von Heydebreck, der Stellvertretende Erste Referent Regierungsrat Dr. Blumhagen und Oberrichter Bruhns.

Es ist bemerkenswert, daß der Gouverneur nur drei Beamte zu Mitgliedern ernannte. Die anderen ernannten Mitglieder waren Landesbewohner. Die Beratungsgegenstände der ersten Sitzung waren u.a. die Führung der geplanten Eisenbahn Windhoek-Keetmanshoop (142), der Haushaltsplan für das Haushaltsjahr 1911. Eine besondere Rolle spielte bei dieser Sitzung die Besprechung der Diamantenpolitik Dernburgs (143). Die Erregung der Bevölkerung darüber war sehr groß.

Der Landesrat hatte zwar bis 1913 nur beschränkte Rechte, nämlich nur eine beratende Funktion. Trotzdem war er wertvoll für die Bevölkerung und den Gouverneur; denn dort konnte die Bevölkerung ihre Meinung äußern und wichtige Fragen mit dem Gouverneur besprechen. Durch die

Verfügung des Reichskanzlers vom 26.6.1913 erhielt der Landesrat mehr Rechte. Die Landesratsmitglieder machten von den Möglichkeiten, die ihnen der Landesrat bot, ausgiebig Gebrauch. Gouverneur Seitz, der 1910 als Nachfolger Schuckmanns aus Kamerun nach SWA kam, äußerte: In Kamerun habe er die Gouvernementsräte nicht zum Sprechen bringen können, in SWA bringe er sie nicht zum Schweigen. Die 1. Landesratsitzung mit dem Recht der Beschlußfassung trat am 11.5.1914 zusammen. Das wichtigste Gesetz, das zur Beratung stand, war das Wassergesetz. Es war von Bezirksrichter Dr. Hirschberg entworfen, der die großen Wasserläufe bereist hatte. Der Grundgedanke dieses Gesetzes war, das Wasser sollte der Allgemeinheit nutzbar gemacht werden. Infolge des Krieges trat das Gesetz nicht mehr in Kraft. Die letzte Sitzung des Landesrats fand am 22. und 23.3.1915 statt, als die Kriegshandlungen schon im Gange waren.

(c) Diamanten

Ein halbweißer Bahnarbeiter, der früher in den Diamantminen von Kimberley gearbeitet hatte, fand eines Tages an der Bahnlinie Lüderitzbucht-Aus bei der Bahnstation Kolmanskuppe einen glitzernden Stein. Er zeigte ihn seinem Baas, dem Bahnmeister Stauch. Dieser vermutete, daß es ein Diamant wäre, und machte mit diesem Stein Ritzversuche an seinem Uhrglas, die seine Vermutung bestätigten. Stauch hielt seinen Fund zunächst geheim. Später bestätigte ihm ein Fachmann, daß es sich wirklich um einen Diamanten handelte. Stauch belegte zunächst Schürffelder in der Nähe der Fundstelle, bevor er am 20.6.1908 Fundanzeige bei der Bergbehörde erstattete, wie es durch die Kaiserliche Bergverordnung vom 8.8.1905 vorgeschrieben war.

Als diese Anzeige bekannt wurde, erregte sie großes Aufsehen. Viele Leute verließen Haus und Hof und eilten nach der Fundstelle, um in der Nähe Schürffelder zu belegen (144). Bei der Belegung der Schürffelder galt der Grundsatz „Wer zuerst kommt, mahlt zuerst". Es fand infolgedessen ein Wettrennen statt zu den Stellen, wo man Diamanten vermutete, um Schürffelder zu belegen. An diesem Wettrennen nahmen zunächst die Einwohner von Lüderitzbucht teil, die der Fundstelle am nächsten wohnten, kurz darauf auch die Einwohner aus anderen Landesteilen.

Das Aufsuchen der Diamanten bereitete dem glücklichen Finder keine Schwierigkeiten. Er brauchte sie damals nur vom Erdboden aufzulesen. Um so merkwürdiger ist es, daß es so lange Zeit gedauert hat, bis man auf die Diamanten aufmerksam wurde. Viele Ochsenwagen waren über diese Gebiete hinweggezogen, viele Reiter geritten. Man hatte sogar eine Eisenbahn durch dieses Gebiet gebaut, und doch hatte niemand den Schatz bemerkt, der hier auf der Erdoberfläche lag. Bei Gibeon hatte man ja viele Jahre lang vergeblich nach Diamanten gesucht, da man dort denselben Blaugrund vorfand, in dem sich die Diamanten bei Kimberley befanden.

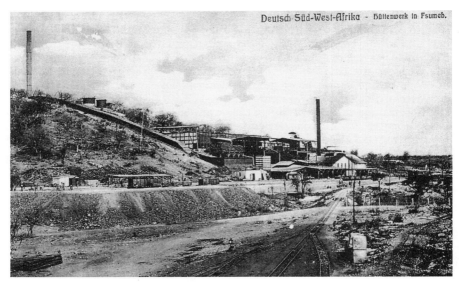

Am 18. August 1892 erfolgte die Gründung der South West Africa Company in London mit einem Anfangskapital von zwei Millionen Pfund Sterling. (Postkarte Nr. 3517 Atelier Nink Windhoek – Sammlung Walter Rusch)

Offiziere des Vermessungsschiffes „Möwe" 1910 auf Besuch in Charlottental. (Foto Kreplin – Walter Rusch Sammlung).

Direktorenhaus auf Farm Neu-Heusis ca. 1912. (Fotosammlung Walter Rusch)

Der allgemeine Zulauf auf die Diamantenfelder führte naturgemäß zu manchen Schwierigkeiten und Streitigkeiten, und die Rechtsanwälte und das Bezirksgericht in Lüderitzbucht hatten viel Arbeit. Eine Menge Gesellschaften bildeten sich für die Gewinnung von Diamanten. Genannt seien die folgenden Gesellschaften — die Liste ist jedoch keineswegs vollständig: Anichab, Viktoria, Germania, Grillenthal, Nautilus, Phönix, Kubub, Elisabethbucht, Swakopmund, Meteor, Pomona, Harmonia, Karlsthal, Angras Juntas, Keetmanshoop, Weiss, de Meillon & Co., Südwest, Quitzow Diamantengesellschaft, Namaqua Schürfgesellschaft, Südstern usw. Außerdem suchten auch viele Einzelpersonen nach Diamanten (145).

Die Gewinnung von Diamanten erforderte kein Kapital. Man brauchte sie ja nur vom Boden aufzulesen, mußte sich allerdings den Entbehrungen, die das Leben in der Wüste mit sich brachte, aussetzen. Für das Belegen der Schürffelder galten nach der Kaiserlichen Bergverordnung vom 8.8.1905 die folgenden Vorschriften:

Paragraph 23. Der Schürfer kann nach Maßgabe der folgenden Vorschriften ein oder mehrere Schürffelder, sei es als Edelmineralschürffelder, sei es als gemeine Schürffelder, belegen:

Durch die Belegung schließt der Schürfer jeden Dritten, vorbehaltlich bereits erworbener Rechte, in einem Edelmineralschürffelde vom Schürfen und vom Bergbau auf sämtliche im Paragraph 1 bezeichneten Mineralien, aus.

Die Schürffelder haben, vorbehaltlich etwaiger Ausfälle durch Rechte Dritter, in wagerechter Erstreckung die Form eines Rechtecks, und zwar betragen die Seitenlinien eines Edelmineralschürffeldes höchstens vierhundert zu zweihundert Meter.

Paragraph 24. Das Aufrichten von Schürfmerkmalen darf nur in der Zeit zwischen Sonnenaufgang und Sonnenuntergang erfolgen.

Paragraph 26. Binnen zwei Wochen nach Belegung des Schürffeldes müssen dessen Eckpunkte durch deutlich sichtbare, wenigstens 1 m hohe Pfähle oder Steinmale, an welchen die im Paragraph 24 Absatz 1 vorgeschriebenen oder gemäß Paragraph 24 Absatz 3 vom Gouverneur vorzuschreibenden Angaben vermerkt sind, kenntlich gemacht sein. Falls die Eckpunkte unzugänglich sind, ist ihre Lage anderweit derart kenntlich zu machen, daß sie in der Natur ohne weiteres ersichtlich ist.

Auch das Gouvernement war an dieser Diamantengewinnung beteiligt. In Lüderitzbucht war der rührige und energische Bezirksamtmann Böhmer tätig, dem Gouvernement einen Anteil an der Diamantengewinnung zu sichern. Er belegte für den Staatsfiscus 30 Schürffelder, und eine Verfügung des Reichskanzlers bestimmte, daß in dem dem Staat gehörigen Gebiete, ca. 15 000 ha., das hauptsächlich längs der Eisenbahn Lüderitzbucht-Aus lag, die Gewinnung von Mineralien allein dem Staat vorbehalten sei. Als Gerüchte auftauchten, daß Beamte sich an dem Diamantengeschäft beteiligt hätten, forderte der Gouverneur von Schuckmann die betreffenden Beamten auf, sich zu melden und ihre Anteile an Minengesellschaften zu veräußern. Es stellte sich jedoch heraus, daß sich nur wenige Beamte am Diamantengeschäft beteiligt hatten.

Von der ersten Fundstelle aus rückten die Diamantensucher immer weiter nach Süden vor, da auch dort Diamanten gefunden wurden, und mit der Ausbreitung der Schürffelder nach Süden nahm auch die Gewinnung von Diamanten zu. In den Monaten Juni-August 1908 wurden 2720 Karat gefördert, im September 6000, in den folgenden Monaten bis Dezember 1908 stieg die Ausbeute bis auf 11 500 Karat (146). Im Jahre 1908 betrug die gesamte Ausbeute 40 000 Karat im Werte von 1 100 000 Mark. Die folgenden Jahre brachten eine weitere erhebliche Steigerung; bis zum Jahre 1913 wurde der Wert von 152 Millionen Mark erreicht.

Das Gouvernement war auf eine solche stürmische Entwicklung natürlich nicht vorbereitet, und es ist deshalb verständlich, daß die behördliche Regelung der Zustände in den Diamantengebieten mit der Entwicklung nicht Schritt hielt. Das führte zu manchen Streitigkeiten, die durch Vergleiche, aber auch durch Prozesse geregelt wurden. Als die Diamantsucher immer weiter nach Süden vorrückten, wobei sie reiche Funde machten, sperrte das Kolonialamt das Gebiet südlich des 26. Breitengrades bis zum Oranje für den freien Schürfverkehr. Im Westen war die Grenze der Ozean, im Osten eine Linie 100 km östlich der Küste. Dieses Gebiet war für den freien Schürfverkehr gesperrt. Dieser war der Deutschen Kolonialgesellschaft vorbehalten. Sie hatte das alleinige Recht zur Aufsuchung und Gewinnung von Diamanten bis zum 1. April 1911. Die kaiserliche Bergverordnung vom 8.8.1905 verlieh dem Reichskolonialamt das Recht zu dieser Verfügung betr. Bergbau im Gebiet der deutschen Kolonialgesellschaft von SWA vom 22.9.1908 (147).

Diese Verfügung rief im Diamantengebiet allgemeine Empörung hervor. Man sah darin eine einseitige Bevorzugung der Kolonialgesellschaft und Benachteiligung der Bewohner von SWA. Durch diese Verfügung wurde dieses an Diamanten reiche Gebiet einer einzelnen Gesellschaft überlassen. Es gab aber auch gute Gründe für diese Verfügung. Es war zu befürchten, daß ohne diese Verfügung ein wildes Durcheinander in dem Diamantengebiet entstehen würde. Denn dieses abgelegene Gebiet der Wüste war von den Behörden schwer zu beaufsichtigen. Daß die Kolonialgesellschaft das Nutzungsrecht in diesem Gebiet erhielt, war nur recht und billig. Denn ihr gehörte ja das betreffende Gebiet. Es war sicherlich falsch, daß man den Einwohnern von SWA nicht die Möglichkeit gab, sich an der Gesellschaft zu beteiligen. Das war nur Großkapitalisten möglich. Die Empörung über diese Verfügung war in SWA groß. Bodenschätze, so meinte man, seien ein Besitz für die Allgemeinheit, und nicht nur für Kapitalisten (148). Die Minenkammer Lüderitzbucht berief den ehemaligen Ansiedlungskommissar Dr. Rohrbach nach Lüderitzbucht, um an Ort und Stelle die verwickelten Fragen der Schürf- und Abbaurechte und des damit verbundenen Abgabensystems zu studieren. Das Ergebnis von Rohrbachs Aufenthalt war sein Buch „Dernburg und die Südwestafrikaner". Darin nahm Rohrbach Stellung gegen die Begünstigung der Gesellschaften und andere Maßnahmen der Diamantpolitik, die seiner Meinung nach die Bevölkerung von SWA benachteiligten. Rohrbach nahm auch im Landesrat an der Besprechung der Diamantfrage teil. Das genannte Buch hatte zunächst keinen Erfolg, aber nach Dernburgs Abgang im Jahre 1912 erhielten die Diamantenförderer einen Einfluß auf die Diamantenregie, und die Diamantenförderer waren nunmehr mit der Regelung der Diamantenfrage zufrieden. Um zu verhindern, daß durch ein Überangebot die Diamantenpreise sänken, wurde die „Diamantenregie des südafrikanischen Schutzgebietes" ins Leben gerufen. Die Förderer wurden durch eine kaiserliche Verordnung vom 1.6.1909 betr. den Handel mit südwestafrikanischen Diamanten den folgenden Vorschriften unterworfen:

„Paragraph 1. Zum Schutze des Handels mit südwestafrikanischen Diamanten wird den Förderern dieser Edelsteine die Verpflichtung auferlegt, ihre gesamte Förderung der von dem Reichskanzler (Reichs-Kolonialamt) oder mit seiner Zustimmung von dem Gouverneur bezeichneten Behörde oder Person zwecks Vermittlung der Verwertung zu übergeben.

Die Verwertung erfolgt in der nach dem freien Ermessen der Kolonialverwaltung für die Förderer günstigsten Weise.

Paragraph 2. Der Reichskanzler (Reichs-Kolonialamt) ist ermächtigt, sofern er es im Interesse der Erhaltung eines gesunden Handels mit Diamanten für erforderlich erachtet, ein jährliches Höchstmaß der zur Verwertung gelangenden Diamanten für jeden Förderer festzusetzen. Hinsichtlich der dieses Höchstmaß übersteigenden Förderung ist es dem freien Ermessen der Kolonialverwaltung überlassen, in welchem Zeitpunkt eine Verwertung eintreten soll. Die Verpflichtung zur Übergabe der Diamanten wird dadurch nicht berührt.

Paragraph 3 — Paragraph 5."

Der Paragraph 2 sollte verhindern, daß durch ein Überangebot von Diamanten deren Verkaufspreis sänke. In der Verordnung des Reichskanzlers betr. Ausführung der Kaiserlichen Verordnung, betr. den Handel mit südwestafrikanischen Diamanten vom 16.1.1909 heißt es in Paragraph 1:

„Die unter der Firma ‚Diamanten-Regie des südwestafrikanischen Schutzgebietes' errichtete deutsche Kolonialgesellschaft wird ermächtigt, die im südwestafrikanischen Schutzgebiet geförderten Diamanten von den Förderern zwecks Vermittlung der Verwertung entgegenzunehmen, zu verwahren und zu versenden, die Verwertung zu bewirken und die Erlöse nach Abzug der Verwertungsgebühr (Paragraph 4) an die Berechtigten abzuführen.

Paragraph 2 und 3.

Paragraph 4. Die Förderer südwestafrikanischer Diamanten sind verpflichtet, ihre gesamte Förderung demjenigen Beauftragten der Gesellschaft zwecks Vermittlung der Verwertung zu übergeben, welchen der Gouverneur bezeichnet.

Paragraph 5."

Vor Einrichtung der Diamanten-Regie gab es eine Reihe anderer Bestimmungen über den Diamanthandel, die nur kurze Zeit galten und die ich deshalb als unwichtig übergehe. Die Verordnung des Reichskanzlers betr. den Geschäftsbetrieb der Diamanten-Regie des südwestafrikanischen Schutzgebietes vom 25.5.1909 mit Zusatz vom 19.10.1909 regelte die Verwertung der Diamanten:

„Paragraph 1. Einlieferung. Die Förderer von Diamanten sind verpflichtet, die geförderten Diamanten mindestens einmal in der Woche bei der Geschäftsstelle der Diamanten-Regie im Schutzgebiet zur Einlieferung zu bringen.

Paragraph 2. —

Paragraph 3. Vorschuß. Jeder Förderer von Diamanten hat Anspruch darauf, daß ihm die Geschäftsstelle der Regie im Schutzgebiet bei der Einlieferung von Diamanten auf das innerhalb seines Höchstmaßes liegende Gewicht einen zinsfreien Vorschuß von 30 Mark für jedes Gramm zahlt.

Paragraph 4. Versendung. Die Geschäftsstelle der Regie im Schutzgebiet hat die eingelieferten Diamanten in der vorgeschriebenen Verpackung mit dem nächsten Postdampfer an ihre Hauptniederlassung in Berlin zu senden.

Bei der Hauptniederlassung der Regie in Berlin sind die Behältnisse mit den Diamanten sofort bei Eingang in ein nach anliegendem Muster zu führendes Eingangsbuch unter Aufnahme der auf den einzelnen Behältnissen befindlichen Vermerke und unter Angabe des Tages der Ankunft einzutragen.

Alsdann sind sie von Angestellten der Regie zu öffnen. Zur Öffnung sind ausschließlich solche Angestellte befugt, die vom Reichskolonialamt hierzu ermächtigt und von dem gemäß Paragraph 22 der Satzung der Regie bestellten Reichskommissar durch Handschlag auf treue und gewissenhafte Diensterfüllung in Pflicht genommen sind. Es müssen stets zwei solcher Angestellter bei der Öffnung zugegen sein. Alsbald nach der Öffnung sind die Diamanten von den beiden genannten Angestellten oder wenigstens in deren Gegenwart nach Gramm zu verwiegen. Das festgestellte Gewicht der in den einzelnen Behältnissen befindlichen Diamanten ist in das Eingangsbuch unter Namensunterschrift der beiden Angestellten einzutragen.

Paragraph 5 und 6. —

Paragraph 7. Verwertung. Die Verwertung der eingelieferten Diamanten hat seitens der Regie in der für die Förderer günstigsten Weise zu erfolgen.

Paragraph 8. —

Paragraph 9. Die Regie ist verpflichtet, den auf den Diamanten lastenden Ausfuhrzoll von dem nach Abzug der Verwertungsgebühr verbleibenden Verkaufspreise einzubehalten.

Paragraph 10—13. —"

Der Zoll war durch die Verordnung des Gouverneurs von Deutsch-Südwestafrika betr. die Erhebung eines Ausfuhrzolles auf Diamanten vom 28.2.1909 geregelt.

„Paragraph 1. Die Ausfuhr von Diamanten mit Ausnahme der fertig geschliffenen aus dem südwestafrikanischen Schutzgebiet unterliegt einem Zolle, welcher $33\frac{1}{3}$ vom Hundert des Wertes beträgt.

Paragraph 2. Die Ausfuhr ist nur seewärts und nur über die Zollämter Lüderitzbucht und Swakopmund gestattet.

Paragraph 3—7. —"

Die Kaiserliche Verordnung über die Besteuerung von Diamantenabbaubetrieben in Deutsch-Südwestafrika (Diamantensteuerordnung) vom 30.12.1912 besagte folgendes:

Paragraph 1. Diamantenabbaubetriebe, die in dem Teile des Schutzgebietes gelegen sind, welcher im Süden durch die Landesgrenze, im Westen durch den Atlantischen Ozean, im Norden durch den Wendekreis des Steinbocks und im Osten durch eine einhundert Kilometer vom Meeresufer entfernte und mit ihm gleichlaufende Linie begrenzt wird, unterliegen einer Steuer nach folgenden Vorschriften.

Paragraph 2. —

Paragraph 3. Die Steuer beträgt sechsundsechzig Hundertstel der Betriebseinnahme, vermindert um siebenzig Hundertstel der Betriebskosten.

Paragraph 4—41. —"

Der Paragraph 3 bezweckte: je höher die Unkosten sind, desto niedriger soll die Steuer sein. Das kam besonders für die abgelegenen oder weniger ergiebigen Fundstellen in Frage. Die Steuer von 66% war wohl hoch, ließ aber doch den Betrieben einen ausreichenden Gewinn. Die Erträgnisse der Steuer setzten das Gouvernement instand, ohne Zuschüsse von Deutschland die Kolonie auszubauen und zu verwalten. Nur die Kosten für die Schutztruppe wurden von Deutschland bezahlt. Die Einnahmen des Gouvernements aus der Diamantensteuer betrugen von März 1909 bis Dezember 1913 60,3 Millionen Mark. Dazu kamen noch die Einnahmen aus den eigenen Diamantfeldern des Gouvernements. Der Wert der Diamantenausfuhr betrug 1913 58 910 000 Mark.

(d) Kupfer

Neben der Diamantengewinnung trat die Gewinnung anderer Bodenschätze in den Hintergrund. Erwähnenswert ist nur der Kupferbergbau. Die Kupferlager von Tsumeb im Norden von SWA waren schon seit alter Zeit, noch bevor die Deutschen in SWA erschienen, den Ovambo bekannt, die sich auf die Bearbeitung des Kupfers verstanden. In der deutschen Zeit war die Gewinnung von Kupfer eine reine Transportfrage. Der Transport im Ochsenwagen von Tsumeb zu einem Hafen, ca. 500 km, war viel zu teuer und umständlich. Wollte man die Erzlager von Tsumeb ausbeuten, mußte eine Eisenbahn zur Küste gebaut werden. Die Gewinnung des Erzes von Tsumeb bot keine besonderen Schwierigkeiten und erforderte keine zu hohen Kosten. Das Gebiet von Tsumeb gehörte der South West Africa Company, einer englischen Gesellschaft, an der auch deutsches Kapital beteiligt war. Von ihr wurde die „Otavi Minen- und Eisenbahngesellschaft" abgezweigt. Ihre Gründung war betrieben worden von dem Geheimen Kommenzienrat von Hansemann. An der Gesellschaft war deutsches, englisches und belgisches Kapital beteiligt. Die Gesellschaft, kurz „Omeg" genannt, entsandte zunächst zwei Expeditionen. Eine hatte die Aufgabe, die Kupfervorkommen zu untersuchen; eine zweite unter Führung von Dr. Hartmann, mit den Ingenieuren Toennesen und Speak, begab sich sogleich ins Otavi-Gebiet, um eine Bahnlinie zur Küste festzulegen. Zunächst hatte man an eine Bahnlinie nach dem portugiesischen Hafen Porto Alexandre gedacht, entschied sich dann aber doch für eine Linie nach Swakopmund. Der Bahnbau mußte vollendet sein, bevor man an den Abbau von Kupfer denken konnte.

Im Oktober 1903 wurde mit dem Bahnbau begonnen, der der Berliner Firma Arthur Koppel übertragen wurde. Bald stockte aber der Bau. Im Januar 1904 begann der Hereroaufstand, und das Gouvernement hielt es für geraten, die etwa 600 Herero-Bahnarbeiter aus Sicherheitsgründen zu entfernen. Die Omeg warb nun italienische Arbeiter an, hatte aber mit ihnen mancherlei Schwierigkeiten. Schon auf der Überfahrt auf dem Schiff kam es zu Reibereien, da die Italiener mit Unterbringung und Verpflegung nicht zufrieden waren. Das setzte sich beim Bahnbau fort. Die Italiener waren unzufrieden mit dem Lohn, der Unterbringung, Verpflegung und Behandlung, und bald kam es zum Streik. Dieser kam für Deutschland sehr ungelegen. Es war ja die Zeit des Aufstandes. General von Trotha drängte auf beschleunigte Durchführung des Bahnbaues. Trotha hatte Schwierigkeiten mit der Versorgung seiner Truppen am Waterberg. Und wenn Nachschub mit der Eisenbahn wenigstens bis Omaruru gebracht werden konnte, verkürzte sich die Etappenlinie der deutschen im Hereroland stehenden Truppen erheblich. Die deutsche Regierung schloß deshalb am 4. August 1904 mit der Omeg den sog. Baubeschleunigungsvertrag, worin sich die Omeg gegen Gewährung eines Zuschusses verpflichtete, die Strecke Swakopmund-Omaruru bis zum 31. Dezember 1904 fertigzustellen. Sie konnte jedoch den Termin wegen des bereits erwähnten Streikes nicht einhalten. Die Strecke bis Omaruru war erst am 24. August 1905 fertiggestellt. In ihrer ganzen Länge wurde die Bahn Swakopmund-Tsumeb am 16. Dezember 1906 in Betrieb genommen. Sie kostete 16 Millionen Mark und diente in erster Linie dem Abtransport von Kupfererzen von Tsumeb nach Swakopmund, übernahm aber auch den Transport von Regierungs- und privaten Gütern und Personenbeförderung. Die Strecke wurde in 2 bis 3 Tagen befahren. Es verkehrten wöchentlich 2 gemischte Züge in beiden Richtungen. Mitte August 1908 nahm die Gesellschaft leicht gebaute, nur der Personenbeförderung dienende Dampfwagen in Gebrauch, die wesentlich schneller fuhren als die gemischten Züge (ca. 30 km stündlich). 1908 besaß die Gesellschaft 37 Lokomotiven und 261 Wagen. 22 000 Personen und 60 000 t Güter wurden in diesem Jahr befördert. Die Eisenbahn arbeitete mit Gewinn.

Der Kupfergehalt des Vorkommens bei Tsumeb war gut; er betrug 12,61% in den oberen Lagen und 18% in größerer Tiefe. In einer Schmelzhütte wurde das kupferhaltige Gestein zu einem 40%igen Kupfergestein geschmolzen. Dieses Kupfergestein wurde nun mit der Bahn nach Swakopmund befördert und von dort nach Europa und Amerika verfrachtet. In dem Betriebsjahr 1907/08 wurden 25 000 t Erz gefördert. wovon 15 000 t ausgeführt wurden. Diese Ausfuhr war für Deutschland von besonderem Wert. Es verbrauchte selbst etwa 720 Millionen kg und erzeugte selbst nur etwa 30 Millionen. Der Rest mußte bisher aus Amerika eingeführt werden. So gab es für die Omeg keine Absatzschwierigkeiten. Die Ausfuhr von Erz erreichte im Jahre 1913 den Wert von etwa 8 Millionen Mark.

(e) Wassererschließung

In SWA fällt der Regen nur während weniger Monate im Jahr, von November bis April. In den übrigen Monaten, Mai bis Oktober, fällt in der Regel kein Regen. Die Niederschläge erfolgen meist in der Form von starken Gewitterregen. In kurzer Zeit stürzen große Wassermassen in den sonst trockenen Wasserläufen abwärts zum Meer und gehen so dem Land verloren. Schon in der frühen Zeit der deutschen Kolonisation von SWA entstand deshalb bei unternehmenden Farmern der Plan, das Wasser in „Dämmen" (Talsperren) zu stauen und für den Ackerbau und die Viehzucht nutzbar zu machen (vgl. meinen Aufsatz „Der Farmer Gessert in Sandverhaar", Heimatkalender 1972 S. 31 ff.). Der Bau von Talsperren war jedoch wegen der Kosten eine Sache des Gouvernements und nicht der einzelnen Farmer.

Daß das Gouvernement nicht sogleich mit Dammbauten begann, hatte seinen guten Grund. Man wollte zuerst feststellen, mit welchen Wassermengen man zu rechnen hätte. Waren doch bei dem Farmer Gessert mehrere Dämme gebrochen, weil er die Wassermengen, mit denen er zu rechnen hatte, unterschätzt hatte. Es wurden vom Gouvernement Wetterbeobachtungsstationen eingerichtet, bei denen die Regenmengen gemessen wurden. Zu Beginn des Aufstandes im Januar 1904 betrug ihre Zahl 54. Es stellte sich heraus, daß die Regenmenge, die in der kurzen Zeit der Regenzeit fiel, gar nicht so gering war. In der Zeit vom 1.4.1900 bis 1.4.1903 betrug der durchschnittliche Regenfall jährlich in Grootfontein 521 mm, in Windhoek 226, Gobabis 339, Gibeon 85, Keetmanshoop 83, Bethanien 69 mm. Im Norden genügte der Regenfall zu Ackerbau ohne Bewässerung, in der Mitte und im Süden der Kolonie mußte Wasser zu diesem Zweck gestaut werden. Der landwirtschaftliche Sachverständige des Gouvernements Watermeyer, der sich auf einer Dienstreise nach dem Norden, nach Grootfontein befand, wo er die Wasser- und Regenverhältnisse in der Umgebung von Grootfontein studieren sollte, wurde auf seiner Reise vom Ausbruch des Aufstandes am Waterberg überrascht und dort am 14.1.1904 von Herero ermordet. Viele Farmer bauten auf eigene Initiative auf ihren Farmen Dämme, um Wasser für das Vieh in der regenlosen Zeit zu haben. Die ersten großen Dämme wurden auf Farm Voigtland von Gustav Voigts und auf der staatlichen Versuchsfarm Neudamm gebaut. Der größte Damm, der auch für Feld- und Gartenwirtschaft Wasser lieferte, befand sich auf der Farm Voigtsgrund bei Mariental. Im Süden war es der Farmer Gessert in Sandverhaar, der auf seiner Farm Staudämme anlegte. Das Gouvernement begann erst 1911, sich ernsthaft mit der Anlage von Staudämmen zu befassen. Im Etat für 1911 waren 1 Millionen Mark für Untersuchungen und Vorarbeiten für Dammbauten vorgesehen. Bauingenieur Steiner aus Bayern wurde Leiter einer Wasserbauabteilung des Gouvernements. Steiner begann seine Tätigkeit damit, daß er am Fischfluß entlangritt. Der Fischfluß führt den größten Teil des Jahres Wasser und läuft durch ein Gebiet, das besonders regenarm und trocken ist. Gessert hatte schon vor Jahren darauf hingewiesen, daß man das Wasser des Fischflusses nicht ungenutzt abfließen lassen sollte (vgl. meinen ebengenannten Aufsatz im Heimatkalender). Die Wasserbauabteilung bearbeitete einen Entwurf für 4 große Talsperren im Fischflußgebiet: bei **Konintsas** nördlich von Mariental, bei **Kokerboomnaute** südlich von Gibeon, bei Hons südlich von Seeheim und im Unterlauf des Heinarichabriviers. Diese Pläne waren jedoch bei Ausbruch des 1. Weltkrieges im August 1914 noch nicht ausgeführt.

Schneller kamen die Farmer voran, die auf ihren Farmen Dämme bauten, um Wasser für das Vieh auch während der regenlosen Zeit zu haben. Auf der Farm Voigtsgrund war der Damm so groß, daß das darin befindliche Wasser auch für den Ackerbau unterhalb des Dammes ausreichte. Auch der Farmer Gessert in Sandverhaar hatte gnügend Wasser, um damit Obstbäume bewässern zu können. Das Gouvernement unterstützte die Farmer bei der Anlage von Dämmen. Vom Jahre 1906 an gab es 2 Bohrkolonnen in der Kolonie, eine in Windhoek für den Norden, eine in Kuibis für den Süden. Jede Kolonne bestand aus 8 Bohrmaschinen. Ihre Verwendung war geregelt durch eine Bekanntmachung des Gouverneurs, betr. Bedingungen über die Ausführung von Bohrarbeiten für Wassererschließung durch die staatlichen Bohrklonnen vom 13. März 1912:

„1. Anträge auf Bohrungen nehmen die Bohrkolonnen Nord, Windhoek, und die Bohrkolonne Süd, Kuibis, sowie die Kaiserlichen Bezirks- und Distriktsämter entgegen. Letztere geben die Anträge an die zuständige Bohrkolonne weiter.

2. Der Marschplan der Bohrmaschinen wird von dem Leiter der Kolonne auf Grund der Beschlußfassung des Bezirksrats eines jeden Bezirks (Distrikts) festgesetzt und im Amtsblatt von Zeit zu Zeit bekannt gemacht.

In der Beschlußfassung des Bezirksrats ist festzusetzen, wieviel Bohrlöcher auf jeder Farm niederzubringen sind. In der Regel sollen nicht mehr wie drei Bohrlöcher auf einer Farm niedergebracht werden.

3. —

4. Von den Auftraggebern werden folgende Leistungen gefördert:
a) Die Beiträge zu den Kosten der amtlichen Bohrungen belaufen sich bis zu 50 m Tiefe auf 50 Mark und über 50 m auf 60 Mark für das fallende Meter, wenn die Bohrungen erfolgreich sind, sie ermäßigen sich auf die Hälfte, wenn die Bohrung ohne Erfolg bleibt.

Eine Bohrung wird als erfolglos angesehen, wenn sie bei dem im Anschluß an die vollendete Bohrung stattfindenden 24stündigen Probepumpen weniger als 600 Stundenliter brauchbares Wasser liefert.

Die Gebühren für die Bohrungen können auf Antrag, soweit sie 20 Mark für das laufende Meter bei erfolglosen Bohrungen übersteigen, gestundet werden. Die gestundeten Beträge sind in 10 Jahresraten, deren erste ein Jahr nach Vollendung der Bohrarbeiten fällig ist, zurückzuzahlen und nach Ablauf von 3 Monaten nach Zustellung der Bohrkostenrechnung mit 4 Prozent zu verzinsen. Soweit das geplante Bodenkreditinstitut den nötigen Kredit gewährt, wird Kündigung der gestundeten Bohrkosten mit einjähriger Frist vorbehalten.

b) Bei Bohrungen für kapitalkräftige Privatpersonen und Gesellschaften können Stundungen nicht gewährt werden.

Die staatlichen Bohrkolonnen sind in erster Linie dazu bestimmt, weniger kapitalkräftigen Farmern und auf wasserarmen Farmen Bohrungen zu ermöglichen. Bei Aufstellung der Marschpläne ist hierauf Rücksicht zu nehmen.

In Ortschaften können nur ausnahmsweise Bohrungen durch die staatlichen Bohrkolonnen vorgenommen werden.

c) — f).

5.—7.—"

Neben den staatlichen Bohrkolonnen arbeiteten im Jahre 1912 noch 25 private Bohrmaschinen. Das Gouvernement unterstützte die Farmer, die solche privaten Bohrmaschinen kommen ließen, und erließ dazu die Bekanntmachung des Gouverneurs betr. die Gewährung von Darlehen für Wasserbohrungen vom 25. September 1912:

„Für Bohrungen auf Wasser, welche auf Farmen und Siedlungen mit Hilfe privater Bohrmaschinen niedergebracht worden sind, können aus den Mitteln des Etats Darlehen unter folgenden Bedingungen gewährt werden:

1. Das Darlehen wird erst nach Beendigung der Bohrung gewährt.

2. —

3. Der Höchstbetrag des für das fallende Meter zu gewährenden Darlehens beträgt 30 Mark. Darlehen unter 600 Mark und über 5000 Mark werden nicht gewährt.

4. Bei Gewährung von Bohrdarlehen werden nur physische Personen und in erster Linie weniger kapitalkräftige Farmer und Siedler berücksichtigt. Nach Errichtung einer Bodenkreditbank ist der Darlehensgeber zur Kündigung des Darlehens unter Einhaltung einer einjährigen Kündigungsfrist befugt.

5.—9.—"

(f) Eisenbahnen

Der Anlaß zum Bau der ersten Eisenbahn in DSWA war die Rinderpest (vgl. S. 57). Diese verursachte, daß der Verkehr auf dem nördlichen Baiweg Swakopmund-Windhoek völlig zusammenbrach. Viele Ochsenwagen blieben unterwegs liegen, da die Gespanne erkrankten. Windhoek und andere Orte im Inneren des Landes konnten nicht mehr mit Einfuhrgütern versorgt werden. Viele Geschäfte mußten aus Mangel an Waren schließen. Es war nunmehr allen Beteiligten klar, daß der Bau einer Eisenbahn von Swakopmund nach Windhoek unbedingt nötig war und daß der Ochsenwagenverkehr nicht mehr ausreichte. Denn auch in normalen krankheitsfreien Zeiten entstanden Schwierigkeiten. In den Monaten vor Einsetzen des Regens mußte der Ochsenwagenverkehr oft wegen Mangels an Wasser und Weide längs des Baiweges eingestellt werden. Diese Umstände konnten in Notfällen, wie zum Beispiel Aufständen, zur Katastrophe führen, wenn größere Truppenmengen im Landesinnern versorgt werden mußten.

Einem Bahnbau seitens des Staates stand die sogenannte Damaralandkonzession vom 12.9.1892 im Wege. Diese verlieh der South West Africa Company verschiedene Land- und Bergrechte im Norden der Kolonie, dazu auf 10 Jahre, also bis 1902, ein Monopol zum Bau und Betrieb einer Eisenbahn von der Küste ins Innere von jedem Punkt zwischen Sandwichhafen und der Kunenemündung aus. Die SWA Company war eine in London registrierte englische Gesellschaft, an der auch deutsches Kapital beteiligt war.

Um das Eisenbahnmonopol zu umgehen, begann das Gouvernement in der Notzeit der Rinderpest eine Gleisanlage zwischen Swakopmund und Jakalswater zu bauen — dies war die für die Ochsenwagen wegen der Sanddünen schwierigste Stelle — betrieb aber die Bahn im Hinblick auf das Eisenbahnmonopol mit Mauleseln. Das war sehr kostspielig und zeitraubend; denn trotz der Schienen hatten die armen Maulesel Mühe, die Wagen durch die Sandstrecke zu ziehen.

Die Kolonialabteilung in Berlin verhandelte nun mit der SWA Company wegen des Eisenbahnmonopols. Die Gesellschaft nützte die für sie günstige Lage aus und ließ sich die Änderung der Damaralandkonzession teuer bezahlen. Das kann man einer solchen Gesellschaft nicht übelnehmen. Die deutsche Regierung war selbst schuld an der verfahrenen Situation, da sie versäumt hatte, bei der Erteilung der Konzession Vorsorge für Notfälle durch Einfügung einer Klausel zu treffen. Gegen Verleihung von Bergrechten im Ovamboland war die Gesellschaft schließlich mit dem Bahnbau einverstanden.

Die Bahn war also zunächst nur als ein Anhängsel des Baiweges gedacht. Auf diese Weise sollte den Ochsen die Sandstrecke erspart werden. In Jakalswater gab es in guten Zeiten die erste Weide. Allerdings war die Wasserstelle dort nicht sehr ergiebig. Gelegentlich seines Deutschlandurlaubs im Jahre 1898 hatte Gouverneur Leutwein Gelegenheit, bei der Besprechung einer Regierungsvorlage eines Bahnbaus von Swakopmund nach Windhoek selbst im Reichstag die Vorlage zu erläutern. Man war inzwischen doch zu der Überzeugung gelangt, daß eine Verbindung von Windhoek mit der See nötig sei, und daß ein Schienenstrang nur bis Jakalswater nicht ausreichte. Leider wurde in der Vorlage nur eine Schmalspur (60 cm) vorgeschlagen, obwohl der Reichstag 1898 wohl bereit gewesen wäre, auch die etwas teurere, aber leistungsfähige Kapspur (1,067 m) zu bewilligen.

Die Strecke Swakopmund-Jakalswater war bereits in der Zeit der Rinderpest im September 1897 durch eine Abteilung der Eisenbahnbrigade in Angriff genommen worden, zunächst mit den einfachsten Mitteln, dem Material der Eisenbahnbrigade, das aus Deutschland herbeigeschafft wurde. Die Leitung hatten die Oberleutnants Kecker und Schultze. Nachdem nun der Reichstag den Bahnbau bis Windhoek bewilligt hatte, wäre es richtiger gewesen, vor dem Weiterbau zunächst die Linienführung festzulegen. Der Weiterbau über Jakalswater bedingte eine starke Steigung auf der Ostseite des Khantales (1:18) auf mehrere Kilometer, und auch viel verlorenes Gefälle. Leider hielt man an der bereits geplanten Linie Swakopmund-Jakalswater fest, die ja nur als Verlängerung des Baiweges angelegt worden war, statt eine ganz neue Trasse zu erkunden. Inzwischen war ja der Weiterbau bis Windhoek bewilligt worden. Hätte man die Linie etwas weiter nördlich geführt, wie später die Otavibahn lief und heute die Eisenbahn läuft, hätte man viele Schwierigkeiten vermieden und viel Geld gespart. In der Eile, in der man sich 1898 befand, baute man jedoch den alten Baiweg entlang weiter. Die Leitung hatte nun Oberleutnant Gerding von der Eisenbahnbrigade, der auch die Linie festlegte, während Major Pophal die Bauleitung innehatte. Anfänglich wurden in Kapstadt Weiße und Farbige als Arbeiter angeworben, später 125 Reservisten der Eisenbahntruppen in Deutschland. 1902 waren am Bahnbau beschäftigt 250 Weiße und 600 Eingeborene. Der ganze Bau wurde in 5 Jahren vollendet und kostete 14 Millionen Mark. Am 30. Mai 1900 erreichte die Bauspitze Karibib. Am 19. Juli 1902, am Vortage der Eröffnung der 2. Landwirtschaftlichen Ausstellung in Windhoek, lief der erste von Swakopmund kommende Personenzug in Windhoek ein. Die letzte Strecke vor Windhoek war allerdings nur provisorisch fertiggestellt.

Bald zeigte sich aber, daß die Bahn den Anforderungen nicht gewachsen war. Der Unterbau war zu schwach, die Spurbreite zu eng, die Linienführung ungünstig. Die Steigerung an der Ostseite des Khantales konnte mit beladenen Zügen von den Kleinbahnlokomotiven nicht überwunden werden. In der Station „Khan" standen besondere Maschinen, die sogenannten „Bullen" bereit, um die Züge die steile Strecke hinaufzuziehen. Der nationalliberale Reichstagsabgeordente Semler, der die Strecke 1906 befuhr, sagte nach der Fahrt, das sei keine Eisenbahn, sondern eine Rutschbahn. Ein zahlreiches Bahnpersonal, 30-40 Angestellte, mußte in der einsamen und heißen Station Khan stationiert werden, und doch verlief der Betrieb nicht ohne Unterbrechungen. Zuweilen blieben die Züge auf der Steigung stehen, und nach guten Regenfällen überflutete der Khan die Strecke auf mehrere Kilometer und riß die Schienen auf. Die Kleinbahnlokomotiven hatten einen großen Wasserbedarf, was kostspielige Anlagen auf den Bahnhöfen notwendig machte. Ihr lautes klapperndes Geräusch ging den Reisenden auf die Nerven. Im Jahre 1909 bestand das rollende Material aus einem Salonwagen für den Gouverneur und andere hochstehende Persönlichkeiten, 6 Personenwagen 1. Klasse, zwei 2. Klasse, 3 Packwagen, 15 gedeckten und 329 offenen Güterwagen. Das Bahnpersonal bestand aus 360 europäischen Angestellten und 690 Eingeborenen. Es verkehrten wöchentlich zwei Personenzüge in beiden Richtungen und in der Regel 1 Güterzug täglich. Die Strecke wurde in 2 Tagen zurückgelegt, mit einem Nachtaufenthalt in Karibib, wo sich auch die Werkstätten befanden. Dort befand sich auch ein besonders schöner Bahnhof, gebaut aus einheimischem Marmor. Für den Wartesaal wurden der Würde des Gebäudes entsprechende Möbel, darunter große Ledersessel, bestellt. Als diese ankamen, stellte es sich heraus, daß die Türen zu eng waren, und die Sessel nicht hereingetragen werden konnten. Obwohl die Bahn viele Nachteile aufwies, war sie doch für Deutschland von unschätzbarem Wert, als der Hereroaufstand ausbrach. So konnten schnell Truppen und Nachschub von Swakopmund und Windhoek nach Okahandja, dem Hauptort der Herero, gebracht werden.

Dem Bau der Staatsbahn Swakopmund-Windhoek folgte bald der der Otavibahn. Diese wurde gebaut von der Otavi Minen- und Eisenbahngesellschaft. Über den Bahnbau vgl. S. 145.

Die Otavibahn war wesentlich leistungsfähiger als die Staatsbahn, wie aus folgender Gegenüberstellung hervorgeht:

	Staatsbahn	Otavibahn
Größte Steigung	22%	15%
Kleinster Radius	60 m	100 m
Gewicht von 1 m Schiene	9 kg	15 kg
PS je Lokomotive	40	120
Fassungsvermögen der Tender:		
Wasser	3 cbm	10 cbm
Kohlen	3½ t	3½ t
Ladefähigkeit eines Güterwagens	5 t	10 t
Nutzlast je Zug	45 t	90 t
Länge	382 km	578 km
Kosten	15 Mill. Mark	16 Mill. Mark

Es fällt auf, daß der Bau der Otavibahn trotz der größeren Leistungsfähigkeit und ihrer größeren Länge nur wenig mehr gekostet hat als die der Staatsbahn.

Die ziemlich gleichlaufenden Linien der Staats- und Otavibahn zwischen Swakopmund und Usakos bzw. Karibib waren ein unnötiger Luxus. Das Gouvernement kaufte deshalb am 30. März 1910 die Otavibahn für 24 Millionen Mark. Die Mittel dazu gewann es aus der Diamantensteuer. Die Staatsbahnlinie zwischen Swakopmund und Karibib diente dann nur noch dem örtlichen Verkehr, der durchgehende Verkehr lief über die Linie der ehemaligen Otavibahn. Sogleich begann der Umbau der Linie in Kapspur von Swakopmund aus zunächst bis Usakos, später bis Windhoek, das am 22. August 1911 erreicht wurde.

Der Bau der Bahnen Swakopmund-Windhoek und Swakopmund-Tsumeb hatte zur Folge, daß die Besiedlung des Landes in den von den Bahnen durchzogenen Landstrichen schnell in Gang kam. Das betreffende Land war zumeist Hereroland, und die Farmer in spe kauften nun von den Herero Farmen vorzugweise längs der neuen Bahnstrecke. Sie konnten dort leicht und billig Material für den Farmaufbau kommen lassen, und konnten ebenso leicht ihre Produkte auf den Markt in die Ortschaften und zum Ausfuhrhafen Swakopmund schicken. Der Wert der Otavibahn erhöhte sich noch dadurch, daß die SWA Company eine Zweigbahn Otavi-Grootfontein baute, um die Erzvorkommen dieser Gegend besser ausnutzen zu können. Sie war eine Schmalspurbahn, 90 km lang, und wurde am 13. März 1908 in Gebrauch genommen. Auch diese Bahnstrecke förderte die Besiedlung in dem von ihr bedienten Gebiete.

Ein weiterer Bahnbau fand statt zwischen Lüderitzbucht und Aus. Zunächst war wenig Verkehr von dem Hafen Lüderitzbucht nach seinem Hinterland. Das war arm an Wasser und Weide und dünn besiedelt. Nur wenige Farmen produzierten Ausfuhrprodukte, wie z.B. Kubub und einige Farmen am Oranje. Der Bahnbau wurde nun während des Hottentottenaufstandes erwogen. Schon 1897 hatte die South African Territories Company, die im Süden Landrechte besaß, eine Strecke zwischen Lüderitzbucht und Aus erkunden lassen. Es ist aber zweifelhaft, ob die Gesellschaft es wirklich ernst mit dem Bahnbau meinte. Vielleicht wollte sie auf diese Weise die deutsche Regierung williger machen, ihre Landrechte im Süden zu bestätigen bzw. zu erweitern. Jedenfalls wurde der Plan eines Bahnbaues nicht weiter verfolgt.

Während des Hottentottenaufstandes hatte General von Trotha die größten Schwierigkeiten mit der Versorgung seiner im Süden stehenden Truppen. Er hatte mehrfach nachdrücklich versucht, bei den deutschen Behörden in Berlin die Bewilligung des Bahnbaus Lüderitzbucht-Kubub zu erreichen (S. 165).

Der Bau der Bahn Lüderitzbucht-Keetmanshoop wurde der deutschen Kolonial-Eisenbahnbau- und Betriebsgesellschaft (Firma Lenz und Co.) in Berlin übertragen. Eine Eisenbahnkompagnie half dabei. Man hatte etwas Bedenken wegen der Überwindung der Sandstrecke zwischen Kolmanskuppe und Lüderitzbucht. Zunächst dachte man an Anpflanzen von Strandhafer oder an die Anlage eines 8 km langen Tunnels aus Eisenblech. Schließlich erwies sich die Überwindung der Sandstrecke als gar nicht so schwierig. Es kam wohl vor, daß die Linie verweht wurde (das kommt auch heute noch

Von Seeheim, am Großen Fischfluß gelegen, zweigt die von Karasburg (früher Kalkfontein-Süd) nach Keetmanshoop führende Bahnlinie nach Lüderitzbucht ab. (Postkarte Nr. 168/4 von J.C. Hubrich Lüderitzbucht – Sammlung Walter Rusch)

Otjiwarongo – Links Hotel Bürger und Hamburger Hof Hotel – Besitzer Julius Doll, Inhaber Max Holdt. (Postkarte Erich Staebe Karibib – Sammlung Walter Rusch)

Geflochtene Getreidebehälter, sog. „Omashisha", im Ovamboland. (Foto Friedrich Lange 1907 – Sammlung Walter Rusch)

Ovambomädchen an einem finnischen Webstuhl (Foto R. Wywias 1908 – Sammlung Walter Rusch)

vor), doch konnte das Hindernis durch bereitgehaltene Kolonnen von Eingeborenen bald beseitigt werden. Der Bau der 366 km langen Bahnstrecke wurde am 27. Dezember 1905 begonnen und war am 1. November 1906 bis Aus fertiggestellt. Die Strecke bis Keetmanshoop wurde in ihrer ganzen Länge am 21. Juli 1908 durch Kolonialstaatssekretär Dernburg eingeweiht. Ihre Kosten betrugen 29 Millionen Mark. Der Zweck der Linie war zunächst ein militärischer. Es war so möglich, Truppen schnell dorthin zu befördern, wo sie gebraucht wurden, und die Zahl der im Süden der Kolonie stehenden Truppen konnte so vermindert werden. Aber die Bahn hat auch die wirtschaftliche Entwicklung der von ihr bedienten Landstriche gefördert, besonders nachdem noch eine Zweiglinie von Seeheim nach Kalkfontein-Süd (heute Karasburg) gebaut worden war. Sie war 180 km lang und kostete 16 Millionen Mark. Sie wurde ebenso wie die Strecke Lüderitzbucht-Keetmanshoop in Kapspur gebaut und wurde am 6. Februar 1909 in Gebrauch genommen.

Nun gab es zwei Eisenbahnsysteme in Deutsch-Südwestafrika, eine im Süden, und die andere im Norden. Es lag nahe, an eine Verbindung der beiden zu denken. Paul Rohrbach legte in seinem Buch: Deutsche Kolonialwirtschaft Bd. 1 „Deutsch-Südwestafrika" (Berlin 1907) S. 447 ff. eingehend dar, welche Vorteile ein solcher Bahnbau für die Entwicklung der Kolonie haben würde, und daß ein solcher keineswegs ein unnötiger Luxus sei. Kolonialstaatssekretär Dernburg besuchte 1908 DSWA. Er kam von der Kapkolonie, und nachdem er die Bahn Lüderitzbucht-Keetmanshoop eingeweiht hatte, setzte er seine Reise nach dem Norden in einer sechsspännigen zweirädrigen Pferdekarre fort. Das war das bequemste und schnellste Verkehrsmittel, das ihm das Gouvernement anbieten konnte. Als er nun verstaubt und müde nach der langen und beschwerlichen Fahrt vor Windhoek aus dem Wagen stieg, um zusammen mit Gouverneur von Schuckmann und Major Märcker, dem stellvertretenden Truppenkommandeur, in Windhoek zu Pferde einzuziehen, rief er als erstes aus: „Das sind ja unmögliche Zustände, hier muß eine Bahn gebaut werden!" Dernburg war ein Mann der Praxis und der Tat und veranlaßte, daß der Bahnbau sogleich eingeleitet wurde. Die einzige Schwierigkeit, die dabei überwunden werden mußte, war die Überquerung des Auasgebirges. Hier gab es nun zwei Ansichten. Die Windhoeker wollten natürlich, daß die Bahn über Windhoek lief. Das bedingte, daß die Linie über den Auaspaß geführt wurde. Eine entgegengesetzte Ansicht hielt die Steigung zum Paß für zu groß, dadurch würde die Rentabilität der Eisenbahn in Frage gestellt. Die Bahn sollte lieber von Okahandja aus östlich um die Auasberge herum unter Umgehung von Windhoek geführt werden. Die Kolonialabteilung des Auswärtigen Amtes wünschte eine Meinungsäußerung des Landesrates. Bei dessen Beratung im Jahre 1910 kam die Angelegenheit zur Sprache. Das Gutachten des Eisenbahningenieurs Nissen von der Firma Lenz überzeugte die Mehrheit des Landesrates, daß eine Überquerung des Auaspasses keine ungewöhnliche

Steigung bedingte und kein verlorenes Gefälle aufwies. So wurde die Linie über Windhoek direkt nach dem Süden über den Auaspaß geführt. Der Bahnbau wurde zugleich von Windhoek und Keetmanshoop aus im April 1910 von privaten Unternehmern begonnen. Soldaten der Schutztruppe halfen dabei. Am 3. März 1912 konnte der Durchgangsverkehr Windhoek-Keetmanshoop eröffnet werden. Die Strecke war 506 km lang und in Kapspur gebaut. Schon vor Eröffnung der Bahn im Jahre 1911 erhielt Windhoek ein neues Bahnhofgebäude, nachdem bisher ein kleines Wellblechgebäude als Bahnhof gedient hatte.

Im Jahre 1912 bildete das Gouvernement einen Eisenbahnrat. Er bestand aus Vertretern der am Eisenbahnverkehr interessierten Kreise und wurde vor Festsetzung der Fahrpläne und der Tarife gutachtlich gehört.

Nunmehr war ein gewisser Abschluß erreicht. DSWA besaß ein gutes Eisenbahnsystem, das befriedigend arbeitete und den Bedürfnissen der Kolonie genügte. Aber schon hatte man neue Pläne. Im Vordergrund stand der Bau einer Linie in Schmalspur von der Otavibahn von Otjiwarongo aus über Okaukuejo nach Ovamboland. Die Mittel dazu wollte das Gouvernement aus der Diamantensteuer nehmen. Als Material wollte man das der alten Staatsbahn benutzen, die seit dem Umbau der Otavibahn in Kapspur nicht mehr benutzt wurde. Die Eisenbahn schien nötig, um die Ovamboarbeiter von ihrer Heimat zu den Diamantfeldern im Süden, den Kupferminen in Tsumeb und den Farmen zu befördern. Viele Ovambo ließen sich abschrecken durch den beschwerlichen Fußmarsch über eine lange Durststrecke. Auch fielen manche Ovambo auf dem Marsch den Giftpfeilen der Buschmänner zum Opfer. Die Linie wurde vermessen durch den deutschen Regierungslandmesser Hans Drinkuth. Seine Arbeit wurde aber unterbrochen durch den Ausbruch des Ersten Weltkrieges im August 1914, und der Plan wurde nicht ausgeführt. Weiter dachte man an eine Zweiglinie von Otjiwarongo nach dem Waterberg und von Windhoek nach Gobabis. Aber auch diese Pläne blieben wegen des Ausbruchs des Ersten Weltkrieges unausgeführt.

Im August 1914 bei Ausbruch des 1. Weltkrieges besaß DSWA ein Eisenbahnsystem von etwa 2 100 km Länge. Vom Jahre 1913 ab arbeitete es mit Überschuß. DSWA war diejenige der deutschen Kolonien, die das beste Eisenbahnsystem hatte.

(g) Schulen

Nach Beendigung des Eingeborenenaufstandes mußte das Schulwesen wieder neu aufgebaut werden (vgl. S. 103 ff. und Dr. Frey „Das deutsche Schulwesen in Südwestafrika", Heimatkalender 1953 S. 45 ff.). Der Ausgangspunkt hierfür war die Verordnung des Gouvernements, betr. die Einführung der Schulpflicht vom 20. Oktober 1906 mit Ergänzung vom 28. Oktober 1911:

Paragraph 1. Die Kinder der weißen Bevölkerung sind vom vollendeten 6. bis zum vollendeten 14. Lebensjahre zum regelmäßigen Besuche der Regierungsschule desjenigen Ortes, an dem sie sich aufhalten, verpflichtet. Aufnahmepflichtig sind alle Kinder, welche bei Beginn des Schuljahres (1. Januar) das 6. Lebensjahr vollendet haben. Die Entlassung der Kinder soll nur am Ende des Schuljahres erfolgen.

Diese Verpflichtung besteht auch dann, falls ihr Aufenthalt innerhalb eines Umkreises von 4 km von einem mit einer Regierungsschule versehenen Ort liegt.

Alle übrigen in Absatz 1 und 2 nicht genannten Kinder der weißen Bevölkerung sind vom vollendeten 8. bis zum vollendeten 12. Lebensjahre zum regelmäßigen Besuch einer Regierungsschule verpflichtet. Ausnahmsweise kann durch Beschluß des Bezirksrats mit Genehmigung des Gouverneurs die Schulpflicht für diese Kinder vom vollendeten 9. bis zum vollendeten 13. Lebensjahre festgesetzt werden. Es kann jedoch keinem Schüler die Erlaubnis versagt werden, eine Regierungsschule länger als vier Jahre innerhalb der Zeit vom vollendeten 6. bis zum vollendeten 14. Lebensjahr zu besuchen.

Paragraph 2. —

Paragraph 3. Nicht verpflichtet zum Besuche sind Kinder, die einen dem in der Regierungsschule erteilten gleichwertigen Unterricht, insbesondere in der deutschen Sprache, erhalten. Die Aufsichtsbehörde kann jederzeit den Nachweis fordern, daß der Unterricht ein gleichwertiger und ordnungsmäßiger ist. Erweist er sich nicht als ein solcher, so kann der Besuch der Regierungsschule angeordnet werden.

Paragraph 4. Privatschulen können, wenn die Benutzung derselben von dem Besuch der Regierungsschulen befreien soll, nur mit Genehmigung des Gouvernements errichtet werden, und es dürfen an ihnen nur Lehrer angestellt sein, welche die Schulaufsichtsbehörde nach Kenntnissen und Sittlichkeit für befähigt erkennt. Die erteilte Genehmigung kann nur aus triftigen Gründen zurückgenommen werden.

Paragraph 5. —

Paragraph 6. Für die Befolgung der in den Paragraph 1, 2 gegebenen Vorschriften sind die Eltern und deren Stellvertreter (Vormünder, Erzieher, Lehr- oder Dienstherren) verantwortlich. Wegen verschuldeter Nichtbefolgung können sie mit Geldstrafe bis zu 150 Mark oder mit Haft bis zu sechs Wochen betraft werden.

Paragraph 7. Die Schulaufsicht übt der Bezirksamtmann oder Distrikschef desjenigen Bezirks aus, in dem die Schule liegt. Er regelt ihre Verwaltung. Soweit sich Schulvorstände gebildet haben, sind sie gutachtlich zu hören und zur Mitverwaltung heranzuziehen. In zweifelhaften Fällen bestimmt der Bezirksamtmann oder Distrikschef, ob und inwieweit ein Kind schulpflichtig ist.

Zu dieser Verordnung sei folgendes zur Erläuterung hinzugefügt: Der 3. Absatz von Paragraph 1 bot in seiner Fassung vom Jahre 1911 erhebliche praktische Schwierigkeiten. Bis 1911 waren die weiter als 4 km vom Schulort entfernt wohnenden Kinder von jeglicher Schulpflicht befreit. Sollten die in Absatz 3 genannten Kinder nun zusammen mit den in Absatz 1 und 2 genannten unterrichtet werden oder getrennt? Bei den ersteren dauerte die Schulpflicht vom vollendeten 6. bis zum vollendeten 14. Lebensjahr, also 8 Jahre, bei den letzteren dauerte die Schulpflicht hingegen nur 4 Jahre. Das Gouvernement entschied diese Frage folgendermaßen: Die ortsansässigen Schüler besuchten die Unter- und Mittelstufe je 2 bis 3 Jahre, die Oberstufe 3 bis 4 Jahre lang. Die entfernt wohnenden Schüler besuchten die Unterstufe 2 Jahre und 2 Jahre lang die Mittel- und Oberstufe. Das Gouvernement meinte, das würde auf keine Schwierigkeiten stoßen, da die Auswärtigen in höherem Alter die Schule besuchten als die Ortsansässigen, und also leichter lernten und auffaßten. In der Praxis stieß diese Regelung aber doch auf Schwierigkeiten, und die Lehrer waren damit nicht zufrieden.

Zu Paragraph 4 sei hinzugefügt: In Windhoek gab es zwei katholische Privatschulen, je eine für Knaben und Mädchen. Beide Schulen unterrichteten bis zur mittleren Reife. Die katholische Knabenschule wurde geschlossen, als die staatliche Realschule in Windhoek eröffnet wurde, die Mädchenschule aber blieb bestehen. Sie wurde zum größeren Teil von evangelischen Schülerinnen besucht. Eine private höhere Schule in Lüderitzbucht, die 1911 gegründet wurde, hatte nur kurzen Bestand. Denn die Kolonialverwaltung wollte einen Zuschuß nicht geben, weil sie der Meinung war, daß die in Windhoek und Swakopmund bestehenden höheren Schulen für den in SWA bestehenden Bedarf genügten.

Nach der Beendigung des Aufstandes fand ein großer Zustrom von Einwanderern aus Deutschland statt. Schon 1903 hatte das Gouvernement einen akademisch vorgebildeten Lehrer nach Windhoek berufen, unter dessen Leitung von der Windhoeker Bürgerschule aus 1909 eine Realschule gebildet wurde. Die ersten 3 Schüler bestanden im September 1914 die Prüfung der mittleren Reife, das sogenannte „Einjährige". Im April 1914 besuchten 71 Schüler die Schule, an der 7 Lehrer unterrichteten. Eine zweite höhere Schule entstand in Swakopmund. Die Bevölkerungszahl von Swakopmund war besonders während des Eingeborenenaufstandes stark gestiegen. Dort landeten die meisten deutschen Truppen während des Aufstandes, dort wurden auch die für sie nötigen Lebensmittel, Munition usw. an Land gesetzt. Die Bevölkerungszahl von Swakopmund stieg in dieser Zeit sprunghaft. 1896 hatte Swakopmund 13 weiße Einwohner (150), im Jahre 1910 aber 1912 weiße Einwohner (151). Als die Bevölkerung anwuchs, entstand natürlich unter den Eltern das Verlangen nach einer eigenen höheren Schule in Swakopmund, damit sie ihre Kinder für eine höhere Schulbildung nicht nach Deutschland oder Windhoek schicken müßten. 1909 wurde eine private höhere Schule von den dafür interessierten Eltern ins Leben gerufen (152). Diese private Schule erhielt einen Zuschuß von der Stadtverwaltung und zunächst auch vom Gouvernement. Zuerst sollte die Schule nur bis Quarta führen, 1913 wurde noch eine Untertertia hinzugefügt.

Bei Ausbruch des Krieges 1914 bestanden in DSWA die folgenden Volksschulen (die Gründungsjahre sind in Klammern hinzugefügt):

Gibeon (1900), Keetmanshoop, Grootfontein, Swakopmund (1901), Karibib (1903), Kub (1907), Klein-Windhoek, Lüderitzbucht, Warmbad (1908), Omaruru (1909), Klippdamm, Maltahöhe (1910), Aus (1911), Usakos (1912). Dazu kamen noch die Realschulen in Windhoek und Swakopmund, und die private katholische Mädchenschule in Windhoek.

10. DSWA während des Ersten Weltkrieges

(a) Der Beginn des Krieges.

Nach Beendigung des Eingeborenenaufstandes im März 1908 wurde die Stärke des Militärs in SWA vermindert. Der Reichstag wollte nach Beendigung des Aufstandes Geld sparen. Man vertrat in Berlin, im Reichstag sowohl wie bei der Regierung, die Meinung, daß im Kriegsfalle das Schicksal der deutschen Kolonien in Europa entschieden werden würde. Die Geschichte hat den Vertretern dieser Meinung Recht gegeben. Das tapfere Ausharren von Lettow-Vorbeck und seiner Truppe in Deutsch-Ostafrika bis zum Kriegsende hat auf das Schicksal dieser Kolonie keinen Einfluß gehabt. Die Schutztruppe in DSWA war also nicht für eine selbständige Kriegsführung vorbereitet. Ihre Stärke betrug bei Ausbruch des Weltkriegs am 1. August 1914 1870 Mannschaften und Unteroffiziere. Dazu konnte man noch die Polizei rechnen, deren Stärke einige hundert Mann betrug. Für die Herstellung von Kriegsbedarf bestand in der Kolonie keine Möglichkeit. Es gab in DSWA keine Munitionsfabrik und dergleichen. Für die Kriegsführung konnten nicht alle Wehrfähigen in der Kolonie verwendet werden. Ein Teil mußte im Lande bleiben zum Schutz der Weißen gegen die Eingeborenenbevölkerung. Die Aufstandszeit war bei ihr noch in lebhafter Erinnerung. Tatsächlich ist es jedoch während des Feldzuges nur bei den Rehobother Bastards zu ernsten Schwierigkeiten gekommen.

So konnte die Aufgabe der Schutztruppe nur sein, die Kolonie möglichst lange zu verteidigen, um 1. feindliche Truppen, die sonst auf dem Kriegsschauplatz in Europa hätten verwendet werden können, zu binden, und 2. im Falle eines frühzeitigen Kriegsendes möglichst günstige Vorbedingungen für die Friedensverhandlungen zu schaffen. Der ersten Aufgabe ist die Schutztruppe gerecht geworden, die zweite Aufgabe zu erfüllen verhinderte die lange Kriegsdauer.

Die Ausrüstung der Schutztruppe entsprach nicht den Erfordernissen der damaligen Kriegsführung. Es waren nur zwei veraltete Flugzeuge vorhanden, für die Motorisierung der Streitkräfte war gar nichts getan. Die Artillerie verfügte über 12 moderne Gebirgsgeschütze und 8 Feldkanonen, die übrigen etwa 50 Geschütze verschiedener Kaliber kamen für die damalige Kriegsführung kaum noch in Betracht. Diese schwache Truppe hatte ein Gebiet zu verteidigen, das eineinhalb mal so groß war wie das damalige Deutschland (825 000 qkm : 545 000 qkm). Nun wurde zwar die Stärke der Truppe um mehr als das Doppelte auf etwa 5000 Mann erhöht durch Einziehung von Reservisten, aber deren körperliche Leistungsfähigkeit entsprach nicht den Anforderungen der damaligen Kriegsführung. Die geringe Zahl der Reservisten ließ nicht zu, daß eine Auswahl getroffen wurde. Es mußte jeder Mann eingezogen werden, der nach seinem Alter dafür in Frage kam. Von ihnen mußte bald eine Anzahl aus gesundheitlichen oder wirtschaftlichen Gründen entlassen werden, und so betrug die durchschnittliche Stärke der Truppen nur ca. 3000 Mann in der ersten Linie, und 2000 Mann in der zweiten Linie.

Dieser kleinen deutschen Truppe stand eine Truppe gegenüber, die der deutschen in jeder Beziehung weit überlegen war. Während in DSWA fast zwei Drittel der männlichen Bevölkerung über 15 Jahre eingezogen werden mußte, worunter viele körperlich untauglich waren, betrug die weiße männliche Bevölkerung der Union damals etwas über 500 000. Etwa 60 000 Mann wurden gegen DSWA mobil gemacht. Ferner standen in der Union etwa 10 000 Mann englischer Truppen, die jedoch für den Feldzug in DSWA nicht in Frage kamen, da sie bei Kriegsausbruch auf den europäischen Kriegsschauplatz gesandt wurden. So führte den Krieg nur die „Defence Force", eine Truppe, die nach dem Vorbild der Wehrmacht der Schweiz als Miliz organisiert war. In der „Active Citizen Force" mußte jeder körperlich taugliche Wehrfähige im Alter von 20 bis 25 Jahren jährlich an je einer Übung teilnehmen. Die Soldaten der Truppe waren teils Buren, teils Engländer. Die Erinnerung an den kürzlich stattgefundenen Burenkrieg (1899-1902) beeinträchtigte die Einheit der Truppe, doch hat das bei dem Kampf um die deutsche Kolonie schließlich keine Rolle gespielt, wenn man von den Vorgängen am Oranje Ende 1914 und Januar 1915 absieht. Diese Truppe war in jeder Beziehung besser ausgerüstet als die deutsche. Den zwei veralteten deutschen Flugzeugen standen seit Beginn des Jahres 1915 sechs moderne Flugzeuge gegenüber, etwa 2000 Personen- und Lastkraftwagen standen für Transporte zur Verfügung gegenüber den 5 zum Teil veralteten Personenkraftwagen auf deutscher Seite. Die Versorgung dieser südafrikanischen Truppe mit Munition, Lebensmitteln, Kleidung usw. entsprach den eben geschilderten Verhältnissen.

Als der Erste Weltkrieg in Europa am 1. August 1914 ausbrach, war mit einem sofortigen Ausbruch der Feindseligkeiten in Südafrika nicht zu rechnen; denn Südafrika mußte erst mobilisieren. Wußte man doch in DSWA anfangs überhaupt nicht, ob Feindseligkeiten hier zu erwarten wären. Am 2. August ging ein Telegramm des Reichskolonialamtes in Windhoek ein: „Schutzgebiete außer Gefahr, beruhigt Farmer". In Windhoek trat man dieser Auffassung nicht bei, sondern bereitete sich für einen Feldzug vor. Erster Mobilmachungstag in DSWA war der 8. August 1914. Obwohl mit einem sofortigen Angriff auf DSWA nicht gerechnet wurde, weil Südafrika auch erst mobilisieren mußte, wurden in DSWA doch unverzüglich alle Maßnahmen für einen Krieg getroffen. Die Sicherung der Grenzen, vornehmlich der Südgrenze, Abtransport der Wehrpflichtigen und der für eine Kriegsführung wichtigen Güter aus den gefährdeten Küstengebieten schienen vordringlich. Ein Grenzschutz an der Südgrenze wurde organisiert. Im Süden wurde ein 50 km breiter Grenzstreifen von der Bevölkerung und dem Vieh geräumt.

Daß die südafrikanische Union am Weltkriege teilnahm, war an sich nicht selbstverständlich, sondern bedurfte eines Beschlusses des Parlamentes der Union. Dieser erfolgte am 9. September 1914 in einer Sondersitzung des Parlamentes, das aus den Parlamentsferien nach Kapstadt einberufen wurde. Beide Häuser beschlossen, daß Südafrika am Kriege teilnehmen müßte. Die Abstimmung im Senat, dem Oberhaus, hatte ein Ergebnis 24:5 zugunsten einer Teilnahme am Kriege, in der „Assembly", dem Unterhaus, 91:12 (153).

Die Feindseligkeiten begannen im Süden der Kolonie, an der südlichen Grenze am Oranje und bei Lüderitzbucht. Wir werden uns also zunächst den Ereignissen an der Südgrenze zu.

(b) Die Kämpfe bei Sandfontein und bei Lüderitzbucht

Die Räumung eines 50 km breiten Streifens im Süden bedingte den Abtransport der dort wohnenden Bondels, der mit der Bahn ohne Schwierigkeiten erfolgte, und der dort wohnenden Farmer. Sie waren hauptsächlich Buren, mit deren Abtransport es einige Schwierigkeiten gab. Die ersten Schüsse im Feldzuge in SWA fielen bei Nakop und bei Ramansdrift am Oranje, wo sich deutsche Polizeistationen befanden. Diesen leichten Geplänkeln Anfang September 1914 folgte am 19. September die Besetzung von Lüderitzbucht durch eine südafrikanische Truppe von etwa 2000 Mann, die in fünf Schiffen dort landete. Lüderitzbucht, das nicht verteidigt wurde, war, soweit möglich, von allem, was dem Gegner nützen konnte, von den Deutschen geräumt worden. Das war nur zum Teil möglich. Auch die wehrfähigen deutschen Männer hatten die Stadt verlassen. Die in Lüderitzbucht wohnhafte Zivilbevölkerung, hauptsächlich Frauen und Kinder, wurde von der Besatzungsmacht in die Union gebracht und bei Pietermaritzburg interniert. Sie durfte erst nach der Kapitulation von Khorab nach Lüderitzbucht zurückkehren.

Am 2.9. verließ eine Abteilung der Unionstruppen Kapstadt, landete in Port Nolloth und überschritt bei Ramansdrift den Oranje, der die südliche Grenze von DSWA bildete. Die schwachen deutschen Grenzwachen zogen sich nach Norden zurück. 40 km nordwärts befand sich an der Straße nach Warmbad ein Hügel, „Sandfontein", wo es in dieser trockenen Umgebung noch ausreichend Wasser und Weide gab. Dorthin marschierte eine südafrikanische Abteilung von etwa 250 Offizieren und Mannschaften. Sie kam am 19.9. dort an und besetzte den Hügel, wo sie am 26.9. von überlegenen deutschen Truppen angegriffen wurde (154). Die südafrikanische Truppe hoffte auf das rechtzeitige Eintreffen von Verstärkungen aus dem Süden und zog sich nicht zurück. Der Angriff wurde auf deutscher Seite von den Regimentern Ritter, v. Rappard, Bauszus und Franke durchgeführt. Dies war der einzige Fall in dem Feldzuge, bei dem die deutschen Truppen zahlenmäßig überlegen angreifen konnten. Der Vormittag verging mit Kämpfen ohne Entscheidung. Dabei versuchte eine südafrikanische Abteilung vom Oranje kommend vergeblich, die Belagerten zu entsetzen. Mittags erfolgte der entscheidende deutsche Angriff. Um 4.45 Uhr nachmittags zeigten die Uniontruppen die weiße Flagge. 14 Offiziere, 2 Sanitätsoffiziere, 239 Unteroffiziere und Mannschaften ergaben sich. Weitere Kämpfe fanden in dieser Gegend zunächst nicht mehr statt. Die siegreichen deutschen Truppen waren durch die Anstrengung übermüdet und bedurften einer Ruhepause, konnten also den Sieg nicht ausnutzen. Der Sieg von Sandfontein hatte zur Folge, daß die Kolonie zunächst nicht mehr aus südlicher Richtung angegriffen wurde. Von Einfluß darauf war auch der Burenaufstand, der später (S. 211 ff.) besprochen werden soll.

Der Schwerpunkt des Kampfes lag nun bei Lüderitzbucht. Nach der Landung der Uniontruppen am 19.9. versuchte die deutsche Truppe, von Aus aus das Vordringen des Feindes nach Osten zu verhindern. Den etwa 2000 Mann starken südafrikanischen Truppen standen zunächst nur 220 deutsche Soldaten gegenüber. Die Eisenbahn Lüderitzbucht-Aus wurde an verschiedenen Stellen von den Deutschen gesprengt. Bei diesem ungünstigen Stärkeverhältnis konnte es für die deutschen Truppen nur in Frage kommen zu versuchen, den Vormarsch der Unionstruppen zu verlangsamen. Es war ihnen nicht möglich, ihn zu verhindern. Die im Küstenschutz befindliche Truppe bei Aus und Lüderitzbucht war die 3. Reservekompanie und die

Halbbatterie von Lichtenstein. Diese zahlenmäßig schwache Truppe versuchte das Vordringen des Feindes von Lüderitzbucht aus zu verzögern durch Sprengung der Bahnlinie und Überfälle. Am 29.9. waren die Südafrikaner bis Grasplatz vorgedrungen. Dieser Platz hatte seinen Namen daher, daß in der Zeit der Ochsenwagen dort Gras gespeichert wurde für die Zugochsen. Der Platz selbst war besonders öde und unfruchtbar. Die südafrikanischen Soldaten stellten dort folgendes Schild auf:

Grasplatz

Notice

Protection of Meadow's Act

Anyone found damaging a blade of grass in the vicinity of Grasplatz will be fined £5.

By order.

Noch ein anderer scherzhafter Vorfall sei hier erwähnt. Die Besatzungstruppen setzten das Elektrizitätswerk in Lüderitzbucht wieder in Gang. Dieses Werk versorgt auch Kolmanskuppe mit Strom, das zur Zeit dieses Vorfalls noch in deutschem Besitz war. Die südafrikanischen Ingenieure in Lüderitzbucht wunderten sich über den starken Stromverbrauch, konnten aber trotz aller Bemühungen die Ursache nicht finden, bis schließlich einer der Eingeborenen, der den Betrieb kannte, die Ingenieure fragte, ob sie die Leitung nach Kolmanskuppe ausgeschaltet hätten. Das hatten die neuen Ingenieure nicht gewußt, daß die Leitung bis dahin führte. Von nun an saß die deutsche Besatzung in Kolmanskuppe nachts im Dunkeln.

Die südafrikanischen Truppen rückten nun langsam entlang der Bahnlinie Lüderitzbucht-Aus nach Osten vor. Die Linie wurde von den Deutschen, die sich langsam zurückziehen mußten, nach Möglichkeit gesprengt und von den Südafrikanern, die langsam nachrückten, sogleich wiederhergestellt. Am 9.11. hatten die Südafrikaner überraschend schnell die Station Tschaukaib (70 km östlich von Lüderitzbucht) erreicht und waren damit in bedrohliche Nähe von Aus vorgerückt. Das deutsche Oberkommando entschloß sich, Aus mit allen Mitteln zu verteidigen. Den Befehl in Aus übernahm Major Bauszus. Aus war ein wertvoller Punkt wegen seiner reichen Wasserquellen. Dort befanden sich auch zwei Funktürme, die von Lüderitzbucht bei Kriegsausbruch dorthin gebracht worden waren. Zur Verteidigung von Aus und Umgebung standen auf deutscher Seite jetzt etwa 1000 Gewehre und je 14 Maschinengewehre und Geschütze zur Verfügung. Die deutsche Truppe war zahlenmäßig ihren Gegnern wie immer weit unterlegen und mußte eine abwartende Stellung einnehmen. Auf deutscher Seite rechnete man mit einem baldigen Angriff auf Aus, der jedoch noch bis Ende März auf sich warten ließ.

(c) Der Burenaufstand

Nach dem Gefecht von Sandfontein am 20.9. herrschte im Süden zunächst Ruhe. Die Truppen der Union hielten sich südlich vom Oranje. Das deutsche Oberkommando entschloß sich, eine defensive Haltung im Süden einzunehmen.

In Südafrika kam es nun im September 1914 zu inneren Zwistigkeiten. Dadurch wurde das Vordringen des südafrikanischen Militärs nach SWA verzögert. Nach Ausbruch des Krieges zwischen England und Deutschland am 4.8.1914 erklärte sich die Regierung der Union von Südafrika bereit, am Kriege teilzunehmen. Gegen diesen Beschluß erhob sich eine Opposition in der Bevölkerung, und besonders auch im Heer (155). General Beyers, Kommandant der Wehrmacht, trat zurück und verzichtete auf seinen Rang als General (156). Unter den Offizieren war eine starke Gruppe, die mit General Beyers übereinstimmte. Zu ihnen gehörten u.a. General Delarey und Oberst Kemp. General Delarey wurde auf der Autofahrt von Pretoria nach Potchefstroom, wo sich eine größere Garnison befand, von einem Polizisten am 15.9. erschossen, weil sein Auto auf Anruf nicht gehalten hatte. Über diesen Vorgang und seine Berechtigung waren die Meinungen sehr geteilt. Jedenfalls wurde die Bevölkerung dadurch sehr erregt. Delarey war ein allgemein verehrter Held aus der Zeit des Burenkrieges. Am zweiten Tage nach seiner Beerdigung in Lichtenburg (Transvaal) fand eine Volksversammlung statt, die sich gegen eine Teilnahme Südafrikas am Kriege aussprach. Ähnliche Versammlungen fanden auch im Oranjefreistaat und in der Kapkolonie statt. Die Einzelheiten dieser Bewegung sollen hier nicht weiter verfolgt werden (157). Sie führte zur offenen Rebellion bei den Truppen, die gegen DSWA kämpfen sollten. Unter ihnen befand sich Oberstleutnant Maritz, der Kommandeur der Truppen an der Grenze der Kolonie SWA. Er verließ am 2.10. mit seinen Truppen eigenmächtig seinen Standort Upington und bezog ein Lager 40 km westlich dieses Ortes. Das war offene Rebellion. Maritz versuchte, mit der deutschen Truppe in Verbindung zu kommen. Am 7.10 fand eine Besprechung statt zwischen Maritz und dem Kommandeur der Schutztruppe von Heydebreck, und zwar in Ukamas, wo folgendes vereinbart wurde: Die Schutztruppe stellt den Aufständischen die Batterie Haussding mit 4 Geschützen zur Verfügung, sowie Munition, Waffen und Verpflegung. Am 17.10. schloß Maritz mit dem Regierungsrat von Zastrow, der vom deutschen Gouverneur hierzu ermächtigt war, einen Vertrag in Keimoes, in dem den Aufständischen die deutsche Unterstützung und bei Grenzübertritt auf deutsches Gebiet die Behandlung als Bundesgenossen zugesichert wurde. Die Schutztruppe mußte sich bei der Unterstützung der Aufständischen beschränken. Man rechnete in SWA mit einer langen Kriegsdauer. Ersatz von Munition und anderem Kriegsmaterial konnte nicht erwartet werden. Die Schutztruppe mußte also damit sehr sparsam umgehen, und konnte nicht viel abgeben. Von dem nun folgenden

Aufstand in Südafrika sollen hier nur die wichtigsten Punkte erwähnt werden (158).

Das erste Gefecht zwischen den Aufständischen und den südafrikanischen Regierungstruppen fand am 22.10. bei Keimoes statt. Die Regierungstruppen erhielten bald Verstärkung aus Upington und waren danach den Aufständischen, die durch die deutsche Batterie Haussding unterstützt wurden, zahlenmäßig weit überlegen. Die Aufständischen zogen sich in guter Ordnung nach Kakamas und weiter nach Westen nach Jerusalem zurück und schieden für die weitere Kriegsführung zunächst aus.

Anfang Februar 1915 fand ein deutscher Angriff auf Kakamas statt. Als man auf deutscher Seite im Januar 1915 befürchten mußte, daß der Burenaufstand zusammenbrechen würde, erhielt der im Süden kommandierende deutsche Major Ritter den Befehl, mit allen verfügbaren Truppen Upington anzugreifen. Ehe der Befehl ausgeführt werden konnte, war die Kapitulation der Aufständischen bereits erfolgt.

Diese hatten unter Führung von General Maritz am 14.1. sich von Norden aus nach Upington in Marsch gesetzt. Kommandant Stadler marschierte mit seiner Truppe als Vorhut. Bei Longklip nahm diese Gruppe am 13.1. eine südafrikanische Partouille von 32 Mann und 2 Offizieren gefangen. Die burische Hauptmacht unter General Maritz, vereint mit der Abteilung Stadler, kam mit den südafrikanischen Unionstruppen am 18.1. bei Lutsputs ins Gefecht und warf diese unter Verlusten auf Upington zurück. Aus Wassermangel wurde ein sofortiger Angriff auf Upington unterlassen. Die Rebellenabteilung marschierte zu dem Damm bei Kogoe, um dort die Tiere zu tränken, und verlor damit wertvolle Zeit. Die Regierungstruppen hatten so die Möglichkeit, sich auf den Angriff der Rebellen vorzubereiten. Upington wurde am 24.1. von den Aufständischen angegriffen. Nach fünfstündigem Kampf wurde der Angriff abgeschlagen. Die Verluste der Rebellen betrugen etwa 250 Soldaten. Der tapfere Kommandant Stadler war gefallen. Viele der Aufständischen hielten nach diesem Mißerfolg einen weiteren Kampf für aussichtslos und verhandelten wegen Übergabe. General Maritz lehnte für sich eine Übergabe ab. Die Übergabeverhandlungen dauerten bis zum 31.1. und führten zu folgendem Ergebnis: Die Abteilungen, die sich ergeben wollen, sollen sich in Upington oder Kakamas bis zum 4.2. stellen. Das taten 44 Offiziere und 563 Mann. Damit endete der Freiheitskampf der Buren. In wirtschaftlicher Hinsicht war er für die Kolonie SWA eine Last gewesen, in militärischer Hinsicht wurde dadurch der Angriff der südafrikanischen Truppen auf die Kolonie um Monate verzögert.

Der im Süden um diese Zeit gerade anwesende Generalstabsoffizier, Hauptmann Weck, empfahl nach der Übergabe von Upington einen deutschen Angriff auf Kakamas, wo sich eine vorgeschobene südafrikanische Abteilung befand. Der Anmarsch auf Kakamas von Ukamas aus verzögerte sich durch Wassermangel. 250 Mann, je 4 Maschinengewehre und Geschütze, waren an dem deutschen Angriff beteiligt. Der Angriff mißlang, die Gegner konnten etwa 6000 Gewehre ins Gefecht führen, waren also weit überlegen. Es mußte der Rückmarsch auf Ukamas angetreten werden, das am 3.2. erreicht wurde. Die beiderseitigen Verluste waren erheblich gewesen. Unter den gefallenen deutschen Offizieren befand sich auch der jüngste Bruder des schon öfter genannten Windhoeker Kaufmanns Gustav Voigts, Leutnant Otto Voigts.

(d) Naulila

Gleichzeitig mit den Kriegshandlungen bei Keimoes und Upington kam es im hohen Norden zu einem Zusammenstoß mit den Portugiesen, und zwar bei der Festung Naulila. Bei Beginn der Feindseligkeiten im August 1914 war die Haltung Portugals noch unklar, und man hoffte in Windhoek, unter Umständen auf dem Wege über die portugiesische Kolonie Angola Vorräte beziehen zu können. Um dies in die Wege zu leiten, begab sich der Bezirksamtmann Dr. Schultze-Jena mit Oberleutnant Lösch und einigen weißen und eingeborenen Soldaten zu der portugiesischen Grenze bei Naulila. Schultze-Jena und seine Begleiter wurden von dem portugiesischen Kommandanten des Forts zu einem Besuch eingeladen. Die kleine Gruppe wurde dabei überfallen und ermordet. Ein Reiter wurde verwundet, ein zweiter unverwundet gefangen. Die Nachricht von diesem Überfall gelangte am 23.10. nach Kalkfontein-Süd, wo sich das deutsche Hauptquartier damals befand. Der Kommandeur von Heydebreck beschloß, diesen Überfall zu rächen, und entsandte das Regiment Franke zu diesem Zweck nach dem Norden. Dieses befand sich bei Kalkfontein. Bis Otjiwarongo erfolgte der Transport mit der Bahn. Otjiwarongo wurde am 1.11. erreicht; von dort mußte marschiert werden. Die Wasserversorgung auf dem Marsche bot erhebliche Schwierigkeiten. Am 12.11. hatte Oberst Franke Okaukuejo erreicht, als ihn die Nachricht vom Tod von Oberstleutnant von Heydebreck erreichte. Letzterer war am 12.11. seinen Wunden erlegen, die er erlitt, als er in Kalkfontein-Süd einem Versuchsschießen mit Gewehrgranaten beiwohnte. Franke sollte sein Nachfolger sein. Dies Ereignis machte eine Reise von Franke nach Windhoek nötig, von der er am 24.11. zurückkehrte. Die Ruhezeit bis zu seiner Rückkehr benutzte das Regiment für Wassererschließungsarbeiten. Am 29.11. wurde der Weitermarsch angetreten. Am 16.12 wurde der Kunene bei Naulila erreicht, und das Fort wurde am 18.12. angegriffen. Um 8.15 Uhr vormittags wurde es von der 6. Kompanie unter Hauptmann Weiss (dem sogenannten „Löffelhund") gestürmt. Die Portugiesen flohen unter Zurücklassung von 150 Toten und Verwundeten, reiches Kriegsmaterial wurde erbeutet. Ein weiteres Vorgehen gegen Portugal war für die deutschen Truppen nicht mehr nötig. Nach dem Gefecht von Naulila fanden im Norden keine weiteren Kämpfe statt. Das Regiment Franke kehrte zurück und traf Mitte Januar an der nördlichen Bahnlinie ein. Von dort wurde es mit der Bahn weiterbefördert, aber nicht nach Süden, woher es gekommen war, sondern nach der Mitte des Landes. Denn inzwischen war die Landung der südafrikanischen Streitkräfte in Walfischbucht und die Besetzung von Swakopmund erfolgt.

(e) Rückzug der deutschen Truppen nach dem Norden

Bevor wir jedoch uns diesen Ereignissen zuwenden, betrachten wir noch, was sich inzwischen im Süden ereignet hatte. Wir hatten zuletzt (S. 210) gehört, daß die südafrikanischen Truppen sich Aus näherten. Aus wurde verteidigt von den Truppenteilen, die dem neu errichteten Kommando Mitte unterstellt waren; Kommandeur war, wie schon erwähnt (S. 102), Major Bauszus. Die „Eisenbahnpforte" bei Klein-Aus wurde verteidigt von der 3. Kompagnie und 2½ Batterien in Stärke von 300 Gewehren, 2 Maschinengewehren und 10 Geschützen. Aus selbst sollte verteidigt werden von einer Kompagnie in Stärke von 120 Gewehren. Im Falle eines Angriffs sollte die 3. Kompagnie aus Keetmanshoop zu Hilfe kommen. Diese war 90 Gewehre stark. Für die deutschen Truppen war wichtig der deutsche Offiziersposten auf dem „dicken Wilhelm" (Großer Tigerberg), von wo aus man einen weiten Blick auf die Umgebung hat. Der Posten wurde in Abständen von zwei Wochen durch eine Kamelstaffel mit Proviant und Wasser versorgt und war telefonisch und optisch mit Aus verbunden. Für die Verteidigung von Aus waren alle möglichen Maßnahmen getroffen, Stellungen, Wege und Telefonleitungen angelegt, die Wasseranlagen verbessert usw. Das Futter für die Pferde bei Aus wurde knapp. Patrouillenpferde bekamen nur noch 4 kg Hafer täglich. Die übrigen Pferde erhielten 1 kg täglich oder gar kein Kraftfutter. Infolge der Versammlung von großen Tiermengen bei Aus war die Weide knapp geworden, und der Zustand der Pferde verschlechterte sich zusehends.

Während die deutsche Truppe sich so bei Aus bis Mitte Februar 1915 für den Kampf vorbereitete, waren ihre Feinde tätig, die Eisenbahn wiederherzustellen. Am 19.2. waren die südafrikanischen Truppen bis Garub vorgerückt und legten dort ein Lager an, in dem sich noch an dem gleichen Tage etwa 3000 Soldaten sammelten. Die Bahn wurde von ihnen am 21.2. bis dorthin in Betrieb genommen. Infolge des Vorgehens der südafrikanischen Truppen wurde es für die Deutschen notwendig, den für sie so wertvollen Beobachtungsposten auf dem Dicken Wilhelm einzuziehen. Die südafrikanischen Truppen rückten jedoch zunächst von Garub aus nicht weiter vor, sondern befestigten die neu gewonnene Stellung durch Wassererschließung, Eisenbahnbau usw. Es war überhaupt ein Kennzeichen ihrer Taktik, daß sie nicht vorgingen, bevor sie nicht die neu gewonnene Stellung ausgebaut und gesichert hatten. Als die südafrikanischen Truppen bis nach Garub vorgerückt waren, zeigte es sich, daß die Leistungsfähigkeit der berittenen deutschen

Truppen immer mehr sank. Die Kraftfutterrationen für die Pferde mußten wieder gekürzt werden, die Weide wurde knapp. Die Zahl der Pferde, die noch für Patrouillenritte verwendet werden konnten, sank immer mehr. Den Südafrikanern standen in dieser Beziehung unbegrenzte Möglichkeiten zur Verfügung.

Inzwischen waren die Südafrikaner von Walfischbucht aus in die Kolonie eingedrungen, wie im folgenden ausgeführt wird (S. 216). Das machte die Räumung des Südens der Kolonie nötig. Sie wurde ohne erhebliche Störung durch den Feind vom 22.3. an durchgeführt. Auch waren südafrikanische Truppen von Süden aus in Richtung Keetmanshoop vorgedrungen. Diese Stadt wurde allerdings erst am 19.4. besetzt. Die Räumung der Stellung bei Aus war nun notwendig, da die rückwärtige Verbindung bedroht war. Am 21.3. befahl das deutsche Oberkommando, alles für den Rückzug aus dem Süden vorzubereiten. Es war auch aus anderen Gründen sicher, daß die Stellung bei Aus nicht mehr lange gehalten werden konnte. Bei Garub allein standen jetzt 5000 Mann südafrikanischer Truppen. Anzeichen deuteten darauf hin, daß sie einen Angriff vorbereiteten. Am 24.3. gab Major Bauszus den Befehl zur Räumung von Aus. Er vollzog sich in völliger Ordnung. Am 26. und 27.3. wurden die schwer beweglichen Formationen mit der Bahn nach dem Osten befördert. Alles dem Feinde nützliche Material wurde vernichtet, ebenso wurden die Wasserstellen zerstört. Eine Nachhut blieb zurück. Die südafrikanischen Truppen folgten den abziehenden deutschen Truppen sehr vorsichtig. Am 31.3. waren die südafrikanischen Truppen im Besitz von Aus, das völlig leer war. Alle Bewohner hatten es verlassen, und alle irgend wertvollen Vorräte und Waren waren von den Deutschen entfernt worden.

Die in Aus zunächst zurückgebliebene deutsche Nachhut besorgte noch die bereits vorbereitete Sprengung der Bahnanlagen. Auch die Nachhut zog sich am folgenden Tage, am 28.3., nach Osten zurück, wobei sie auf dem Marsch die Bahn- und die Wasseranlagen bis Seeheim zerstörte. Die bisher noch zurückgebliebenen weißen und farbigen Bewohner wurden nach dem Norden befördert. Von den abtransportierten Truppen begab sich ein Teil nach dem Norden, ein Teil blieb in Keetmanshoop zurück. Noch standen deutsche Truppen südlich von Keetmanshoop, wo ihre Stellung nicht mehr lange zu halten war. Sie wurden in der Flanke und im Rücken von den aus Aus vordringenden Truppen bedroht.

Der Rückzug aus dem Süden war nötig wegen der Lage im Norden. Die deutschen Truppen mußten sich aus Swakopmund zurückziehen. Diese Stadt war gleich zu Beginn der Kriegshandlungen geräumt worden. Dort war alles für den Feind wertvolle Material bereits im August 1914 entfernt worden. Die in Swakopmund liegenden deutschen Schiffe waren nach Südamerika gefahren. Alle wehrpflichtigen Männer hatten die Stadt verlassen und sich mit der Eisenbahn nach Osten ins Inland begeben. Im September und Oktober wurde der Ort mehrmals von englischen Hilfskreuzern beschossen. Da nun mit einer baldigen Besetzung von Swakopmund gerechnet werden mußte, wurde die Stadt am 25.9. von den letzten noch im Ort befindlichen Zivilisten geräumt. Es dauerte jedoch noch bis Ende Dezember, bis sich Zusammenstöße bei Swakopmund ereigneten. Südafrikanische Truppen landeten erst am 25.12. in Walfischbucht. Damals weilte der Kommandant, Major Franke, noch im Ovamboland. Major Ritter, der ihn vertrat, befahl Major Wehle, der in Swakopmund das Kommando hatte, nicht zu kämpfen, sondern nur zu versuchen, das Vordringen der Südafrikaner nach Osten zu verzögern. Zu diesem Plan zwang das ungünstige Stärkeverhältnis der Truppen. Gleise und Anlagen der beiden Eisenbahnlinien von Swakopmund nach dem Inland, der Otavi- und der Staatsbahn, wurden, soweit möglich, unbrauchbar gemacht. Die Wasseranlage von Swakopmund wurde zerstört. In Walfischbucht befanden sich Anfang Januar 1915 ungefähr 1000 Mann südafrikanischer Truppen. Am 14.1. erschien eine Abteilung von ihnen in Stärke von 230 Mann und besetzte das bereits von den Deutschen geräumte Swakopmund. Bei dem Anmarsch geriet eine Gruppe dieser Abteilung auf eine Landmine, die von dem Kriegsfreiwilligen Woker entzündet wurde. Diese richtete erheblichen Schaden an. Woker, der sich in einer Höhle verborgen hatte, entkam. Die südafrikanische Abteilung blieb zunächst in Swakopmund, von wo aus eine Bahnlinie nach Walfischbucht gebaut wurde. Nachdem General Botha am 11.2. das Kommando über die Truppen bei Walfischbucht-Swakopmund persönlich übernommen hatte, wurde die Tätigkeit der bei Walfischbucht gelandeten Truppen lebhafter. Ihnen kamen die starken Regenfälle zugute, die Ende Januar und Anfang Februar im Inland gefallen waren und verursachten, daß der Swakop Wasser führte. Damit war für die südafrikanischen Truppen bei ihrem Vordringen nach Osten die Frage der Versorgung mit Wasser wenn auch nicht gelöst, so doch sehr erleichtert. Die südafrikanischen Truppen rückten nun entlang der Bahnlinie nach Osten vor.

Bei Pforte-Jakalswater-Riet an der Staatsbahn kam es am 20.3.1915 zu größeren Gefechten. Die südafrikanischen Truppen waren wie immer an Zahl weit überlegen und zwangen ihre Gegner zum Rückzug nach Osten. Das südafrikanische Heer rückte gegen Karibib und Otjimbingwe vor. Den mehrere 1000 Mann starken südafrikanischen Truppen standen hier nur etwa 400 deutsche Soldaten entgegen.

Nach den Gefechten von Pforte-Jakalswater-Riet am 20.3. war die Räumung des Südens durch die Schutztruppe unvermeidlich. Die entsprechenden Befehle wurden am 22.3. ausgegeben. Der Rückzug vollzog sich ruhig und ohne ernsthafte Störungen durch den Feind. Der Bezirk Warmbad wurde am 22.3. von Menschen und Vieh geräumt und alles nach dem Norden in Marsch gesetzt. Die in dem Bezirk vorhandenen Wasseranlagen wurden unbrauchbar gemacht. Nach der Besetzung von Kalkfontein-Süd durch die Unionstruppen unter General van Deventer in Stärke von etwa 8000 Reitern begann der Vormarsch auf Keetmanshoop unter General Smuts. Die Hauptmacht der Südafrikaner erreichte Seeheim am 17.4. und vereinigte sich dort mit den von Aus kommenden südafrikanischen Truppen. Keetmanshoop wurde am 19.4. von den deutschen Truppen geräumt. Alle Militärgüter und anderes für den Feind nützliche Material wurde nach dem Norden abtransportiert. Der größte Teil der Weißen und Eingeborenen hatte die Stadt verlassen. Der Rückzug der deutschen Truppen vollzog sich nach Norden entlang der Bahn. Am 25.4. wurde Gibeon erreicht. Die Südafrikaner folgten und standen am 26.4. bei Gibeon nördlich der deutschen Stellung. 4 km nördlich vom Bahnhof Gibeon wurde die Bahnlinie von den Südafrikanern gesprengt. Die dort stehende südafrikanische Abteilung, 170 Mann stark, wurde sogleich von den deutschen Truppen angegriffen und mußte sich ergeben. Inzwischen näherte sich von Süden, aber auch von Osten und Westen, die Hauptmacht der Südafrikaner. Nun mußte die Schutztruppe sich nach Norden zurückziehen. Der Rückzug ging ziemlich ungeordnet vor sich. Die Verluste waren schwer. Der Rückzug war nicht rechtzeitig angetreten worden. Bei der gewaltigen Übermacht der Südafrikaner hatte der Führer der deutschen Truppen sehr viel gewagt, als er den Kampf aufnahm. Die deutschen Truppen zogen sich nach Mariental zurück und marschierten weiter nach dem Norden, bis sie am 2.5. Rehoboth erreichten. Von dort aus fuhr die Abteilung mit dem Zug nach Okahandja; diesem Ort näherten sich von Walfischbucht aus kommende südafrikanische Truppen.

Während dieser Ereignisse im Süden und der Mitte des Landes war es für die deutschen Truppen ein schwerer Verlust, daß der einzige Generalstabsoffizier in der Kolonie, Hauptmann Weck, infolge eines Unfalls beim Reiten starb. Bis zu seinen letzten Stunden arbeitete er auf dem Krankenbett Pläne aus für den Rückzug aus dem Süden und für eine Neugliederung der Schutztruppe. Sein Nachfolger wurde Hauptmann Trein, der für die besonderen Aufgaben eines Generalstabsoffiziers nicht vorbereitet war, aber sein möglichstes tat, seiner neuen Aufgabe gerecht zu werden.

Nach den Gefechten bei Pforte, Jakalswater und Riet am 20.3. zogen sich die deutschen Truppen mittags 12.30 Uhr nach Osten zurück, nach Kubas. Ihre Verluste waren beträchtlich gewesen. 2 Offiziere, 16 Soldaten tot, 4 Offiziere, 39 Mann verwundet, 9 Offiziere, 209 Mann gefangen. Die Südafrikaner verloren 13 Tote, 36 Verwundete und 47 Gefangene. Trotz ihres Sieges rückten die südafrikanischen Truppen zunächst nicht nach Osten vor. Ein Grund für den deutschen Mißerfolg in den Gefechten bei Pforte-Jakalswater-Riet war gewesen, daß die deutsche Truppenführung es nicht für möglich gehalten hatte, daß die Südafrikaner so frühzeitig mit so großer Übermacht in diesem Gebiet angreifen könnten. Der Gegner war unterschätzt worden. Man hatte auf deutscher Seite solche Marschleistungen, wie sie die Südafrikaner vollbrachten, nicht für möglich gehalten (159). Es stand ja den Südafrikanern ein ganz anderes Pferdematerial als den Deutschen zur Verfügung. Die Südafrikaner gaben ihren Pferden eine Haferration von 16 Pfund täglich.

Nach dem Gefecht von Pforte usw. mußte sich die deutsche Heeresleitung entschließen, den gesamten Süden und die Mitte des Landes zu räumen. Die deutschen Truppen konnten dem Angriff von Walfischbucht-Swakopmund aus nur noch 400 Infanteristen, 8 Maschinengewehre und 14 Geschütze entgegenstellen. Diese konnten den vielen Tausenden von gut ausgerüsteten Angreifern keinen Widerstand mit Aussicht auf Erfolg entgegenstellen. Die deutschen Truppen im Süden waren so in Gefahr, abgeschnitten zu werden. Im Süden standen noch etwa 1000 Mann Infanterie, 11 Maschinengewehre, 16 Geschütze.

Die Lage war für die deutsche Schutztruppe jetzt recht ernst. Zu der Gefahr, die durch das Vordringen der Südafrikaner von Süden und Westen entstanden war, kam noch der am 18.4. ausgebrochene Aufstand der Rehobother Bastards.

(f) Der Bastardaufstand und Fortsetzung des Rückzuges

Ich muß hier etwas zurückgreifen. Die Rehobother Bastards waren ein Stamm, entstanden aus der Verbindung weißer Männer, die aus irgendwelchen Gründen in ein Gebiet weiter entfernt von den holländischen Behörden entwichen waren, und Hottentottenfrauen. Um 1850 wohnten sie in De Tuine am südlichen Ufer des Oranje in Namaqualand. Ihr Gebiet wurde ihnen beengt durch die weißen Farmer, die sich mehr und mehr nach Norden ausbreiteten. So beschlossen sie auszuwandern. Ihr Missionar (Rheinische Mission) Heidmann schlug ihnen als neuen Wohnsitz Rehoboth vor in der Mitte von Südwestafrika. Dort gab es reichlich Wasser und gute Weide. In Rehoboth hatten bisher die Swartboois gewohnt. Sie waren aus ihrem Gebiet vertrieben worden durch Jan Jonker, den Häuptling des Afrikanerstammes. Der Rest des Stammes der Swartboois zog nach Salem am unteren Swakop (160).

Dorthin, d.h. nach Rehoboth zu ziehen, riet Missionar Heidmann seiner Bastardgemeinde. Sie nahm den Vorschlag an und erreichte 1870 Rehoboth, wo die Bastards seitdem wohnen. Ihre Zahl bei ihrem Einzug betrug etwa 1200 (161). Schon Höpfner, ein Mitarbeiter von Lüderitz, hatte mit ihnen einen Vertrag geschlossen. An den Kämpfen gegen Hendrik Witbooi nahmen die Bastards auf deutscher Seite teil. Im Jahre 1895 schloß Gouverneur Leutwein mit ihnen einen Vertrag (162). Auf Grund dessen wurde die wehrfähige Jugend der Bastards unter deutscher Leitung ausgebildet und bildete eine Milizgruppe nach Schweizer Muster unter deutscher Führung.

Diese Gruppe nahm in Stärke von 70-80 Mann an der Niederwerfung des Aufstandes der Bondels, Herero und Hottentotten teil.

Etwa im Jahre 1900 wurde die Frage der Mischehen zwischen weißen Männern und Bastardmädchen akut. 1903 gab es in SWA nur 712 weiße Frauen (163). Besonders Soldaten der Schutztruppe dachten angesichts des Mangels an weißen Frauen an eine Verbindung mit einem Bastardmädchen. 1905 beantragten 2 zur Entlassung kommende Schutztruppler bei dem Distriktschef von Rehoboth die standesamtliche Eheschließung mit Bastardmädchen. Der Distriktschef Stübel, der Bedenken hatte, bat um eine Entscheidung des Gouverneurs. Der stellvertretende Gouverneur Tecklenburg verbot in Abwesenheit des Gouverneurs, der sich auf Urlaub befand, Mischehen bis zur Entscheidung der Kolonialabteilung des Auswärtigen Amtes. Die Kolonialabteilung hat eine grundsätzliche Entscheidung nicht getroffen, sondern dem Gouverneur freie Hand gelassen (164). Das Verbot der Mischehen blieb bestehen und wurde vom Gouvernementsrat (162a) in seiner Sitzung im Jahre 1906 gebilligt.

Am Anfang des 1. Weltkriegs, am 7.8.1914, berief der damalige Bezirksamtmann von Rehoboth, Hauptmann Freiherr Hiller von Gärtringen, eine Versammlung des Bastardrates. Er hatte von dem Kommandeur der Schutztruppe den Befehl erhalten, die waffenfähige Mannschaft der Bastards einzuberufen. Der Bastardrat, dem der Bezirksamtmann dies mitteilte, hatte Bedenken: Die Bastards wollten sich nicht an einem europäischen Kriege beteiligen. Erst als der Rat die Versicherung erhalten hatte, daß die Abteilung nicht gegen einen weißen Feind verwendet werden würde, erklärte sich der Rat mit der Einberufung einverstanden. Die Bastards verhielten sich nun ruhig bis zum Februar 1915. Damals näherten sich die südafrikanischen Truppen ihrem Gebiet. Die Bastards wurden zunächst zum Wachdienst und zum Reiten von Verbindungen verwendet. Umstritten war ihre Verwendung zur Bewachung eines Gefangenenlagers. Das Oberkommando sah aber keine andere Möglichkeit und wollte diese Wache ablösen, sobald eine deutsche Etappengruppe für diesen Zweck verfügbar wurde. Mitte April näherten sich südafrikanische Truppen von Süden her dem Bastardland. Die Bastards wußten natürlich genau Bescheid über die beiderseitigen Kräfteverhältnisse und zweifelten nicht an einem Sieg der südafrikanischen Truppen. Am 1.4. hatte der Bastard Nels van Wyk eine Unterredung mit General Botha in Swakopmund gehabt. Die jüngeren Bastards waren für Teilnahme der Bastards auf Seiten der Südafrikaner, während die alten sich neutral verhalten wollten.

Angesichts des Vordringens der Unionstruppen nach Norden mußte, wie schon erwähnt, das Gefangenenlager nach Norden verlegt werden. Die Bastardsoldaten, die das Gefangenenlager bewachten, weigerten sich, nach dem Norden zu gehen. Am 17.4. forderte der Kommandeur, Oberstleutnant Franke, bei einer Versammlung auf dem Bahnhof Rehoboth von den Bastardratsleuten die Waffenabgabe der Bastardsoldaten, falls diese sich weigerten, nach dem Norden zu gehen. Die Ratsleute baten um Aufschub. Dieser wurde nicht gewährt. Der Kommandeur hielt jetzt den Kriegsfall für gegeben. Es wurde der Befehl zur Entwaffnung der Bastardsoldaten erteilt. Bei der Ausführung dieses Befehles kam es zu Schießereien. Bei der Tiersammelstelle Sandpüts wurden 2 Bastardsoldaten erschossen. Die Nachricht hiervon eilte wie ein Lauffeuer durch das Bastardland, der Aufstand begann. Es gab Verluste auf beiden Seiten, einige deutsche Farmer und ihre Angehörigen wurden von den aufständischen Bastards ermordet. Danach, und da weitere Verhandlungen in Rehoboth ergebnislos verliefen, wurden von deutscher Seite am 22.4. die Verhandlungen abgebrochen, der Schutzvertrag gekündigt und der Kriegszustand erklärt. Dem deutschen Oberkommando stand zunächst zum Kampf gegen die Bastards nur eine Kompagnie (5. Reservekompagnie) zur Verfügung, sie war bei ihrem Abtransport aus dem Süden in Windhoek angehalten worden. Sie wurde sogleich nach Rehoboth mit der Bahn befördert. Zu dieser Kompagnie trat dann noch die kleine Abteilung Hensel. Diese kam von Maltahöhe, wohin sie nach der Räumung von Aus marschiert war. Nach einigen für die Deutschen erfolgreichen Gefechten (bei Garis am 4.5., bei Tsamkubis am 8.5.) wurde von deutscher Seite der Kampf abgebrochen, da die allgemeine Kriegslage es für die deutschen Truppen notwendig machte, sich aus dem Bastardland nach Norden zurückzuziehen. Die Bastards dachten nach dem Gefecht von Tsamkubis bereits an die Übergabe wegen Munitionsmangel. Die deutschen Truppen kehrten nach Rehoboth zurück, wurden zur Station Bergland am 12.5. mit der Bahn befördert und marschierten vom 13.5. an von Hohewarte aus nach dem Waterberg.

Nach dem Gefecht von Pforte (S. 216) war der Rückzug der deutschen Truppen nach Osten und Norden unvermeidlich geworden, aber auch die südafrikanischen Truppen drängten nicht sogleich nach Osten nach. Zunächst wurde die Otavibahn durch die Südafrikaner wieder instandgesetzt. Am 15.4. war das bis Arandis geschehen. Wegen der Wiederherstellung der Bahn verhielten sich die südafrikanischen Truppen zunächst ruhig. Sie befolgten ihre schon erwähnte Methode, erst dann vorzurücken, wenn die Verhältnisse und Verbindungen in den neu eroberten Gebieten gesichert waren. Ende April, am 29., wurde Kaltenhausen von den Südafrikanern besetzt. Die deutschen Truppen gingen auf Otjimbingwe zurück, wohin ihnen die Südafrikaner folgten. Diese überfielen die deutschen Streitkräfte unerwartet am frühen Morgen des 30.4. Otjimbingwe war von allen Seiten umstellt. Unter vielen Schwierigkeiten und hohen Verlusten gelang es der dort befindlichen deutschen Kompagnie, sich zu retten, und zwar in Richtung Wilhelmstal. Die südafrikanischen Truppen erreichten am Tage des Gefechts Otjimbingwe in einer Stärke von 6000 Mann; ihnen gegenüber hatte auf deutscher Seite nur die 3. Kompagnie gestanden.

Nach dem Gefecht von Gibeon, den Unruhen im Bastardland, und angesichts des Vordringens der Südafrikaner von Swakopmund aus mußte der Rückzug aller deutschen Truppen aus dem Süden und der Mitte des Landes nach Norden stattfinden. Der Weg entlang der Bahnlinie war für die deutschen Truppen durch die Besetzung von Windhoek bereits gesperrt. Windhoek mußte östlich umgangen werden. Am 4.5. verließ das Oberkommando Windhoek, nachdem das Gouvernement bereits am 1.5. nach Grootfontein verlegt war. Nur eine Kompanie, die dritte, verblieb bis zum 7.5. in Windhoek zum Schutz der weißen Bevölkerung gegen die Eingeborenen — es befanden sich etwa 3000 Weiße und 10 000 Eingeborene in Windhoek. Nach dem 7.5. übernahm eine Bürgerpolizei den Schutz der weißen Bevölkerung in der Hauptstadt. Am 12.5. kam General Botha nach Windhoek und nahm die Stadt in Besitz. Infolge der Bedrohung durch die südafrikanischen Truppen von Windhoek aus blieb für die deutschen Truppen, die sich noch im Süden befanden, der Rückzug nach Norden gesperrt. Sie mußten einen Umweg nach Osten einschlagen, um zu dem Versammlungspunkt der deutschen Truppen am Waterberg zu gelangen. Die Südafrikaner entsandten sogleich Truppen nach Osten in Richtung Gobabis, um den nach Norden zurückgehenden deutschen Truppen den Weg abzuschneiden. Auf dem Marsch zum Waterberg hatten die deutschen Truppen deshalb starke Verluste. Die deutschen Truppen erreichten bis zum 2.6. den Waterberg.

In Rehoboth waren aus den Truppen die für den weiten Marsch zum Waterberg untauglichen Soldaten ausgemustert worden, und wurden zum Schutz der weißen Bevölkerung auf die Farmen Oamitas, Haigamas, Gochaganas und Aris verteilt. Die Besatzung von der Station Klein-Nauas wurde so auf eine Stärke von 19 Mann gebracht unter Befehl von Leutnant Aschenborn. Dort befanden sich auch 22 bewaffnete Zivilisten. Sie bildeten ein Gegengewicht gegen die 130 bewaffneten Bastards, die in dieser Gegend standen. Bei Annäherung der Truppen der Südafrikanischen Union aus dem Süden wurden diese Besatzungen am 23.5. entlassen. Leutnant Aschenborn fiel in Gefangenschaft.

(g) Das Ende

Bis zum 7.5. hatten die Südafrikaner die gesamte Bahnlinie Karibib-Okahandja besetzt. Die deutschen Truppen, die sich von Swakopmund auf Karibib zurückgezogen hatten, setzten ihren Marsch in nördlicher Richtung nach Kalkfeld fort; sie erreichten diesen Ort am 17.5. Etwas später, am 20.5., sammelten sich die von Windhoek und vom Bastardland marschierenden Truppen am Waterberg. Dort standen jetzt etwa 300 Soldaten. Zur gleichen Zeit erhielt das in Otavifontein stehende Bataillon den Befehl, eine Verteidigungsstellung bei km 514 der Otavibahn zu erkunden. Zu dieser Zeit hielt es Gouverneur Seitz angesichts der Lage für richtig, mit dem General Botha wegen eines Waffenstillstandes in Verbindung zu treten. General

Botha nahm die Einladung des deutschen Gouverneurs zu einer Besprechung an, die am 21.5. an der Giftkuppe an dem Wege von Omaruru nach Karibib stattfand; sie dauerte vier Stunden (165). Aus Anlaß dieser Besprechung trat ein kurzer Waffenstillstand ein. An der Unterredung nahmen teil Gouverneur Seitz, General Botha, der Kommandeur der Schutztruppe und einige andere Offiziere. Seitz führte aus, daß das Schicksal der Kolonie DSWA in Europa entschieden werden würde, und daß es so für Südafrika keinen Sinn hätte, den Kampf in SWA fortzusetzen. Es sei deshalb nicht richtig, daß in einem Land, wo Weiße und Schwarze miteinander wohnten, die Europäer gegeneinander kämpften. Botha erwiderte, Südafrika könne nicht neutral bleiben, wenn England in einen Krieg verwickelt sei. Er sei aber bereit, dem Kampf ein Ende zu machen, und bitte um einen Vorschlag. Des Gouverneurs Vorschlag war: Waffenstillstand bis zum Ende des Krieges in Europa; die beiderseitigen Truppen bleiben in den von ihnen jetzt besetzten Gebieten mit einer weiten Zone zwischen ihnen. General Botha lehnte diesen Vorschlag ab; der Krieg in Europa könne noch lange dauern, und aus der von Seitz vorgeschlagenen Regelung würden sich viele Schwierigkeiten ergeben. Seitz bat um einen Gegenvorschlag. Botha fragte nun den Gouverneur, ob er zusagen könne, daß, falls jetzt ein Waffenstillstand geschlossen werde, bei den Friedensverhandlungen angenommen werden würde, daß das gesamte Schutzgebiet von den südafrikanischen Truppen besetzt sei. Seitz erwiderte, daß das den Tatsachen nicht entspräche und er nicht befugt sei, eine solche Erklärung abzugeben, falls ihn die Reichsregierung nicht dazu ermächtige. Seitz fragte, ob Botha ein Telegramm mit einer solchen Anfrage nach Berlin vermitteln würde. Es trat nun eine Unterbrechung der Verhandlungen von 1 Stunde ein. Danach erklärte Botha, daß er den Vorschlag des Gouverneurs ablehne. Sein Vorschlag sei, daß die gesamte Kolonie ihm übergeben würde. Seitz lehnte dieses ab, da so etwas der militärischen Lage nicht entspräche. Nachdem Botha nochmals erklärt hatte, daß er ein Telegramm von Seitz an die deutsche Reichsregierung nicht zulassen könne, wurden die Verhandlungen ergebnislos abgebrochen. Der Waffenstillstand sollte einen Tag darauf, am 22.5. mittags 12 Uhr, beendet sein.

Nach dieser Besprechung trat eine Kampfpause von fast einem Monat ein. Die Schutztruppe stand nun zwischen Kalkfeld und dem Waterberg, die südafrikanischen Truppen entlang der Bahnlinie Karibib-Okahandja. Die Entfernung zwischen den beiden Streitkräften betrug über 100 km. Von den südafrikanischen Truppen kehrten nun etwa 15 000 Mann nach Südafrika zurück. Bei ihnen war die Zeit, für die sie sich verpflichtet hatten, abgelaufen. Die südafrikanischen Truppen bereiteten sich für den Marsch nach dem Norden vor, die deutsche Schutztruppe benutzte die Ruhezeit für eine Neugliederung; die Nachhuten trafen ein, und danach wurde die Neugliederung vorgenommen; die Kompagnien wurden auf eine Gefechtsstärke von je 25 Unteroffizieren und 140 Mann gebracht. Jeder irgendwie verwendungsfähige Mann wurde als Soldat eingereiht. Die gar nicht dienstfähigen, aber dienstpflichtigen Männer wurden zum Grasschneiden und zur Bewachung der Kriegsgefangenen verwendet. Deren Zahl betrug jetzt 48 Offiziere, davon 3 Portugiesen, und 634 Mannschaften, davon 62 Portugiesen. Das Gefangenenlager für die Offiziere befand sich in Namutoni, für die Mannschaften in Otavifontein. Letztere sollten im Notfalle den Südafrikanern übergeben werden. Es herrschte Mangel an Wachmannschaften. Günstige Nachrichten vom Kriegsschauplatz in Europa ließen erhoffen, daß die Schutztruppe bis zum Kriegsende würde aushalten können. Für den Notfall wurden Straßen nach dem Ovamboland vorbereitet. Nachteilig war allerdings, daß dort zur Zeit Trockenheit herrschte. Auch in Namutoni wurden Vorbereitungen getroffen. Dort konnte allerdings eine größere Streitmacht sich wegen Mangel an Wasser und Weide nicht lange aufhalten. Zu diesen Vorbereitungen hatte die Schutztruppe in der zweiten Hälfte des Mai deshalb Zeit und Gelegenheit, weil sich bei den südafrikanischen Truppen Mangel an Nachschub, besonders an Verpflegung fühlbar machte. Die Schutztruppe war damals, im Mai 1915, zu einer Offensive nicht mehr fähig; sie konnte nur versuchen, bis zum Kriegsende auszuhalten, um Deutschland zu ermöglichen, unter möglichst günstigen Bedingungen in etwaige Friedensverhandlungen einzutreten. Die Schutztruppe mußte sich darauf beschränken, den Feind durch Sprengung der Bahnlinien, Überfälle von Patrouillen u. dgl. zu stören und sein Vordringen zu verlangsamen. Mitte Juni waren die Südafrikaner zu weiterem Vordringen bereit. Die Versorgungsschwierigkeiten waren behoben, Verpflegung war reichlich vorhanden und wurde auch unbeschränkt an die deutsche Bevölkerung der besetzten Gebiete verkauft. Die für einen Vormarsch nach Norden verfügbaren südafrikanischen Truppen waren durch die aus dem Süden kommenden Truppen verstärkt, die dort nicht mehr gebraucht wurden. Die deutschen Truppen hatten nur noch ein Flugzeug zur Verfügung, das zweite war nach einem Absturz nicht mehr zu verwenden. Auf südafrikanischer Seite standen 6 Flugzeuge zur Verfügung. An Motorfahrzeugen war bei den Südafrikanern kein Mangel. Die Bahnlinie Walfischbucht-Karibib war voll gebrauchsfähig. Auf der Otavibahn fuhren die Züge bis zur Station Erongo zwischen Usakos und Omaruru.

Der Vormarsch der Südafrikaner begann am 19.6. Längs der Otavibahn marschierte ihre Hauptmacht unter Befehl von General Botha. Sie war beiderseits geschützt durch starke Formationen. Botha erreichte Omaruru am 19.6. Seine Truppen hatten eine Stärke von etwa 25 000 Soldaten. Bothas rechter Flügel war geschützt durch eine berittene Bürgerbrigade unter Befehl von General Brits; eine ebenso große Streitmacht deckte den linken Flügel. Sie stand unter Befehl von General Myburgh.

Das deutsche Oberkommando mußte nun entscheiden: Soll der Rückzug nach dem Norden fortgesetzt oder soll eine Entscheidung im Raume Kalkfeld-Otjiwarongo gesucht werden? Mit Rücksicht auf die Wasserversorgung und den Mangel an Weide entschloß sich das Oberkommando für einen weiteren Rückzug nach dem Norden. Das Oberkommando wollte die südafrikanischen Truppen solange wie möglich in DSWA festhalten, sodaß sie nicht auf der europäischen Front verwendet werden konnten. Die damals vorliegenden Meldungen vom Kriegsschauplatz in Europa ließen ein baldiges Kriegsende erhoffen. So wurde der Befehl für den Rückzug nach Otavi am 21.6. gegeben. Das Gelände war dort für eine Verteidigung durch die Schutztruppe nicht ungeeignet. Schwierig war nur die Wasserversorgung. Es herrschte Trockenheit, und die vorhandenen Wasserstellen lieferten nicht genug Wasser für die Tiere der Schutztruppe. Reichlich Wasser war nur in Otavifontein vorhanden. Allerdings war dort wieder die Weide knapp.

Bei km 514 der Otavibahn waren Befestigungen durch das Etappenkommando Tsumeb angelegt. Auch hier war das Wasser knapp. Die deutschen Truppen trafen dort am 26. und 27.6. ein. Der Kommandostab befand sich seit dem 21.6. verteilt auf Otavi, Grootfontein und Tsumeb. Die südafrikanischen Truppen folgten sehr schnell. Dadurch hatte die Schutztruppe keine Zeit, sich in dem neuen Lager einzurichten. Den südafrikanischen Truppen standen frische und ausgeruhte, gut gefütterte Pferde zur Verfügung. Dadurch waren außerordentliche Marschleistungen möglich.

Kommandeur Franke erließ nun einen Aufruf an seine Truppen des Inhalts (166): Die Zeit des Zurückweichens sei nun vorbei und die Truppe an dem Platze angelangt, wo sie sich schlagen müsse. Natürlich wußten die Offiziere und Mannschaften der Schutztruppe ganz genau, in welch verzweifelter Lage sich ihre Truppe befand. Es klang wohl etwas optimistisch, wenn es in dem Aufruf hieß, die Schutztruppe werde nach Abweisung des erwarteten Angriffes den Feind nach Osten in das Sandfeld drängen.

Das deutsche Oberkommando ging bei seinen Maßnahmen von folgender Überlegung aus (167): Die Schutztruppe war nur noch beschränkt leistungsfähig. Viele Offiziere und Mannschaften waren eigentlich nicht mehr kampffähig. Dasselbe galt von den Pferden. Das Oberkommando war sich auch darüber klar, daß die Moral der Schutztruppe durch die dauernden Rückzüge und Niederlagen gelitten hatte; bei dem ungünstigen Stärkeverhältnis (etwa 1:10) war es ja für jeden klar, daß die Kapitulation nur eine Frage der Zeit sein konnte. Es blieb also als Ziel nur der Versuch übrig, bis zum Kriegsende in Europa auszuhalten, um in die Friedensverhandlungen unter möglichst günstigen Vorbedingungen hinsichtlich SWAs eintreten zu können, und, wenn das möglich war, möglichst lange südafrikanische Truppen in SWA festzuhalten, um sie so zu hindern, nach dem Kriegsschauplatz in Europa zu gehen.

Am 1.7. kam es zu einem Kampf bei Otavifontein, das wegen seines Wasserreichtums für beide Parteien wichtig war. Otavifontein mußte von den Deutschen, die von zwei Seiten umklammert waren, mittags 12 Uhr geräumt werden, so daß diese wichtige Wasserstelle in südafrikanische Hand fiel. Auf dem Rückzug entstanden empfindliche Verluste auf deutscher Seite.

Der Mißerfolg der Schutztruppe bei Otavifontein wird von H. von Ölhafen (168) zugeschrieben der zahlenmäßigen Überlegenheit der Südafrikaner 7000 bis 8000 zu 800), dem Mangel an Zeit für Vorbereitungen der Verteidigung, aber auch dem Mangel an Zähigkeit und Energie bei der Verteidigung auf deutscher Seite.

Grootfontein wurde am 2.7. von den Südafrikanern besetzt, Outjo war schon am 28.6. besetzt worden. Es war klar, daß der linke Flügel der südafrikanischen Truppe nicht in Outjo stehenbleiben, sondern nach Norden weitermarschieren würde. Namutoni war ihr Ziel, und wenn sie das erreichten, war den deutschen Truppen der Weg ins Ovamboland versperrt.

Am 3.7. fand eine Besprechung der Lage zwischen Oberstleutnant Franke und dem Gouverneur statt. Der Gouverneur war noch nicht davon überzeugt, daß die Lage hoffnungslos war, ließ sich aber durch die Ausführungen von Franke davon überzeugen, daß die Schutztruppe am Ende ihrer Kräfte angelangt sei. Er sandte ein Schreiben an General Botha und schlug Beendigung des Kampfes vor. Ein Waffenstillstand wurde vereinbart. Vor Beginn der Besprechungen wurde die gesamte Schutztruppe bei Khorab zusammengezogen. Der rechte Flügel der südafrikanischen Streitkräfte besetzte Grootfontein, und bei Ghaub fand am 4.7. das letzte Gefecht zwischen der Schutztruppe und den südafrikanischen Streitkräften statt. Die dort befindliche deutsche Truppe mußte auf Khorab zurückgehen. Namutoni wurde kampflos am 6.7. besetzt. Am gleichen Tage wurde auch Tsumeb besetzt und fand bei km 500 der Otavibahn eine Besprechung zwischen dem Gouverneur und General Botha statt, in dem ein Waffenstillstand bis zum Eintreffen eines Bescheids der Unionsregierung vereinbart wurde.

Am 9.7. fand eine zweite Besprechung statt, in der die Übergabe der deutschen Streitkräfte vereinbart wurde. Der deutsche Gouverneur sah ebenso wie der deutsche Kommandeur keine Möglichkeit mehr zur Fortsetzung des Kampfes. Der deutsche Text des Übergabevertrages lautete (169):

„Bedingungen der Übergabe der Streitkräfte des Schutzgebietes Deutsch-Südwestafrika bei km 500 an der Eisenbahnlinie zwischen Otavi und Khorab am 9. Juli 1915; die Bedingungen sind gebilligt durch das Gouvernement der Union von Südafrika und angenommen von Seiner Exzellenz dem Kaiserlichen Gouverneur von Deutsch-Südwestafrika und dem Kommandeur der gesamten deutschen Streitkräfte.

1. Die Streitkräfte des Schutzgebietes von D.S.W.Afrika (im folgenden Schutzgebiet genannt), welche zur Verfügung des Kommandeurs der genannten Schutztruppe noch unter Waffen im Felde stehen, werden hiermit an General Louis Botha, den Oberkommandierenden der Streitkräfte der Union, übergeben. Der Brigadegeneral Lukin ist als Vertreter des Generals Botha mit der Regelung der Einzelheiten der Übergabe und ihrer Ausführung beauftragt.

2. Von den aktiven Truppen der genannten Streitkräfte, welche sich nach Ziffer 1 dieses Protokolles ergeben, behalten die Offiziere ihre Waffen und dürfen im Falle der Abgabe ihres Ehrenwortes an dem Platze leben, den sie sich aussuchen. Wenn die Regierung der Union von Südafrika (im folgenden Unionsregierung genannt) aus irgendeinem Grunde den erbetenen Aufenthaltsort nicht genehmigen kann, ist ein anderer Ort zu wählen, gegen den keine Bedenken bestehen.

3. Alle anderen Angehörigen der aktiven Schutztruppe werden unter entsprechender Bewachung an einem von der Unionsregierung auszusuchenden Platz im Schutzgebiet interniert. Jeder aktive Unteroffizier und Mann erhält die Erlaubnis, sein Gewehr, aber keine Munition zu behalten. Je ein Offizier der Artillerie, der übrigen aktiven Truppe und der Polizei erhält die Erlaubnis, gemeinsam mit der Truppe interniert zu werden.

4. Die Reservisten (Landwehr, Landsturm) aller Dienstgrade der Schutztruppe, die jetzt unter Waffen im Felde stehen, geben (mit Ausnahme der in Ziffer 6 genannten) ihre Waffen in möglichst zweckmäßigen Formationen bei der Übergabe ab und erhalten nach Unterzeichnung einer Verpflichtung die Erlaubnis, nach Hause zurückzukehren und ihren Zivilberuf wieder aufzunehmen.

5. Alle Reservisten (Landwehr, Landsturm) aller Dienstgrade der Schutztruppe, die zur Zeit kriegsgefangen in der Union sind, erhalten nach Unterzeichnung der in Ziffer 4 erwähnten Verpflichtung die Erlaubnis, ihren Zivilberuf wieder aufzunehmen.

6. Die Offiziere der Reserve (Landwehr, Landsturm), welche sich nach Ziffer 1 ergeben, behalten ihre Waffen, wenn sie die in Ziffer 4 erwähnte Verpflichtung unterschreiben.

7. —

8. —

9. Zivilbeamte der Kaiserlichen oder der Schutzgebietsregierung dürfen an ihren Wohnorten verbleiben, sofern sie die Ziffer 4 der erwähnten Verpflichtung unterschreiben. Kein Beamter ist jedoch befugt, sein bisheriges Amt weiter auszuüben oder Gehalt von der Unionsregierung zu beanspruchen.

10. Mit Ausnahme der den Offizieren und der aktiven Schutztruppe belassenen Waffen wird alles Kriegsmaterial (einschließlich aller Feld- und Gebirgsgeschütze, Handwaffen und Geschütz- und Handwaffenmunition) und das gesamte Eigentum des Gouvernements der Unionsregierung zur Verfügung gestellt.

11. Der Kaiserliche Gouverneur bestimmt einen Beamten, welcher an der Hand eines Verzeichnisses das der Unionsregierung gemäß Ziffer 10 auszuhändigende Gouvernementseigentum übergibt; der Kommandeur der Schutztruppe bestimmt einen Offizier zur Übergabe des gesamten Eigentums der Militärverwaltung des Schutzgebietes.

gez. Louis Botha,
Generaloberkommandierender der Truppen
der Union von Südafrika im Felde.

gez. Seitz,
Kaiserlicher Gouverneur
von D.S.W.Afrika.

gez. Franke,
Oberstleutnant und Kommandeur
der Schutztruppe für S.W.A."

Dies war das Ende der deutschen Kolonie DSWA. Die deutsche Truppe hatte einen aussichtslosen Kampf gekämpft, aber doch erreicht, daß südafrikanische Truppen bis Ende Juni 1915 in Südwestafrika festgehalten wurden, und an dem Krieg in Europa nicht teilnehmen konnten. Bis zum Kriegsende im November 1918 traten in SWA keine Veränderungen ein. Gouverneur Seitz wohnte zunächst in Grootfontein, mietete dann ein Farmhaus im Khomashochland und verbrachte die Sommer in Swakopmund. Die Reservisten der Schutztruppe konnten nach Hause zurückkehren. Die aktive Truppe und die Polizei wurden in einem Lager bei Aus interniert. Ein großer Teil der deutschen Bevölkerung, etwa die Hälfte, wurde im Juli 1919 nach Deutschland deportiert. Die ehemalige deutsche Kolonie SWA hatte aufgehört zu bestehen. Die südafrikanische Union ließ die ehemalige deutsche Kolonie zunächst durch das Militär verwalten. Im Friedensvertrag von Versailles am 28.6.1919 wurde Südwestafrika zu einem Mandatsgebiet des Völkerbundes erklärt, und der südafrikanischen Union zur Verwaltung übergeben.

ANMERKUNGEN — LITERATUR

1. Schüssler, Adolf Lüderitz, Bremen 1936, S. 39 ff.
2. Jäckel, Die Landgesellschaften in den deutschen Schutzgebieten, Jena 1909. S. 29.
   Drechsler, Südwestafrika unter deutscher Kolonialherrschaft, Berlin 1966, S. 30.
3. Schinz, Deutsch-Südwestafrika, Oldenburg 1891, S. 1.
4. In einem Schreiben vom 31.3.1883, angeführt bei Schüssler a.a.O., S. 45 ff.
5. Erzählt in dem Tagebuch von Franke, angeführt bei C. A. Lüderitz, Adolf Lüderitz, Bremen 1936, S. 25.
6. Lüderitz a.a.O., S. 54.
7. Jetzt im Nachlaß Lüderitz, vgl. Schüssler a.a.O., S. 46.
8. Schüssler a.a.O., S. 240, Anm. 42.
9. Driessler, Die Rheinische Mission in Südwestafrika, Gütersloh 1932, S. 126.
10. Lüderitz a.a.O., S. 87.
11. Schüssler a.a.O., S. 76 ff.; Esterhuyse, South West Africa 1880-1894, Cape Town 1968, S. 46 ff.
12. Lüderitz a.a.O., S. 73.
13. Ich entnehme diesen Bericht der Zeitschrift „Die Eiche", 7. Jahrgang (1954), Heft 6, und danke dem damaligen Herausgeber, Prof. Raum, daß er mir das Heft zugänglich gemacht und den Abdruck gestattet hat. Leider mußte diese gehaltvolle Zeitschrift aus finanziellen Gründen vor einigen Jahren ihr Erscheinen einstellen.
14. Memorandum des Foreign Office (13.11.1884).
15. Eingabe von Lüderitz an das A.A. vom 22.4.1884, vgl. Lüderitz a.a.O., S. 66 ff.
16. Der amtliche Bericht des Kommandanten der „Elisabeth", Kapitän z. S. Schering, im Afrikanischen Heimatkalender 1954, S. 50 ff. Schering war durch Krankheit verhindert, selbst an der Flaggenhissung teilzunehmen.
17. Ich entnehme diesen Bericht dem Buch von Hintrager: Südwestafrika in der deutschen Zeit, München 1955, S. 12 ff.
18. Lüderitz a.a.O., S. 92 ff.
19. Der Wortlaut bei Schinz a.a.O., S. 504.
20. Lüderitz a.a.O., S. 95.
21. Zu Nachtigals Aufenthalt in Angra Pequena und Bethanien vgl. Lüderitz a.a.O., S. 94 ff.
22. Brief von v. Pestalozzi an Lüderitz, Lüderitz a.a.O., S. 100 ff.
23. Lüderitz a.a.O., 103.
24. Schilderung des Untergangs bei Schinz a.a.O., S. 56 ff.
25. Lüderitz a.a.O., S. 104 ff.
26. Lüderitz a.a.O., S. 107 ff.

26a Leutwein, 11 Jahre Gouverneur in Deutsch-Südwestafrika, Berlin 1908, S. 19.
27 Esterhuyse a.a.O., S. 108.
28 Esterhuyse a.a.O., S. 111.
29 Schencks Brief an Lüderitz vom 2.12.1884, Lüderitz a.a.O., S. 98 ff.
30 Aussagen der Personen, die zuletzt Lüderitz und Steingröver gesehen haben und bei deren Abfahrt gegenwärtig waren, vor dem Resident Magistrate von Port Nolloth bei Lüderitz a.a.O., S. 155 ff. — Vgl. meinen Aufsatz „Die letzte Reise von Adolf Lüderitz", Heimatkalender 1973, S. 57 ff.
31 Die Dagboek van Hendrik Witbooi, herausgegeben von der Van Riebeeck Society, Cape Town 1929, S. 51-64.
32 Curt von François, Deutsch-Südwest-Afrika, Berlin 1899, S. 31.
33 C. von François, a.a.O., S. 35.
34 Beschreibung bei von Bülow, Drei Jahre im Lande Hendrik Witboois, Berlin 1896, S. 78 ff.
35 C. von François, a.a.O., S. 71 (deutscher Text), und H. Witbooi, Dagboek, S. 73 ff. (holländischer Text).
36 Dagboek, S. 73.
37 H. von François, Nama und Damara, Magdeburg 1895, S. 137 ff.
38 Dagboek, S. 130 ff.
39 Von Bülow a.a.O., S. 286 ff.; Schwabe, Im deutschen Diamantenlande, Berlin 1901, S. 33 ff.
40 Schwabe a.a.O., S. 42 ff.; von Bülow a.a.O., S. 295 ff.
41 Schwabe a.a.O., S. 67 ff.
42 Von Bülow a.a.O., S. 313 ff.; Schwabe a.a.O., S. 77 ff.
43 Sander, Geschichte der deutschen Kolonialgesellschaft, Berlin 1910, Bd. 1, S. 74 ff.
44 Von Bülow a.a.O., S. 320.
45 Von Bülow a.a.O., S. 323 ff.; Schwabe, Diamantenland, S. 103 ff.
46 C. von François a.a.O., S. 68.
46a Von Bülow a.a.O., S. 259 ff.
47 Diese Schwierigkeit und das sich daraus ergebende Gefühl der Unzufriedenheit kommt in dem oben genannten Buch von Bülow deutlich genug zum Ausdruck und äußert sich in einer oft scharfen Kritik an dem Landeshauptmann von François.
48 Sander a.a.O., Bd. 1, S. 44 ff.
49 Sander a.a.O., Bd. 1, S. 51 ff.
50 Gustav Voigts in der Einleitung zum Dagboek, S. XI ff.
51 Zitiert bei Drechsler a.a.O., S. 340, Anm. 32.
52 Leutwein, 11 Jahre Gouverneur in Deutsch-Südwestafrika, Berlin 1908, S. 16 ff.
53 Leutwein, a.a.O., S. 21 ff.

54 Deutsch-Südwestafrika 1884-1893, Berlin 1899, Lehren aus dem südwestafrikanischen Kriege für das deutsche Heer. Berlin 1900, Kolonialsystem, Monopolgesellschaften und Bodenfrage in unseren Kolonien, Berlin 1904, Der Hottentottenaufstand 1905.
55 Vgl. auch Schwabe, a.a.O., S. 127 ff.
55a Seine Lebensbeschreibung in: Alhard von Burgsdorff-Garath, Der Hauptmann, o.J.
56 Vedder, Das alte Südwestafrika, Berlin 1934, S. 661.
57 Leutwein, a.a.O., S. 74 ff.
58 Leutwein, a.a.O., S. 97 ff.; Schwabe, a.a.O., S. 205 ff., ferner von demselben Verfasser, Mit Schwert und Pflug in Deutsch-Südwestafrika, Berlin 1904, S. 286 ff.
59 Esterhuyse, a.a.O., S. 203.
60 Leutwein, a.a.O., S. 126; Rohrbach, Deutsche Kolonialwirtschaft, 1. Bd. Südwestafrika, Berlin 1907, S. 273 ff.; v. Weber, Muschel 1963, S. 68 ff.
61 Von Falkenhausen, Ansiedlerschicksale, Berlin 1906, S. 56 ff. Helene von Falkenhausen geb. Nitze war die Tochter des sächsischen Oberamtmanns Nitze, eines der ersten Ansiedler in Klein-Windhoek. Später war sie die erste Lehrerin an der ersten deutschen Schule in SWA. Ihr Buch, das ich noch öfters zitieren werde, ist sehr lesenswert. Sie weiß anschaulich zu erzählen und hat einen Blick für das Wesentliche.
62 Leutwein, a.a.O., S. 132 ff.; Rohrbach, a.a.O., S. 277 ff.; Schwabe, Diamantenland, S. 408 ff.; derselbe, Mit Schwert und Pflug usw., S. 474 ff., dort auch auf S. 483 ein Fahrplan.
63 Stengel, Der Bau der Mole in Swakopmund, Muschel 1967, S. 52 ff.; von Weber, Eisenbahnen in Deutsch-Südwestafrika, in Heimatkalender 1971, S. 49 ff.
64 Das Buch von H. v. Ölhafen, Die Besiedlung von Südwestafrika bis zum Weltkrieg, Berlin 1926, ist nicht sehr ergiebig. Es wäre begrüßenswert, wenn ein Student aus SWA dies zum Thema einer Dissertation wählen würde. Vgl. ferner Leutwein, a.a.O., S. 391 ff.; Rohrbach, a.a.O., S. 279 ff., S. 240 ff., S. 382 ff.; Schwabe, Mit Schwert und Pflug usw., S. 365 ff.
65 Sander, a.a.O., S. 240 ff., ferner Leutwein, a.a.O., S. 399.
66 Rohrbach, a.a.O., S. 241 ff.; Leutwein, a.a.O., S. 401; von Bülow, a.a.O., S. 228.
67 C. von François, a.a.O., S. 121.
68 Dove, Deutsch-Südwest-Afrika, Gotha 1896, Über Besiedlung, S. 87 ff., ders., Die deutschen Kolonien, Bd. 4 Südwestafrika, Berlin-Leipzig 1913, S. 63 ff.
69 Sein Bericht über den Verlauf der Versammlung bei C. von François, a.a.O., S. 124 ff.
70 C. von François, a.a.O., S. 132 ff.

71 Leutwein, a.a.O., S. 571.
72 Leutwein, a.a.O., S. 569.
73 Rohrbach, a.a.O., S. 292 ff. und im Bericht der Hilfeleistungskommission, Beilage 1 zum Ergänzungsetat für das Südwestafrikanische Schutzgebiet auf das Rechnungsjahr 1907, S. 2 ff. Schilderung des Feldhandels bei von Falkenhausen, a.a.O., S. 107 ff., Leutwein, a.a.O., S. 369.
74 Rohrbach, Um des Teufels Handschrift, Hamburg 1953. Dieses Buch enthält die Geschichte seines Lebens.
75 Rohrbach, Aus Südwest-Afrikas schweren Tagen, Berlin 1909, S. 1.
76 Rohrbach, in dem in Anmerkung 75 genannten Buche S. 17 ff.
77 Külz, Deutsch-Südwestafrika im 25. Jahr deutscher Schutzherrschaft, Berlin 1909, S. 118 ff.
78 Külz, a.a.O., S. 219 ff.
79 Leutwein, a.a.O., S. 243 ff.
80 Reichsgesetzblatt 1900, S. 809.
81 C. von François, a.a.O., S. 92 ff.
82 Schwabe, Diamantenland, S. 110 ff.
83 Leutwein, a.a.O., S. 228 ff.
84 Frey, Vom deutschen Schulwesen in SWA, Afrikanischer Heimatkalender 1952, S. 45 ff.
85 Von Falkenhausen, a.a.O., S. 35 ff.
86 Hintrager, Der alte Römer, Heimatkalender 1951, S. 94 ff.
87 H. von François, a.a.O., S. 300.
88 Driessler, a.a.O., S. 152 ff.
89 Sander, a.a.O., Bd. 1, S. 59.
90 Rohrbach, Aus Südwest-Afrikas schweren Tagen, S. 31.
91 Rohrbach, Kolonialwirtschaft, S. 333 ff.
92 Leutwein, a.a.O., S. 431 ff.
93 Leutwein, a.a.O., S. 561.
94 Leutwein, a.a.O., S. 563.
95 Leutwein, a.a.O., S. 566 ff.
96 Rohrbach, Kolonialwirtschaft, S. 286.
97 Rohrbach, a.a.O., S. 330 ff., der Schluß des Briefes ist aus den Akten ergänzt.
98 Südwestafrikanische Zeitung 22.1.1899.
99 Leutwein, a.a.O., S. 273 ff.
100 Leutwein, a.a.O., S. 467.
101 Leutwein, a.a.O., S. 468 ff.
102 1. Kriegsgeschichtliche Abteilung I des Großen Generalstabes, die Kämpfe der deutschen Truppen in Südwestafrika, Berlin 1907.
    2. K. Schwabe, Der Krieg in Südwestafrika, Berlin 1909.
    3. K. Schwabe, Im deutschen Diamantenlande, Berlin 1909, S. 244 ff.
    4. Leutwein, 11 Jahre Gouverneur, S. 439-522.

103 Schilderung der Zustände am Waterberg kurz vor Ausbruch des Aufstandes bei E. Sonnenberg, Wie es am Waterberg zuging, Braunschweig 1906, S. 62 ff.
104 Von Falkenhausen, a.a.O., S. 209 ff, und S. 249.
105 M. v. Eckenbrecher, Was Afrika mir gab und nahm, Berlin 1937, S. 205 ff.
106 Rohrbach, Aus Südwest-Afrikas schweren Tagen, S. 80 ff.
107 N. Mossolow, Aus Namutonis alten Tagen, Heimatkalender 1963, S. 89 ff.
108 Zitiert bei Schwabe, Diamantenland, S. 276.
109 Stengel, Der Bau der Mole in Swakopmund, Muschel 1967. S. 63 ff.
110 Drechsler, a.a.O., S. 174.
111 Drechsler, a.a.O., S. 174.
112 Drechsler, a.a.O., S. 174.
113 Generalstab, in dem in Anm. 102 genannten Werk, Heft 3, S. 156 ff.
114 Von Salzmann, Im Kampfe gegen die Hereros, Berlin 1907, S. 145 ff.
115 Schwabe, Der Krieg in Südwestafrika, Berlin 1909, S. 312.
115a Rohrbach, Aus Südwestafrikas usw., S. 239.
116 Schmidt, Aus unserem Kriegsleben in Südwestafrika, Berlin 1907, S. 79 ff. Schm. begleitete die kämpfende Truppe als Feldprediger.
117 Schmidt, a.a.O., S. 97 ff.
117a Schmidt, a.a.O., S. 99 ff.
118 Streitwolf's Bericht vom 24.8.1905 im Kolonialblatt, Jahrg. 16, S. 707 ff.
119 Generalstab, a.a.O., Der Hottentottenkrieg, S. 186.
120 Generalstab, a.a.O., Der Hottentottenkrieg, S. 118 ff.
121 Hintrager im Heimatkalender 1951, S. 95.
122 Schwabe, Der Krieg in Südwestafrika, Berlin 1909, S. 399 ff.
123 Von Deimling, Aus der alten in die neue Zeit. Lebenserinnerungen, Berlin 1930, S. 107 ff.
124 Generalstab, a.a.O., Der Hottentottenkrieg, S. 249.
124a H. Grimm widmet diesem Zug in seinem Buch: „Volk ohne Raum" ein besonderes Kapitel. Ohlemann, Mit dem Kamelreiterkorps des Hauptmann von Erckert, Heimatkalender 1972, S. 39 ff.
125 Driessler, a.a.O., S. 203.
126 Driessler, a.a.O., S. 203 ff.
127 Rohrbach, Aus Südwest-Afrikas schweren Tagen, S. 168, S. 177; Kolonialwirtschaft, a.a.O., S. 351 ff.
128 Rohrbach, Kolonialwirtschaft, S. 355 ff.
129 Leutwein, a.a.O., S. 523 ff.
130 Driessler, a.a.O., S. 205 ff.
131 Rohrbach, Aus Südwestafrikas, a.a.O., S. 114.
132 Leutwein, a.a.O., S. 425.
133 Beilage 1 zum Ergänzungsetat für das Südwestafrikanische Schutzgebiet auf das Rechnungsjahr 1907 (verfaßt von Rohrbach), S. 1.

134 Leutwein, a.a.O., S. 571 ff.
135 Leutwein, a.a.O., S. 569 ff.
136 H. Grimm, Gustav Voigts, Gütersloh 1949, S. 63.
137 Spitzner-Schäfer, Die Karakulzucht und das Haus Thorer, berichtet unter Mitarbeit von Dr. Rust, Kapstadt 1962.
138 Hintrager, a.a.O., S. 144.
139 Deutsche Kolonialzeitung 1. Jan. 1938, S. 17 ff.
140 Von Ölhafen, a.a.O., S. 227.
141 Verordnung des Reichskanzlers betr. die Selbstverwaltung in Deutsch-Südwestafrika vom 28.1.1909, Par. 105-115.
142 Von Weber, Eisenbahnen in DSWA, Heimatkalender 1971, S. 49 ff.
143 Rohrbach, Um des Teufels usw., S. 116.
144 Die Belegung von Schürffeldern war geregelt durch Par. 23 der Kaiserl. Bergordnung.
145 Külz, a.a.O., S. 350 ff.
146 1 Karat = 0,2 Gramm.
147 Külz, a.a.O., S. 346 ff.
148 Rohrbach, Um des Teufels usw., S. 116 ff.
149 Frey, Das deutsche Schulwesen in SWA, Heimatkalender 1952, S. 45 ff.
150 Rautenberg, Das alte Swakopmund, Swakopmund 1967, S. 119.
151 Rautenberg, a.a.O., S. 218.
152 Rautenberg, a.a.O., S. 240 ff.; und Hessenberg, „Er liebte Südwest", in „Die Deutsche Höhere Privatschule Windhoek", Heft 19, September 1971, S. 43.
153 Das Kapitel „DSWA während des 1. Weltkrieges" ist, abgesehen von Unterhaltungen mit Feldzugsteilnehmern, bearbeitet auf Grund von zwei Büchern:
1. Rayner-D'Shaughnessy, How Botha and Smuts conquered German South West, London 1916 (zitiert).
2. Von Ölhafen „Der Feldzug in Südwest 1914-15", Berlin 1923 (zitiert). Das englische Buch ist unterhaltend, das deutsche auf Grund genauer Nachforschungen und eigener Erlebnisse geschrieben. Von Ölhafen war Kriegsteilnehmer, das englische Buch ist von Kriegsberichterstattern verfaßt. Beide Bücher ergänzen sich gegenseitig in glücklicher Weise.
154 Ölhafen, S. 37 ff., Rayner, S. 39 ff.
155 Hintrager, a.a.O., S. 190 ff., Rayner, S. 48 ff.
156. Beyer's Schreiben und die Antwort von Verteidigungsminister Smuts bei Rayner, S. 277 ff.
157 Rayner, S. 280 ff., dort die Ansprache von General de Wet in Vrede am 21.10.1914.
158 Ausführlicher bei Hintrager, a.a.O., S. 194 ff.
159 Ölhafen, S. 166 ff.
160 Vedder, a.a.O., S. 489 ff.

161 Baumann, Van Sending tot Kerk, S. 50.
162 Leutwein, a.a.O., S. 217 ff.
162a Die Reichskanzlerverordnung vom 4. Dez. 1904 regelte die Bildung dieses Beirates. Er beriet den Gouverneur bei dem Entwurf des Haushalts und dem Erlaß von Verordnungen. Die Mitglieder, die ernannt wurden, waren Rechtsanwalt Erdmann, G. Voigts. P. Müller aus Windhoek, Schluckwerder und Eggers aus Swakopmund, Ad. Busch aus Lüderitzbucht, Farmer Wittmann aus Keetmanshoop, Brandt aus Mariental, Schlettwein und Prion aus Outjo und Grootfontein, Farmer Rapsch aus Omaruru.
163 Hintrager, a.a.O., S. 73 ff.
164 Hintrager, a.a.O., S. 77.
165 Ölhafen, S. 204 ff., Rayner, S. 221 ff.
166 Ölhafen, S. 216 ff.
167 Ölhafen, S. 223 ff.
168 Ölhafen, S. 222 ff.
169 Ölhafen, S. 230 ff. Der englische Text bei Rayner, S. 286 ff.

SCHRIFTQUELLEN

N.B. Die Zahlen, die nach jedem Buch angegeben werden, sind die Nummern der Literaturhinweise im Text, auf Seiten 228—234 angegeben unter dem Titel „ANMERKUNGEN—LITERATUR".

Aschenborn, R., Kapitän zur See: Besuch in Angra Pequena. (Aus: Die Eiche, 7. Jahrgang (1954) Heft 6). 13

Baumann, J.: Van Sending tot Kerk (Karibib 1967) 161

Bülow, von: Drei Jahre im Lande Hendrik Witboois. Berlin 1896.
34, 39, 42, 44, 45, 46(a), 47, 66

Burgsdorff-Garath, Alhard von: Der Hauptmann, Nov. 1947 55(a)

Deimling, von: Aus der alten in die neue Zeit: Lebenserinnerungen. Berlin 1930. 123

Deutschland: Kriegsgeschichtliche Abteilung I des Großen Generalstabes: Die Kämpfe der deutschen Truppen in Südwestafrika. Berlin 1907.
102, 113, 119, 120, 124

— Reichskanzleramt: Schutzgebietsgesetz vom 25. 7. 1900. (Aus: Reichsgesetzblatt 1900, S. 809). 80

— Reichskanzleramt: Verordnung des Reichskanzlers betr. die Selbstverwaltung in Deutsch-Südwestafrika. 28. 1. 1909 141

Dove, Karl: Die deutschen Kolonien, Bd. 4: Südwestafrika. Berlin-Leipzig 1913. 68

— Deutsch-Südwestafrika. Gotha 1896. 68

Drechsler: Südwestafrika unter deutscher Kolonialherrschaft. Berlin 1966.
2, 51, 110, 111, 112

Driessler, H.: Die Rheinische Mission in Südwestafrika. Gütersloh 1932.
9, 88, 125, 126, 130

Eckenbrecher, M. von: Was Afrika mir gab und nahm. Berlin 1937. 105

Esterhuyse: South West Africa 1880—1894. Cape Town 1968.
11, 27, 28, 59

Falkenhausen, Helene von: Ansiedlerschicksale. Berlin 1906.
61, 73, 85, 104

François, Curt von: Deutsch-Südwest-Afrika 1884—1893. Berlin 1899.
32, 33, 35, 46, 54, 67, 69, 70, 81

— Der Hottentotenaufstand 1905. 54

— Kolonialsystem, Monopolgesellschaften und Bodenfrage in unseren Kolonien. Berlin 1904. 54

— Lehren aus dem südwestafrikanischen Kriege für das deutsche Heer. Berlin 1900. 54

François, H. von: Nama und Damara. Magdeburg 1895. 37, 87

Frey, Dr. K.: Vom deutschen Schulwesen in Südwestafrika. (Aus: Afrikanischer Heimatkalender, 1952). 84, 149
Great Britain: Foreign Office: Memorandum 13. 11. 1884 14
Grimm, Hans: Gustav Voigts. Gütersloh 1949. 136
— Volk ohne Raum. 1926. 124(a)
Hessenberg, M.: Er liebte Südwest. (Aus: „Die Deutsche Höhere Privatschule Windhoek", Heft 19, Sept. 1971). 152
Hintrager, Oskar: Der alte Römer. (Aus: Afrikanischer Heimatkalender, 1951). 86, 121
— Südwestafrika in der deutschen Zeit. München 1955.
17, 138, 155, 158, 163, 164
Jäckel, H.: Die Landgesellschaften in den deutschen Schutzgebieten. Jena 1909. 2
Külz, W.: Deutsch-Südwestafrika im 25. Jahr deutscher Schutzherrschaft. Berlin 1909. 77, 78, 145, 147
Leutwein, Theodor: Elf Jahre Gouverneur in Deutsch-Südwestafrika. Berlin 1908. 26(a), 52, 53, 57, 58, 60, 62, 64, 65, 66, 71, 72, 73, 79, 83, 92, 93, 94, 95 99, 100, 101, 102, 129, 132, 134, 135, 162
Lindequist, Friedrich von: Über die Einführung des Karakulschafes in SWA. (Aus: Deutsche Kolonialzeitung, 1. 1. 1938). 139
Lüderitz, C. A.: Adolf Lüderitz. Bremen 1936.
5, 6, 10, 12, 15, 18, 20, 21, 22, 23, 25, 26, 29, 30
Mossolow, N.: Aus Namutonis alten Tagen. (Aus: Afrikanischer Heimatkalender 1963). 107
Ohlemann, Dr. J.: Mit dem Kamelreiterkorps des Hauptmann von Erckert. (Aus: Afrikanischer Heimatkalender 1972). 124(a)
Ölhafen, H. von: Die Besiedlung von Südwestafrika bis zum Weltkrieg. Berlin 1926. 64, 140
— Der Feldzug in Südwestafrika 1914-1915. Berlin 1923.
153, 154, 159, 165, 166, 167, 168, 169
Rautenberg, H.: Das alte Swakopmund. Swakopmund 1967. 150, 151, 152
Rayner-D'Shaugnessy: How Botha and Smuts conquered German South West. London 1916. 153, 154, 155, 156, 157, 169
Rohrbach, Paul: Aus Südwestafrikas schweren Tagen. Berlin 1909.
75, 76, 90, 106, 115(a), 127, 131
— Beilage 1 zum Ergänzungsetat für das Südwestafrikanische Schutzgebiet auf das Rechnungsjahr 1907. 73, 133
— Deutsche Kolonialwirtschaft, 1. Bd.: Südwestafrika. Berlin 1907.
60, 62, 64, 66, 73, 91, 96, 97, 127, 128
— Um des Teufels Handschrift. Hamburg 1953. 74, 143, 148
Salzmann, E. von: Im Kampf gegen die Hereros. Berlin 1907. 114

Sander, L.: Geschichte der deutschen Kolonialherrschaft. Berlin 1910.
43, 48, 49, 65, 89
Schering, Kapitän z.S.: Die erste Flaggenhissung in Lüderitzbucht, 7. August 1884. (Aus: Afrikanischer Heimatkalender 1954). 16
Schinz, Hans: Deutsch-Südwestafrika. Oldenburg 1891. 1, 19, 24
Schmidt, Max: Aus unserem Kriegsleben in Südwestafrika. Berlin 1907.
116, 117, 117(a)
Schüssler, W.: Adolf Lüderitz. Bremen 1936. 1, 4, 7, 8, 11
Schwabe, K.: Im deutschen Diamantenlande. Berlin 1909.
39, 40, 41, 42, 45, 55, 58, 62, 82, 102, 108
— Der Krieg in Südwestafrika. Berlin 1909. 102, 115, 122
— Mit Schwert und Pflug in Deutsch-Südwestafrika. Berlin 1904. 58, 62, 64
Sonnenberg, E.: Wie es am Waterberg zuging. Braunschweig 1906. 103
Spitzner-Schäfer: Die Karakulzucht und das Haus Thorer, berichtet unter Mitarbeit von Dr. Rust. Kapstadt 1962. 137
Stengel, H. W.: Der Bau der Mole in Swakopmund. (Aus: Muschel 1967).
63, 109
Streitwolf: Bericht vom 24. 8. 1905 (Aus: Kolonialblatt, Jahrg. 16, S. 707 ff.)
118
Südwestafrikanische Zeitung: Standpunkt der Siedler über die Grundfrage wiedergegeben in der Ausgabe vom 22. 1. 1899. 98
Vedder, Dr. H.: Das alte Südwestafrika. Berlin 1934. 56, 160
Voigts, Gustav: Einleitung zum „Dagboek van Hendrik Witbooi". Van Riebeeck Society, Kapstadt, 1929. 50
Weber, O. von: Die letzte Reise von Adolf Lüderitz. (Aus: Afrikanischer Heimatkalender 1973). 30
— Die Rinderpest in Deutsch-Südwestafrika. (Aus: Muschel 1963). 60
— Eisenbahnen in Deutsch-Südwestafrika. (Aus: Afrikanischer Heimatkalender 1971).63, 142
Witbooi, Hendrik: Die Dagboek van Hendrik Witbooi. Van Riebeeck Society, Kapstadt, 1929. 31, 36, 38

DATENREGISTER

N.B. Die Ordnung ist chronologisch. Wo Tag oder Tag sowohl als auch Monat fehlen, ist die Einordnung schätzungsweise gemacht worden. Die Ziffer am Ende deutet die Seitenzahl(en) im Buche an.

1834 Adolf Lüderitz geboren in Bremen 11

1854—1859 Adolf Lüderitz in Amerika 11

1863 10. April: Unter Kido Witbooi siedeln die Witbooi von Pella nach Gibeon über 40

1864 Besitzergreifung von 11 Inseln vor Südwests Küste durch englischen Kapitän laut Dokument bei High Commissioner Smythe; Kapstadt 17

1866 Das Augustineum in Otjimbingwe durch Hugo Hahn gegründet 32

1870 Auf Rat ihres Missionars Heidmann ziehen 1 200 Bastards vom Oranje nach Rehoboth 218

1873 Hugo Hahn verläßt Rheinische Mission, wird Pfarrer in Kapstadt 25/26

1874 21. Juni: Kamaherero tritt in Verbindung mit Kapregierung 34

— Dorslandtrekker verlassen Westtransvaal 36

— Missionskolonie Otjimbingwe aufgelöst 26

1876 4. Sept.: Konferenz Palgrave mit Kamaherero: dieser wünscht Palgrave als Richter 34

— 3. Okt.: Gouverneur vom Kap setzt Palgrave ein als Spezialkommissar für Herero- und Namaland 34

1877 Okt.: Palgrave landet in Walfischbucht als „Ziviler Kommissar" 34

— 31. Dez.: Palgraves Versammlung mit Hereros in Okahandja schwach besucht 34

1878 Walfischbucht zu englischem Besitz erklärt 25

1879 Palgrave verläßt SWA, ohne viel erreicht zu haben bei den Herero 34

1880 Palgrave zurück in SWA. Kommissar für Hereroland. Verläßt enttäuscht das Land bei Kriegsausbruch Herero-Nama 34

— 24. Aug.: Kamaherero befiehlt, alle Hottentotten im Hereroland zu ermorden 40

— Erneuter Krieg zwischen Hottentotten und Herero nach zehnjährigem Frieden 15

— Hendrik Witbooi holt seine Rinder aus Hereroland, gerät in Lebensgefahr 40

— Büttner tritt ab als Leiter des Augustineums, zurück nach Berlin 32

1880—1890 Miss. Brincker Leiter des Augustineums in Otjimbingwe 106

1881 Handelsgesellschaft der Rheinischen Mission in SWA aufgelöst 26

1881—1892 Krieg zwischen Nama (Hendrik Witbooi) und Herero 50
1882 Der „Deutsche Kolonialverein" gegründet 12
1883 6. Jan.: Vogelsangs Ankunft in Kapstadt 12
— 12. Jan.: Unterredung von Lüderitz mit Auswärtigem Amt wegen Schutz seiner geplanten Niederlassung in Südwest 16
— 7. Feb.: Deutscher Botschafter in London bespricht Schutz für Deutsche in Südwest mit Foreign Office 16
— 5. April: Die „Tilly" verläßt Kapstadt 13
— 10. April: Vogelsang landet in Angra Pequena 13
— 1. Mai: Kaufvertrag zwischen Vogelsang und Namahäuptling Joseph Fredericks von Bethanien 14
— 12. Mai: Vogelsang hißt deutsche Flagge in Angra Pequena 14/15
— 25. August: Vogelsang kauft von Namahäuptling Joseph Fredericks den Küstenstreifen vom Oranje bis zum 26. Breitegrad 14/15
— 13. Sept.: Lüderitz landet in Kapstadt 17
— 15. Sept.: Unterredung mit High Commissioner Smythe wegen Spences Anspruch auf seine Erwerbungen 17
— 11. Okt.: Lüderitz kommt in Angra Pequena an 17
1884 13. Jan.: Kapitän Aschenborn trifft mit SMS „Nautilus" in Kapstadt ein 18/19
— 20. Jan.: Weiterreise nach Angra Pequena 18/19
— 24. Jan.: Ankunft 18/19
— 26. März: Brief von Lüderitz an Vogelsang wegen Mißverständnis mit Nama über „Meilen" in Kaufverträgen 18
— 24. April: Telegramm Bismarcks an deutschen Konsul Kapstadt: Erwerbungen von Lüderitz unter deutschen Reichsschutz 18
— 7. Aug.: Erste amtliche Hissung der deutschen Flagge in Angra Pequena 23/24
— 22. Sept.: Englische Note schließt Verhandlungen mit Deutschland über SWA ab: Deutsche Besitznahme begrüßt 25
— 7. Okt.: Dr. Gustav Nachtigal kommt als kaiserlicher Generalkonsul und Kommissar für Westafrika in Angra Pequena an 27
— 24. Okt.: Nachtigal und Vogelsang treffen in Bethanien ein zu Unterhandlungen mit Namas 28
— 28. Okt.: Namaland wird deutsches Schutzgebiet 28/29
— 18. Nov.: Vogelsang zum kaiserlichen Konsul ernannt 26
— Büttner von Reichsregierung gebeten, nach SWA zurückzukehren, um Verträge mit Häuptlingen zu erwirken 33

1885 Büttner landet in Angra Pequena 33
— Lüderitz erwirbt weitere Gebiete im Norden 30
— 1. Feb.: „Tilly" geht mit wertvoller Fracht unter an Angraspitze 30
— 30. April: „Deutsche Kolonialgesellschaft für Südwestafrika"

239

(DKG) gegründet zwecks Übernahme der Lüderitzbesitzungen 32
1885—1904 DKG verkauft etwa 175 000 ha Farmland und verpachtet fast ebensoviel 87
1885 28. Juli: Büttner schließt Schutzvertrag mit Kapitän Samuel Izaak in Berseba 33
— Büttner in Gibeon, Hendrik Witbooi abwesend, kein Schutzvertrag 33
— 25. Aug.: Dr. E. Göring landet als Reichskommissar in Angra Pequena 33
— 2. Sept.: Büttner schließt Schutzvertrag mit Kapitän Manasse in Hoachanas 33
— 15. Sept.: Büttner schließt Schutzvertrag mit Kapitän Hermanus van Wyk in Rehoboth 33
— 15. Okt.: Schlacht bei Osona zwischen den Witbooi und Herero 35
— 21. Okt.: Schutzvertrag mit Hereros durch Göring abgeschlossen 35, 72
1886 17. April: Erstes Schutzgebietsgesetz 98, 101
— 20.—21. Okt.: Lüderitz und Steingröver segeln per Faltboot von Ariesdrift zur Oranjemündung 37
— 23. Okt.: Lüderitz' Seereise per Faltboot beginnt 37
— 24. oder 25. Okt.: Wahrscheinlicher Todestag von Lüderitz und Steingröver auf See 38
1887 DKG sendet Landwirt Hermann als Vertreter nach dem Süden von SWA 81, 108
— 1. Sept.: Hendrik Witbooi überfällt und beraubt Otjimbingwe vor Görings Augen 42

— 20. Okt.: Gibeon als Missionsstation wegen Witboois fortgesetzter Räubereien aufgegeben 42
1888 25. März: „Verordnung betr. das Bergwesen" erlassen und Bergbehörde eingerichtet 39, 67
— Rote Nation in Hoachanas von Hendrik Witbooi fast vernichtet 42
— 17. Okt.: Göring spricht vergeblich mit Hendrik Witbooi in Rehoboth 42
— Ende Okt.: Görings Konferenz mit Herero in Okahandja — Deutsche Herrschaft verworfen 42/43
1889 15. Jan.: Bamberger schlägt im Reichstag vor, SWA aufzugeben. Bismarck nicht dafür 43
— 19. Feb.: DKG bittet Bismarck um Reichsschutz in SWA 43/44
— März: Wiedereinsetzung deutscher Beamten in SWA und Aufstellung einer deutschen Truppe beschlossen 44
— Mai: Erste Truppe von 21 Mann in Berlin für SWA zusammengestellt 45
— 10. Mai: Abreise nach SWA. Kommandeur C. von François trifft Truppe in Teneriffa 45
— 6. Aug.: François verläßt Otjimbingwe, weil Stützpunkt Tsaobis besser geeignet ist 45
— 12. Aug.: François verhindert dort zum 1. Mal Waffenlieferungen ins Inland 46
1890 25. März: Lizenzverordnung für Waffen- und Munitionseinfuhr 68
— 20. Mai: Konferenz Göring und Herero: Schutzvertrag von 1885

- anerkannt. Mahnbrief Görings an Hendrik Witbooi 47/48
- 29. Mai: Hendrik Witbooi verwirft Görings Mahnbrief 48
- Augustineum von Otjimbingwe nach Okahandja verlegt, Leitung: Miss. Viehe 106
- 7 Okt. Tod Kamahereros in Okah. 18. Okt. Francois kommt mit 32 Mann in Windhoek an und beginnt mit dem Bau der Feste 48
- Siedlungsplan der großen deutschen Kolonialgesellschaft in Kl. Windhoek 82
- Kapitän Wilhelm Christian von den Bondelswarts in Warmbad verleiht weitgehende Land- und Minenrechte an das englische Kharraskoma-Syndikat 123/124

1890/91 Bericht der DKG: Wenig Hoffnung auf Mineralreichtümer, aber Aussichten auf Erfolg in der Landwirtschaft 109

1891 März: C. von François als stellvertr. Reichskommissar ernannt 49
- Durch kaiserlichen Erlaß wird Kolonialrat ins Leben gerufen 116
- Juni: Kanzler Nels verläßt SWA 49, 100
- Juni: Ass. Köhler trifft als 1. Richter in SWA ein 49
- Nov.: François bekommt den Titel „Landeshauptmann" 49, 100
- Dez: Kommissariat und Verwaltung von Otjimbingwe nach Windhoek verlegt 101

1892 Landwirt Hermann gründet für die DKG landwirtschaftl. Station Kubub 81

- 25. März: Die große deutsche Kolonialgesellschaft gründet das „Südwestafrikanische Siedlungssyndikat"; es erhält vom Reichskanzler untentgeltlich Klein-Windhoek und dazugehöriges Weideland 82
- 1. April: Von entlassenen Soldaten wollen 26 in SWA bleiben, viele Handwerker 84
- 25. April: Das Siedlungssyndikat erläßt die „Bestimmungen für die Siedlung in Klein-Windhoek" 83
- Juni: Die ersten Ansiedler des Syndikats reisen aus nach Klein-Windhoek 83
- 9. Juni: Ergebnislose Unterredung von C. von François mit Hendrik Witbooi 52
- 4. Sept.: Brief von Hendrik Witbooi zeigt seine Herrscheransprüche in SWA 42
- 12. Sept.: South West Africa Company erhält die Damaralandkonzession: Land, Minenbaurechte, Eisenbahnbaurechte 66
- Erhält Monopol für Bahnbau bis 1902 198
- Dez.: Antrag vom Syndikat für Gebiete um Hoachanas und Gobabis und im Khomashochland für Großfarmsiedlungen von deutscher Regierung abgelehnt 85
- Wollerlös auf Kubub deckt laufende Ausgaben der Station: wegweisend fürs ganze Land 63

1893 16. März: 214 Mann Verstärkung für deutsche Truppe landen in Walfischbucht 53

- 2. April: Truppenverstärkung von 214 Mann marschiert in Windhoek ein 53
- 9. April: Truppe verläßt Windhoek zum Angriff auf Witbooi in Hornkranz 55
- 12. April: Angriff auf Hornkranz 55/56
- 11. Mai: François bricht auf zum 2. Angriff auf Hornkranz 57
- 18. Mai: Hornkranz wieder besetzt 57/58
- 26. Juni: Witbooi dringen bis Windhoek vor 59
- 5. Juli: François mit 77 Mann aus Windhoek, um Besatzung von Hornkranz zurückzuholen 60
- 8. Juli: Truppe erreicht Hornkranz 60
- 9. Juli: Alle marschieren ab aus Hornkranz. Nachtlager bei Naos 60
- 10. Juli: Überfall auf Weitermarsch abgeschlagen 60
- 24. Juli: Witbooi schreibt an Hauptm. von François: Groteske Vorschläge 61
- Aug.: Witbooi überfällt 20 Frachtwagen von Wiese (Bur) bei Tsaobis 61
- Aug.: Witbooi überfällt 4 Frachtwagen von Schmerenbeck bei Diepdaal 62
- 23. Aug.: Truppentransport von 103 Mann landet in Swakopmund 62/63
- 24. Sept.: François bricht auf zum 3. Angriff auf Witbooi bei Hornkranz — erfolglos 63
- Okt.: Francois besetzt Wasserstellen wie Gurumanas und Tsebris, um Bastards gegen Witbooi zu schützen 64

- 4. Nov.: Hermann und von Quitzow müssen vor Witbooi aus Kubub fliehen 62
- 6. Nov.: Witbooi zerstören die Station und rauben 4 000 Stück Vieh: Schaden: 100 000 Mark 62/63, 82
- François' Abberufung in Deutschland gefordert wegen Klagen aus DSWA 69
- 2. Dez.: Truppe zieht aus Windhoek zum 4. Angriff auf Witbooi 64
- 7. Dez.: Truppe erreicht Hornkranz 64
- 27. Dez.: Witbooi in Dorisibschlucht eingeschlossen 64

1894
- 1. Jan.: Theodor Leutwein trifft in Swakopmund ein 69
- 1. Jan.: Witbooi brechen aus Dorisibschlucht aus 64
- 4. Jan.: Truppe von Dorisibschlucht nach Süden: versucht, Hendrik Witbooi abzufangen — mißlingt 65
- 19. Jan.: Truppe erreicht Nomtsas: erfährt, Witbooi ist entschlüpft 65
- 20. Jan.: Rückmarsch nach Windhoek beginnt 65
- 21. Jan.: Leichtes Geplänkel mit den Witbooi 65
- 14. Feb.: Truppe erreicht Windhoek 65
- Dr. Hammacher fordert im Reichstag Abberufung von François 69
- Juni: Erste Schule in SWA eröffnet: Lehrerin Frl. Helene Nitze in Klein-Windhoek mit 11 Schülern 103

- Juli: C. von François auf Heimaturlaub, nachdem er die Truppe in Bethanien an Leutwein übergeben hatte 70
- 18. Juli: Truppenverstärkung trifft in Swakopmund ein — direkt zur Naukluft gegen Witbooi 70
- 27. Aug.: Kämpfe in der Naukluft beginnen 71
- 11. Sept.: Witbooi bittet um Frieden 71
- 15. Sept.: Witbooi unterzeichnet Schutzvertrag 71, 163
- Von Lindequist folgt Köhler als Richter für SWA 98
- SWA in zwei richterliche Bezirke eingeteilt: Von Lindequist Nordbezirk und Bergrat Duft nebenamtlich Südbezirk 98

1894—1898 Von Lindequist als Richter und stellvertr. Gouverneur in SWA 171

1895 Leutweins Zug zu den Ostherero am Nossob: Bewegt sie, Maherero als Oberhäuptling anzuerkennen 73
- Leutwein festigt deutsche Macht bei Ostherero am Nossob 73
- Vertrag Leutweins mit Rehobother Bastards 218
- Leutwein ernannt zum Landeshauptmann 101
- Burenniederlassung bei Grootfontein veranlaßt von Dr. Hartmann 94
- Sept.: Leutwein auf seiner Reise nach dem Norden günstig von Buren beeindruckt 94

1895/96 Farmer Walser in Ukamas beliefert Keetmanshoop und einige Militärstationen mit Weizen 80

1896 Katholische Mission beginnt ihre Arbeit in SWA 108
-- Swakopmund hat 13 weiße Einwohner 205
- Leutwein festigt deutsche Macht durch Züge zu Nord- und Westherero und Gründung von Militärstationen in Omaruru, Outjo und Grootfontein 73
- 6. Mai: Schlacht von Otjunda-Sturmfeld: aufsässige Khauashottentotten und Herero geschlagen. Nikodemus standrechtlich erschossen 74
- Betrieb der Obstfarm Außenkehr am Oranje aus vordeutscher Zeit eingestellt wegen Transportschwierigkeiten 80

1896—1903 Siedlungsgesellschaft verkauft von ungeheurem Besitz nur 80 000 ha; Preis zu hoch (2 Mark pro ha) 87

1897 6. April: Enthüllung des Denkmals für Gefallene im Witbooikrieg: Truppengarten 75
- Erster Ausbruch der Rinderpest am Schaffluß wird bekannt 75
- Leutwein befiehlt Registrierung von Waffen; passiver Widerstand bei Bondels 124
- Erste Versuche mit Straußenzucht — nicht befriedigend 182
- Sept.: Wegen Rinderpest Kleinbahnstrecke Swakopmund-Jakalswater gebaut 199

1897—1902 Bau der Schmalspurbahn Swakopmund-Windhoek 78

1898 Leutwein zum Gouverneur ernannt 101
- Juli: Erstes Reservat errichtet, nämlich Witbooireservat Rietmond-Kalkfontein bei Mariental 120/121

- 25. Juli: Vertrag zwischen Hendrik Witbooi und der Rheinischen Mission zur Entwicklung seines Reservats vom Gouverneur gutgeheißen 120
- Leutwein erläutert im Reichstag Notwendigkeit einer Bahn von Swakopmund nach Windhoek 198
- Staatsanwaltschaft bei Gerichten eingeführt — juristische Vorbildung nicht vorgeschrieben 99

1898—1902 Landesregierung verkauft an Siedler 1 100 000 ha 87
1898—1902 DKG und Siedlungsgesellschaft verkaufen 325 000 ha 88
1899 1. Jan.: Leutwein fertigt Verordnung aus, daß Klagen wegen Kreditschulden gegen Eingeborene nicht mehr angenommen werden 116
- 22. Feb.: Wegen gewaltigem Protest muß Leutwein die Verordnung vom 1. Jan. gegen Kredithandel außer Kraft setzen 116
- Leutnant Prinz von Arenberg, Chef der Grenzstation Epukiro, erschießt verdächtigen Hererobastard Kain im Laufe eines Verhörs. Herero gewaltig erregt 115
- 1. Aug.: „Bedingungen für den öffentlichen Verkauf von Regierungsfarmen" ausgefertigt 88
- 2. Sept.: Grundstein zur Mole in Swakopmund gelegt 78
- Leutwein lehnt Bitte der Rheinischen Mission um ein Reservat für Bethanien ab 121
- 18. Dez.: Gouvernmentsverfügung von Leutwein: 3 Beiräte in jedem der 6 Bezirksämter. 1. Schritt zur Selbstverwaltung 102/103

- Erste Schule geschlossen wegen Heirat der Lehrerin. Bald wieder eröffnet unter einem Regierungslehrer 104
1899—1902 Etwa 600 Burensiedler kommen während und nach dem Burenkrieg in die Gibeongegend 93
1900 Buren werden über den Gesandten der S.A. Republik in den Niederlanden wegen Unterricht für ihre Kinder bei deutscher Regierung vorstellig 104/105
- Jan.: Aufbau des Witbooireservates durch die Rheinische Mission beginnt in Rietmond mit Viehzucht und Gartenbau 120
- 30. Mai: Bahnbau von Swakopmund nach Windhoek erreicht Karibib 199
- 25. Juli: Schutzgebietsgesetz vom 17. 4. 1886 durch ein neues ersetzt 101
- Frage von Mischehen zwischen weißen Männern und Bastardmädchen von Rehoboth wird akut 219

1900, 1. April — 1903, 1. April: Regenmessungen zeigen durchschnittlich mm pro Jahr: Grootfontein 521, Windhoek 226, Gobabis 339, Gibeon 85, Keetmanshoop 83, Bethanien 69 195
1900—1903 Von Lindequist als Generalkonsul in Kapstadt tätig 171
1901 4. Feb.: Leutweins Antrag, seine Verordnung vom 1. 1. 1899 gegen Kredithandel wieder in Kraft zu setzen; vom Auswärtigen Amt unterstützt, aber vom Kolonialrat abgelehnt 116/117
- Nach Tod Miss. Viehes wird Augustineum geschlossen 106

- 19. Aug.: Miss. Lang trägt dem Gouverneur Klagen der Herero vor wegen Übernahme ihres Grundbesitzes durch Weiße 118/119
- Dr. Gerber kommt als Forstbeamter nach SWA. Gründet Saat- und Pflanzschule in Okahandja und Forststation in Ukuib am Swakop — Dattelpalmen 113

1901/1902 Jahresbericht des Gouvernments verurteilt Kreditsystem der Wanderhändler 115

1902 31. Jan.: Rundschreiben von Leutwein an Lokalverwaltungsbehörden im Norden: bittet um Berichterstattung und Vorschläge für Reservate 122
- Buren unterhandeln mit Behörde in SWA wegen Unterricht für ihre Kinder: schließen Schulvertrag mit von Estorff — von deutscher Regierung nicht genehmigt, dennoch in SWA durchgeführt 104—106
- 19. Juni: Erster Personenzug aus Swakopmund läuft in Windhoek ein 78, 199
- 20. Juni: Eröffnung der 2. Landwirtschaftl. Ausstellung in Windhoek 78, 199
- Gouvernment führt 181 Angoraziegen und 3 Ramme ein 110
- Der Leiter der Pelzfirma Thorer in Leipzig weist nach einer Reise in die Buchara auf die Bedeutung des Pelzschafes für SWA hin 180

1903 12. Feb.: Einweihung der Mole in Swakopmund 78
- 31. März: Im Pferdegestüt Nauchas befinden sich 11 Landbeschäler und 188 Zuchtpferde mit 160 Fohlen in Areb 183
- 23. Juli: Kreditverordnung bestimmt, daß Schuldforderungen gegen Eingeborene nach einem Jahr verjähren: schlimme Folgen 116/117, 174
- Ende Sept.: Dr. Paul Rohrbach kommt als Ansiedlungskommissar in Windhoek an 91
- Reinzuchtherden von Angoraziegen in Gammams bei Windhoek gehalten, aber in den Aufständen vernichtet 184
- Okt.: Berliner Firma Arthur Koppel beginnt Bahnbau Swakopmund-Tsumeb 193
- 25. Okt.: Aufstand der Bondels in Warmbad beginnt bei Gefangennahme von Kapitän Albrecht Christian durch Distriktschef Jobst und beider Tod. 124
- 31. Okt.: Windhoeker Kompanie rückt nach Süden ab, um den Aufstand der Bondels niederzukämpfen 74, 93
- 3. Nov.: Dr. Paul Rohrbach von Windhoek nach Norden, um Siedlungsmöglichkeiten in Grootfonteingegend zu untersuchen 93
- Ein akademisch vorgebildeter Lehrer nach Windhoek berufen 205
- 8. Dez.: Reservat von Otjimbingwe proklamiert: 131 500 ha. Erstes und einziges im Norden 122
- In ganz SWA nur 712 weiße Frauen 219
- Obergericht in Windhoek (Oberrichter Richter) und 3 Bezirksgerichte: Keetmanshoop (Dr.

Forkel), Windhoek (Dr. Schottelius), Swakopmund (Dr. Osswald) 99
- Buren bekommen Erlaubnis, eigene Schulen aus eigenen Mitteln zu gründen 106
- Resultat der Entwicklungsarbeit der Rhein. Mission im Witbooireservat seit Jan. 1900: Rinderherde von 100 auf 133, Kleinviehherde von 1 000 auf 680 als Folge der Dürre 120
- 30. Dez.: Kompanie Franke verläßt Omaruru zur Niederwerfung des Bondelaufstandes im Süden 129

1903/04 Gutes Regenjahr; Swakopmündung versandet Molenbecken. Hafenarbeit erschwert 78

1904 10. Jan.: Bericht vom Waterberg: Herero kaufen alle Laden leer auf Kredit 127
- 11. Jan.: Berichte über Hererobewegungen, die auf Angriff deuten. Bezirksamtmann Duft nach Okahandja, um vorzubeugen 127
- 12. Jan.: Duft versucht vergeblich, Maharero zu sprechen 127
- 12. Jan.: Aufstand der Herero beginnt in Okahandja 126
- 12. Jan.: Lt. Georg Voigts leitet aus Windhoek Entsatzversuch Okahandjas — mißlingt 128
- 12. Jan.: Oberlt. von Zülow verläßt per Zug mit 60 Mann Swakopmund zum Entsatz von Okahandja 128
- 14. Jan.: Der landwirtschaftl. Sachverständige Watermeyer auf Reise nach Grootfontein zur Untersuchung der Wasserverhältnisse am Waterberg von Hereros ermordet 195
- 15. Jan.: Oberlt. von Zülow entsetzt Okahandja 128
- 15. Jan.: Kompanie Franke erreicht Gibeon; kehrt um wegen Hereroaufstand; erreicht in $4^1/_2$ Tagen Windhoek 129
- Jan.: Hendrik Witbooi unterstützt die Deutschen gegen die Herero mit einer Hilfstruppe 151
- 16. Jan.: Aufstand der Herero beginnt in Omaruru 126, 129
- 18. Jan.: Herero erleiden Niederlage bei Uitkomst 130
- 18. Jan.: Landungskorps vom Kanonenboot „Habicht" erreicht Karibib 131
- 22. Jan.: Aufstand der Herero in Otjimbingwe 126
- 27. Jan.: Frieden von Kalkfontein mit Bondelswarts 125
- 27. Jan.: Morenga flieht, nachdem ein Häuptlingsgericht ihn des Mordes schuldig findet 125, 154
- Jan.: Bahnbau Swakopmund-Tsumeb stockt, weil 600 Hereroarbeiter entfernt werden 193
- Jan.: 54 Wetterbeobachtungsstationen im Land 195
- 27. Jan.: Kompanie Franke erreicht Okahandja: bringt Wendung in der Situation 129
- 28. Jan.: Franke vertreibt Herero vom Kaiser-Wilhelm-Berg bei Okahandja 129
- 28. Jan.: 7 Mann in Namutoni schlagen Angriff von 500 Ovambo ab 130
- 2. Feb.: Kompanie Franke erreicht Karibib 129, 131

- 3. Feb.: Der normale Ablösungstransport der Schutztruppe erreicht Swakopmund aus Hamburg: binnen 26 Std. in Windhoek 131
- 4. Feb.: Kompanie Franke erreicht Omaruru: Belagerung beendet 129
- 12. Feb.: Leutwein kommt auf dem Seewege aus dem Süden auf dem Kriegsschauplatz im Norden an 131
- 24. Feb.: Maj. v. Estorff beginnt Vormarsch gegen Herero nördlich von Omatako 132
- 25. Feb.: Maj. v. Estorff besiegt die Herero bei der Wasserstelle Otjihaenamaparero am Etjo 132
- Ende Feb.-Anfang März: Erste Verstärkungen für Hererokrieg kommen in Swakopmund an 141
- Mitte März: Schutztruppe aus dem Süden trifft in Okahandja ein 135
- 13. März: Ostabteilung der Truppe erreicht Onjati 133
- 13. März: Erkundungsabteilung erleidet hohe Verluste bei Owikokokero 133
- 13. März: Hugo von François fällt 70
- 28.-29. März: Otjimbingwe-Herero überschreiten bei Teufelsbach die Bahnlinie Okahandja-Windhoek und vereinigen sich mit Okahandja-Herero 135
- 1. April: Von Glasenapps Abteilung von Onjati nach Owikokorero; erwartet Leutwein vergeblich mit Hauptabteilung 134
- 2. April: Von Glasenapp zurück nach Onjati 134
- 3. April: Herero greifen auf Rückzug von Glasenapp bei Okaharui an: abgewiesen, hohe deutsche Verluste 134
- Anfang April: Typhusfälle unter von Glasenapps Abteilung bei Onjati — nach Missionsstation Otjihaenena — Quarantäne 134/135
- 7. April: Hauptabteilung von Leutwein in Okahandja marschfähig 135
- 8. April: Hauptabteilung erreicht Otjisasu 136
- 9. April: Herero geschlagen in Onganjira — weichen aus nach Oviumbo 136
- 13. April: Gefecht von Oviumbo: unentschieden: Deutscher Rückzug nach Otjisasu, und Herero weichen aus zum Waterberg 137—139
- April: Leutwein bittet um Verstärkung für den Süden 153
- April: Farmerabordnung nach Berlin, um Kriegsentschädigungsansprüche zu stellen 174
- Ende April: Weitere Verstärkungen für Hererokrieg kommen in Swakopmund an 141
- 6. Mai: Ostabteilung der Truppe unter Maj. von Glasenapp aufgelöst 135
- Anfang Mai: Leutwein erhält Bericht, daß der Kaiser Generalleutnant von Trotha schicke als Führer der Truppen in DSWA 141
- Mai: Morenga, Führer der Bondels, kehrt über den Oranje zu-

- rück und sammelt eine Räuberbande in den Karasbergen 153
- 11. Juni: Generalleutnant von Trothas Ankunft 142, 163, 170
- 13. Juni: v. Trotha richtet sein Hauptquartier in Okahandja ein 142
- 11. Juni-10. Juli: Das 2. Feldregiment landet in Swakopmund, marschiert Richtung Omaruru 144
- 2. Juli: Verstärkung von 300 Reitern für den Süden landen in Lüderitzbucht 153
- Juli: Reichstag bewilligt 2 Mill. Mark zur Entschädigung für Verluste im Hereroaufstand; später noch 5 Mill. 175
- 14. Juli: Entschädigungskommission in Windhoek gebildet zur Verteilung der Entschädigungsgelder 175
- 29. Juli: Verstärkung für den Süden erreicht Keetmanshoop 153.
- 4. Aug.: Vertrag der Reichsregierung mit der Otavi Minen- und Eisenbahngesellschaft zur Beschleunigung des Bahnbaues Swakopmund-Omaruru 145, 194
- 4. Aug.: v. Trotha gibt „Direktiven für den Angriff gegen die Herero" aus 145
- 5. Aug.: 2. Feldregiment in Omusema am Waterberg 144
- Anfang Aug.: 6 Abteilungen am Waterberg in Stellung 144, 146/147
- 9. Aug.: Lt. von Auer verläßt mit 30 Mann Otjenga, um wertvolle Signalstation auf dem Südrand des Waterberges zu errichten 147
- 11. Aug.: Durch von Trotha als Angriffstag bestimmt 146
- 11. Aug.: Müllers Abteilung rückt vor gegen Wasserstelle Hamakari. Er stürzt vom Pferd, Major Mühlenfels übernimmt Kommando. Nach schwerstem Kampf Hamakari genommen 147, 148
- 11. Aug.: Abteilung von Estorff nimmt Otjosongombe. Abteilung von der Heyde kommt nicht durch nach Hamakari. Abteilung Deimling nimmt Paß Omuwerumue und Station Waterberg 148
- 12. Aug.: Abteilung Deimling dringt durch nach Hamakari, vereinigt sich mit Abteilung Mühlenfels. 149
- 13. Aug.: Verfolgung der Herero aufgenommen: Deimling-Mühlenfels Richtung Omutjatjewa, von Estorff-von der Heyde und Volkmann zum Omuramba 149
- 15. Aug.: Von Estorff-von der Heyde zersprengen Herero bei Omatupa: letztes nennenswertes Gefecht 149
- 25. Sept.: Rhein. Mission bekommt vom Militärkommando keine Antwort auf das Angebot ihrer Vermittlungsdienste zur Beruhigung der Herero, wendet sich direkt an Reichskanzler 168
- 1. Okt.: Witbooi schreibt an andere Kapitäne und ruft sie zum Aufstand auf 152-153
- 2. Okt.: Proklamation von Trotha an Herero; Direktive an Truppen 169
- 3. Okt.: Brief von Witbooi an von Burgsdorff, worin er den Deutschen die Treue aufsagt.

- Aufstand der Hottentotten beginnt 151, 153
- Okt.: Hendrik Witbooi schreibt an Leutwein, er sei kein Rebell 163
- Okt.: Von Trotha meldet nach Deutschland: Die Herero-Nation besteht nicht mehr 150
- Okt.: Farmer Hermann bei Ausbruch des Hottentottenaufstandes von seinen eigenen Leuten bei Nomtsas erschlagen 82
- Missionsbautechniker Holzapfel in Mariental ermordet 120
- 21. Nov.: Die Witbooi greifen Leutwein in Kub an — Deimling kommt mit Verstärkung zur Rettung 155-156
- Ende Nov.: Leutwein bekommt Urlaub und verläßt SWA 170
- 4. Dez.: Reichskanzlerverordnung ruft Gouvernmentsrat ins Leben zur Beratung des Gouverneurs bei dem Entwurf des Haushalts und dem Erlaß von Verordnungen 219, 234
- 5. Dez.: Deimling vertreibt Witbooi aus Rietmond 156
- 8. Dez.: Reichskanzler von Bülow stimmt Angebot der Rhein. Mission zu, Frieden mit Herero zu vermitteln; beauftragt Trotha, dies anzunehmen 168-169
- 21. Dez.: Rebellische Bethanier bei Uibis am Hutup geschlagen 156
- 31. Dez.: Termin für Fertigstellung der Bahnstrecke Swakopmund-Omaruru nicht einhaltbar 145, 194
- 31. Dez.: Heftiges Gefecht der Abt. Meister mit den Witbooi vor Stamprietfontein 157

1905 1. Jan.: Abt. Meister marschiert das Auobtal abwärts auf Groß-Nabas zu 157
- 2.-4. Jan.: Kampf um die Wasserstelle Groß-Nabas. Abt. Meister nimmt sie im Sturm 158
- 5. Jan.: Abt. Meister zurück nach Stamprietfontein 158
- 1. Jan.: Abt. Ritter verläßt mit Oberst Deimling Gibeon 158
- 3. Jan.: Abt. Ritters Sieg bei Haruchas im Auobtal 158
- 3. Jan.: Abt. Meister vergeblich in Gochas erwartet 158
- 4. Jan.: Abt. Lengerke über Koës nach Haruchas: vereinigt sich mit Abt. Ritter 158
- 6. Jan.: Deimling erreicht mit beiden Abteilungen Gochas — marschieren Auobtal aufwärts in Sorge um Abt. Meister 158
- 7. Jan.: Gefecht nördlich von Swartfontein: Witbooi und Fransmannhottentotten unter Simon Kopper fliehen ostwärts in die Kalahari 158
- 8. Jan.: Patrouille aus Swartfontein erreicht Abt. Meister in Stamprietfontein 159
- 8. Jan.: Witbooi ziehen nach Osten 158
- Anfang März: Deimlings Aufmarsch gegen Morenga in den Karasbergen: Gefechte von Aob, Garup, Narudas 160
- 11. März: Vereinigung von Deimlings 3 Abteilungen in der Narudasschlucht; Morenga flieht zur Betschuanalandgrenze 160
- März: Von Trotha trifft im Süden in Kub ein 160

- April: Deimling reist zu ärztlicher Behandlung nach Deutschland. Von Trotha übernimmt das Kommando im Süden 160
- 21. April: Miss. Malinowsky regelt viertägigen Waffenstillstand mit Cornelius — Unterhandlungen mißlingen 162
- 22. April: Von Trothas Proklamation aus Berseba an die Hottentotten erfolglos 160-161
- April: Pionierabteilung von Maj. Friedrich vollendet den Bau einer hölzernen Landungsbrücke in Swakopmund 78
- Mai: Frederik Maharero, Sohn Samuels, am Ngamisee gesehen 159
- Ende Juli überfallen Witbooi eine Wagenkolonne bei Gibeon 162
- 8. Aug.: Kaiserliche Bergverordnung — Diamantenfunde müssen gemeldet werden 187
- Weitere Vorschriften 188
- 20. Aug.: Truppenzusammenziehung zum Angriff auf Witbooi im Auobtal vollzogen 162
- 24. Aug.: Bahnstrecke Swakopmund-Omaruru fertiggestellt 145, 194
- 3. Sept.: Cornelius geschlagen bei Aiais: flieht Fischfluß abwärts vereinigt sich mit Morenga in den Karasbergen 162
- Anfang Sept.: Kämpfe mit Morenga beginnen wieder in Warmbadbezirk nach monatelangen erfolglosen Friedensunterhandlungen 166
- 24. Okt.: Bei Hartbeesmund am Oranje Gefecht mit Morenga unentschieden, sehr verlustreich 166
- 29. Okt.: Hendrik Witbooi greift einen deutschen Proviantwagen bei Vaalgras an; kommt dabei um 162
- 19. Nov.: Von Trotha verläßt DSWA über Lüderitzbucht 163, 176
- Zwei entlassene Schutztruppler beantragen Ehen mit Bastardmädchen von Rehoboth. Wird verweigert. 219
- 19. Nov. 1905-Mai 1907: Von Lindequist Gouverneur 170, 173, 176
- 20. Nov.: Unterführer Samuel Isaak fällt ab von Hendrik Witboois Sohn und Nachfolger und beginnt Friedensunterhandlungen mit Deutschen in Berseba 164-165
- Nov.: Rinderpest legt Ochsenwagenverkehr Lüderitzbucht-Keetmanshoop lahm 165
- Dez.: Reichstag bewilligt Mittel für Bahnbau Lüderitzbucht-Kubub 165
- 1. Dez.: Von Lindequists Proklamation an Herero macht Weg frei, friedlich im Land zu wohnen 171-172
- Weihnachten 1905-Mitte Jan. 1906: 3 000 Herero ergeben sich in den Aufnahmelagern Omburo und Otjihaenena 172
- 27. Dez.: Bahnbau Lüderitzbucht-Keetmanshoop (366 km) begonnen 202

1906
- 1. Jan.: Genug Proviant und Munition in Keetmanshoop aufgestapelt für Angriff auf Cornelius 166
- Jan.: Bei Chamis ergeben sich 160 Krieger von Cornelius. Bon-

dels stehen unter Morenga am Oranje 166
- 3. Feb.: Der letzte Rest des Witbooistammes unter Hendriks Sohn Isaak ergibt sich den Deutschen 164
- März: Cornelius ergibt sich bei Kanis mit den letzten aufsässigen Bethaniern 166
- April: 6 500 Herero in Aufnahmelagern 172
- Mai: Morenga über Oranje gedrängt und von englischer Polizei in Prieska gefangengehalten 166, 167
- Juni: Samuel Isaak mit 1 700 Hottentotten, Witbooi und Bethaniern auf Haifischinsel gefangen — nicht, wie in Kapitulationsbedingungen bestimmt, in Gibeon angesiedelt 164
- Zwei amtliche Bohrkolonnen mit je 8 Maschinen: in Windhoek für Norden, in Kuibis für Süden 196
- 250 Angoraziegen zur Zucht aus Südafrika eingeführt; später noch 1 000 184
- Sept.: Aufnahmelager für Herero in Omburo und Otjihaenena geschlossen. Lager in Otjosomgombe und Okomitombe bei Gobabis dafür eingerichtet 172
- 20. Okt.: Verordnung des Gouvernments betr. die Einführung der Schulpflicht 203-205
- 1. Nov.: Bahn von Lüderitzbucht fertiggestellt bis Aus 202
- Gouvernmentsrat billigt des Gouverneurs Verbot von Mischehen 219
- 1. Dez.: Sozialdemokratischer Abgeordneter Bebel liest von Trothas Proklamation vom 2. Okt. 1904 im Reichstag vor 170
- 23. Dez.: Frieden von Ukamas 125
- Dez.: Dr. Paul Rohrbach verläßt DSWA 175
- 16. Dez.: Bahn Swakopmund-Tsumeb fertiggestellt und in Betrieb genommen 89, 194
1906/1907 Von Lindequist hört in Deutschland von Karakulzucht. Durch seine Bemühungen erhält DSWA die ersten Zuchttiere 181-182
1907 Feb. und Aug.: Gustav Voigts führt Rinder und Afrikanerschafe aus der Kapkolonie ein 179
- 31. März: Der Kaiser erklärt den Kriegszustand in DSWA für beendet 167
- Ende Mai: Von Lindequist (Gouverneur) verläßt DSWA 176
1907-1910 Von Schuckmann Gouverneur von DSWA 177
- Anfang Juni: Morenga nach Upington entlassen; entflieht aus Polizeiaufsicht 168
- Juni: Nach Rückkehr von Geflohenen befinden sich etwa 1 200 Bondels wieder im Bezirk Warmbad 167
- 17. Sept.: Englische Polizei tötet Morenga auf der Flucht bei Langklip 168
- 24. Sept.: Die ersten Karakulschafe (2 Böcke und 10 Mutterschafe) kommen in Swakopmund an 180
- Dr. Paul Rohrbachs Buch: Deutsche Kolonialwirtschaft Bd. 1 „Deutsch-Südwestafrika" erscheint in Berlin: Befürwortet

Verbindung der beiden Eisenbahnsysteme (Otavi und Staatsbahn) 202

1907/1908 (Betriebsjahr). In Tsumeb 25 000 t Erz gefördert, davon 15 000 t ausgeführt 194
- Sept.-1914, Mai: An Karakulschafen eingeführt: 100 Ramme, 580 Schafe, 140 Lämmer 180-181

1907—1913 Rinderzahl in DSWA nimmt zu von 50 000 bis über 205 000 180

1907—1911 Viehpreise sinken 180
1908 Anfang März: Aufmarsch von Hauptm. von Erckert in die Kalahari gegen Simon Kopper beginnt 167-168
- 11. März: Zwei Kolonnen vom Expeditionskorps Erckert vereinigen sich bei Geinab 168
- 16. März: Von Erckerts Angriff auf Simon Koppers Lager in der Kalahari. Von Erckert fällt. Ende der Aufstände 168
- März: Nach Beendigung der Aufstände wird Stärke der Schutztruppe in DSWA vermindert 206
- 20. Juni: Bahnmeister Stauch meldet Bergbehörde Diamantenfund 187
- Juni-Aug.: 2 720 Karat Diamanten gefördert; Sept.: 6 000 Karat Diamanten gefördert; Dez.: 11 500 Karat Diamanten gefördert; Juni-Dez.: 40 000 Karat Diamanten gefördert im Werte von 1 100 000 Mark. 1908—1913 Wert der Diamanten 152 Mill. Mark 189

- Juli: Bahn Lüderitzbucht-Keetmanshoop in voller Länge eröffnet von Kolonialstaatssekretär Dr. Dernburg 202
- Dr. Dernburgs Pferdekarrenreise Keetmanshoop-Windhoek überzeugt ihn: Bahnlinie notwendig 202
- 22. Sept.: Diamantengewinnung der DKG reserviert im Gebiet Oranje-Ozean-26. Breitegrad und Linie 100 km östlich der Küste Sperrgebiet I. Gewaltige Empörung bei Einwohnern 189
- 12. Nov.: Ausführungsbestimmungen zur Verfügung des Reichskolonialamtes betr. die Verwertung fiskalischen Farmlandes in DSWA, legt u.a. auch Landpreise fest 178
- Auf der Bahnstrecke Swakopmund-Tsumeb: 37 Lokomotiven, 261 Wagen. Befördert: 22 000 Personen und 60 000 t Güter 194

1909 16. Jan.: Kaiserliche Verordnung über Diamantenangelegenheiten: „Diamanten-Regie des südwestafrikanischen Schutzgebietes" ins Leben gerufen 190-191
- 28. Jan.: Gemeindeverbände, Bezirksverbände und ein Landesrat eingeführt durch die Verordnung des Reichskanzlers betr. die Selbstverwaltung von DSWA 185-187
- 6. Feb.: Eröffnung der Zweiglinie Seeheim-Kalkfontein 202
- 13. Feb.: 2. Sendung Karakulschafe trifft in DSWA ein 180
- 15. Feb.: Ausfuhr von Angoraziegen aus DSWA verboten 183

- 28. Feb.: Gouverneur von DSWA erhebt 33 1/3 % Zoll auf Diamantenausfuhr 192
- 25. Mai: Verordnung des Reichskanzlers (mit Zusatz vom 19. 10. 1909) regelt die Verwertung der Diamanten 191
- 1. Juni: Kaiserliche Verordnung erteilt Vorschriften für den Verkauf von Diamanten. um Überangebot zu verhindern 190
- März-Dez. 1913: Regierungseinnahmen aus Diamantensteuern 60,3 Mill. Mark 193
- Windhoeker Bürgerschule wird Realschule 205
- Dr. Paul Rohrbachs „Aus Südwestafrikas schweren Tagen" erscheint in Berlin 92

1909 in DSWA 10 Rechtsanwälte 99

1910 Swakopmund hat 1912 weiße Einwohner 205-206
- 30. März: Gouvernment kauft Otavibahn für 24 Mill. Mark aus Diamantensteuergeldern 200
- 1. April: Regierungsfarm Fürstenwalde besitzt an Karakulschafen: 398 Vollblut-Tiere und 40 Böcke; Verkaufspreis an Farmer durchschnittlich 100 Mark 181
- April: Erste Sitzung des ersten Landesrates für DSWA 186, 202
- April: Bau der Nord-Süd-Bahn beginnt zugleich in Windhoek und Keetmanshoop 203

1911 1. April: Ende des Alleinrechts auf Diamantengewinnung für die DKG im Süden (siehe 1908, 22. Sept.) 189
- Gouvernment bewilligt 1 Mill. Mark für Untersuchungen und Vorarbeiten zu Dammbauten 195
- Aus Australien 2 000 Merinoschafe über Lüderitzbucht vom Gouvernment eingeführt 182
- 22. Aug.: Umbau der Schmalspurbahn Swakopmund-Usakos-Windhoek auf Kapspur fertig 201
- Windhoek erhält ein neues Bahnhofsgebäude 203

1911-1912 Einfuhr von Karakulschafen unterbleibt wegen Maul- und Klauenseuche in Deutschland 181

1912 Beginn: Gouvernment richtet in Otjituesu Versuchsfarm für Straußenzucht ein 182
- 3. März: Bahn Windhoek-Keetmanshoop eröffnet 203
- 13. März: Bedingungen für Bohrarbeiten zur Wassererschließung auf Farmen vom Gouverneur bekanntgegeben 196
- Juli: Verordnung des Gouvernments zur Verbesserung der Pferdezucht 183
- Das Gouvernment ruft Eisenbahnrat ins Leben 203
- Regierung von DSWA führt 4 000 Wollschafe aus Südafrika ein 182
- Bau einer eisernen Landungsbrücke in Swakopmund beginnt, durch Kriegsausbruch 1914 unterbrochen 78
- Dr. Dernburgs Abgang als Kolonialsekretär: seine Diamantenpolitik wird geändert: Einzelschürfer in DSWA zufriedengestellt 190
- 25. Sept.: Regierungsunterstützung für Farmer, die nach Wasser bohren lassen durch eine der 25 Privatbohrmaschinen 197

- 30. Dez.: Kaiserliche Verordnung über Besteuerung von Diamantenabbaubetrieben in DSWA 192
1913 Untertertia zur höheren Schule in Swakopmund hinzugefügt 206
- 31. Jan.: Simon Kopper, Kapitän der Fransmannhottentotten, stirbt in Betschuanaland 168
- 1. April: Beinahe 50 000 Wollschafe in DSWA gezählt 182
- 26. Juni: Verfügung des Reichskanzlers erweitert Befugnisse des Landesrates: er erhält das Recht der Beschlußfassung 186, 187
- Einfuhr von Karakulschafen aus Deutschland beginnt wieder 181
- Wert der Diamantenausfuhr aus DSWA beinahe 59 Mill. Mark 193
- Wert von Kupferausfuhr aus Tsumeb 8 Mill. Mark 194
1914 April: 71 Schüler und 7 Lehrer an der Windhoeker Realschule 205
- 11. Mai: Der 1. Landesrat mit dem Recht der Beschlußfassung tritt zusammen: Wassergesetz 187
- Regierungsversuchsfarm Otjituesu verkauft die ersten Zuchtstrauße 182
- 1. Aug.: Bei Ausbruch des 1. Weltkrieges: Stärke der Truppe in DSWA: 1 870 Mannschaften und Unteroffiziere 206
- In DSWA 2 100 km Eisenbahnlinien 203
- 2. Aug.: Telegramm vom Reichskolonialamt nach Windhoek: „Schutzgebiete außer Gefahr, beruhigt Farmer" 208
- Aug.: Geplanter Bau von 4 großen Dämmen im Fischfluß durch Kriegsausbruch verhindert 195-196
- 7. Aug.: Versammlung des Bezirksamtmanns von Rehoboth mit Bastardrat wegen Einberufung der waffenfähigen Bastardmannschaft, Übereinkommen: kein aktiver Dienst gegen Weiße 219
- 8. Aug.: Erster Mobilmachungstag in DSWA 208
- Sept.: Die ersten 3 Schüler bestehen an der Windhoeker Realschule die Prüfung der mittl. Reife 205
- 2. Sept.: Abteilung Unionstruppen verläßt Kapstadt, landet in Port Nolloth und zieht über Ramansdrift in DSWA ein 209
- 9. Sept.: Parlament in Kapstadt beschließt, am Krieg teilzunehmen. 208
- Anf. Sept.: Die ersten Schüsse im Kampf um DSWA fallen bei Nakop und Ramansdrift 208
- 19. Sept.: Unionstruppen besetzen Lüderitzbucht: 2 000 Mann in 5 Schiffen 208-209
- 19. Sept.: Abt. Unionstruppen (etwa 250) kommt von Ramansdrift in Sandfontein an 209
- 26. Sept.: Schlacht von Sandfontein: Unionstruppen gefangengenommen 209
- 29. Sept.: Unionstruppen dringen von Lüderitzbucht bis Grasplatz vor 210
- 2. Okt.: Oberstleutnant Maritz rebelliert und verläßt mit seinen Truppen Upington 211
- 7. Okt.: Übereinkunft zwischen Maritz und Kommandeur von Heydebreck bei Ukamas 211

- 17. Okt.: Vertrag von Keimoes zwischen Maritz und Regierungsrat von Zastrow 211
- 23. Okt.: Nachricht vom Mord in Naulila erreicht Kommandeur von Heydebreck in Kalkfontein-Süd. Er entsendet eine Strafabteilung, das Regiment Franke 213
- 1. Nov.: Regiment Franke erreicht Otjiwarongo per Bahn, muß von dort marschieren 213
- 9. Nov.: Unionstruppen erreichen die Station Tschaukaib, 70 km östl. von Lüderitzbucht 210
- 12. Nov.: Regiment Franke erreicht Okaukuejo. Nachricht von Heydebrecks Tod. Franke muß als sein Nachfolger zurück nach Windhoek 213
- 24. Nov.: Franke von Windhoek wieder zurück in Okaukuejo 213
- 29. Nov.: Marsch auf Naulila fortgesetzt 213
- 16. Dez.: Regiment Franke erreicht den Kunene bei Naulila 213
- 18. Dez.: Sturm auf Naulila unter Hauptm. Weiss. Portugiesen fliehen unter Zurücklassung von 150 Toten und Verwundeten. Franke verwundet 213

1914—1915 Krieg in DSWA erschwert ordnungsgemäße Weiterführung der Karakulzucht — Farmer auf Wehrdienst 181

1915 Beginn: Südafrikanische Truppen in DSWA verfügen über 6 moderne Flugzeuge gegen 2 veraltete auf deutscher Seite 207-208

- 13. Jan.: Vorhutgefecht bei Longklip: Kommandant Stadler nimmt südafrikanische Patrouille gefangen 212
- 14. Jan.: Genl. Maritz und Kommandant Stadler marschieren von Norden auf Upington zu 212
- 18. Jan.: Maritz und Stadler siegen bei Lutsputs 212
- 24. Jan.: Mißlungener Angriff auf Upington, Stadler fällt. Übergabeunterhandlungen 212
- 31. Jan.: Truppen von Maritz geben den Freiheitskampf auf: bis zum 4. Feb. stellen sich etwa 600 Mann in Upington und Kakamas 212
- 11. Feb.: Genl. Botha übernimmt persönlich Kommando über Unionstruppen bei Walfischbucht-Swakopmund 216
- 19. Feb.: Unionstruppen rücken an der Bahnlinie von Lüderitzbucht vor bis Garub 214
- 21. Feb.: Unionstruppen setzen Bahn bis Garub in Betrieb 214
- 20. März: Größere Gefechte bei Pforte-Jakalswater-Riet an der Staatsbahn; deutscher Rückzug. Unionsübermacht rückt auf Karibib und Otjimbingwe vor 216
- 21. März: Das deutsche Oberkommando befiehlt, alles für den Rückzug aus dem Süden vorzubereiten 215
- 22. März: Räumung des Südens von DSWA durch deutsche Truppen beginnt 215
- Warmbadbezirk geräumt 216
- 22. und 23. März: Die letzte Sitzung des Landesrates 187

- 24. März: Maj. Bauszus befiehlt die Räumung von Aus 215
- 28. März: Nach Sprengung der Bahnanlagen zieht die deutsche Nachhut von Aus nach Osten und zerstört auf ihrem Marsch Bahn- und Wasseranlagen bis Seeheim 215
- 31. März: Unionstruppen besetzen Aus 215
- 1. April: Heimliche Unterredung des Bastardführers Nels van Wyk mit Genl. Botha in Swakopmund 219
- 15. April: Unionstruppen setzen Otavibahn bis Arandis wieder instand 220
- 17. April: Kommandeur Franke fordert vom Bastardrat, daß Bastardsoldaten mit nach Norden ziehen oder Waffen abgeben 219
- 18. April: Aufstand der Bastards von Rehoboth 218
- 19. April: Unionstruppen aus dem Süden erreichen Keetmanshoop 215, 217
- 22. April: Verhandlungen mit Bastards abgebrochen, Schutzvertrag gekündigt und Kriegszustand erklärt 220
- 25. April: Deutscher Rückzug aus dem Süden erreicht Gibeon 217
- 29. April: Unionstruppen besetzen Kaltenhausen. Schutztruppen gehen zurück auf Otjimbingwe 220
- 30. April: Deutsche in Otjimbingwe in frühen Morgenstunden eingekreist – brechen aus mit hohen Verlusten 220
- 1. Mai: Gouvernment von DSWA weicht von Windhoek aus nach Grootfontein 221
- 2. Mai: Deutscher Rückzug aus dem Süden über Mariental erreicht Rehoboth. Per Zug weiter nach Okahandja 217
- 4. Mai: Das Oberkommando verläßt Windhoek: läßt 3. Kompanie zurück zum Schutz der 3 000 Weißen gegen die 10 000 Eingeborenen 221
- 7. Mai: Die 3. Kompanie verläßt Windhoek: Bürgerpolizei übernimmt den Schutz der Bevölkerung 221
- 7. Mai: Bahnlinie Karibib-Okahandja von Unionstruppen besetzt. Schutztruppen ziehen zurück nach Kalkfeld 221
- 12. Mai: Genl. Botha erreicht Windhoek mit den Unionstruppen 221
- 12. Mai: Kämpfer gegen Bastards per Bahn von Rehoboth nach Bergland zurück 220
- 13. Mai: Marschbeginn von Hohewarte zum Waterberg 220
- 20. Mai: Hauptteil der deutschen Truppen von Windhoek und Bastardland treffen am Waterberg ein 221
- Erkundung einer Verteidigungsstellung an der Otavibahn bei km 514 221
- 21. Mai: Erste Besprechung zwischen Gouv. Seitz und Genl. Botha an der Giftkuppe endet ergebnislos 221-222
- 22. Mai: Waffenstillstand für die Besprechung endet mittags 12 Uhr 222

- Mai: Schutztruppe zu einer Offensive nicht mehr fähig 223
- 2. Juni: Die letzten deutschen Truppen aus dem Süden erreichen Sammelpunkt am Waterberg 221
- 19. Juni: Neuer Vormarsch der Unionstruppen längs der Otavibahn beginnt unter Genl. Botha. Erreichen Omaruru 223
- 21. Juni: Befehl zu deutschem Rückzug nach Otavi 224
- 21. Juni: Deutscher Kommandostab befindet sich verteilt auf Otavi, Grootfontein und Tsumeb 224
- 26. und 27. Juni: Deutsche Truppen treffen ein bei km 514 an der Otavibahn 224
- 28. Juni: Unionstruppen besetzen Outjo 225
- 1. Juli: Kampf bei Otavifontein — Schutztruppe muß wegen gefährlicher Umklammerung zurückweichen 224-225
- 2. Juli: Unionstruppen besetzen Grootfontein 225
- 3. Juli: Besprechung zwischen Gouv. Seitz und Oberstlt. Franke: Franke überzeugt Seitz, daß weiterer Widerstand unmöglich ist, und dieser bittet Botha um Beendigung des Kampfes 225
- 4. Juli: Das letzte Gefecht der Schutztruppe mit den Unionstruppen: weicht zurück nach Khorab 225
- 6. Juli: Namutoni und Tsumeb von Unionstruppen besetzt 225
- 6. Juli: Besprechung zwischen Gouv. Seitz und Genl. Botha bei km 500 der Otavibahn: Waffenstillstand bis zum Eintreffen eines Bescheides von der Unionsregierung 225
- 9. Juli: Deutsche Übergabe vereinbart bei der zweiten Besprechung zwischen Gouv. Seitz und Genl. Botha 225-227

1918 Nov.: Bis zum Kriegsende bleiben die Regelungen des Übergabevertrages vom 9. Juli 1915 unverändert fortbestehen 227
- In London erscheint: „Report on the Natives of South West Africa and their treatment by Germany", das sogen. Blaubuch 126

1919 28. Juni: Friedensvertrag von Versailles: DSWA wird Mandatsgebiet des Völkerbundes 227
- Juli: Etwa die Hälfte der deutschen Bevölkerung von SWA nach Deutschland deportiert, vor allem Beamte und aktives Militär 227

1920 Von Trotha stirbt in Bonn 163
1921 Leutwein stirbt in Freiburg 170
1923 14. März: Tod Samuel Mahareros in Betschuanaland 173
- 23. Aug.: Leiche in Metallsarg vom Ngamisee nach Okahandja gebracht und dort beigesetzt. Jährliche Feiern am ersten Sonntag nach 23. August 173

PERSONEN-, ORTS- UND SACHREGISTER

A

ABAHABIB (Farm bei Grootfontein) 95
ABRAHAM, Hugo (Farmer) 186
ACKERMANN (Farmer) 95
ADAMETZ, Prof. (Wien) 181
AFRIKANER (Stamm der Orlam) 8, 42
AFRIKANER, Jonker (Häuptling) 9, 30, 218
AIAIS (Ort) (Fischfluß) 162
ALBRECHT, Abraham (Missionar) 9, 23
ALBRECHT, Christian (Missionar) 9
AMBO (Volk) 8
AMINUIS (Farm) 108
ANGOLA
36,
213: bei Kriegsausbruch 1914, Naulila
ANGRA PEQUENA — siehe auch LÜDERITZBUCHT
12: Vogelsangs Ausgangspunkt;
13: Landung der „Tilly";
14: Vogelsangs Kaufvertrag mit Joseph Fredericks;
17/18: Erster Besuch von Lüderitz;
18-22: Beschreibung Kapitän Aschenborns;
21: Streit zwischen Lüderitz und Spence;
23/24: Flaggenhissung und Proklamierung des deutschen Schutzes;
25: Waffen für Nama;
27: Eintreffen Dr. Gustav Nachtigals;
30: Verlustreicher Handel für Lüderitz;
33: Büttners und Görings Ankunft;
35;
37: Verhängnisvolle Seereise von Lüderitz;
38: Von DKG umgenannt in Lüderitzbucht (1886).
AOB (Wasserstelle nördl. der Karasberge) 160, 162
ARANDIS (Bahnstation) 220
!AREB 51, 183
ARENBERG, Prinz von (Leutnant) 97,
115 (Prozeß)
ARGENTINIEN 111, 135
!ARIAM 51
ARIDAREIGAS (Pferdeposten) 56
ARIESDRIFT 37
ARIS 58, 221
AROAB 168
ASCHENBORN, H. A. (Leutnant d. R.) 221
ASCHENBORN, R. (Schiffskapitän) — siehe „NAUTILUS"
18-22: Bericht an Reichsregierung

AUASBERGE 56, 59, 202
AUER, Leutnant von 147, 148
AUGUSTA, Fürstin von Lippe
32: Siehe Augustineum
AUGUSTINEUM
32: Gründung 1866 — Spende der Fürstin Augusta von Lippe;
33: An Dr. Göring vermietet als Reichskommissariat 1885;
106: Lehrerausbildung in Otjimbingwe, ab 1900 in Okahandja
AUKAM 157
AUOB (Trockenfluß) 156, 157, 162
AUPLAATS (Burenfarm bei Grootfontein) 95
AUS (Ort)
14,

30: Handelsniederlassung; Kupfer;
31,
37,
62: Siehe Kubub;
185: Gemeindeverwaltung: 1909;
187,
188: An Bahnlinie Lüderitzbucht-Aus staatl. Schürffelder für Diamanten 1908;
201: Bahnbau geplant;
206: Volksschule seit 1911;
209: Vordringen der Unionstruppen aus Lüderitzbucht;
210, 214-215: Verteidigungsvorbereitung und Räumung;
220,
227: Internierungslager
AUUNS (Farm bei Grootfontein) 95

B

BAHNBAU — siehe EISENBAHNBAU
BALLNUSS (Unteroffizier) 44
BAM (Missionar) 14, 28/29
BAM
46: Agent des Waffenschmugglers Lewis
BAMBERGER (Reichstagsabgeordneter) 43
BARMEN
77: Ort am Baiweg (vorher Otjikango)
BASENDOWSKY (Farmer) 95
BASTARDS (Volk) — siehe auch REHOBOTH
47,
53: Vermitteln Frieden zwischen Hendrik Witbooi und Herero 1892;
57: Bündnis gegen Deutsche abgelehnt;
59,
61/62: Frachtwagen von Witbooi überfallen; kein Frachtverkehr Aug. 1893;
63: Teilnahme am 3. Zug gegen Witbooi Sept. 1893;
64: Wasserstelle gegen Witbooi beschützt: Teilnahme am 4. Zug gegen Witbooi;
66,
67: Erhalten Waffen von Göring; François dagegen;
96: Schutzvertrag — Rechtsbestimmungen;
125/126: Mahareros Befehl 1904 und Reaktion;
155,
177,
206,
218-220: Geschichte seit 1850; Anlaß und Verlauf ihres Aufstandes 1915

BAUMANN (Missionshandwerker) 26
BAUSZUS, Major 209, 210, 214-215
BEBEL (Reichstagsabgeordneter) 170
BECK (Feldwebel) 154
BECKER (Farmer) 95
BERGDAMARA — siehe DAMARA
BERGER, C. (Missionar) 120
BERGLAND (Bahnstation) 220
BERLIN
7,
8: Ausbildung Missionar Schmelens;
10: Universität verleiht Miss. Hugo Hahn den Dr. phil. h.c.;
45: 1. Truppe für SWA Mai 1889 zusammengezogen;
80: Obstfarm am Oranje schon in vordeutscher Zeit für Syndikat betrieben (Dr. Bockemayer)
91: Dr. Paul Rohrbach (urspr. Theologe, später Geograph)
141: Truppenverstärkungen zusammengestellt Anfang 1904;
174: Farmerabordnung wegen Kriegsentschädigungsansprüchen Apr. 1904;
193: Fa. Arthur Koppel Auftrag für Otavi-Bahn;

201: Fa. Lenz & Co. baut Lüderitzbucht-Keetmanshoop-Bahn.

BERSEBA
10,
33: Schutzvertrag 1885;
42,
96: Schutzvertrag — Rechtsbestimmungen;
152/153: Witbooi ruft Christian Goliath auf zu rebellieren;
160-162: Von Trotha April 1905 in B.; Proklamation an Hottentotten erfolglos, Zusammenziehung von Truppen;
163/164: Friedensunterhandlungen;
166: Christian Goliath vermittelt Frieden mit Cornelius;
177: Hottentotten von B. behalten ihr Land

BESIEDLUNG
79-96: Von Anfang bis 1904;
113: Fortschritte 1894-1904
176: Von Lindequist fördert Kleinsiedlungen;
177-179: Nach den Aufständen;
201

BETHANIEN
9/10: Die ersten Missionare;
13,
14/15: Vogelsang schließt 2 Kaufverträge mit Joseph Fredericks;
18: Ratsversammlung mit Lüderitz Nov. 1883; die Meilenfrage;
20: Lüderitz berichtet Kapt. Aschenborn über Vertrag;
21: Joseph Fredericks' Geschenk;
27-29: Vogelsang und Nachtigal halten Konferenz mit Namahäuptlingen und schließen Schutzvertrag;
30/31: Handelsniederlassung;
35,
37,

59/60: Laufen Witbooi zu Mai 1893, verlassen sie nach Niederlage bei Naos;
70: François übergibt Truppe an Leutwein;
96: Rechtsbestimmungen;
102: Distriktsamt 1904;
112,
121: Bitte um Reservat; 1899 abgelehnt;
152/153: Witbooi ruft auf zu rebellieren, Unterkapitän Cornelius und die meisten Bethanier folgen;
156: Gefechte;
186: Im ersten Landesrat vertreten durch Farmer Gessert;
195: Regenmessungen

BETSCHUANALAND — BETSCHUANEN
75: Rinderpest;
108: Kath. Kirche missioniert unter den B. bei Aminuis;
165,
168: Simon Koppers Zuflucht;
173: Fluchtziel der Herero nach Waterbergniederlage, Neuansiedlung

BEVÖLKERUNG
8: Bei Ankunft der Deutschen;
101: Etwa 1200 Weiße 1894 im Schutzgebiet

BEYERS, General Christian F. 211

BISMARCK, Graf Herbert von
16: Deutscher Botschafter in London 1883

BISMARCK, Otto von (Reichskanzler)
11,
15: Sein Koloniales Verwaltungsprogramm;
18: Telegramm an deutschen Konsul Kapstadt 24. 4. 1884;
24,
27: Erklärt seine Kolonialpolitik;
31,

32,
39, 42: Verweigert Entsendung von Soldaten;
43/44: Zusammenbruch des deutschen Ansehens in SWA 1888; verwirft Vorschlag, es aufzugeben, aber verweigert der DKG Truppen, Feb. 1889; schließlich Truppen zugestanden
BLUMHAGEN, Dr. (Regierungsrat) 186
BOADICEA (engl. Kanonenboot) 17: Nach Angra Pequena 1883
BÖHMER (Bezirksamtmann) 188
BOHNSTEDT, Otto (Farmer) 186
BOHR (Unteroffizier) 84
BOJANOWSKI, von (Referent im Ausw. Amt) 17
BÖKEMEYER, Dr. (Außenkehr) 80
BONDELS (oder BONDELSWARTS)
48: Schutzvertrag;
68: Hermann Kommissar;
74: Beginnen den Aufstand Okt. 1903;
93: Windhoeker Kompanie gegen aufsässige B.;
117,
123-125: Vorgeschichte, Verlauf des Aufstandes, Friede von Kalkfontein; siehe MORENGA für Anteil am allgemeinen Hottentottenaufstand Okt. 1904-Sept. 1907;
208
BOTHA, Genl. Louis
216: Kommando über Unionstruppen;
219: Unterredung mit Bastardführer van Wyk;
221/222: Besprechung mit Gouv. Seitz an der Giftkuppe;
223: Neuer Vormarsch längs Otavibahn;
225: Waffenstillstand;
226/227: Übergabe der aktiven Schutztruppe an B. und Unterzeichnung des Vertrages
BÖTTLIN, Oberleutnant
102,
125,
137/138
BRAKWATER (Forststation) aufgegeben 113
BRANDT, Heinrich (Farmer) 186
BRANDT, Hermann (Farmer)
234: (Mitglied d. Gouv. Rates)
BREMEN (Jäger) 44
BREMEN (Stadt)
8,
11,
12
BRINCKER (Missionar)
10,
106
BRITS, Genl. Coenrad 223
BROCKMANN (Steuermann) 13
BROLL Einj.-Freiw. 45
BRUHNS (Oberrichter) 186
BUCHARA, Emir v. 180-182
BUDLER (Missionar) 9
BÜLOW, von (Vertreter d. Gouvernments 1892)
66,
68
BÜLOW, von (Reichskanzler) 168/169
BUREN
34: Einwanderung aus Transvaal;
36: Dorslandtrekker lassen sich in Grootfontein nieder;
51: Hendrik Witbooi als Bedrohung vorgehalten;
84/85: Mögliche Siedler;
93: Viele auf Farmen im Süden 1903;
94: Niederlassung 1895 bei Grootfontein;
104: Schulen zur Eindeutschung;
104/105: Besondere Wünsche für Schulen; Vertrag 1902;

106: Eigene Schulen 1903;
125/126: Im Aufstand 1904 geschont;
208: Abtransport aus 50 km Streifen am Oranje 1914;
209 und 211-212: Burenaufstand im 1. Weltkrieg
BURGSDORFF, Henning von (Premierleutnant)
71: Aufsicht über Witbooi in Gibeon;
93,
102: Bezirksamtmann;
151: In Mariental von Salomon Saal erschossen
BUSCH, Adolf 234
BÜTTNER, Dr. (Missionar)
32/33,
35/36,
106/107

C

CAPRIVI, v. (Reichskanzler)
53,
66,
69
CARNARVON (Ort i. d. Kapprovinz)
109: Hermann kauft hier Merinoschafe und Angoraziegen für Versuchsstation Kubub
CHAMASIS (Ort westl. von Berseba) 166
CHRISTI (Engländer) 97
CHRISTIAN, Albrecht (Kapitän der Bondels) 124
CHRISTIAN, David (Namahäuptling in Bethanien) 9
CHRISTIAN, Johannes (Häuptling der Bondels)
162: Friedensunterhandlungen: Verwirrung (Leutn. v. Trotha erschossen)
167: Frieden von Ukamas

CHRISTIAN, Willem (Namahäuptling in Warmbad)
33,
70,
123/124
CLAASEN (Ansiedler) 97
COETZEE, Reynier (Farmer)
37-38: Warnt Lüderitz vergeblich vor Seereise
CORNELIUS (Namaunterkapitän in Betahnien)
153: Aufsässig Okt. 1904;
155: Erfahrener Kleinkriegführer;
161-163: Gegen von Trotha;
165-166: Endkampf März 1906
CORNELIUS (Häuptling der Damara in Franzfontein) 30, 73, 130
CONRAD (Farmer und Dichter) 119

D

DAMARA (Volk)
15, 48, 61, 73, 79, 125/126, 177
DAMARALAND 43/44
DAMASCHKE (Bodenreformer) 179
DAME, Oberst 163
DANNERT 51
DANNERT (Missionar) 129
DAVID, Christian (Namahäuptling in Bethanien) — siehe CHRISTIAN, David
DAVID (Hererohäuptling am Waterberg) 94
DECKERT (Farmer) 95
DEIMLING, Oberst von
125,
144: Führt eine von 6 Abteilungen am Waterberg;
148: Nimmt am 11. Aug. den Paß von Omuwerumue;
149: Dringt durch nach Hamakari;
155: Führer im Süden, rettet Kub;
156: Siege über Witbooi, Morenga und Bethanier;

156-160: Bewegungen gegen Witbooi und Morenga;
160/161: Vorbereitungen gegen Cornelius von Bethanien;
163: Trothas Nachfolger;
164,
165: Im Reichstag wegen Verlängerung der Bahn;
167: Richtet 1906 Verfolgungsabteilungen ein im Süden
DELAREY, General 211
DE PASS, SPENCE & CO. (Firma) siehe SPENCE
DERNBURG, Dr. (Kolonialsekretär)
96: Sieht DSWA als großes Produktionsgebiet;
170,
184/185: Rede im Reichstag;
185-187: Mehr Selbstverwaltung in Praxis durchgeführt;
190: Diamantenpolitik;
202
DE TUINE (am Oranje) 218
DEUTSCHE KOLONIALGESELLSCHAFT FÜR SÜDWESTAFRIKA (abgek. DKG)
31/32: Kauf von Lüderitz' Besitz;
43/44: Bittet Bismarck um Schutz;
67: Bergbaurechte;
81/82: Landwirtschaftl. Station Kubub;
62: Kubub vernichtet (1893);
87: Tut wenig für Besiedlung;
187: Alleinrecht der Diamantenförderung — 1911
DEUTSCHER KOLONIALVEREIN (auch GROSSE DEUTSCHE KOLONIALGESELLSCHAFT genannt)
12: Gegründet 1882;
82-88: Siedlungsarbeit
DEUTSCHLAND
11: Erste Verbindung mit SWA;
25: Besitznahme begrüßt

DEVENTER, Genl. J. L. van 217
DIAMANTEN (siehe auch LÜDERITZBUCHT) 187-193
DIAZ-Spitze 13, 21, 23
DIEHL (Missionar) 35, 43, 122, 172
DIEPDAAL (Swakop) 62
DIERGAARD, Hans (Bastardführer) 57
DIETRICH (Unteroffizier) 44
DINTER, Dr. K. (Botaniker) 113
DORISIBSCHLUCHT (S/W Hornkranz) 64
DÖRK (Unteroffizier) 45
DORPAT 91
DORSLANDTREKKER 36

DOVE, Dr. Karl (Berliner Privatdozent, 1. Beschreibung von DSWA) 83, 84
DRECHSLER (Schriftsteller, DDR) 12, 39
DRINKUTH, Hans (Regierungslandmesser) 203
DUFT (Bergreferendar)
39: Mitglied der 1. Bergbehörde;
56,
66: Vertreter der deutschen Behörde bei SWA Co.;
98: Kaiserlicher Richter im Nebenamt;
100,
101: Bezirksamtmann Keetmanshoop;
102: Bezirksamtmann Windhoek;
127: Versuch, Maharero vom Aufstand abzuhalten
DUNCAN (Händler) 41, 51, 58, 67
DÜRR (Oberst) 135
DÜRR (Ansiedler) 97
DYERS (Kaufmann in Bremen) 27

E

EGGERS (Leutnant) 64, 234
EICH (Missionar) 43, 76, 94, 122
EILERS (Ansiedler) 119
EISEB (Fluß im Sandfeld) 150

EISENBAHNBAU
  66: South West Africa Co. untersucht Strecke Swakopmund-Otavi;
  77/78: Windhoek-Swakopmund;
  113,
  144/145: Otavibahn;
  165/166: Aufschieben des Bahnbaues Lüderitzbucht-Keetmanshoop;
  172/173,
  193/194: Swakopmund-Omaruru-Tsumeb;
  197-203,
  216: Swakopmund-Walfischbucht

„ELISABETH" (deutsches Kriegsschiff) 23
ELISENHEIM (Farm) 175
ENGELBRECHTEN, von (Militärschriftsteller) 142
EPUKIRO (Farm) 108, 115, 135
EPUKIRO (Fluß) 150
ERCKERT, Hauptmann von
  167/168: Leiter des Expeditionskorps gegen Franzmannhottentotten (Simon Kopper)
ERDMANN, F. (Rechtsanwalt, Windhoek) 92/93, 174, 234
ERHARD, O. (Farmer) 174
ERINDI-ONGOAHERE (am Waterberg) 144
ERNST, Prinz von Schöneburg 32
ESCHSTRUTH, Dr. von (Bez. Amt Keetmanshoop) 102
ESTERHUYSE, Dr. (Archivar, Windhoek) 5

ESTORFF, Ludwig von (Hauptmann/Major)
  74: Sieg über Hottentotten;
  105,
  131/132: Westabteilung;
  136,
  137-139: Oviumbo;
  141, 144, 146-149: Am Waterberg;
  162: Gegen Witbooi;
  164: Oberbefehlshaber; Verlegung des Gefangenenlagers;
  166: Besiegt Morenga;
  238: Foto
ESTORFF †, von (Leutnant, Onganjira) 136
ETOSCHAPFANNE 75, 110

F

FABRI, Dr. (Missionsinspektor) 11, 12
FALKENHAUSEN, von (Farmfrau) 104, 119, 127
FALKENTHAL (angest. v. Lüderitz) 24
FELDSCHUHORN (Farm) 80
FELIX (Husar) 45
FELLING (Missionshandwerker) 26
FEYTON (Engländer) 97
FIEDLER, von 144, 147, 149
FISCHEREI
  21: Von Lüderitz 1884 schon geplant
FISCHFLUSS 109, 161
FORD (Agent) 46
FORKEL, Dr. (Rechtsanwalt, Keetmanshoop) 99, 186
FRANÇOIS, Alfred von (Bruder von Curt) 49-52, 107
FRANÇOIS, Curt von (Hauptmann)
  44: Kommandeur der ersten Schutztruppe;
  45: Trifft Truppe in Teneriffa; Marsch nach Otjimbingwe;
  49: Stellvertr. Reichskommissar, Landeshauptmann;
  49-70: Amtszeit in DSWA;
  65/66: Kritische Würdigung;
  67/68: Gegen Waffenlieferung;
  69: Unzufriedenheit;
  70: Übergibt Befehl an Leutwein — Verdienste;
  81: Unvermögen, Witbooi schnell zu unterwerfen;

85: Lehnt Buren als Siedler ab;
FRANÇOIS, Hugo von (Leutnant) 44, 49-53, 59, 65, 70, 128
FRANKE (Hauptmann/Oberstleutnant)
102: Bezirksamtmann in Omaruru;
125: Nach Süden gegen die Bondels;
129: Gewaltmarsch zurück nach Windhoek; Okahandja befreit;
130: Entsatz von Omaruru;
137-139: Gefecht von Oviumbo;
174,
209: Beteiligt am Sieg bei Sandfontein 1914;
213/214: Strafzug nach Naulila;
219: Bastardaufstand;
224: Juni 1915 Aufruf an Schutztruppe
FRANKEN, Curt (Vertreter des DKG) 43
FRANKE (Angesteller von Lüderitz) 13, 14, 24
FRANZFONTEIN (Quelle, Hottentottenreservat) 73
FRANZMANNHOTTENTOTTEN
70: Leutwein unterwirft sie: Schutzvertrag 1894;
156: Beteiligung mit Witbooi am Aufstand Okt. 1904;
167-168: Letzte Widerstandsgruppe im Hottentottenkrieg
FREDERICKS, Daniel (Stammesrichter in Bethanien) 14
FREDERICKS, Joseph (Namahäuptling in Bethanien)
14: Kaufvertrag betr. Angra Pequena;
14/15: Zweiter Kaufvertrag betr. Küstenstreifen;
18: Besprechung mit Lüderitz;
20,
21: Entscheidet Streitfrage mit Spence zu Gunsten von Lüderitz;
23,
27-29: Unterhandlung mit Nachtigal: Namaland deutsches Schutzgebiet;
30
FREDERICKS, Paul (Namahäuptling in Bethanien) 152/153
FREY, Dr. K. (Schulinspektor) 203
FRIEDRICH (Pioniermajor, Brückenbau in Swakopmund) 78, 140
FRIELINGHAUS (Bergassessor) 39, 67
FRITZSCHE, Dr. (Justizrat, Windhoek) 186
FUCHS, Dr. 102
FUCHS (Sergeant) 137-139
FÜRSTENWALDE (Regierungsfarm bei Windhoek) 180, 181

G

GAMMAMS (Bakt. Laboratorium) 184
GAMSBERG 41
GANAS 150
GARIS 220
GÄRTRINGEN, von — siehe HILLER von GÄRTRINGEN
GARUP (in den Karasbergen) 160, 214
GAUB (Missionsfarm) 95
GEINAB 168
GERBER, Dr. (Forstbeamter) 113
GERDING (Oberleutnant) 199
GESSERT, Ferdinand (Farmer)
80: Farmbetrieb (Dammbau);
184,
186: Mitglied des ersten Landesrates;
195/196: Dammbaupionier
GHAUB 225
GHOABRIVIER 64
GIBEON (Sitz von Hendrik Witbooi)
33: Kein Schutzvertrag;
40,

42: Rhein. Mission gibt Station auf;
47: Dr. Göring bittet H. Witbooi, nach G. zurückzukehren;
70: Militärstation;
71: Den Witbooi als Wohnsitz angewiesen;
76,
102: Bezirksamt;
104, 206: Schule 1900 gegründet;
109: Deutsch-Südwestafrikanische Schäfereigesellschaft (Gibeon);
153/154: Zu Beginn des Hottentotensufstandes;
156: Deimlings Hauptquartier;
160: Besatzung;
162: Witbooi zurück aus Kalahari;
164: Strafvollzug;
176: Entschädigung;
178/179: Grundstückspreise 1908;
186: Apr. 1910 vertreten durch Voigts und Wehle;
187: Vergebliche Diamantensuche;
195: Regenmessungen;
217: Deutscher Rückzug aus dem Süden von Unionstruppen überrumpelt;
221
GIFTKUPPE (zwischen Omaruru und Karibib) 221-222
GLASENAPP, Major von 131, 132-135
GOBABIS
7,
74: Khauashottentotten belagern G.;
75,
85,
102: Militärdistrikt;
119,
122: Reservatgründung verhindert;
131/132: Ostabteilung gegen Herero;
178/179: Bodenpreise 1908;
186: Apr. 1910 vertreten durch Farmer Abraham;
195: Regenmessungen;
203: Bahnbau von Windhoek durch 1. Weltkrieg verhindert;
221
GOCHAGANAS (Farm) 221
GOCHAS (Missionsstation) 42, 70, 96, 153, 156, 157, 168
GODEFFROY (Hamburger Handelsfirma) 15
GOLD — siehe MINERALIEN
GOLDAMMER, von (Polizeimeister) 36, 46, 100
GOLIATH, Christian (Namahäuptling in Berseba) 28, 152/153, 166
GÖRING, Dr. H. E.
32,
33: Als Reichskommissar nach SWA 1885;
35/36: Schutzverträge und sehr günstiger Bericht an Bundesrat;
38: „Goldriff";
42/43: Verliert allen Einfluß bei Herero, flieht nach Walfischbucht;
45,
47: Konferenz mit Herero, Schutzvertrag erneuert;
48: Letztes Auftreten in SWA — Beurteilung;
67: Waffenlieferungspolitik;
81,
107
GÖRING, Hermann (Sohn v. Dr. G.) 33
GÖTZ, August (Direktor der Otavibahn) 186
GRASPLATZ (Baiweg) 210
GRIQUAS (Volk) 59
GROOT-DODEN (Namastamm) 42
GRÜNER (Hauptmann) 168
GROOTFONTEIN
36: Dorslandtrekker;
73: Militärstation;
81,
93-96, 112: Mehrere Besuche Dr.

P. Rohrbachs: Ackerbau auf Regenfall möglich;
96, 112, 114, 130: Vom Heroaufstand verschont;
102,
104, 206: Schule seit 1901, Burenkinder überwiegend;
110: Schaf- und Angorazucht erfolglos;
174: Farmer besprechen Kriegsentschädigung;
186: Im ersten Landesrat vertreten durch: Prion (bereits im Gouv. Rat)
195: Regenmessungen;
201: Schmalspurbahn Otavi-G.;
221: Gouvernment weicht am 1. 5. 1915 aus nach G.;
224: Deutscher Kommandostab seit 21. 6. 1915 auf Otavi, G. und Tsumeb verteilt;
225: Von Unionstruppen besetzt;
227: Gouv. Seitz in G.
GRÜNWALD (Farmer) 95
GUANO 16
GUIGAB (Farm) 95
GUNTSAS (Farm) 95
GURUMANAS (Wasserstelle) 55, 57, 58, 60, 64
GÜTH (Farmer) 95
GYGAS (Kapitänleutnant) 130-131

H

„HABICHT" (Kanonenboot) 130/131
HADDY (Missionar) 9
HAGEN, Frl. von (Kleinsiedler) 84
HAHN, Hugo (Missionar) 9, 10, 25/26, 32
HAHN, Samuel (Missionskolonist) 10
HAHN, Dr. Theophilus (Sohn des Samuel H.) 12-13
HAHNE (François Truppe) 45
HAIBIB, Piet (Häuptling der Topnaars) 30

HAIFISCHINSEL (bei Lüderitzbucht) 164, 166
HAIGAMAS (Farm) 221
HÄLBICH, Eduard (Missionshandwerker) 26, 127
HAMAKARI (Farm u. wichtige Wasserstelle) 145-149: Entscheidungskämpfe am Waterberg
HAMMACHER, Friedrich (Reichstagsabgeordneter) 31, 69
HANSEMANN, Geheimer Kommerzienrat von 31, 193
HARIS (Farm) 55, 83, 92
HARTEBEESTMOND (am Oranje) 166
HARTMANN, Dr. Georg (SWA Co.) 94, 193
HARTMANN (Farmer) 95
HASENCLEVER (Industrieller) 25
HATSAMAS (Polizeistation) 128
HAUSSDING (Batterie) 211-212
HEGNER (Missionar) 41
HEIDMANN (Missionar) 60, 218
HEIGAMKAB/Swakop (Militärstation) 69
HEIM (Soldat) 45
HEINARICHABRIVIER 195-196
HEIRACHABIS (bei Ukamas)
HELDT (Ansiedler) 119
HELLBERG (Grenadier) 44
HELLER (Sergeant) 44
HENDRIK, Hans (früherer Kapitän der Witbooi) 164
HENSEL (Abteilung) 220
HERBIG (Kapitän z.S.) 24
HERERO (Sprache) 10

HERERO (Volk)
8: Bei Ankunft der Deutschen;
9,
13,
35: Schutzvertrag;
40,

267

43: Deutsche Herrschaft verworfen Okt. 1888;
45,
46,
47: Schutzvertrag erneuert;
54: Herero-Witbooi Gegensatz;
57: H. Witbooi Bündnisangebot;
62,
68: Dr. Göring liefert Waffen;
72/73: Leutwein erreicht Anerlennung deutscher Herrschaft;
76: Rinderpest;
79,
96: Rechtsstreit mit Weißen;
113-117: Ursachen des Aufstandes 1904; 174;
117-123: Land- und Reservatsfrage;
125-150: Aufstand;
168-173: Beendigung desselben;

HERMANN, Ernst (Landwirt, ehem. Premierleutnant)
62, 81: Leiter der landwirtschaftl. Station der DKG auf Kubub, Flucht vor Witbooi;
63: Verläßt SWA, kehrt später zurück;
68: Vertritt Kommissar;
69,
82,
108/109: Untersucht Farmerei in SWA
HEUSIS (Farm, Khomashochland) 184
HEYDE, von der (Abteilung, Waterberg) 144, 146, 148, 149
HEYDEBRECK, von (Leutnant-Oberstleutnant)
63: Landung 23. 8. 1893;
64: Führt Haupttruppe gegen Witbooi;
186: Beamtetes Mitglied des ersten Landesrates;
211: Schließt mit Maritz Übereinkommen;

213: Tod des Kommandeurs d. Schutztruppe Oberstl. v. H.
HEYN (Gastwirt) 86
HILL (Engländer) 79
HILLER von GÄRTRINGEN, Hauptmann Freiherr 219
HINTRAGER, Dr. O. (Referent beim Gouvernment) 5
HIPPER, Franz (Seekadett) 24

HIRSCHBERG, Dr. (Bezirksrichter) 187
HOACHANAS (Ort, Rote Nation Reservat)
33,
40: Sitz der „Roten Nation";
42,
85: Keine Großfarmsiedlung;
120/121: Reservat;
153,
155
HODKINS (schottischer Bergmann) 37
HOHENLOHE, Fürst Hermann zu 82
HOHEWARTE (Farm u. Polizeistation) 128, 220
HOLZAPFEL (Miss., Bautechniker) 120
HONS (südlich von Seeheim) 195-196
HORNKRANZ
41: Lagerplatz von Hendrik Witbooi;
51,
54-56: Überraschungsangriff auf H. d. v. Fraŋois;
57: Zweiter Angriff;
58: Besetzt mit 27 Mann;
60: Besatzung entzogen;
63: Dritter Zug gegen Witbooi;
64: Bereits verlassen bei Angriff auf Witbooi
HÖPFNER, Dr. 25, 26, 30, 218
HÖPFNER (Siedler) 83
HOREBIS (Swakop) 64

HOTTENTOTTEN — siehe auch
NAMA 8, 40, 61, 177
HUTUP (Fluß) 156
HUTTON 51

I

INACHAB (Farm) 80
ISAAK, Jacobus (Namahäuptling)
28, 30
ISAAK, Samuel (Unterhäuptling in Berseba)
33: Schutzvertrag mit Büttner;
50: Dolmetscher bei Hendrik Witbooi;
54/55: In Windhoek;
57: Von H. Witbooi zu Herero geschickt;
151,
163-164: Frieden mit Deutschen, von Gouv. Lindequist ermahnt, auf Haifischinsel gefangengehalten
172
ISELIN (Bergingenieur) 37

J

JÄCKEL (Schriftsteller) 12
JAHN (Ulan) 45
JAKALSWATER 78, 198, 199, 216
JÄNICKE (Pastor) 8
JANTJE (Hottentott) 97
JERUSALEM (nördl. Kaprov.) 212
JOBST (Leutnant, Warmbad)
102, 124
JOHANNES (Herero) 127
de JONGH (Passagier der „Tilly") 13
JONKER, Jan — siehe AFRIKANER, Jonker
JONKER (Hottentotten) 48
JORDAAN, Will Worthington (Händler, Dorslandtrekker) 36, 94
JOUBERT (Farmer) 95
JUNKER (Landrentmeister)
91, 175

K

KAGENECK, Graf von (Oberleutnant)
102
KAHIKETA (Hererohäuptling) 74
KAHIMEMA (Häuptling der Ostherero)
73, 74, 119
KAIN, Willi (Hererobastard) 115
KAISER (Hauptmann) 75
KAISER-WILHELM-BERG (Okahandja) 129
KAJATA (Unterhäuptling der Ostherero) 119, 136
KAKAMAS (Ort) 212-213
KALAHARI
7, 36, 65, 79, 158, 162, 167-168
KALKFELD (Ort) 221, 223-224
KALKFONTEIN (heute KARASBURG)
125: Friedensschluß;
156, 167, 202, 213
KALLWEIT (Gefr.) 44
KALTENHAUSEN b. Karibib 220

KAMAHERERO (Häuptling der Herero)
25: Lüderitz sucht Annäherung;
29: Vogelsang freundlich empfangen;
34: Annäherung an Kapregierung scheitert;
35: Schutzvertrag mit Göring;
40: Befehl, alle Hottentotten zu ermorden (1880);
43: Verwirft deutsche Herrschaft;
46: Opponiert von Häuptling Manasse;
52/53: Schließt mit Witbooi Frieden.
KAMAURU (Herero) 97
KAMBAZEMBI (Hererohäuptling)
66, 76, 94, 98, 114, 171
KAMBONDE (Ovambohäuptling)
36
KAMERUN 27

KAMPINGANA (Ovambohäuptling) 36
KAMPTZ, von (Offizier) 160
KANIS (südlich von Bethanien) 166
KAOKOVELD 8
KAP FRIO 25
KAPLAND — KAPKOLONIE
109, 111, 112, 165, 179, 202, 211
KAPSTADT
12, 13, 17, 19, 35, 59, 80, 199, 208, 209
KARASBERGE
79, 124, 125, 153, 154, 156, 159-160,
162, 165, 166
KARASBURG — siehe KALKFONTEIN
KARIBIB
78,
102: Distriktsamt;
104, 206: Volksschule seit 1903;
121/122: Reservatsfrage im Norden;
185: Gemeindeverwaltung;
186: Im 1. Landesrat vertreten durch Bohnstedt;
199/200,
216: Unionsübermacht rückt am 20. 3. 15 gegen K.;
221: Bahnlinie besetzt;
222
KARIKO, Daniel (Unterhäuptling der Herero) 126
„KARL WOERMANN" (Dampfer) 53
53
KAUKURUS (Farm) 108
KAYATA (Hererohäuptling) 118
KECKER (Oberleutnant, Eisenbahnbau) 199
KEETMANSHOOP
41: Wohnort von Duncan;
67: Militärposten bis Jan. 1892;
77,
80,
101/102: Etwa 1894 Bezirksamt;
104, 206: Volksschule seit 1901,
Burenkinder überwiegend;
124: Bondelaufstand;
125,
153: Allgemeiner Hottentottenaufstand; Verstärkung von 300 Reitern;
159,
160: Nach Morengas Vertreibung Besatzung in K. u. a. Orten;
161: Verkehr Baiweg 1905 bedroht;
165: Verlängerung der Bahn von Kubub bis K. 1906 verweigert;
167,
176: Entschädigungskommission;
179: Grundstückspreise;
185: Gemeindeverwaltung;
186: Vertreter im 1.Landesrat Forkel, Wittmann, Merensky, Eisenbahnbau Windhoek-K. Besprechungspunkt;
195: Regenmessungen;
202: Bahn von Lüderitzbucht erreicht K. (1908);
203: Bahnbau nach Windhoek (1912);
215: Unionstruppen erreichen K. am 19. 4. 1915;
234: Wittmann ernannt als Mitglied des Gouvernmentsrates
KEHORO (am Nossob) 132
KEIMOS (Ort) 211, 212
KEISTER (Namaunterhäuptling) 50
KEMP, Oberst Jan 211
KHANFLUSS 199
KHAN (Station) 199
KHANTAL 78, 199
KHARASKOMA-SYNDIKAT 123/124
KHAUAS-HOTTENTOTTEN —
siehe NAMA (Sprache)
KHOMASHOCHLAND 83, 85, 227
KHORAB (a. d. Bahn n. Tsumeb)
183, 209, 225
183: Übergabe;

209, 225
KICHERER (Missionar) 8
KIMBERLEY 50, 187
KINDT, Rudolf (Farmer, Omaruru) 186
KIRCHNER 160
KIRSTEN, M. 174
KLEIN-NAUAS (Farm) 221
KLEINSCHMIDT (Missionar) 9
KLEIN-WINDHOEK — siehe WINDHOEK
KLIEFOTH (Hauptmann) 102
KLIPPDAMM (Ort) 206
KLISSER, Louis u. William (Passagiere der „Tilly" 1883) 13
KLOPPER (Farmer) 182
KNUDSEN (Missionar) 9
KOANTSAS (Farm bei Grootfontein) 95
KOBLENZ (am Omuramba) 135
KOCH, Prof. Robert (Rinderpest) 75
KÖES (Ort) 156, 157
KOGOE (b. Upington) 212
KÖHLER (Assessor) 49, 65, 74, 98, 100
KOHLSTOCK, Dr. (Tierarzt) 76
KOKERBOOMNAUTE (südl. v. Gibeon) 195-196
KOLMANSKUPPE (Bahnstation) 187, 210
KOLONIALGEDANKE 12, 38
KOLONIALRAT 116-117
KÖNIG, Dr. Harry (Marinegeneralarzt) 23
KONINTSAS (nördl. von Mariental) 195
KOPPEL (Baufirma) 145, 193
KOPPER, Simon (Häuptling der Franzmannhottentotten)
70: Schutzvertrag mit Leutwein;
153: Schließt sich dem Hottentottenaufstand an;
158: Niederlage bei Swartfontein;
167/168: Noch im Felde in der Kalahari; März 1908 Flucht nach Betschuanaland (siehe Hauptm. von Erckert)
KOPPY, Hauptmann von
124: Entsetzt Warmbad Okt. 1903;
153,
160
KREBS (Händler) 74
KREFT (Missionar) 10
KREMER (Missionar) 95
KREPLIN, Emil (Bürgermeister von Lüderitzbucht 1910) 186
KRÖNLEIN (Missionar) 10
KRUMHOEK (Farm südl. Windhoek) 179-180
KRUNEGER (aus Togo) 78
KUB (Ort) 155/156, 160, 206
KUBAS (Bahnstation) 217
KUBUB (landwirtschaftl. Station der DKG)
30,
62,
81/82: Gründung und Bedeutung;
108/109: Experimente mit Wollschafen und Angoraziegen;
165,
201
KUHLMANN (Missionar) 136, 172
KUHN, Dr. med. (Militärarzt) 76, 95, 129
KÜHN, Prof. (in Halle) 181
KUHN (Zivildistriktschef) 102
KUIBIS (Ort) 196
KUISEB (Fluß) 56
KUNENE 7, 8, 66, 198, 203
KUPFER — siehe MINERALIEN
KURIEB (Hottentott) 97
KUSSEROW, Heinrich von (Legationsrat) 27

L

LAGOS (Westafrika) 11
LAHNSTEIN (Angest. v. Lüderitz) 13, 27
LAMBERT, Christoph (Bethanier) 161-162
LAMPE (Leutnant) 63, 64
LANG (Missionar) 118, 119
LANGE, Friedrich (Photograph in Windhoek)
LANGKLIP (Ort) 168
„LEIPZIG" (Kriegsschiff) 23
LENGERKE (Abteilung) 157/158
LENZ & Co. (Eisenbahnbau) 201
LEONHARD (Herero) 97
LESSER, Richard (Brief v. Lüderitz) 30/31
LETTOW-VORBECK, von (General v. L. i. Ostafrika) 206
LEUTWEIN, Paul (Sohn des Gouverneurs) 137-139
LEUTWEIN, Theodor (Major)
69-96: Verwaltungszeit 1894-1904;
81: Öffnet Weg für Besiedlung;
87: Siedlungspolitik;
94,
97: Todesurteile von 1894-1904;
98, 115: Ungerechte Rechtsprechung Grund zum Aufstand
115-117: Vergeblicher Kampf gegen Kredithandel;
118-123, 143: Reservate;
124/125: Waffenkontrolle bei Bondels unmöglich, Aufstand, milde Friedensbedingungen Jan. 1904, zugleich Anfang des Hereroaufstandes;
126,
131: Feb. 1904 Leitung der Operationen;
132,
124/135: Kampfkraft der Herero unterschätzt; Bildung der Hauptabteilung — Verzögerung;
136: Angriff auf Onganjira;
137-139: Gefecht von Oviumbo, Rückzug — Kritik;
140/141: Vorbereitung zur Entscheidung am Waterberg;
142: Kommandowechsel;
150/151, 170/171: Gouverneur;
198,
218
LEWIS, Robert (Händler)
25: Versucht, Herero unter Kapschutz zu bringen;
34: Freund von Kamaherero;
42: Schürt Unzufriedenheit der Herero mit Deutschen;
43: Görings Konferenz mit Herero, L. gewinnt Oberhand;
45-47: Instruktion an François betr. L.; Ausweisung und Ende
LICHTENBURG (Ort) 211
LICHTENSTEIN 209-210
LIEBERT (Oberst) 69

LINDEQUIST, Friedrich von (Assessor, Richter, Gouverneur)
98: Folgt Köhler als Richter;
101: Steht 2 Bezirksämtern vor;
103: Gründung der 1. Schule;
164: Ansprache an die Hottentotten;
170-173: Gouverneur 1905, neue Politik gegen Herero, Proklamation;
173: Schwierige Lage bei Amtsantritt (Nachfolger v. von Trotha)
176,
180-182: Einführung von Karakulschafen, eigener Bericht

LIPPE, Fürstin Auguste von 32
LIPPERT (Konsul, Kapstadt) 17, 18, 23
LODES (Farmer) 95
LOMBARD, S.G. (Kommandant) 94
LONDON 8, 66

LONDONER MISSIONSGESELL-
SCHAFT 8-9
LONGKLIP (Ort) 212
LÖSCH (Oberleutnant) 213
LÜDERITZ, Adolf
11-25: Erwerbungen im Süden; Reichsschutz;
25: Nähert sich den Herero;
27: Unterhandlungen mit Bismarck;
29: Mißverständnis wegen „Meilen" in Grundkaufvertrag;
36-38: Letzter Besuch und Tod;
81: Übergibt Landrechte 1886 der DKG;
LÜDERITZ, August 25/26
LÜDERITZBUCHT — siehe auch ANGRA PEQUENA
7: Regenfall;
38: Namengebung;
62,
101,
153: Verstärkungen für den Süden; Landungseinrichtungen;
161: Bethanier bedrohen Baiweg;
165, 201/202: Bahnbau;
185: Gemeindeverwaltung;
186: Im 1. Landesrat vertreten durch Stauch, Weiss und Kreplin 1910;
187-189: Diamanten, Gewinnung, kaiserliche Bergverordnung;
190-193: Dr. Rohrbach; Diamantenregie;
205,
206: Volksschule seit 1908;
208, 209: Beginn der Feindseligkeiten zwischen S.A. Union und DSWA 1914, Besetzung;
209-210: Kriegsgeschehen an der Bahnlinie;
234: Busch Mitglied des Gouvernmentsrates;

LÜDERITZLAND 30
LUDWIG, John (Händler, Kl. Windhoek, Ludwigslust) 83, 84
LUKAS (Gefr.) 44
LUKIN (Brigadegeneral) 226
LUSSIE (Farmer) 95
LUTSPUTS (Ort, Kapprovinz) 212

M
MAHARERO, Frederik (Sohn von Samuel) 159
MAHARERO, Samuel
57: Hendrik Witboois Bündnisangebot;
63: Und Aufforderung, Deutsche zu ermorden;
66: Erhofft Stärkung seiner Oberhäuptlingsstellung durch François;
72/73: Leutwein festigt deutschen Einfluß, bewirkt Anerkennung der Ostherero;
94,
98, 114: Brief an Leutwein über Gründe zum Aufstand;
121/122,
125/126: Aufstandsbefehl; Niederlage erwartet;
136: Onganjira — Rückzug Oviumbo;
140: Sammeln am Waterberg;
159,
169: Trothas Proklamation vom 2. 10. 1904;
173: Stirbt 1923 am Ngamisee;
174;
MAHNERT 51
MALINOWSKY, Pater (Miss. Station Heirachabis)
162: Friedensunterhandlungen mit Morenga
MALTAHÖHE 102, 178, 206, 220
MANASSE (Hererohäuptling in Omaruru) 35, 46, 171

MANASSE (Namahäuptling der Roten Nation in Hoachanas) 33, 153
MANNING (Major, Engl. Magistrat in Okahandja) 34
MANSFELD (Direktor der Kolonialgesellschaft) 186
MÄRCKER (Major) 202
MARIENTAL
151: v. Burgsdorff erschossen, Okt. 1904;
186: Im 1. Landesrat vertreten durch Brandt; vorher im Gouvernmentsrat;
195: Größter Damm auf Voigtsgrund
MARITZ, Manie (General) 211-212
MBARATJO (Hererohäuptling) 119

MEIBURG (Reiter) 84
MEISTER (Major) 156-158
MERENSKY, Dr. Alexander (Leutnant d.R. u. Rechtsanwalt i. Keetmanshoop) 102, 124, 186
MERKEL (Farmer) 95
METZ 33
MEYER (Bur) 61
MICHAEL (Hererohäuptling) 129
MINEN — siehe MINERALIEN
MINERALIEN
12/13
21: Hauptaugenmerk von Lüderitz;
25: Kein Kupfer im Süden;
30: Lüderitz schickt 3 Expeditionen aus;
35: Minengesellschaften erhalten Konzessionen;
37: Lüderitz sucht selbst nach Mineralien;
38/39: Betrüger Stevens findet „Gold";
66/67: Bergbauangelegenheiten unter François;
79: Lüderitz in Erwartungen enttäuscht;
96,

108/109: DKG hat wenig Hoffnung;
186: Dernburgs Diamantenpolitik;
187-193: Diamanten im Süden;
193-194: Kupfer in Tsumeb
MIQUEL (Oberbürgermeister von Frankfurt a.M.) 31
MISSION
8-11: Erste deutsche M. 1814-1880;
106-107: Schule für Eingeborene;
107-108: Rhein. Mission — Beziehungen zur Verwaltung;
108: Kath. Mission;
118: Besorgnis wegen Landverlust, Reservate vorgeschlagen;
120: Vertrag der Rhein. Mission mit Witbooi;
125/126: Maharero befiehlt Schonung;
168/169: Friedensvermittlung von Trotha abgelehnt, Reichskanzler greift ein;
171/172: Aufsicht der Aufnahmelager
MITTELSTÄDT (Farmer) 175

MORENGA, Jakob (Kapitän der Bondels in Warmbad, Hererobastard)
153: Aufstand 1903, Flucht, Räuberbande in Karasbergen;
154: Lebenslauf;
155: Erfahrener Kleinkriegführer;
156: Gefechte bei Warmbad;
159-160: Kämpfe bei Aob, Garup, Narudas;
162: April 1905 wieder kampffähig, Friedensunterhandlungen;
166-168: Letzte Kämpfe und Ende i. d. engl. Kalahari

MORHENNE (Unteroffizier, Hafenmeister Lüderitzbucht) 68
MOSSOLOW, Dr. N. 49
„MÖWE" (Kanonenboot) 27, 29

MÜHLENFELS, Major von
147/148: Kampf um die Wasserstelle Hamakari;
149,
150
MÜLLER (oder MUELLER, Oberleutnant) 144, 146, 147
MÜLLER, Dr. Hendrik (Burengesandter S.A.R. im Haag) 104
MÜLLER, Peter (Bürgermeister von Windhoek) 186, 234
MUNSTER (Deutscher Truppenübungsplatz) 143
MYBURGH, Genl 223

N

NABASDRIFT 37
NACHTIGAL, Dr. Gustav (Arzt, Forscher, Diplomat)
26: Kaiserl. Generalkonsul;
27: Lebenslauf;
28/29: Schutzvertrag mit Namas in Bethanien
NAGUSIB (Farm b. Grootfontein) 95, 130
NAKOP 208
NAMA (Hottentotten) 8, 9, 66, 125/126
NAMA (Sprache) 10
NAMALAND — siehe NAMAQUALAND
NAMAQUALAND 12, 69
NAMIB 7, 41, 79, 153, 155, 165
NAMUTONI Polizeistation (9. Okt. 1904 Überfall d. Ovambos auf) 130, 223, 225, 240
NAOS 58, 60
NAPOLEON 42
NARUDASSCHLUCHT (Karasberge) 160
NAUBBERGE 20
NAUCHAS (Gestüt) 111, 183
NAUKLUFT
70/71: Hendrik Witboois Übergabe;
81: Sieg über Witbooi öffnet Weg für Besiedlung;
NAULILA (Fort am Kunene) 213-214
„NAUTILUS" (deutsches Kriegsschiff) 18
NAUTILUS-SPITZE (Hügel) 22/23
NECHALE (Ovambohäuptling) 130, 173
NEITSAS (b. Grootfontein) 95
NELS (Kanzler) 35, 36, 46, 49, 100
NEU-BARMEN (Missionsstation) 10
NEUDAMM (Versuchsfarm) 179, 195
NGAMISEE 65, 159, 173
NIEWITECKI, von (Oberfeuerwerker) 128
NIKODEMUS (Häuptling der Ostherero)
73: 1886 standrechtlich erschossen;
74,
119
NISSEN-LASS 83, 84
NITZE (Oberamtmann, Siedler in Klein-Windhoek) 83
NITZE, Helene (Lehrerin in Klein-Windhoek) 103
NITZSCHE (Kaufmann) 175
NOMTSAS (Farm) 65, 82, 109, 155, 160
NORTH EAST POINT (Lüderitzbucht) 21
NOSSOB (Trockenfluß) 73, 92, 118, 132, 159
NUAMBO (Hererohäuptling) 118
NUCHEI (in Betschuanaland) 173

O

OAMITES (Farm b. Rehoboth) 221
OKAHANDJA
25, 29, 33,
34: Konferenzen zwischen Kamaherero und Paigrave;
35: Schutzvertrag;
42/43, 47: Görings Konferenzen mit Herero;

275

46,
66,
72: Zwist Riarua-Maharero; deutsche Garnison baut Feste;
73: Grenzregelung;
93,
102: Distriktsamt;
106: Augustineum;
112,
113: Forstgarten;
117,
121/122: Reservatsfrage;
123,
126-132: Zu Beginn des Herero-Aufstandes;
134-135: Hauptabteilung;
140,
142: Von Trothas Hauptquartier;
144,
173: Überführung Samuel Mahareros 1923;
179: Preise für Kleinsiedlungen;
185: Gemeindeverwaltung;
186: Vertreter im 1. Landesrat Zillmann 1910;
200, 202, 221,

OKAHARUI	134
OKAHUA	119
OKAMAHUNDJU (b. Grootfontein)	95
OKAMARAERE (Farm)	119
OKAMBUKONDE	145
OKAPUKUA (b. Grootfontein)	95
OKATEITEI (am Waterberg)	144
OKATJERU (b. Grootfontein)	95
OKATJIWA (b. Grootfontein)	95
OKATJONGEAMA (b. Grootfontein)	95
OKATUMBA	118, 136, 137
OKAUKUEJO (Etosha)	75, 203, 213
OKAVANGO	7, 65
OKAWA	75
OKOMBAHE (Reservat und Wohnort der Damara)	73, 130, 177
OKOMIPARUM	146
OKOMITOMBE (b. Gobabis)	172
ÖLHAFEN, H. von	225
OLIFANTSFONTEIN (b. Grootfontein)	95
OLPP, J. (Missionar)	40, 106, 172
OMAHEKE (wasserloses Sandfeld)	150
OMAMBONDE (b. Grootfontein)	95

OMARURU
35: Schutzvertrag;
46,
73: Manasses Macht geschwächt, Garnison stationiert;
102: Bezirksamt;
121/122: Reservatsfrage;
125-127: Verteidigung des Ortes d. Oberstabsarzt Dr. Kuhn, Entsatz d. Hptm. Franke;
126/130,
131/132: Basis der Westabteilung;
140, 144, 166, 171,
179: Bodenpreise;
185: Gemeindeverwaltung;
186: Kindt Vertreter im 1. Landesrat;
194,
206: Volksschule seit 1909;
222,
223: Unionstruppen erreichen O.;
234: Rapsch Mitglied des Gouvernmentsrates

OMATAKO (Berge)	132
OMATUPA (Waterberg)	149
OMBUATJIPIRO (Waterberg)	146
OMBURO (Missionsstation)	171, 172
OMITARA (Farm)	119
OMMADJEREKE (Farm)	119
OMURAMBA (Trockenfluß)	75, 149
OMUSEMA-UAREI	144
OMUTJATJEWA (am Waterberg)	144, 149
OMUWERUMUE (Paß)	145, 148, 149
ONDEKAREMBA (Farm)	175

ONGANJIRA (Wasserstelle) 136
ONGOAHERE (am Waterberg) 144
ONGUEMA 59
ONJATI 133-135, 139
ONJATIBERGE 136
OOKIEP (Ort im Namaqualand)
         12, 154
ORAB (Farm) 109
ORANJE
 7, 15, 20, 24, 37, 40, 65, 80, 125
     166-168, 204, 208, 209
ORANJEFREISTAAT 211
ORLAM (Volksgruppe) 8
ORUMBO (Farm) 119
ORUPEMPARORA (am Waterberg) 144
OSOMBO-WINDIMBE (im Sandfeld) 150
OSOMBUTO 144
OSONA Siedlung (Farm, Tabakbau)
        35, 72, 127
OSONDEMA 150
OSSWALD, Dr. (Bezirksrichter i. Swakopmund) 99
OTAVI
 36, 66, 94, 144,
 145: Probleme Otavibahn;
 210: Schmalspurbahn bis Grootfontein (1908);
 224: Vor Kapitulation;
 225
OTAVIFONTEIN (Ort, Quelle)
    221, 223, 224, 224-225
OTAVI MINEN- UND EISENBAHNGESELLSCHAFT (Abk. OMEG)
        145, 193-194
OTJAHEWITA (am Waterberg) 144
OTJENGA (am Waterberg) 144, 146
OTJIHAENENA (Missionsstation)
    118, 134/135, 171, 172
OTJIHAENAMAPARERO (Wasserstelle beim Etjo) 132
OTJIKANGO (Gr. Barmen) 68
OTJIMANAMGOMBE 150

OTJIPAUE (Farm) 119
OTJIWARONGO (Ort)
    63, 203, 213, 223-224
OTJIMBINGWE (Ort)
 26: Missionskolonie;
 33/34: Hauptquartier der DKG, Augustineum, Reichskommissariat;
 35,
 39: Truppe der DKG;
 42/43: Waffenverteilung an Herero, Überfall Hendrik Witboois; Zusammenbruch der deutschen Herrschaft;
 45/46: Eintreffen der Schutztruppe unter von François;
 48, 66, 67, 69, 73, 77, 81,
 101: Verwaltung;
 106: Schule für Weiße 1895-1901;
 113,
 115,
 122: Erstes und einziges Reservat im Norden;
 126,
 135,
 216, 220: Im Weltkrieg
OTJISEVA (im Hereroland, Farm und Missionsstation) 40
OJISOMBONGWE 169
OTJISONJATI 123
OTJITUA 75
OTJITUESU (Farm) 119
OTJITUO 150
OTJIVERO (Farm) 119
OTJOMIKAMBO (b. Grootfontein) 95
OTJOSASU 136, 137-139, 140
OTJOSONGOMBE (Aufnahmelager am Waterberg) 148, 172
OTJOSONDU (Mine) 150
OUTJO
 73: Militärstation;
 96: Bleibt im Aufstand verschont;
 102: Bezirksamt 1904;
 114,

131/132,
144,
178: Bodenpreis;
186: Vertreten durch Schlettwein im 1. Landesrat;
225: Besetzung am 28. 6. 1915;
234: Schlettwein Mitglied des Gouvernmentsrates
OVAMBO und OVAMBOLAND
66,
75,
130: Angriff auf Namutoni;
140,
173: Fliehende Herero aufgenommen;
174,
193, 198, 203, 223
OVIUMBO
136,
137-139: Gefecht, von beiden Seiten als Niederlage angesehen;
141,
142
OWIKOKORERO 70, 133, 140, 152

P

PAARL 26
PALGRAVE (Arzt u. engl. Zivilkommissar) 25, 26, 34
PAPKE, Gustav (Farmer) 186
PELLA (Missionsstation am Oranje) 9, 40
PINGUININSEL (vor Lüderitzbucht) 16, 19, 23
PERBANDT, von (Oberleutnant) 74
PESTALOZZI, von (Lüderitz) 13
PETERSEN (Farmer) 80
PFEIL, Graf (Ansiedlungswerber für Kl. Windhoek) 83, 84/85
PFORTE (Bahnstation) 216-217
PIETERMARITZBURG 209
POHL (Sergeant) 58/60
POHLE (Bergwerkdirektor) 30, 37
POOLMANN (Farmer) 95

POPHAL (Major) 199
POPPE, ROSSOUW & Co. 17
PORTO ALEXANDRE (Hafen in Angola) 193
PORT NOLLOTH 209
POTCHEFSTROOM 211
PRESCHER (Obersteiger) 30
PRETORIA 211
PRIESKA 166-167, 168
PRION, Gustav (Farmer) 186, 234

Q

QUADE (Major) 140
QUITZOW, Leutnant von
39, 43, 62

R

RADEMACHER (Sergeant) 127, 128
RADFORD (Engländer i. Angra Pequena) 13
RAHN 45
RAMANSDRIFT (Polizeistation am Oranje) 166, 208, 209
RAPSCH (Farmer) 234
RATH (Missionar) 10
RAVEN (Missionshandwerker) 26
RAPPARD, v. 209
RECHTSWESEN
96-98: Für Eingeborene;
98-100: Für Europäer
REDECKER, Gottlieb (Baumeister) 91
REDECKER, Johann Wilhelm (Missionshandwerker in Otjimbingwe) 26
REGENFALL 7, 195
REHOBOTH
9, 30, 35, 42, 48, 57, 59, 102, 111, 177, 178,
186: Im 1. Landesrat vertreten durch Sievers;
218,
219-221: Im Aufstand April-Mai 1915
REICHELT (Sekretär) 100

RESERVATE für Eingeborene
  117-123: Streben, Durchführung, Ende;
  143: Ablehnung durch die Weißen.
RHEINISCHE MISSION 9-11
RHODES, Cecil J. 50, 84
RIARUA (Hererohäuptling)
  72, 74, 119,
  122: Gegenspieler Mahareros
RICHTER, Dr. med. (Militärarzt unter v. François) 64
RICHTER
  99: Oberrichter in Windhoek, u. Vors. d. Entschädigungskommission;
  175
RICHTHOFEN, Freiherr von 78
RICHTHOFEN, Prof. v. 91
RICKMANN (Unterrossarzt) 76
RIEBEECK, Jan van 79
RIET (Swakop, Bahnstation) 216
RIETMOND-KALKFONTEIN (Distr. Gibeon) 120, 151, 152, 154, 156
RITTER (Major)
  138, 157, 158, 209, 217
ROHRBACH, Dr. Paul
  91-96: Ansiedlungskommissar, Reisen;
  112: Grootfontein: Ackerbau auf Regenfall;
  117: Recht der Eingeborenen;
  170,
  174-176: Entschädigungskommission;
  175: Differenzen mit von Lindequist;
  190: Lehnt Dernburgs Diamantenpolitik ab;
  202
ROHRBECK (Rittergut) 177
van ROOY (Farmer) 95
ROTE NATION (Stamm der Hottentotten)
  9,
  40,
  42: fast vernichtet;
  48,
  120/121: Reservat bei Hoachanas
ROTER BERG 63/64
RUDOLSTADT, Prinzessin von 32
RUSCH (Farmer) 92
RUST, Erich (Farmer) 92, 175, 186
RUST, F. (sen., Missionar) 33, 41, 42
RUST, F. (jun., Missionar) 10
RUST, Dr. H.-J. (Sekretär d. S.W.A. Wiss. Gesellschaft) 5

S

SAENGER (Unteroff.) 45
SAHL, Salomon (Witbooi) 151, 157
SALATIEL (Hererohäuptling) 94
SALEM (am unteren Swakop) 218
SAMOA 15
SANDFONTEIN (Oranje) 124, 209
SANDHOOP (b. Grootfontein) 95
SANDPÜTS (b. Rehoboth) 220
SANDVERHAAR (Farm) 80, 195, 196
SANDWICH-HAFEN 25, 66, 198
SCADOK (Laz.-Geh.) 45
SCHAD, Arnold (Unteroff., Bürgerm. i. Swakopmund) 39, 186
SCHAFRIVIER 57, 61
SCHERING (Kapitän z.S.) 24
SCHINZ, Dr. Hans (Forsch.-Reisender) 12, 95
SCHLETTWEIN, Carl (Farmer) 174, 186, 234
SCHLUCKWERDER (Kaufmann) 234
SCHMELEN, Johann Heinrich (Missionar in Bethanien) 8-9, 10, 236
SCHMERENBECK (Kaufmann) 56, 92/93, 119
SCHMIDT (Unteroff.) 44
SCHÖNAU-WEHR, Frhr. von (Oberleutnant) 102
SCHÖNEBERG, Prinz Ernst von 32
SCHOTTELIUS, Dr. (Bezirksrichter in Windhoek) 99

SCHRÖDER (Missionar) 48
SCHUCKMANN, Geh. Legationsrat Bruno von
177: Gouverneur 1907-1910;
186: Der 1. Landesrat;
189,
202
SCHULEN
103-106: Schulen für Weiße;
106-107: Schulen für Eingeborene;
203-206: Nach den Aufständen bis 1914
SCHULTZE (Oberleutnant) 199
SCHULTZE-JENA, Dr. (Bezirksamtmann, ermordet in Naulila) 213
SCHULZ (Grenad.) 44
SCHULZ (Farmer) 95
SCHWABE, Kurd (Leutnant u. Schriftsteller)
57: Streifzug gegen Witbooi Apr. 1893;
60: Entscheidend beteiligt an Witboois Niederlage bei Naos;
102: Distriktschef in Otjimbingwe 1894
SEALINSEL (vor Lüderitzbucht) 16, 19, 23
SEEHEIM (Bahnstation) 202, 215, 217
SEEIS (Polizeistation) 128
SEITZ, Dr. Theodor (Gouverneur 1910-1915)
183, 187, 221-222: Besprechung mit Genl. Botha an der Giftkuppe;
227
SEMLER, Dr. (Reichstagsabgeordneter) 199
SESFONTEIN (Quelle, Truppenstation u. Reservat) 102
SHARKINSEL (vor Lüderitzbucht) 16, 21, 23
SIEVERS, Max (Farmer) 186
SIMON-KOPPER-HOTTENTOTTEN
— siehe auch KOPPER, Simon 59
SMITH (Bur) 97

SMUTS, Genl. J. C. 217
SMITH, Leicester — siehe SMYTHE 19
SMYTHE, Generalleutnant Leicester (High Commissioner der Kapkolonie)
17,
19: N.B. von Aschenborn fälschlich „Smith" geschrieben
SOUTH AFRICAN TERRITORIES CO. LTD. 81, 123/124, 201
SOUTH WEST AFRICA COMPANY
66: Damaralandkonzession;
145: Tochtergesellschaft: Otavi Minen- und Eisenbahngesellschaft;
193-194: Bau der Otavibahn und Bearbeitung der Kupferminen;
198: Eisenbahnmonopol
SPANGENBERG (Händler) 41, 59
SPEAK (Ingenieur) 193
SPEE, Leutnant Graf 27/28
SPENCE 16, 17, 18, 20/21, 23
SPIEGEL-DESENBURG, Freiherr von (Farmer) 95
SPRINGBOK (Ort) 12
STADLER (Kommandant) 212
STAMPRIETFONTEIN (Ort, 1. Artesisches Bohrloch 1912) 157, 158
STAUCH, August (Bahnmeister u. Entd. d. Diamanten bei Lüderitz) 186, 187
STEINÄCKER, Freiherr von 39
STEINER (Bauingenieur) 195
STEINFURTH, Gebr. (Farmer) 95
STEINGRÖVER (Steuermann) 37-38
STEINKOPF (Missionsstation, Kl. Namaqualand) 9
STELLENBOSCH 104
STENZEL (Pionier) 45
STEVENS, John (austr. Minenarbeiter) 36
ST. LUCIA BAI (Natal) 24, 30
ST. MARTINIKIRCHE (Kapstadt) 26
STÖPKE (Ansiedler) 119

STOSS (Leutnant a.D.) 83
STREITWOLF (Oberleutnant) 102
STÜBEL (Distriktschef i. Rehoboth) 219
STÜRMAN — Prophet der Hottentotten
151: Einfluß auf Hendrik Witbooi;
157: Mitanführer im Gefecht von Groß-Nabas;
161
SWAKOP (Rivier) 129, 139, 140, 216
SWAKOPMUND
46,
63: Erste Ausschiffung;
66,
69: Leutwein trifft ein, Militärstation;
77,
78/79: Ausbau zu einem Hafen, Einweihung d. Mole 1903, Holzbrücke 1905, Eisenbrücke 1912 begonnen;
89,
99: Hauptsitz des westl. Gerichtsbezirkes;
100,
101/102: Zivilverwaltung;
104: Schule seit 1901;
128: Ausbruch des Hereroaufstandes;
140/141: Verbesserung der Landungsverhältnisse für Truppentransporte;
144,
163,
185: Gemeindeverwaltung;
186: Im 1. Landesrat vertreten durch Schad, Wardesky, Mansfeld und Götz;
192: Diamantenausfuhr;
193,
198-201: Transportprobleme;
205/206: Bevölkerungszunahme, Schulen;
214,
215/216: Im Weltkrieg;
219,
234: Vertreter: Gouvernmentsrat Eggers und Schluckwerder;
242,
SWAKOPTAL 8
SWAKOPMÜNDUNG 25
SWARTBOOIS (Stamm) 218

T

TAMM (Missionshandwerker) 26
TECKLENBURG (stellvertr. Gouverneur) 219
TENERIFFA 45
TESCHENMACHER (Steuermann) 13
TEUFELSBACH (Rivier u. Farm) 135
THALHEIM (Farmer) 92
THIEMANN (Ulan) 45
THORER (Pelzfirma) 180, 182
TIGERBERG (GROSSER TIGERBERG) 214
„TILLY" (Schoner) 12, 13, 25, 30
TIMPE, Karl (Schiffskapitän) 11/12, 13, 184
TIRASGEBIRGE 165
TJAMUAHA (Hererohäuptling) 173
TJETJO (Hererohäuptling) 75, 114, 117, 132, 133
TOENNESEN (Ingenieur) 193
TOGO 27, 78, 152
du TOIT (Farmer) 95
TOPOGRAPHIE von SWA 7
TRANSVAAL 36
TRAUTVETTER (Unteroff.) 44
TRAINER (Hauptmann) 217
TROCKENHEIT — siehe WASSERMANGEL
TROTHA, Lothar von (Generalleutnant)
141,
142-150: Leitung der Kämpfe am Waterberg;
151,
160/161: Proklamation an Hottentotten;

161/162, 163: Erbittet Abberufung;
168/169: Unerbittlichkeit, Proklamation an die Herero;
194, 201,
TROTHA, Tod d. Leutnant von (Sohn des Generals) 161-162
TSAMKUBIS (Bastardland) 220
TSAOBIS (Station) 46, 48, 61, 68
TSAWISIS 75
TSCHAUKAIB (Bahnstation, engl. Truppenlager) 210
TSEBRIS (Wasserstelle im Khomashochland) 64
TSUMEB
89,
185: Gemeindeverwaltung;
193-194: Kupferlager und -gewinnung; Bahnbau;
203, 224/225: Im Weltkrieg

U

UANJA (Hererohäuptling) 114
UBEB 51
UECHTRITZ, von (Siedlungsfachmann) 83
UIBIS 156
UITKOMST (b. Grootfontein) 95
UKAMAS
79, 80, 125,
167: Friede von U.;
211, 212-213: Im Weltkrieg;
UKUIB (am Swakop, Palmenversuchsstation) 113
UPINGTON 47, 168, 211-213
USAKOS
185, 200
206: Volksschule seit 1912

V

VEDDER, Dr. Heinrich (Missionar) 5, 7
VELDSKOENDRAERS (Stamm) 33, 48, 96, 96/97, 153, 156
VERSAILLES (Friede von) 227

VERWALTUNG
100: Dr. Göring;
100-102: Von François;
102-103: Leutwein;
184-187: Von 1908 bis 1915
VIEHE (Missionar) 10, 72, 106
VIEHZUCHT
7, 36, 49,
62/63: Versuchsstation auf Kubub;
75-78: Rinderpest 1897;
88-90: Probleme bei Ansiedlung;
108-112,
113,
176,
173, 179-184: Wiederaufbau; Einfuhr von Karakulschafen
VISSER, Paul (Schwager von Moses Witbooi) 40
VOGELSANG, Heinrich
11,
12/13: Über Kapstadt nach Angra Pequena;
14/15: Kaufverträge mit Joseph Fredericks;
18: Meilenrechnung;
24,
25: Waffen an Nama;
26: Hereros ablehnend;
27-30, 107, 184
VOIGTLAND (Farm) 184, 195
VOIGTS, Albert (Farmer) — siehe VOIGTSGRUND
174, 180, 181, 186
VOIGTS, Georg (Leutnant) 128
VOIGTS, Gustav (Farmer und Kaufmann)
179,
184,
186: Im 1. Landesrat;
195: Dammbau;
234: Mitglied des Gouvernmentsrates
VOIGTS, Otto (Leutnant d. R.) 213
VOIGTS, Richard (Farmer) 179-180
VOIGTSGRUND (Farm bei Mariental)

180-181: Beginn der Karakulzucht;
195/196: Der größte Privatdamm, sogar Ackerbau
VÖLKER — siehe BEVÖLKERUNG
VOLKMANN (Oberleutnant)
   94, 102, 130, 144, 147-149
VORGESCHICHTE 7

W

WAGNER (Angestellter) 13
WALFISCHBUCHT
   25: Englischer Besitz;
   29, 42, 45,
   46/47: Waffenzufuhr beendet, Lewis ausgewiesen;
   53, 78,
   216: Landung der Unionstruppen im Weltkrieg
WALSER (Schweizer, Farmer i. Ukamas) 79
WARDESKY, Eduard (Kaufmann i. Swakopmund) 186

WARMBAD (Missionsstation)
   9,
   33,
   48: Schutzvertrag;
   96: Rechtsbestimmungen;
   102: Distriktsamt;
   123-125: Aufstand der Bondelswarts (Ltn. Jobst†);
   156, 160, 166/167,
   185: Gemeindeverwaltung;
   186: Vertreten durch Papke im 1. Landesrat;
   209,
   216: Räumung März 1915
WASSERFALL (Zivildistriktschef, Bethanien) 102
WASSERMANGEL, Erschließung
   7,
   21/22,
   94-96: Dr. Rohrbachs Befunde;
   187: Wassergesetz;
   194-197: Dammbauten und Bohrlöcher

WATERBERG
   66,
   93/94: Siedlungsmöglichkeiten;
   122: Keine Reservatsgründung;
   127,
   139-142: Sammelplatz der Herero, Vorbereitungen Leutweins;
   143-150: Kämpfe unter von Trothas Leitung;
   163, 171, 179: Bodenpreise;
   194, 203, 220, 221: Mai 1915;
WATERBERG STATION 148/149
WATERMEYER (Kulturbeirat des Gouvernments, am Waterberg †) 95, 195
WECK, Hauptmann (Generalstabsoffizier, vorzeit. Tod 1915) 212-213, 217
WEGNER (Angest. v. Lüderitz) 24
WEHLE, Karl (Farmer) 186
WEHLE (Major) 216
WEISS, Karl 86, 186
WEISS (Hauptmann) 213
WEISSER NOSSOB — siehe NOSSOB
WESTPHAL (Ansiedler) 118
WIESE, Gerd 61
WILHELMSFESTE
   46: Name des deutschen Truppenpostens in Tsaobis
WILHELMSTAL 220
WILKE (Schutztruppenreiter) 97
WINDHOEK
   7, 8, 9, 10, 42
   47/48: Herero einverstanden mit Truppe, François baut Feste;
   53/54: Truppenverstärkung, Vorräte für Angriff auf Witbooi;
   56,
   57,
   59: Witbooi dringen vor bis W.;
   62,
   89/90: Frachtverkehr;
   98-100: Sitz des Gerichtes f. nördl. Bezirk, Obergericht;
   101/102: Bezirksamt;

103: Beiräte;
113, 124, 127,
128: Zu Beginn des Herero-Aufstandes;
159, 174, 182,
185: Gemeindeverwaltung;
186: Im 1. Landesrat vertreten durch Fritsche, Voigts, Rust, Müller;
195: Regenfall;
196, 197,
199: Bahn aus Swakopmund erreicht W. (1902);
202/203: Durchgangsverkehr bis Keetmanshoop;
205/206: Schulen;
220,
221: Mai 1915;
234: Im Gouvernmentsrat vertreten durch Erdmann, Voigts, Müller;
WINKLER, von (Oberleutnant) 132, 135
WITBOOI (Namastamm) — siehe WITBOOI, Hendrik
WITBOOI, Hendrik (Namahäuptling in Gibeon)
33,
40-42: Werdegang;
47/48: Mahnbrief Görings;
49-52: Unterredung mit A. von François;
52: Gegen weiße Besiedlung;
54-56: Erster Angriff auf Hornkranz, Flucht;
56-71: Kampf mit den Deutschen, milde Friedensbedingungen;
71/72: Zusammenarbeit;
79, 81, 86, 93, 96, 109, 113,
120: Befürwortet Witbooireservat;
126,
151-153: Erneuter Aufstand, Gründe, Brief an Hottentottenkapitäne;
154-156: Kleinkrieg: Kub bis Gochas;
156-159: dto.: Stamprietfontein, Groß-Nabas, Haruchas, Swartfontein;
162: dto.: Vaalgras; Soldatentod;
163: Würdigung;
172, 218,
WITBOOI, Isaak (Sohn von Hendrik) 163, 164
WITBOOI, Kido (Großvater von Hendrik) 40
WITBOOI, Moses (Vater von Hendrik) 33, 40
WITPUTS (Farm) 80
WITTMANN, Johannes (Farmer) 186, 234
WITTMER (Farmer) 95
WOERMAN, Adolph (Reder) 27, 78
WOKER (Tetje, Kriegsfreiwilliger) 216
„WOLF" (deutsches Kanonenboot) 25
WOSIDLO (Siedler) 119
van WYK, Hermanus (Kapitän von Rehoboth) 30, 33, 42, 61
van WYK, Nels (Bastardführer) 219

Z

ZACHARIAS (Hererohäuptling) 43, 73, 97
ZASTROW, von (Regierungsrat) 211
ZIETHEN, von (Leutnant) 63
ZILLMANN, Axel (Farmer) 186
ZIPPLITT (Farmer) 95
ZÜLOW, von (Oberleutnant) 128
ZÜRN (Distriktschef in Okahandja) 94, 102, 128